U0451071

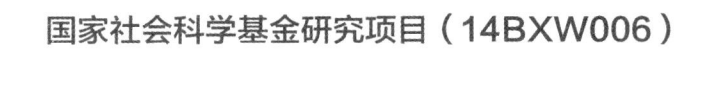

国家社会科学基金研究项目（14BXW006）

近代中国的"洋旗报"研究

周立华◎著

A STUDY ON "FOREIGN BANNER NEWSPAPER"
IN MODERN CHINA

中国社会科学出版社

图书在版编目(CIP)数据

近代中国的"洋旗报"研究/周立华著. —北京：中国社会科学出版社，2022.8
ISBN 978-7-5227-0342-8

Ⅰ.①近… Ⅱ.①周… Ⅲ.①报业—新闻事业史—研究—中国—近代 Ⅳ.①G219.295

中国版本图书馆 CIP 数据核字(2022)第 097244 号

出 版 人	赵剑英
责任编辑	郭晓鸿
特约编辑	王顺兰
责任校对	夏慧萍
责任印制	戴　宽

出　　版	中国社会科学出版社
社　　址	北京鼓楼西大街甲 158 号
邮　　编	100720
网　　址	http://www.csspw.cn
发 行 部	010-84083685
门 市 部	010-84029450
经　　销	新华书店及其他书店

印　　刷	北京明恒达印务有限公司
装　　订	廊坊市广阳区广增装订厂
版　　次	2022 年 8 月第 1 版
印　　次	2022 年 8 月第 1 次印刷

开　　本	710×1000　1/16
印　　张	22
插　　页	2
字　　数	351 千字
定　　价	128.00 元

凡购买中国社会科学出版社图书，如有质量问题请与本社营销中心联系调换
电话：010-84083683
版权所有　侵权必究

序

中国近代报业的历史，始于1815年外国传教士在马六甲创刊的《察世俗每月统记传》，但中国人登上报业舞台则迟至19世纪70年代。在第一批国人自办报刊中，具有较大社会影响力的是《汇报》等以外商名义发行的报纸，史称"洋旗报"。之后，直至20世纪40年代，作为中国报业史上独特现象的"洋旗报"始终自立于报业之林，并在不同的历史时期发挥着不同的历史作用。

对于"洋旗报"这一独特现象，虽有不少个案性或阶段性的研究，但系统、全面的研究则一直付诸阙如。直至2014年，时任江西财经大学新闻与传播系讲师的周立华博士决定以此为选题，对"洋旗报"这一重要现象进行系统、全面的研究。是年，周立华博士将《近代中国的"洋旗报"研究》这一自选课题申报国家社会科学基金资助项目并喜获立项。之后，周立华博士开始专攻这一研究方向，孜孜矻矻，不倦不息，六年后圆满完成了这一研究任务，于2020年3月顺利结项。结项后，周立华博士并未暂停该课题的研究，而是本着精益求精的精神，在今年新冠肺炎疫情期间蛰居书房，继续打磨这一研究成果。近日，周立华博士把这部洋洋30余万字的书稿发来，并嘱我为之作序。先睹大作，深有幸也。

这部名曰《近代中国的"洋旗报"研究》的专著，第一次全面地描述与阐释自19世纪70年代至20世纪40年代中国新闻事业史上的"洋旗报"现象，给我们展示了一幅幅中国民族报业及中国报人在充满惊涛骇浪的社会环境下坚毅不屈、积极奋进的历史画卷。

19世纪初，世界报业已有近两百年历史，但中国仍保持着古代报纸的形态与传播内容。1815年后，近代化报刊在西方的殖民扩张中通过外力传入了中国，但由于当时清王朝在政治、思想上实行的"言禁""报禁"政策以及中国人在文化上的陈规与惯习，国人自办报刊并未随之出现。直至20世纪70年代，随着中国半封建半殖民地社会的形成与发展，国人通过与外报半个多世纪的接触与了解，在新兴的洋务运动与早期的改良主义思潮的推动下，国人自办报刊开始出现，中国民族报业亦由此发端。但是，内处晚清政府的专制统治，外临西方列强的殖民扩张与侵略，因而第一份具有较大社会影响力的国人自办报刊《汇报》不得不采用曲线办报的手段，即以外商名义发行，特聘英国人葛理（Grey）任总主笔。这些以外商名义出版、实为国人主持的报纸，史称"洋旗报"，开辟了国人办报的新路径。之后，在宣传资产阶级维新变法与资产阶级反清革命的过程中，为免遭晚清专制政府的干扰与迫害，便于倡导变法或放言革命，一大批"洋旗报"应运而生，助推了国人办报高潮的出现，其中具有代表性的有挂日商招牌的《国闻报》等维新派报刊以及挂英商招牌的《国民日日报》、挂法商招牌的《民吁日报》等革命派报刊。在抗日战争期间，上海租界地区自1937年11月上海沦陷至1941年12月太平洋战争爆发的四年多里，因英、美、法等西方列强在中日战争中持中立地位而未被日军占领，但在日本占领区包围下形同"孤岛"。由于日本侵华活动严重损害了英、美、法等西方列强的在华利益，租界当局意欲利用中国民众抗日救国活动与日本较量，因而在事实上为国人抗日宣传提供了一定的活动空间，使上海"孤岛"一度成为"洋旗报"的天下，先后创办起以外商名义发行而无须接受日军新闻检查、以抗日救国为宣传宗旨的报纸近30种、刊物十余种。在1939年5月发生危机前夕，堪称弹丸之地的"孤岛"上每日刊行的"洋旗报"就有19种之多，可谓盛极一时。

这些"洋旗报"，自19世纪70年代至20世纪40年代赓续绵延了70余载，就其性质而言，是近代中国半封建半殖民地社会的产物，是近代中国半封建半殖民地化给中国民族报业烙下的一个难以磨灭的历史印记。但是，作为中国人利用外国人在华的"治外法权"及租界的特殊环境以摆脱国内外反动势力的钳制与压迫的一种特殊手段，"洋旗报"在近代思想启蒙、维新变法、反清革命等宣传活动中，特别是在20世纪三四十年代抗日宣传活动中，发挥了十分重要的历史作用，具有极为深刻的历史意义。在民族报业创始时期与国人办报高潮时期，挂"洋旗"办报的主要目的是对内的，即利用外国人在华治外法权以对付中国专制政府的"言禁""报禁"政策，同时也有一定的争取对外话语权的动因。在上海"孤岛"等某些特殊时期，挂"洋旗"办报的目的转向对外，即利用外人之间的矛盾"以毒攻毒"，如上海"孤岛"时期出版的"洋旗报"就是利用英、美、法等西方列强在中日战争中的中立地位及其与日本侵略者之间的矛盾冲突以开展抗日救国的宣传与鼓动。从"洋旗报"的发展状况来看，各个不同时期也各有各的特点。民族报业创始时期"洋旗报"数量虽少，但为国人办报开辟了一条新的办报路径。之后，在资产阶级维新运动与资产阶级革命运动两大时期，"洋旗报"数量相对较多，影响也较大，这与中国民族经济、文化发展特别是民族报业发展到一定阶段、形成了一定风气具有较大的关系。在上海"孤岛"时期，出于爱国报界与报人必须承担抗日宣传这一神圣使命的历史需求，"洋旗报"的数量最多、影响最大，可谓盛极一时，并给我们留下了许多可歌可泣的英雄业绩。

对于"洋旗报"这一重要现象的研究，自戈公振的《中国报学史》开始，大多中国新闻史著述均有所述及，但均未从整体上对这一现象进行系统、全面的描述、阐释与剖析。因此，周立华博士早在攻读博士学位期间即开始将研究方向聚焦于此，先是进行个案研究，其博士学位论文《"孤岛"时期的〈文汇报〉研究》即是成果之一。之后，周立华博士进入复旦大学博士后流动站深造。我作为他的博士后联系导师，目睹他继续在"洋旗报"这一研究领域深耕细作，不仅表现在他以《报人徐铸成研究》作为出站报告的选题，还表现在他在研究过程中注意由点及面地不断拓展与积累。现今完成的这部30万字的书稿，虽说是在2014年获得国家社科基金立项资助后的六年间完成的，但追溯其研究的源头则已有十数年之久了。在节奏快捷的当下社会，耐着性子坐在冷板凳上将一件事做了十多年而不辍，实属难能可贵。

这部专著的出版，填补了这一中国新闻事业史研究的空白，其在学术上的具体贡献主要有以下四点。一是结合近代中国的半封建半殖民地社会环境对70余年的"洋旗报"发展史进行了系统梳理，既关联其发展的连续性，又根据发展进程分为民族报业创始时期、国人办报高潮时期、"孤岛"时期三个历史阶段进行深入探讨。作者通过广泛的史料搜集与细致辨析，梳理出68种"洋旗报"，并对其中的代表性报刊进行深入分析，并在比较视域下对"孤岛"时期的"洋旗报"进行了类型分析。二是运用新闻传播学与思想文化史的理论与方法，探析社会环境、时代背景对"洋旗报"产生、发展的重要作用及其相互间的互动状况与关系，认定挂"洋旗"办报是国人在当时社会历史环境下开展的一种对内对外的话语权抗争，无论是对内冲破"言禁""报禁"藩篱、对外争取话语主导权的努力，还是在"孤岛"时期打破日伪新闻封锁的抗日宣传斗争，都加快了中国近代社会的历史进程，促进了近代民族报业的发展。三是运用历史唯物主义与辩证唯物主义的方法，对"洋旗报"在民族报业创始时期的开创性贡献，对"洋旗报"在近代中国思想启蒙、维新变法与反清革命等宣传活动中的重要贡献，对"洋旗报"在"孤岛"时期所开展的抗日宣传活动为中国抗战胜利与民族解放做出的卓越贡献，进行了充分的讨论，以期准确理解与把握这一重要现象。同时还注意到"洋旗报"存在政治上的软肋、经济文化上的限制以及外报的挤压等方面的局限，发现了"洋旗报"中也有为数甚少的纯为逐利、消闲甚至混淆视听的异类。四是从收集与梳理报刊文本入手，在掌握大量第一手论据的基础上，阐述"洋旗报"在与国内外反动势力进行的话语权抗争情况及其采用的传播策略，如通过悬挂外商招牌的办报策略、通过译载外报、使用外国通讯社稿、请外国专家写稿等用稿策略以及通过巧妙编排、语词使用等编排策略等，对当今中国的对外传播而言也有一定的启示与借鉴意义。特别是阐发"洋旗报"人为坚持资产阶级革命宣传或抗日救国宣传而坚持苦斗、不为利诱、不畏威胁乃至勇于以身殉职的崇高精神，更是对当今新闻工作者有着重要的鞭策作用。

在这本专著行将付梓之际，寄语周立华博士永葆初心，努力前程，"欲穷千里目，更上一层楼"。

是为序。

黄 瑚
2020年11月29日

目　录

绪论 ……………………………………………………………………（1）
　一　选题背景与研究意义 …………………………………………（1）
　二　"洋旗报"研究文献综述 ………………………………………（3）
　三　研究思路、方法与内容框架 …………………………………（7）

第一章　租界、治外法权与"洋旗报" ……………………………（10）
　第一节　租界与"洋旗报" …………………………………………（10）
　第二节　治外法权与"洋旗报" ……………………………………（44）

第二章　近代国人办报路径探索中的"洋旗报" …………………（67）
　第一节　国人近代报刊的接触与自办报刊的探索 ………………（68）
　第二节　《汇报》《广报》等"挂洋旗"办报 …………………………（92）
　第三节　创始时期"洋旗报"的办报启示与面临的困境 …………（121）

第三章　国人办报高潮中的"洋旗报" ……………………………（135）
　第一节　第一次国人办报高潮中的"洋旗报" ……………………（136）
　第二节　报禁重申中的"洋旗报" …………………………………（157）
　第三节　第二次国人办报高潮中的"洋旗报" ……………………（169）

第四章　"孤岛"时期的"洋旗报" …………………………………（204）
　第一节　日伪挟制下的"孤岛"报刊环境 …………………………（204）

第二节　"洋旗报"系的形成与发展 …………………………………（227）
　第三节　"洋旗报"类型与代表性报刊 ………………………………（243）
　第四节　抗战宣传中"洋旗报"的英勇抗争与传播策略 ……………（272）

结语 ……………………………………………………………………（296）
　一　洋旗报：近代中国半封建半殖民地社会国人
　　　办报的创举 ………………………………………………………（296）
　二　洋旗报：话语权抗争，"维新""革命""抗日"
　　　宣传生力军 ………………………………………………………（301）
　三　"洋旗报"戴着镣铐跳舞 …………………………………………（305）
　四　余思 …………………………………………………………………（308）

参考文献 ………………………………………………………………（311）

附录　近代中国"洋旗报"综录表 …………………………………（337）

后记 ……………………………………………………………………（341）

绪　　论

一　选题背景与研究意义

改革开放四十年，中国经济社会发展取得巨大成就。单从 GDP 来看，在 2010 年中国就已超过日本，成为世界第二大经济体。① 在此后的稳步发展中，中国经济总量继续增长，经济结构不断优化，发展质量持续提升，占世界经济总量的比重也在不断提高。2019 年国内生产总值 990865 亿元，经济增长速度为 6.1%，增速居世界前五大经济体之首，持续成为世界经济增长的最大贡献者。② 在中国经济持续发展的过程中，中国的对外交流、合作越来越丰富，越来越深入，中国在国际舞台上越来越活跃。2013 年，国家主席习近平提出建设"新丝绸之路经济带"与"21 世纪海上丝绸之路"（简称"一带一路"）的合作倡议，依托丝绸之路促进与有关国家的经济合作和人文交流，与各国携手打造利益共同体、责任共同体与命运共同体。短短数年之后，这一倡议得到越来越多国家的认可与支持。2019 年 4 月在北京举行的以"共建'一带一路'、开创美好未来"为主题的第二届"一带一路"国际合作高峰论坛，与两年前的首届相比，规模更大、内容更丰富、参与国家更多。一方面，随着中国综合国力的不断增强、国际担当与作为的形象愈益凸显、国际地位持续提升，越来越为国际社会所瞩目与认可。而另一方

---

① 《2010 年中国 GDP 超日本　正式成为第二大经济体》，《新浪财经》2011 年 2 月 14 日，http://finance.sina.com.cn/j/20110214/09339369748.shtml，2019 年 2 月 12 日。

② 国家统计局：《中华人民共和国 2019 年国民经济和社会发展统计公报》。

面，随着中国在世界舞台的越来越活跃、日益走近世界舞台的中央，中国的对外形象传播愈加重要。在国际传播中，如何"讲好中国故事，传播好中国声音，展现真实立体全面的"国家形象，是新时代的要求与挑战。"当今世界是开放的世界，当今中国是开放的中国。中国和世界的关系正在发生历史性变化，中国需要更好了解世界，世界需要更好了解中国。"① 这就需要我们立足当前的传媒环境，挖掘历史文化资源，提升对外传播能力。

"洋旗报"是利用外商名义创办而由中国人实际主持的报纸。这类报纸聘用外籍人士担任发行人，领取开业执照，是中国报人利用外来势力对付、反抗国内外反动势力压迫的一种手段。"这种报业现象是由中国近代社会的半封建半殖民地性质决定的。"② 据不完全统计与梳理，自19世纪70年代在国人自办报刊发端之际出现"洋旗报"开始，到20世纪40年代"洋旗报"历史的终结，在70余年的"洋旗报"史上，共出现了68种"洋旗报"（详见附录：《近代中国的"洋旗报"综录表》）。

从历史发展来说，"洋旗报"是中国民族报业发展史上一种非常态但又颇为积极的反应，有其历史必然与重要意义。概括来说就是，"洋旗报"在国人近代新闻事业的开创中，在开民智、维护国家权益、维新宣传、革命宣传、抗日救亡宣传等方面发挥了积极而又重要的作用，有着重要的历史贡献。因而，"洋旗报"研究既是重要的新闻史研究专题，又有着近代社会文化史、政治史、法制史等方面的研究价值。

从现实关照来说，"洋旗报"在近代中国半封建半殖民地社会环境下的新闻话语权抗争与传播策略，以及在清末民初的对外抗争特别是"孤岛"时期的抗日斗争中，"洋旗报"及中国报人表现出来的强烈社会责任感与民族大义，使这一课题研究在当代传媒发达、国际传播环境日趋复杂、中国对外形象传播日益重要的情势下，具有强烈的现实意义，不仅能

---

① 《习近平致中国国际电视台（中国环球电视网）开播的贺信》，《人民日报》2017年1月1日第1版。

② 黄瑚：《论上海"孤岛"时期抗日报刊》，硕士学位论文，复旦大学，1986年。

为当前的媒体融合发展、对外传播，乃至构建世界传媒新秩序等提供历史文化资源、历史经验与镜鉴，还能为马克思主义新闻观教育，为"讲好中国故事、传好中国声音、阐释中国特色、增强国际话语权"的新闻传播人才培养提供史论素材。

二 "洋旗报"研究文献综述

"洋旗报"在中国报业发展史上早已有之，发展历史较长，而且为数甚多，有近70种。"洋旗报"史是中国近代新闻史的重要内容，具有很大的发掘价值。综合起来，现有研究主要包括以下三个方面。

（一）对"洋旗报"的介绍与评述

早在1927年，戈公振在撰写《中国报学史》时就注意到了"洋旗报"现象，称"我国人民所办之报纸，在同治末年已有之"，"其形式既不脱外报窠臼，其发行亦多假名外人"，[①] 并介绍了《汇报》《广报》《苏报》《国民日日报》与《时报》等五报悬挂"洋旗"办报的情况。之后的新闻史论著对"洋旗报"的讨论虽然不是太多，但是都有间或提及，如1933年，美白瑞华在《中国近代报刊史》中对《汇报》与《广报》悬挂"洋旗"寻求保护的情况进行了具体介绍，说《滙报》改名《彙报》后"受到一位英国挂名的业主编辑的治外法权的保护"，《广报》在1891年被勒令停刊后"转入一位英国侨民的治外法权保护，将报社迁往沙面的法租界，将刊名改为《中西日报》"。[②] 根据其著意旨，白瑞华只是提及相关情况，略显概括，如对两报的"洋旗"是谁都没有具体介绍，还有《滙报》在创刊之初就请英人葛理担任名义上总主笔的这一情况，也未提及。值得肯定，这些著述都注意到了"洋旗报"现象，只是遗憾，在其著述时间范畴之内出现的大量"洋旗报"都没有得到关注。这既有著述主旨方面的原因，也有"洋旗报"现象的重要性在当时没有引起足够重视的原因。倒是后来，"孤岛"时期受"洋旗报"的影响，使之后的新闻史著述对"洋旗报"现象更为重视。如20世纪80年代初方汉奇先生的

[①] 戈公振：《中国报学史》，上海古籍出版社2003年版，第121页。

[②] ［美］白瑞华：《中国近代报刊史》，苏世军译，中央编译出版社2013年版，第93、100页。

《中国近代报刊史》一书,就对清末十家主要报刊挂"洋旗"办报的情况进行了介绍。至其主编的《中国新闻事业编年史》时,梳理、介绍的"洋旗报"就更加多了。

比较而言,对抗战时期的"洋旗报"关注得较快,讨论得也比较多。就在"孤岛""洋旗报"兴起的1938年至1939年,就有报人与学者对当时的"洋旗报"与"洋旗报"现象进行了介绍与探讨,如火马的《〈上海夜报〉的历史》(《申报》1938年12月17日)、任重的《汉奸报人与汉奸报纸》(《战时记者》1939年第10期),詹世骅的《上海的所谓"反日报纸"》(《战时记者》1939年第11期)。之后,特别是20世纪的八九十年代,海峡两岸学者对"孤岛""洋旗报"的研究论著更为丰富,如赵君豪的《上海报业三十年》(台湾《中央日报》1957年3月12日),任嘉尧的《抗日战争期间外国记者在中国》(《世界新闻事业》1980年第3期),顾执中的《上海沦陷后敌人残杀报人的罪行》(《新闻研究资料》1983年第19辑),顾执中的《上海报纸的艰苦岁月》(《中国报刊》1984年8月22日),嘉尧的《硬骨头朱惺公的遇难》(《人物》1984年第4期)。此外,杨幼生(1985)、梅丽红(1996)等的论文对"孤岛"时期"洋旗报"进行了较系统的评述。①

对于"洋旗报"这个中国新闻史上的重要报刊现象与发挥过重要影响的报刊类型,在中国新闻史与产生过"洋旗报"的北京、上海、天津、杭州、武汉等地的地方新闻史论著中,学者们多少不等地都会述及"洋旗报",主要如:曾虚白(1966)、李瞻(1979)、方汉奇(1981)、丁淦林(1990)、马光仁(1996)、白润生(1998)、吴廷俊(1999)、黄瑚(2001)、刘家林(2005)、陈昌凤(2007)、王润泽(2011)等。其中,方汉奇(2000/2018)主编的《中国新闻事业编年史》介绍的"洋旗报"有61种,马光仁(1996)主编的《上海新闻史》载述了上海44家"洋旗报"与8家挂"洋旗"的广播电台的相关情况。经笔者对上述论著的梳理可知,自19世纪70年代至20世纪40年代初,在七十余年

---

① 梳理了《每日译报》《文汇报》等17种"洋旗报"与《译报周刊》《华美》周刊等6种"洋旗刊物",在"孤岛"环境下坚持抗日宣传的情况。

"洋旗报"历史中，共刊行过 68 种"洋旗报"①和 8 家挂"洋旗"的广播电台，而且地域分布、"洋旗"国籍分布较广，如"洋旗报"分布统计表所示。

"洋旗报"分布统计

地名	北京	上海	天津	武汉	广州	重庆	杭州
"洋旗报"数（家）	1	55	2	6	2	1	1
"洋旗"国籍	英	美	日	德	法	苏	
"洋旗报"数（家）	29	20	13	4	1	1	

（二）对"洋旗报"产生发展背景、创办原因、目的及社会作用的探讨

租界、治外法权、半封建半殖民地社会性质，是"洋旗报"产生的背景内容，也是我们讨论"洋旗报"的重要研究视角。在近代新闻法制史研究中，学者指出，鸦片战争以后，由于租界的存在、在华外人享有"治外法权"，且由于专制统治者对内专横强硬、对外软弱无能，专制的清政府对出版报纸实行"禁止华人而听西人开设"的政策，清政府的新闻法规，"无权制裁在华外报，染有半殖民地的色彩"②，从《大清印刷物件专律》（1906）到《钦定报律》（1911）等一系列新闻法律法规中，"不仅没有涉及对外国人出版的报刊如何管理，就连国人在租界内创办报刊的管理问题也只字未提。对外国人在租界以外地区创办的报刊也未敢加以管理"③。所以，有如方汉奇在《中国近代报刊史》中论及清末"洋旗报"产生原因时所说，"为了对付清廷的迫害，不少报纸采用了各种巧妙的手法进行斗争。手法之一是雇佣外籍人士充当名义上的发行人，托为外商报纸"，"其目的都在利用清廷不敢开罪洋人的心理，为报纸争得出版和发言的机会"。④ 国人自办报刊之所以悬挂"洋旗"，是为了求得"治外法权"的保护，借以"逃避清政府的迫害与外国势力

---

① 不包括国人在海外挂"洋旗"办报的情况，如《清议报》，发行编辑人署"英国人冯镜如"，印刷人署"日本人铃木鹤太郎"，实际由梁启超主编。
② 黄瑚：《中国近代新闻法制史论》，复旦大学出版社 1999 年版，第 105 页。
③ 马光仁：《中国近代新闻法制史》，上海社会科学院出版社 2007 年版，第 69 页。
④ 方汉奇：《中国近代报刊史》，山西教育出版社 1981 年版，第 602 页。

的挤压"。① 蒋金戈《略论"孤岛""洋旗报"》② 一文，在分析国内原因与国际背景的基础上，指出"孤岛""洋旗报"是国人利用两租界英、美、法等国的中立地位及列强间的矛盾而产生，目的是逃避日军新闻检查、进行抗日宣传。黄珺则比较了不同时期"洋旗报"的创办目的，认为民族报业兴起中的"洋旗报"，"其创办目的是对内的，即利用外力来对付和反抗国内封建势力和其他反动势力。但上海孤岛时期的'洋旗报'却与以往的'洋旗报'迥然不同，其创办目的与斗争矛头是完全对外的，即站在中国人民的立场，反对日本帝国主义的侵略"。③ 此外，学者们对"洋旗报"的历史作用也进行了一定的探讨，认为"洋旗报"对改善报业生存环境有着积极的贡献，一定程度上使统治者"对报馆采取缓和措施，以免报纸都改挂洋旗"④；同时，"洋旗报"还注意维护民族利益，譬如《汇报》，"以《申报》为外人所开设，遇有当时以为不利于中国之事，即与之笔战"⑤。"孤岛"时期的"洋旗报"，则是上海抗日宣传的主体力量，在"孤岛"抗日斗争中发挥了巨大的宣传和组织作用。⑥

（三）"洋旗报"个案研究

个案研究成果，基本集中于"孤岛"时期的"洋旗报"。以"洋旗报"及相关报名、报人做关键词在中国知网检索，获有效文献121篇，其中89篇是介绍或研究"孤岛"时期"洋旗报"的，其中以《文汇报》研究成果最多、较深入，其次是《每日译报》与《大美晚报》等。如储玉坤（1992）、丁孝智与张根福（1994）、李鹏飞（2005）、刘宝珍（2005）

---

① 陈志强：《租界、"洋旗报"与近代报业——中国近代新闻事业生存环境变迁的一个独特视角》，《南昌大学学报》（人文社会科学版）2006年第4期。

② 载上海社会科学院新闻研究所编《抗战时期上海新闻史论集》，上海新闻出版局内部资料准印证（92）第056号，1991年12月。

③ 黄珺：《论上海"孤岛"时期抗日报刊》，硕士学位论文，复旦大学，1986年。

④ 陈志强：《租界、"洋旗报"与近代报业——中国近代新闻事业生存环境变迁的一个独特视角》，《南昌大学学报》（人文社会科学版）2006年第4期。

⑤ 戈公振：《中国报学史》，上海古籍出版社2003年版，第153—154页。

⑥ 参见傅世杰《论"孤岛"时期上海"洋旗报"的历史作用》，《同济大学学报》（社会科学版）1998年第4期。

等就《文汇报》的创办、《文汇报》的兴衰及其新闻操作、正面宣传作用撰文研究，专著《"孤岛"时期的〈文汇报〉研究》（2009）则系统研究了《文汇报》的发展历程、传播主题、社会作用与历史意义。王季深（1982）、付云鹏（2009）等的论文则研究了《每日译报》的刊行经过、报道重点与办报特色。王欣（1991）、王毅（2019）等则著文讨论了《大美晚报》的创刊发展及其利用美商身份和"孤岛"环境掀起"洋旗报"运动的情况。（台）胡传厚（1979）与袁义勤（1989）、征洪与缉熙（1998）、莫百群（2017）、陈梦君（2017）、粟云期（2018）等对《中美日报》《华美晨报》《译报周刊》《上海周报》《时论丛刊》等的刊行与影响进行了基本的梳理与探讨。

总体来看，"洋旗报"研究已有一定基础，研究视角也开始走向多元，特别是对"孤岛"时期"洋旗报"的研究，成果较多，研究也比较深入。然而，清末民初"洋旗报"的挖掘，"洋旗报"梳理、考辨还需要进一步加强；而"洋旗报"系统研究、比较研究，特别是"洋旗报"在中国报业近代化发展中的历史镜像考察，以强烈的现实关照精神探寻"洋旗报"新闻话语权争夺及其传播策略等方面尚有很大拓展空间。这些都是本书研究的努力方向。

三 研究思路、方法与内容框架

（一）研究基本思路与方法

本书以马克思主义新闻观为指导，综合新闻传播史、传媒社会学、法制史的相关视角，以租界—治外法权—洋旗报—新闻话语权抗争及历史影响为分析路径，沿两条主线展开。一是在近代中国媒介生态环境变迁下，对"洋旗报"进行系统梳理与研究；二是运用理论分析与逻辑思辨，探讨"洋旗报"与当时社会环境的互动，进而构建"洋旗报"在中国新闻史上的历史镜像。

研究方法上，以辩证唯物主义与历史唯物主义方法论为前提：一是运用文献分析法，梳理、考辨近70种"洋旗报"及其"洋旗"的相关情况；二是运用比较分析法，对"洋旗报"与"洋旗"进行类型分析与评判；三是运用案例分析法，探讨"洋旗报"的传播内容、新闻话语权抗争及传播策略；四是运用综合分析法，探讨"洋旗报"的产生背景、历史贡献与地位。

（二）研究主要内容与框架

根据研究目标与思路，研究内容主要分为五大块。一是结合半封建半殖民地化发展的近代中国社会背景、报业生态环境，以列强在华势力扩张、中国对外政策、中国政府与西方列强关系、西方列强之间关系与矛盾为中心，考察"洋旗报"产生与发展的社会历史背景。二是在文献综述的基础上，系统梳理、考辨近代史上的"洋旗报"及其外籍发行人，厘清"洋旗报"发展的主要线索、阶段与特点。三是"洋旗报"与"洋旗"类型分析与评判，以传播内容、传播方式与策略、历史境遇等内容为核心，对"洋旗报"与非"洋旗报"进行比较分析。四是探讨"洋旗报"在中国近代报业发展中的地位，研究"洋旗报"在开民智、维护国家权益、维新宣传、革命宣传、抗日宣传等方面的历史贡献。五是在上述四个方面研究的基础上，阐发"洋旗报"的新闻话语权抗争与传播策略，对当代中国主导国内新闻话语权、增强国际新闻话语权的历史借鉴；阐扬"洋旗报"及中国报人强烈的社会责任感与民族大义，对当代新闻传播人才成长的鞭策与历史启迪。

（三）基本观点及创新之处

在对"洋旗报"综合考察的基础上，形成三个基本观点性认识。其一，"洋旗报"是近代中国半封建半殖民地社会历史环境的产物，是民族报业在对付国内、国外反动势力压迫中的创造性发展成果。其二，"洋旗报"在清末民初，是利用列强在中国攫夺的治外法权争取办报权，以突破清代专制政府的"报禁"与"言禁"；在"孤岛"时期，则是利用外国在华势力及列强间的矛盾、运用新闻自由理念与日本侵略者做斗争，突破日伪新闻封锁。其三，"洋旗报"在开启民智、维护民族权益、维新宣传、革命宣传、抗日宣传等方面发挥了积极的历史作用。

本书的创新，主要体现在三个方面：其一，在解读"洋旗报"文献，广泛查阅相关档案、研究资料与地方史志的基础上，系统梳理近代中国的"洋旗报"；其二，运用传媒社会学，深入研究"洋旗报"的产生、发展，及其历史贡献与地位,为认识与深入理解半封建半殖民地环境下近代中国新闻史发展的特殊性与规律提供一种思考;其三,分析"洋旗报"新闻话语权抗争及传播策略,为当今中国增强新闻话语权、改进对外传播提供历史经验与镜鉴。

第一章 租界、治外法权与"洋旗报"

租界与治外法权是帝国主义与殖民主义侵略中国的特殊产物,是中国沦为半封建半殖民地国家的标志,对中国近代社会产生了多方面的影响。"洋旗报"就是在有租界开辟与列强在华治外法权存在的近代中国环境下产生的。无论是在国人自办报刊发端时期与国人办报高潮兴起中的"洋旗报",还是在抗日战争时期"孤岛"环境下的"洋旗报",租界给"洋旗报"提供了一定的活动空间,列强在华治外法权则为"洋旗报"提供了一定的"庇护"作用。不过,在不同的历史时期与不同的环境之下,这种空间的宽狭程度与保护力的强弱却各不相同,需要具体问题具体分析。

第一节 租界与"洋旗报"

从实际发展情况来看,绝大部分"洋旗报"都办在租界。所以,欲讨论"洋旗报",首先就要厘清租界概念、发展情况及其与"洋旗报"的关系。

租界是19世纪40年代初至20世纪40年代中,帝国主义列强在中国等国的通商口岸"开辟、经营的居留、贸易区域"[①]。在这些区域,外国人"侵夺了当地的行政管理权及其他一些国家主权,并主要由外国领事

[①] 因无力拒阻西方侵略势力于国门之外,西方国家也无力迅速地将其变为其殖民地,19世纪中、后期,中国、日本、朝鲜相继出现了租界。

或由侨民组织的工部局之类的市政机构来行使这些权力，从而使这些区域成为不受本国政府行政管理的国中之国"①。通过不平等条约，列强在中国强行开辟租界，侵夺了当地的行政管理权、司法权与立法权，使当时中国的专制统治得以削弱，在当时"报禁""言禁"森严的封建专制统治下，提供了一个特殊的办报环境，从而给其时"洋旗报"的产生与发展提供了一定的空间。

一 近代中国租界的开辟

鸦片战争后，中国成为战败国被迫与列强缔结条约，而"帝国主义列强根据不平等条约，控制了中国一切重要的通商口岸，并把许多通商口岸划出一部分土地作为它们直接管理的租界"②。从1843年12月开始，一直到义和团运动后的1902年，60年里，西方列强与日本在中国的通商口岸先后开辟了近30个有"国中之国"之称的居留、贸易区域——租界。③

从这些租界的分布与影响来看，上海、天津与汉口等地的租界比较发达，对当地以及附近地区的政治、经济与文化均产生过比较大的影响。其中，最突出的是上海的租界，不但形成时间最早、面积最大、侨民最多，而且经济最发达，政治地位也最为重要，其发展与影响也最具代表性。

第一次鸦片战争之后，中、英两国签订《南京条约》，其中第二条规定，"自今以后，大皇帝恩准英国人民带同所属家眷，寄居大清沿海之广州、福州、厦门、宁波、上海等五处港口，贸易通商无碍"④。根据该规定，英国商民及其家眷取得了在中国通商各口旅居与自由通商的权利。不过，这还没有达到殖民者的意图。当时英国全权代表璞鼎查的本意，是要在五个通商口岸任英人"自择基地，建造夷馆"。故在条约订立之后，璞鼎查等立即去上海实地查勘，选定了上海县城以北及以东濒临黄浦江的一

---

① 费成康：《中国租界史》，上海社会科学院出版社1991年版，第384页。
② 毛泽东：《中国革命和中国共产党》，《毛泽东选集》（第二卷），人民出版社1991年版，第628页。
③ 参见费成康《中国租界史》，上海社会科学院出版社1991年版，第10页。
④ 徐公肃、丘瑾璋：《上海公共租界制度》，蒯世勋《上海公共租界史稿》，上海人民出版社1984年版，第18页。

片土地。经过多次交涉，中、英双方在1843年12月大体划定了相关区域，即"东以黄浦江为界，北以吴淞江为界，南以杨泾浜（后称洋泾浜）为界，西与一片荒地相连"①。界址划定之后，来沪英商即在界内租借土地。当时由于中国官员未自主行使对这一外人居留区域的立法权，而是贸然地让英国领事来会订有关租地办法等一系列法规，会商时又屈从英人的侵略性要求，从而使中国在当地的主权被侵夺。更有甚者，上海道宫慕久将这些法规分别出示，1845年11月29日，还将拟订完毕的23条法规汇总成章程，即《上海租地章程》②，从而推进了租界及外人特权的制度化发展。章程规定，在这一英人租地内，实行"华洋分居"，界内土地专供洋商租借；界内实行土地买卖的特殊的"永租制"，界内的市政建设权均归外人，界内的外国人拥有一些征税权。③

在上海英商租地划定后不久，法国人也开始了在上海租地的活动。1848年7月，法商雷米向驻沪法国领事敏体尼提出了租地建屋的要求，敏体尼随即要求上海官府承允。通过威胁、恫吓，于当年11月，迫使新任上海道麟桂答应其要求，经过几个月的交涉后，1849年4月6日发布告示，确定了法人租地界址。④ 因中法《黄埔条约》（1844—10）规定，对法人在五口的"房屋间数、地段宽广"不加限制，因而该告示又明确宣布"倘若地方不够，日后再议别地，随至随议"⑤。上海法人租地的开辟，开了列强在同一通商口岸分立居留地的恶例，一个通商口岸多个外国租界并存的状况也由此发端。⑥

此间，美国人也蠢蠢欲动。包括美国领事在内的抵沪美国人，最初都是入居英人租地的。但是从1848年开始，以文惠廉主教为首的美国圣公

---

① 费成康：《中国租界史》，上海社会科学院出版社1991年版，第11—13页。
② 又称《土地章程》或《地皮章程》。
③ 参见费成康《中国租界史》，上海社会科学院出版社1991年版，第15页。
④ 即南至上海北门外的城河，北至洋泾浜，西至关帝庙、褚家桥，东至广东潮州会馆沿河至洋泾浜东角。
⑤ 吴馨、江家湄修，姚文柟纂：《民国上海县志》（第14卷），上海书店1991年据1936年铅印本影印，第221页。
⑥ 参见费成康《中国租界史》，上海社会科学院出版社1991年版，第18页。

会传教士，打着建造教堂的幌子，在虹口置地建房。经过反复交涉，他们在虹口居留一事最终获得上海官府允准。只因文惠廉并非美国官方代表，双方没有订立正式协定。

在这三个面积达数千亩的居留区域，外人拥有众多的特权，一旦中国发生重大事变、上海官府丧失控制这些区域的力量，他们就能完全按照自己意愿统治这些地区。比如，1853年春，太平军攻占南京、镇江，呈现席卷江浙之势时，阿礼国等人即召集会议，决定组织义勇队，成立协防委员会，并宣布外人租地在战争中保持"中立"，禁止清军或太平军入内。当年9月，小刀会夺取上海县城，县令被杀。在此乱局之下，半年后，驻扎在租地附近的清军被英、美军队及义勇队武力驱走。于是，中国官府不能再"过问外人租地内任何日常行政事务，连界内的中国居民也完全受外人的行政管理，一度还受他们的司法管辖"。而且，外人还竭力"通过立法途径来确认他们新夺得的侵略权益"。① 以至于到1854年，上海的外人租地发展成拥有独立的市政机构及警察武装，完全摆脱中国政府行政管理而由外人实行属地管理，形成了"国中之国"的租界。

从1855年到1861年，法国领事在上海独立自主地开发法租界，处处显示出其行政管理的独立性，在与"英租界"保持良好关系的同时，明显地表示出法租界已经分立。② 1862年4月，法国驻沪领事宣布，在上海法租界设市政机关，"处理并掌管租界内之一切事务"，③ 使之独自为政，由此成为独立的专管租界（de la Concession Francaise）。而在此期间，英、美两个租界则走向了合并。1863年9月，英、美两租界合并④，称"Foreign Settlement"，经过1899年扩张之后，改称"International Settlement"⑤。上海租界在开辟时面积比较有限，但是经过多次大规模扩张之后，最后成为

---

① 费成康：《中国租界史》，上海社会科学院出版社1991年版，第19页。

② [法]梅朋·傅立德：《上海法租界史》，倪静兰译，上海译文出版社1983年版，第203页。

③ [法]梅朋·傅立德：《上海法租界史》，倪静兰译，上海译文出版社1983年版，第326页。

④ 1863年9月，美租界租地人大会通过决议，将虹口地区的市政管理及其有关的一切权利和义务，移交给英租界工部局董事会。据汤志钧主编《近代上海大事记》，上海辞书出版社1989年版，第195页。

⑤ 即国际公共租界，通称公共租界。

地域宽广、影响深远的城市中心。①

天津租界可以说是列强战争的直接产物，其中多数租界是在外国军队占领天津的情况下划分的。1860年10月《北京条约》签订，天津增辟为通商口岸。当年，英国即率先在天津划定了租界，次年是法国，之后是美国。由于三国的租界都位于海河西岸的紫竹林村一带，俗称"紫竹林租界"。此后，天津各国租界不断地开辟，屡经扩张之后，至1903年被9国列强分割，天津由此成为近代中国租界最多的城市，总面积达23000余亩，相当于天津旧城面积的八倍。②

汉口租界则始于第二次鸦片战争期间。1858年6月签订的《天津条约》，增辟了包括汉口在内的10个通商口岸。1861年3月英国外交官巴夏礼即来汉口，会同汉阳府、县官员划定租界界址，并于当月21日与湖广总督官文委派的官员签订了《汉口租界条款》，划定英租界458亩。之后，在1895年至1898年，德、俄、法、日等国又先后来此开辟租界。经过此番扩张，汉口五国租界的实际面积达到约3300亩。③

此外，在1860年前后，英、法等国还在广州、厦门、镇江、九江等地陆续开辟了租界。而在甲午战败《马关条约》（1895—4）签订后，清政府被迫向日本增开四川重庆、湖北沙市、江苏苏州和浙江杭州等四个通商口岸。之后，日本在杭州、苏州、重庆等地建起了日租界。1900年庚子事变，八国联军侵华后，列强掀起了在华开辟租界的又一狂潮。1900年到1902年，趁八国联军占领天津之机，"俄、比、意、奥"四国强盗趁火打劫，先行军事强占而后迫使清政府承认，在天津海河东北岸开辟了本国专管租界。1902年12月27日，《天津奥国租界章程合同》订立，最后一个在华租界——天津奥租界开辟，面积1030亩。至此，天津共有9国租界对峙于海河两岸，成为外国租界最多的通商口岸。④ 直接受庚子事变影响而开

---

① 参见陈冠兰《近代中国的租界与新闻传播》，中国书籍出版社2013年版，第19页。
② 参见天津市政协文史资料研究委员会编《天津租界》，天津人民出版社1986年版，第2页。
③ 参见汉口租界志编纂委员会《汉口租界志》，武汉出版社2003年版，第41页；参见陈冠兰《近代中国的租界与新闻传播》，中国书籍出版社2013年版，第20页。
④ 参见费成康《中国租界史》，上海社会科学院出版社1991年版，第49页。

辟的租界，还有厦门鼓浪屿公共租界。该租界是清政府欲借英、美等国力量牵制日本，而与日本、英国、美国、德国、法国、西班牙、丹麦、荷兰、瑞挪联盟等九国共同开辟的，也是清政府唯一主动开辟的租界。

由上综述可知，在60年租界扩张史上，先后有9个国家在中国的10个通商口岸开辟了25个专管租界。① 这9个辟有专管租界的国家，连同参与开辟厦门鼓浪屿公共租界的西班牙、丹麦、荷兰、瑞挪联盟，计有13个国家在中国开辟过租界。而从专管租界的分布来看，英国最多有7个，其次是日本有5个，如下表所示。

各国在华专管租界分布数

国家	英国	日本	法国	美国	德国
租界数（个）	7	5	4	2	2
国家	俄国	比利时	意大利	奥匈帝国	
租界数（个）	2	1	1	1	

从租界在城市的分布来看，天津最多有9个，其次是汉口有5个，如下表所示。

各城市租界分布数

城市	天津	汉口	广州	厦门*	镇江
租界数（个）	9	5	2	2	1
城市	九江	杭州	苏州	重庆	上海*
租界数（个）	1	1	1	1	2

注：加*者为有公共租界城市，1863年9月上海的英、美租界合并为公共租界。

后来，上海的英、美租界合并为公共租界，天津的美租界并入了英租界。所以，在20世纪初外国在华租界最盛之时，中国土地上共有22个专管租界，2个公共租界。②

纵观60年租界开辟史，真正的租界开辟年代是四个短暂的时期，即

---

① 这9个国家是英、美、法、德、俄、日、比、意、奥，10个通商口岸是上海、厦门、天津、镇江、汉口、九江、广州、杭州、苏州、重庆等。

② 参见费成康《中国租界一览表》，《中国租界史》，上海社会科学院出版社1991年版，第427—430页。

近代中国四次被列强战败后的时期，租界的开辟可以说是四次战败带给近代中国的又一重创。早期的租界，是外人非法侵夺其居留区域内中国行政管辖权的产物。第二次鸦片战争后开辟的租界，几乎都有条约作为其开辟的依据。可见，租界开辟虽有两途，由租地发展而成的仅占少数。19世纪末，清政府对国际时势有更多了解、对租界危害有更深的认识之后，已不贸然允许外人增辟租界，并以自开通商场来抵制租界。到20世纪初，随着国际形势的变化与中华民族的觉醒，中国政府和中国人民已经开始利用各种机会来收回已辟租界，帝国主义不可能在中国增辟新的租界，租界开辟时代终已结束。[1]

中国收回租界的行动始于1917年。当时，北洋政府利用第一次世界大战国际关系发生巨变的时机，先后收回了天津德、奥、俄租界。而后"经过五卅、北伐和其后的外交谈判及世界反法西斯战争的进行，到第二次世界大战结束时（1945）"[2]，前后历经28年，中国人民利用国际形势的变化，通过坚决的斗争，收回了外国在华的全部租界。

近代中国通商口岸租界一览

城市	租界名	设立时间（年）	面积（亩）	收回时间（年）
上海	公共租界	1843英租界，1863美租界议定界址，随即与英租界合并	33503	1945
	法租界	1849	15150	1945
厦门	英租界	1852	76	1930
	鼓浪屿公共租界	1902	2700	1945
广州	沙面英租界	1861	264	1945
	沙面法租界	1861	66	1945
天津	英租界	1861	6392	1945
	法租界	1861	2369	1945
	美租界	1861（1902并入英租界）	131	1945
	德租界	1895	4200	1917
	日租界	1895	2340	1945

---

[1] 参见费成康《中国租界史》，上海社会科学院出版社1991年版，第54页。
[2] 薛飞：《旧中国的租界与报纸》，《新闻与传播研究》1999年第4期。

续表

城市	租界名	设立时间（年）	面积（亩）	收回时间（年）
天津	俄租界	1900	5474	1924
	比租界	1902	1427	1931
	意租界	1902	771	1945
	奥租界	1902	1030	1917
汉口	英租界	1861	795	1927
	德租界	1895	630	1917
	俄租界	1896	414	1924
	法租界	1896	492	1945
	日租界	1898	622	1945
九江	英租界	1861	150	1927
镇江	英租界	1861	142	1929
杭州	日租界	1896	403	1945
苏州	日租界	1897	483	1945
重庆	日租界	1901	705	1945

资料来源：综合参考张洪祥《近代中国通商口岸与租界》，天津人民出版社1993年版，第330页；费成康《中国租界史》，上海社会科学院出版社1991年版，第427—430页。

二 租界上"洋旗报"的办报空间与条件

作为半殖民地特殊产物的租界，几乎遍及当时各主要通商口岸，对近代中国的经济、政治、文化和社会发展产生过重要而复杂的影响，既加速了中国的半殖民地化，又促进了这些通商口岸及其附近城市的近代化；既是列强控制与掠夺中国经济的基地，又有着促进近代经济发展的积极因素；既是列强侵华的桥头堡与进行思想渗透的据点，又是近代西方文明扩散的基地与西学在华传播的中转站；既是罪恶的渊薮，又是进步活动的中心。[1]确实，租界的存在给近代中国社会带来了广泛而深远的影响，这种影响既有消极的一面，也有积极的一面。比如对中国报业发展的影响非常明显，"在列强迫使清政府开辟租界后，这些地区很快就成为国内报刊创

---

[1] 参见吴士英《论租界对近代中国社会的复杂影响》，《文史哲》1998年第5期。

办最集中、办报自由度最大、报业影响最广泛的区域"①。

从近代中国新闻事业的具体发展情况来看，除北京因为首都之故报业比较发达、广州是最早接触近代报刊的地方之一以外，上海、天津、汉口等地的新闻业之所以比较发达，除了经济、文化、地理等方面的因素，租界的存在与发达是个非常重要的因素。的确"不可否认，租界的存在为近代新闻传播的发展提供了契合的生长点和相对有利的客观环境"②。概括来说，当时租界对中国新闻业的积极影响主要在于三个方面，一则是"重要民营报刊的发祥地和栖息地"，二则"客观上为进步报刊提供了庇护"，三则"传播了近代报业文明"。③

"洋旗报"是中国新闻史上的特殊现象与非常态发展的事物，具有典型的半殖民地色彩，无论是在近代国人自办报刊发端之初，还是在抗日烽火如火如荼之际，"洋旗报"产生于租界环境，也主要在租界环境下生存与发展，在当时"报禁、言禁"森严的环境下，是租界给其提供了一定的生存与发展的空间与条件，比如，租界工商业发展与经济繁荣、人口增长与移民社会的形成、文教繁荣与交通邮政事业的发达，以及"国中之国"的管理空间的存在，等等。

(一) 工商业发展与经济繁荣，提供了必要的物质条件与商业社会环境

租界分布于各通商口岸，通商口岸的商贸活动为其经济发展提供了条件。同时，由于有条约的保障，在当时历史条件下，租界又反过来为当地社会提供相对稳定的安全保障。而且租界始终以保障通商为其基本职能，既保护着外国商民的利益，又在客观上对华商提供了一定的利益维护，这对当地工商业发展与经济繁荣提供了重要的促进作用。

鸦片战争前，清政府仅留粤海关一口对外通商，广州十三行是当时唯一合法的外贸区。五口通商之后，外国对华贸易重心逐渐由广州转移至上海，使其很快地成为华东地区对外贸易的中心，继而成为远东地区的贸易中心。据统计，1843 年上海开埠，次年即有 44 艘英国船只运载价值 50

---

① 艾红红：《租界时空的"新闻自由"及其效应》，《当代传播》2014 年第 1 期。
② 陈冠兰：《近代中国的租界与新闻传播》，中国书籍出版社 2013 年版，第 17 页。
③ 杨莹莹：《略论租界对我国报业的积极影响》，《嘉应学院学报》2008 年第 2 期。

余万镑商品来到上海；1845 年货船进口 62 艘，商品价值翻番，超过 100 万镑，此外还有 19 艘英国船、2 艘西班牙船与 4 艘其他国家船只。① 1851 年上海进出口贸易总额 1470.2 万元，1853 年增至 1720 万元，首次超过广州；1860 年猛增至 8054.5 万元，10 年间增长 5.5 倍。② 1865 年，上海开始取代广州成为对内对外贸易的首要城市，这种地位一直持续到 1937 年。其时，上海的对外贸易总值通常占到全国的 50% 上下，1870 年等年度还曾达 60% 以上。③ 对外贸易的发展，进出口贸易的快速增长，刺激了商业的繁荣，上海商行店铺发展很快，洋行迅速地增加。1847 年，"英租界内已开设 24 家外国商行，建起 25 家商店铺、1 家旅馆和俱乐部"④。1854 年上海有洋行 120 多家，1876 年 200 多家。⑤ 到 1933 年，上海有商业店铺 7.2 万户，其中公共租界 2.28 万户，法租界 1.12 万户，两租界合计 3.4 万户，占全市商业总数的 47%。⑥ 上海通过租界地区进行的对外贸易也始终高踞全国首位。⑦ 工业方面，通过《马关条约》，外国人获得在中国通商口岸开设工厂的特权。其实此前已有一批使用西式机器的近代工厂开工投产。1895 年到 1913 年，在上海开设规模较大的外资机器造船、水电、纺织、食品、印染与卷烟等工厂就达 43 家，资本总计 2325.2 万元。⑧ "一战"爆发后，英、法等国忙于厮杀，日、美两国加紧对上海的投资，华商乘机办起了一批工厂。到 20 世纪 20 年代初，以租界为中心的

---

① 参见潘贤模《上海开埠初期的重要报刊——近代中国报史初篇第七章》，《新闻研究资料》1982 年第 6 期。
② 《伦敦公报》1864 年 9 月 20 日，转引自张仲礼主编《近代上海城市研究》，上海人民出版社 1990 年版，第 121 页。
③ 参见周绍荣《租界对中国城市近代化的影响》，《江汉论坛》1995 年第 11 期。
④ 汤志钧主编：《近代上海大事记》，上海辞书出版社 1989 年版，第 31 页。
⑤ 参见班思德《中国对外贸易史》[T. Roger Bannister: A History of the External Trade of China（1834—1881）]，第 45 页；《英国国会档案》第 6 册，第 277 页；转引自张仲礼主编《近代上海城市研究》，上海人民出版社 1990 年版，第 108 页。
⑥ 参见张仲礼、熊月之、沈祖炜主编《长江沿江城市与中国现代化》，上海人民出版社 2002 年版，第 130 页。
⑦ 参见张仲礼主编《近代上海城市研究》，上海人民出版社 1990 年版，第 123 页。
⑧ 参见上海市机器工业史料组编《上海民族机器工业（上）》，中华书局 1966 年版，第 114 页。

上海地区成为中国最大工业城市。此外，上海金融业、房地产业等也都得到充分发展，上海成为近代中国的经济中心。①

天津素"为水陆通衢，旧有客店在西关外及河北一带，约有数十家。自通商后，紫竹林则添设轮船客栈十余家"②。自开埠后，中外商人不断涌来，天津商业快速发展。1867年，天津的洋货进出口额就超过1000万两，仅次于上海与汉口，居全国第三。③ 此后，天津很快发展为全国重要通商口岸和北方贸易中心，其对外贸易增长也更迅速了。1889年，天津对外贸易总值增至3124.6万海关两，1894年则增加到4427.7万海关两。④ 由于天津教案的影响，1870年之后，界外的西人纷纷迁入租界，紫竹林租界渐成天津贸易、航运中心。而后由于1912年北洋军阀"天津兵变"的影响，华界商人也进一步托庇租界，天津租界从此成为天津市中心区。⑤

有"九省通衢"之称的汉口，因得长江、汉水水运之利，是沟通长江上游和下游的交通枢纽，在开埠之后，随着长江轮船运输业的兴起与京汉铁路通车，其商业城市潜能得到充分发挥。晚清时期，汉口有茶叶、粮食、棉纱、绸缎、五金、颜料、牛皮等近百个商业行业，商家数千户，其中著名的盐帮、茶行、药材行、粮食行、棉花行、油行、牛皮行等商业行帮都有相当规模，各个行业的年贸易额都达到了数百万、上千万元之巨。⑥ 到1917年，外商开办的各种洋行增至160家，工厂增至50家。"汉口市场之繁盛，不特为本省商人所趋集，其各省商总无不有本店或支店设立于其间。"在此发展中，汉口的贸易额不断增长，城市商贸地位也在不断攀升。1902年，汉口对外贸易总值达1亿两，1910年超过1.5亿两，1916年达2

---

① 参见费成康《中国租界史》，上海社会科学院出版社1991年版，第270页。
② （清）张焘：《津门杂记》卷下"客栈"，天津古籍出版社1986年版，第140页。
③ 参见李长莉《近代中国社会文化变迁录》（第一卷），浙江人民出版社1998年版，第117页。
④ 参见李华彬主编《天津港史》（古、近代部分），人民交通出版社1986年版，第81页。
⑤ 参见陈冠兰《近代中国的租界与新闻传播》，中国书籍出版社2013年版，第26页。
⑥ 参见侯祖畬修，吕寅东纂《民国夏口县志》卷十二"商务志"，《中国地方志集成》第3册，江苏古籍出版社2001年据1920年刻本影印，第138—139页。

亿两，超过天津与广州，几与上海并驾齐驱。① 正如清末驻汉口日领事水野幸吉所称：汉口贸易年额"夙超天津、广东，今直位于中国要港之第二，将进而摩上海之垒"②。

"需要是同满足需要的手段一同发展的，并且是依靠这些手段发展的。"③ 租界工商业的发展与经济的繁荣，既产生了对信息传播的社会需求，也为满足这种需求提供了全部的物质条件。正是这样，报刊在租界产生，并随着租界社会经济的发展而不断发展，并扩大生产规模。

上海的第一份报纸《北华捷报》（1850），是一份由字林洋行发行，为商业服务的英文周刊，所刊载内容正是为经销商品而奔忙的外商所关心的行情、船期等新闻和商业信息。后来，"因为外侨和华人商业关系日益密切的缘故，便促进了上海华文报纸的产生"。1861 年，字林洋行出版《上海新报》，其发刊启事即开宗明义地说："大凡商贾贸易，贵乎信息流通。本行印此新报，所有一切国政军情，市俗利弊，生意价值，船货往来，无所不载。类如上海地方，五方杂处，为商贾者，或以言语莫辨，或以音信无闻，此致买卖常有阻滞。观此新报，即可知某行现有某货，定于某日出售。……"由之可见，"上海的华文报纸的发动是由于外商推广营业而起的了"④。

在租界社会经济发展繁荣中，大量以传播新闻与商业信息为目的的报刊不断涌现。商业性报刊也在早期上海租界报刊中占据着主导地位。由这一发展过程，我们可以比较清楚地理出近代报刊发展与商业经济之间的关系，即如秦绍德先生所说，"近代报刊的发展是随着商品经济的发展而发展的"。而且通过比较，秦先生"惊异地发现上海报刊创办的递增和外贸总额的递增，恰恰几乎是同步的"⑤，由此得出上述结论，并绘图直观地

---

① 参见张鹏飞《汉口贸易志》，华国印书局 1918 年版，第 2、5 页，及所附《汉口贸易最近二十年趋势表》。
② 侯祖畲修，吕寅东纂：《民国夏口县志》卷十二"商务志"，《中国地方志集成》第 3 册，江苏古籍出版社 2001 年据 1920 年刻本影印，第 136 页。
③ 马克思：《资本论》第一卷（下），人民出版社 1975 年版，第 559 页。
④ 胡道静：《上海新闻事业之史的发展》，中国传媒大学出版社 2018 年版，第 2 页。
⑤ 秦绍德：《我国近代新闻史探微——兼论香港、上海早期报刊》，《新闻研究资料》1989 年第 4 期。

表示出来，现援引如下：

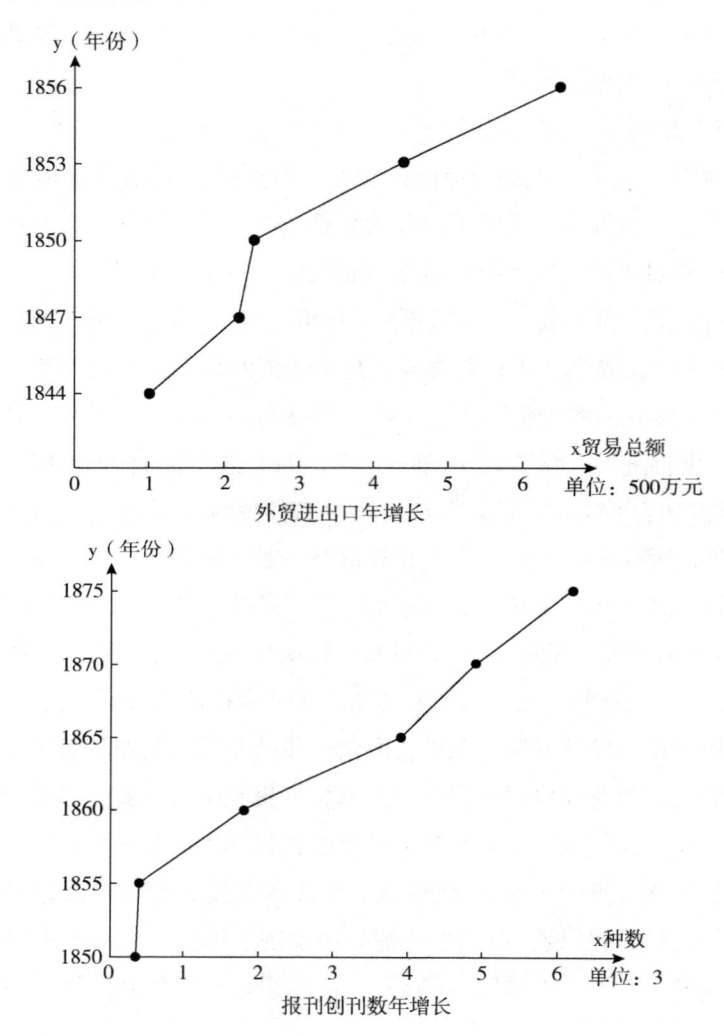

通过两图的比较，我们确实看到：报刊创刊的数量与外贸进出口两者的年增长是呈正相关关系的。但是，因为"商品经济的活跃、贸易的发展对传播媒介的需求，有一个反映的过程"，所以两者的发展态势也略有不同，即"外贸总额增长的年份略超前一点，报刊的增长滞后一点"。①

---

① 秦绍德：《我国近代新闻史探微——兼论香港、上海早期报刊》，《新闻研究资料》1989年第4期。

随着租界商品经济的发展，商业性报刊不断增多，刊期缩短，生产规模也在扩大。如，1850年上海第一报《北华捷报》创刊时为周刊，每期对开1张，共4版。1861年《上海新报》初创时也是周刊，期出对开1张4版，半年后就改为周三刊。1872年《申报》初创时就是两天一期，第5期即改为日刊，日出8版。当年7月《上海新报》也改为日刊。综合起来看，这些商业性报刊都有三个方面的特征。其一，都是由商业机构（商号、洋行）或商人所办。比如，《北华捷报》《上海新报》都是字林洋行办的，《申报》则为英国商人美查等四人所办。美查原为经营茶叶、缫丝商人，办《申报》也是当作生意经营的。其二，报纸是为满足社会对信息，特别是商业信息的需求。无论是《上海新报》还是《申报》《新闻报》等，内容主要是反映社会动态的新闻及与商业贸易直接相关的行情、船期、广告。其三，都是以商品形式传播于社会。[1] 发行、招揽广告，搞多种经营以扩大市场等。

从当时商业性报刊的特点，我们可以看到报刊与商业经济发展之间紧密的互动关系。同时，透过广告这一典型的商品经济范畴中的事物，也能很生动地呈现出这种互动关系。租界繁荣的商业活动，滋生出强烈的商业信息需求与商业信息传播的内在驱动力，从而为报刊发展提供了足够多的广告。如上海第一份中文报纸《上海新报》，期出对开一张四版，第一版就是广告，第三版是广告、船期与行情表，刊登广告量很大。而《申报》上广告、行情、船期等方面的内容，几乎占据其版面的一半。广告对于商业性报刊与商业经济的意义都是双重的，一方面，满足了商业活动的要求，扩大了报纸的读者和广告客户；另一方面，广告成为商业性报刊收入的主要来源，支撑和促进其发展壮大。[2] 商业报刊通过刊登广告、行情、船期为其提供经济血脉、内容支撑的同时，也满足了租界经济社会的信息传播需求，促进其商业经济的发展。

可见，租界报刊的产生与大量生产，不仅是对当时租界社会信息传播

---

[1] 参见秦绍德《我国近代新闻史探微——兼论香港、上海早期报刊》，《新闻研究资料》1989年第4期。

[2] 参见陈冠兰《近代中国的租界与新闻传播》，中国书籍出版社2013年版，第28页。

需求的反应，还是其与经济社会良性互动的结果。租界工商业的发展，既使新闻事业的产生成为必要，又为其产生发展准备了物质手段，同时还为其继续发展创造了提升空间。在商业经营中，商人们既需要尽快了解远方商品价格与行情，又需要快捷地传播其商品信息。因这种需要的促发，不但商业性报刊不断发展壮大，而且时效性更强的无线电台也在20世纪20年代出现了。1923年1月，"大陆报—中国无线电公司广播电台"在上海租界创办，标志着中国广播事业的诞生。在当时条件下，虽以音乐节目为主，但按其创办人奥斯邦（E. G. Osborn）所说的："我们要以人所能达到的最快速度在空中传布新闻消息、证券交易和汇兑价格"[1]，可见，它并不是专为播送音乐而诞生的。次年5月，美商开洛公司在上海法租界办的广播电台，节目内容就包括了汇兑市价、钱庄兑现价格、小菜上市、新闻、音乐、名人演讲等，[2] 而且"举办无线电常识演讲，借以推销收音机"[3]。

（二）移民社会与文教事业的发展，准备了必要的受众市场

商品生产需要消费市场，报纸的刊行与发展同样需要受众市场——读者群体，而且报刊的读者既有量，又有着质的要求。租界的城市化、商业化及其文教事业的发展，为租界报刊读者群体的形成提供了基础条件与继续发展的空间。

从当时发展来看，租界的开埠与商业经济的繁荣，吸引了大量的人口，中国人与外国人，商人与买办、传教士、官绅、富豪、细民、工人、旧式文人、冒险家乃至地痞流氓，各色人等汇聚在租界，形成一个移民社会。近代上海就是这样形成的典型的移民城市，无论华界还是租界，几乎全国各省市世界各大洲主要国家的人都有，[4] 形成了"五湖四海""五方

---

[1] 《无线电舞蹈》，《大陆报》1923年1月21日，转引自上海市档案馆、北京广播学院、上海市广播电视局合编《旧中国的上海广播事业》，中国广播电视出版社1985年版，第4页。

[2] 参见《〈申报〉关于开洛公司广播电台申报馆分台开始播音的报道（1924.5）》，上海市档案馆、北京广播学院、上海市广播电视局合编《旧中国的上海广播事业》，中国广播电视出版社1985年版，第16页。

[3] 方汉奇主编：《中国新闻事业编年史·上》，福建人民出版社2000年版，第993页。

[4] 参见邹依仁《旧上海人口变迁的研究》之表22、表23，上海人民出版社1980年版，第114—115页。

杂处"且"客籍多于土著"的人口格局。① 土生土长的上海人很少，大约占20%，其余80%均为外地移民。② 综观上海人口发展史，以开埠前后的1850年为界，前一时期的特点主要是自然增长，后一时期则主要是人口迁入。③ 很明显，开埠后人口增长很快，所增移民人口也主要在租界。1852年即开埠初期，上海人口为544413人，到1910年则达1289353人，其中华界人口671866人，公共租界为501541人，法租界为115946人。④从上海移民的构成情况来看，一是来自英、美、法等西方国家和日本等东南亚国家的国际移民；二是来自国内各省，特别是江苏、浙江、广东、福建、安徽等省的国内移民。⑤

国际移民情况，"19世纪中叶，在中国条约口岸总计大约有500名外国人，他们的工作主要在将近200个商行里。……其中半数来自英伦三岛，另外四分之一来自印度……美国人数目上少些，然而他们的航运业仅次于英国，他们在上海的贸易量几乎达到一半"⑥。直到20世纪10年代，这种状况才发生变化，即日本侨民人数后来居上。1870年，日本人在公共租界及界外仅有7人，1880年增至168人，1885年达595人，居第二。到1915年超过英侨2000多人而位居第一，"从此常居第一，为数且是固定的增加倾向"⑦。从总的外侨增长态势来看，从1843年至1942年的一百年里，上海外国人口从26人增加到150931人。⑧ 国际移民增速很高，不

---

① 参见黄苇、夏林根编《近代上海地区方志经济史料选辑 1840—1949》，上海人民出版社1984年版，第304页。

② 参见忻平《从上海发现历史：现代化进程中的上海人及其社会生活：1927—1937》（修订版），上海大学出版社2009年版，第26页。

③ 参见忻平《从上海发现历史：现代化进程中的上海人及其社会生活：1927—1937》（修订版），上海大学出版社2009年版，第27页。

④ 参见邹振环《清末的国际移民及其在近代上海文化建构中的作用》，《复旦学报》（社会科学版）1997年第3期。

⑤ 参见忻平《从上海发现历史：现代化进程中的上海人及其社会生活：1927—1937》（修订版），上海大学出版社2009年版，第42页。

⑥ ［美］费正清编：《剑桥中国晚清史》（上卷），中国社会科学院历史研究所编译室译，中国社会科学出版社1985年版，第246页。

⑦ 上海通社编：《公共租界沿革》，载《上海研究资料》，上海书店1984年版，第143页。

⑧ 参见邹依仁《旧上海人口变迁的研究》，上海人民出版社1980年版，第68、147页。

过人口占比较低，如1900年上海两租界总人口44万余人，外侨7396人，约占1.7%。① 即便后来人数增至15万多人，所占比例也基本上保持着这种较低的状态。在上海移民中，外侨比例虽小，但是影响很大。②

这些来华外侨主要是经商、谋职的移民，或者是前来避难或冒险的移民。但是，不管出于何种目的、以何种身份来到异域，他们在新的环境下生存与发展，需要加强交往、了解并适应外部环境。"新闻是人们在做调整以应对新环境时所需要的一种应急信息，人们靠它来改变旧的习惯，形成新的观点。"基于此，移民报刊可以像催化剂一样推动移民的适应与同化。帕克在研究美国移民报刊时发现，"为什么移民在美国比在国内阅读更多，一个原因是他们需要知道更多事态的变动"③。而且，"对新环境的陌生加强了他们对原有亲属关系的依恋"，譬如，有了移民报刊，"分散在全美洲和全美国各地的本民族成员可以保持联系与相互理解"④。因而，"外来移民对应的外文报纸、期刊出版和阅读量，要高于在自己国家同等人口对应的报刊数量"⑤。帕克的这一研究发现也可用来解释19世纪中叶上海外文报刊的出现，以及后来中文报刊兴起的情况。

正如胡道静所说："上海能够有和开始有现代新闻纸的原因：当年外侨远适异域，在东方的一个不同文化的地域上造成了他们的新社会，在这一个团结之间，就少不了一种新闻纸来做链索"，"外人办报纸，不过要

---

① 参见熊月之《论上海租界与晚清革命》，唐振常、沈恒春主编《上海史研究》（二编），学林出版社1988年版，第4页。

② 参见陈冠兰《近代中国的租界与新闻传播》，中国书籍出版社2013年版，第31页。

③ [美]罗伯特·E. 帕克：《移民报刊与社会控制》，陈静静、展江译，中国人民大学出版社2011年版，第9页；参见刘海龙《连续与断裂：帕克与传播研究芝加哥学派神话》，《学术研究》2015年第2期。

④ Robert E. Park, *The Immigrant Press and Its Control*, New York: Harper and Brothers Publishers, 1922, pp. 49, 55. 参见胡翼青《超越功能主义意识形态：再论传播社会功能研究》，《现代传播》（中国传媒大学学报）2012年第7期。

⑤ [美]罗伯特·E. 帕克：《移民报刊与社会控制》，陈静静、展江译，中国人民大学出版社2011年版，第7页；参见刘海龙《连续与断裂：帕克与传播研究芝加哥学派神话》，《学术研究》2015年第2期。

做侨民间呼应的机关"①。

胡道静此说偏重新闻纸作为外侨"链索"与"呼应机关"的意义，不过却给我们理解当时报刊的产生与发展提供了一个"历史"关切的视角。事实上，当时报刊的出现与发展，既源于移民（包括国际、国内）相互沟通乃至相互依恋的需要，而在当时租界工商业发展与移民社会不断扩展的背景下，更是缘于对外交往以了解并适应新环境的需要。所以，上海开埠后的第一份报纸《北华捷报》（1850）第一号的内容，就是157个侨沪外国人的名单和美国海船"望海号"到岸的消息。而之后《上海新报》《申报》等商业中文报纸，其新闻、行情、船期与广告的内容建构，既强化了外文报刊满足移民社会交往与适应环境需要的内容结构，更是迥异于之前及同期的宗教性报刊，其原因便是大量国内移民涌入，外国人与中国人的交往日益增多、日益紧密。

在租界人口发展中，国内移民的增速不及国际移民，但是其人口增量远非外侨可比。这一情况，对后来租界报刊结构的影响是非常明显的。

实际上在华设立租界，外国领事本意是要租界所有土地由外侨收买，使之成为外侨居住的专属区域。如1845年《上海土地章程》写明，"该地域内的本地人民，不得将房屋相互租赁，或再行建造房屋，以租与华人商贾""外商不得建造房屋以租与华人或供给华人之用"。按此规定，华人无权在租界内居住。除了外侨雇佣者，其他华籍人士皆不许在租界居住。所以到1853年，租界内只有500位华人，其中大部分是洋人的家仆。②

不过，这种情况很快就被改变了。在战乱频仍的环境下，租界成为避难之所，流民潮涌而入。1853年小刀会起义，上海县城居民及邻近地区地主富商纷纷涌入租界躲避，开启了租界华人激增模式。"1854年，大批难民离开刘、陈阿林匪帮占领的县城，涌入两个租界。洋泾浜北边的中国居民，在县城被占领前，只有500人左右，现……已剧增到两万以上。"③而在1853年太平天国定都南京之后，席卷东南，江浙等地流民大量涌入

---

① 胡道静：《上海新闻事业之史的发展》，中国传媒大学出版社2018年版，第1页。
② 参见吴圳义《清末上海租界社会》，文史哲出版社1978年版，第6页。
③ [法]梅朋·傅立德：《上海法租界史》，倪静兰译，上海译文出版社1983年版，第134页。

租界，致使"街市之间，肩摩趾接，居室则器杂湫隘，荒地亩辄百余金"①。洋商抓住这一发财良机，建房造屋租与难民。而在洋商的压力下，租界官方也终许可，华人只要按规定条件就可在租界内定居。②此后，更掀起了华人涌入的热潮。到1865年，据法租界与公共租界的人口调查，当时两租界共有外国人2757人，中国人146052人。③此后经1911年辛亥革命、1924年军阀齐燮元与卢永祥之战、1932年"一·二八"淞沪抗战、1937年日本发动全面侵华战争等，租界人口数次激增。到1942年，两租界人数达244万余人，其中华人239万，占98.0%。④

除了为躲避战乱所驱使，涌入租界的移民还有相当部分是因租界工商业发展与经济繁荣提供的机会所吸引。正如上海海关税务司斐式楷（R. E. Bredon）所说：在上海的中国人中有许多外地人，他们被各种就业机会吸引过来，"职员、外语通、经营广州零星装饰品的商人和餐馆的老板等，主要是广东人。买办、仆役、船员、木匠、裁缝、男洗衣工、店员则主要来自宁波。侍候外国妇女的大多数女佣以及本地人商店的刺绣工和妇女头饰工是苏州来的。南京的男子经营缎子、玉石、钟表和钻石生意。上面最后提到的几种商品的经营者同毛皮商人一样，很多是回教徒"。⑤当时的工业发展与工人数量增长也说明了这一情况。据上海公共租界工部局1935年的年度报告，1934年，公共租界设立工厂3421家，工人170704名，华界有工厂2676家，工人245664名。⑥

天津、汉口租界发展较晚，无论从人口增长速度还是规模都不及上海，不过情形相同。即随着租界的扩张与发展，人口不断增加，移民社会不断地发展。工商业发展与战乱，是促使其人口增长的两大因素。

---

① 《创建上海江宁七邑公所碑》，上海博物馆图书资料室编《上海碑刻资料选辑》，上海人民出版社1980年版，第397页。

② 参见陈冠兰《近代中国的租界与新闻传播》，中国书籍出版社2013年版，第33页。

③ 参见汤志钧主编《近代上海大事记》，上海辞书出版社1989年版，第214页。

④ 参见邹依仁《旧上海人口变迁的研究》，上海人民出版社1980年版，第91页。

⑤ 徐雪筠等编译：《上海近代经济发展概况：1882—1931〈海关十年报告〉译编》，上海社会科学出版社1985年版，第21页。

⑥ 参见［美］墨菲（R. Murphey）《上海——现代中国的钥匙》，上海社会科学历史研究所编译，上海人民出版社1986年版，第202、203页。

汉口租界始于1861年英租界的开辟，当时来汉外人100余人都居住于此，1864年，外侨增加到300人。1895—1917年，汉口租界数量、面积迅速增加，来汉外商也更加多。武昌起义期间，汉口租界成为中立地区，中国商民纷纷到租界设厂开店，人口速增。1917年中国对德宣战，德租界收回，不久俄租界也被收回，英租界于1927年收回，剩下法租界与日租界，而日本人利用列强在华消退之机大肆扩张其在汉力量。到1937年，旅汉外侨3938名，日侨1984人，占50.4%。1938年8月，中国政府收回日租界。汉口租界中仅剩法租界，在战火烧至华中地区之际，当地中国政府机构与普通商民都将其视作避难所，机关、银行、商店等纷纷迁入。1937年底，法租界中国人2907户、22651人，比上年增加1077户、7761人。到日军侵占武汉后的1938年底，中国居民增至4369户、47081人。实际人数还要更多。①

天津的租界都为各国专管租界，而且与上海一样，早期租界是不准中国人居住的，但是随着租界的扩展与城市人口构成变化，中国人也成为租界的主要居民。1870年天津教案后，外侨纷纷迁入租界，加快了紫竹林租界的发展步伐，进而成为城市经济中心，码头、洋行、工厂、银行林立，吸引了大批人口前来。1895年开始，天津租界进入全盛时期，人口不断增长。据1911年调查数据，天津各租界人口共50046人，其中外侨6304人，中国人43742人，占87.4%。②

一方面，租界工商业的发展与经济的繁荣为文教事业的发展提供了物质基础；另一方面，租界人口的增长、移民社会的形成，也给其文教事业发展提供了动力与条件。

首先，租界汇集了不少高素质的移民。一则，在租界数以万计的国际移民中，不少人文化程度较高，"大多是商界巨擘和智识领袖"，"在华的外侨较比在他国的一般外侨分子要优秀些"。③ 二则，在移居上海租界的

---

① 参见费成康《中国租界史》，上海社会科学院出版社1991年版，第290—291页。
② 据《天津租界口数调查表宣统三（1911）年》统计。参见天津档案馆、南开大学分校档案系编《天津租界档案选编》，天津人民出版社1992年版，第574页。
③ 赵敏恒：《外人在华的新闻事业》，中国太平洋国际学会1932年版，第4页。

中国人中，江浙籍为多。江浙之地，人文荟萃，戊戌之后，不满政府腐朽统治的各地文人士子络绎来沪，更使其成为文化重镇。加之在当时时局下，为租界的影响所致，更多文化界人士前来，使租界社会民众文化素质得到整体的提高。

其次，租界文教事业相对而言也比较发达，中外人士特别是传教士在租界办起较多的大、中、小学校和报刊、出版社、研究社等文化机构。

1861年京师同文馆和1862年上海广方言馆设立，近代教育发端，但是发展缓慢。到19世纪90年代，国人所开新式学堂仅25所。在1895年以前，"学堂仅仅分布于沿海7省"，而且"新式学堂仅存在于少数口岸城市"，一个重要原因即在于有租界的存在。[1] 但在义和团运动惨败、1905年废科举之后，情况迥异，新式学堂取得长足发展，学生激增。1902年学生仅6912人，但短短数年剧增236倍，1909年高达1638884人，1912年又增至2933387人。[2]

新式教育是从上海发端的，后来上海新式学堂的发展也较典型，量也多。上海从开埠到1935年，天主教开办中小学170所，基督教办中学21所（1936年统计数）。[3] 此外，外国传教士还在越界筑路区和租界内开办了圣约翰大学、震旦大学、东吴法学院等高等学校。租界工部局也办起了不少外侨学校和华人中小学，1931—1940年，公共租界工部局办有7所外侨学校，5所华人中学，7所小学，4所夜校。法租界公董局办有中法学校、法国公学及数学小学校。[4]

在汉口租界，中外人士也办起不少学校。据1914年调查数据，当时汉口有各类学校30所，学生1804人。[5] 英租界、俄租界内各有学校20多

---

[1] 参见桑兵《晚清学堂学生与社会变迁·绪论》，广西师范大学出版社2007年版，第2—3页。
[2] 参见《宣统元年份教育统计图表》；《中华民国第四次教育统计图表》，转引自桑兵《晚清学堂学生与社会变迁·绪论》，广西师范大学出版社2007年版，第2页。
[3] 参见上海租界志编纂委员会《上海租界志》，上海社会科学院出版社2001年版，第113页。
[4] 参见上海租界志编纂委员会《上海租界志》，上海社会科学院出版社2001年版，第489、493—494页。
[5] 参见徐焕斗《汉口小志·教育志》，第1—4页，转引自张仲礼、熊月之、沈祖炜主编《长江沿江城市与中国现代化》，上海人民出版社2002年版，第481页。

所，德、法租界内各有十余所，日租界内有近10所。租界区还有明德大学，以及一些私塾，1930年租界区有私塾14所。① 天津租界学校建立很早，各类学校也发达，有教会办学也有普通私人办学。在20世纪初，随着租界的扩展，租界当局为扩大影响、造就服务租界的青年，兴起办学，促进了天津中、小学教育的发展。民国以后，天津地方政府在租界开补习学校，推广社会教育，进一步推进了教育事业的发展。②

文教事业的发展，使租界及其周边人口文化素质逐步提高。文化素质的提高，使其思想观念更为开放，易于接受西方文化与事物，这就给近代报刊准备了读者群体。加上近代工厂的开办，雇佣工人中也逐渐产生出具有一定文化素质的技术工人，也推动着读者群体的发展。如据20世纪30年代的统计，305户工人家庭支出中有学费支出的占22.3%，有书报费支出的占33.8%。③ "作为大众传播媒介的报纸的诞生，除依靠大量印刷的机械技术外，还必须获得相应的大众读者层。"大众读者群是随18世纪末的产业化而形成的，产业革命和资本主义经济的发展，造就了大批工人。"产业化促进了都市化，都市人口的增多成为都市报纸读者增多的前提条件。这些识字的都市工人们，随劳动条件改善、生活水准提高而逐渐成为巨大的信息需求层，成为19世纪作为大众传播媒介登台的大众报纸的几万乃至几十万读者。"④ 租界情况虽有特性，但在读者群体与受众市场准备上亦有如此共性。

我们由上海、天津、汉口等地租界情况可知，"租界开埠后最早都由外侨居住，随着各国移民的到来，逐渐形成了外侨社会，租界最早出现的近代报纸主要是由外侨创办的外文报刊"⑤。后来，随着华人涌入，外侨与华人交往日渐密切，中文报刊也就创办起来，后来发展势头也盖过了外文报刊。

---

① 参见汉口租界志编纂委员会《汉口租界志》，武汉出版社2003年版，第206、299页。
② 参见《天津通志附志·租界》，转引自陈冠兰《近代中国的租界与新闻传播》，中国书籍出版社2013年版，第39页。
③ 参见上海市政府社会局编《上海市工人生活程度》，中华书局1934年版，第107页。
④ ［日］竹内郁郎：《大众传播社会学》，张国良译，复旦大学出版社1989年版，第24、25页；吕民生：《市场经济中的新闻媒介》，《新闻记者》1993年第8期。
⑤ 陈冠兰：《近代中国的租界与新闻传播》，《新闻与传播研究》2008年第1期。

(三) 交通与邮政事业的发展，提供了必要的交通、通信条件

人类新闻传播发展的历史，就是不断突破人类新闻传播时空局限的历史，而在进入现代大众传播发展阶段以后，空间局限的突破成为主导趋势。新闻传播空间的延伸与拓展，则有赖于交通、通信条件的发展。就是这样，"现代报纸依靠迅捷的传播媒介（电报和电话）和快速的运输工具（铁路），以便迅速收集新闻，并在辽阔的地域里迅速地发行"[①]。

新闻信息的采集与报刊发行，最初立足点在本埠，所以当地陆路交通是发行基础，而在对外联系与市场拓展上，则有赖于长途汽车、省际交通，以及河海与航空交通的发展。租界都设在通商口岸，一般地处沿海、沿江，有航运之便，特别是随着商贸活动的发展，这些地区的航运事业也发达起来。

从城市交通来说，开埠后，租界当局即着手规划和打造区域陆地交通，19世纪60年代后发展速度越来越快。在租界带动下，华界也开始改建马路，将旧城与租界、华界相连。城市交通网络形成后，公共交通开始发展，小车、马车、人力车、三轮车、自行车等各种交通工具不断增多，如1874年华界、租界有小车近3000辆。马车是从国外引进的，1906年，公共租界有捐照马车1687辆，其中711辆为出租马车。[②] 1908年第一辆有轨电车从静安寺路沿南京路向外滩开去，标志着上海现代公共交通的"公众乘物"时代的到来。[③] 天津、汉口的城市交通在19世纪末20世纪初也得到很大发展。在1904年，天津出现电车，奥租界成立了电车公司。[④] 电车的出现，促进了人口流动，华界与租界交往日密，同时改变了城市的空间结构，民国后，不到20年时间，城市商业中心迅速由华界转

---

① ［法］加布里埃尔·塔尔德著，［美］特里·克拉克编：《传播与社会影响》，何道宽译，中国人民大学出版社2005年版，第39页。

② 参见廖大伟《华界陆上公交的发展与上海城市现代化的演进（1927—1937）》，苏智良主编《上海：近代新文明的形态》，上海辞书出版社2004年版，第197页。

③ 参见《上海市公用局局长徐佩璜讲话》，载《上海市年鉴》（下），中华书局1936年版，第22页。

④ 参见尚克强、刘海岩主编《天津租界社会研究》，天津人民出版社1996年版，第77页。

移到租界地区。①

租界与华界的交通便利，报刊便可经由报贩在较短的时间内，迅速从报馆或发行点分送至租界的大小街面，到达读者手里。经由租界书信馆派送的报刊，亦可在当天或次日迅速送至各订户。②

到20世纪二三十年代，上海的长途汽车业也进入一个新阶段，郊县与省际公路客货运输十分兴旺。1928年南京政府制订了"全国国道计划"，1932年五省市联络公路先后完成，对于开辟上海与邻省及内地的现代陆上交通有积极的促进作用。"铁路、航运、航空全面开通，京（宁）沪铁路与沪杭甬铁路成为联结上海与全国的主要铁路干线。"③租界新闻传播业向外地辐射的范围更大了。

上海地理位置与交通条件得天独厚，沿海可与南北各港相通，溯江而上可与长江流域广袤腹地的城市乡村相连，这对近代报刊的传播极其有利，上海报刊因而可与全国各地发生密切联系，扩大影响，如《申报》《新闻报》不但发行到附近县区及苏杭一带，而且远达内地。近代铁路、公路与水路交通业的发展，使传递更加便捷、迅速。但"尤其让人注视的新时代工具之运用，是民用飞机航线的增辟，而新闻纸以飞机运输就解除了一切的空间的限阈"④。20世纪二三十年代长江沿岸诸城市相继开辟出空中航线，统称沪蜀线，沿线航站分设上海、南京、安庆、九江、汉口、沙市、宜昌、万县、重庆、成都10处，从上海到汉口及由汉口到重庆都只需要7个小时。⑤

在航空运输中，一项重要业务就是新闻纸的寄运。当时上海有一家"上海航空新闻社"，创办于1931年，它代理输送报纸，能当天将上海各

---

① 参见尚克强、刘海岩主编《天津租界社会研究》，天津人民出版社1996年版，第78—79页。
② 参见陈冠兰《近代中国的租界与新闻传播》，中国书籍出版社2013年版，第47页。
③ 忻平：《从上海发现历史——现代化进程中的上海人及其社会生活：1927—1937》，上海人民出版社1996年版，第389页。
④ 胡道静：《上海新闻纸的变迁》，载上海通社编《上海研究资料》，上海书店1984年版，第384页。
⑤ 《民国二十四年交通年鉴》之《民用航空编·中国航空公司》，转引自张仲礼、熊月之、沈祖炜主编《长江沿江城市与中国现代化》，上海人民出版社2002年版，第446—447页。

种报纸寄到沪平、沪汉、沪粤三线通航各埠;次日寄到汉渝、渝蓉、西北三线通航各埠。"这样的迅速,自然是标准化现代交通工具使用之功。"① 1932年秋,中国航空公司因为运发报纸数量增多,为减省手续,推广业务,于是与上海航空新闻社联手,订立承运合同。"新闻纸之航空运递,多由上海运往各埠,各埠运入上海者实少。在上海运出者,复以经由沪蜀一线为多。"②

从上海航空运往各地的新闻纸件数逐年上升,1931年为4502件,1932年为7491件,至1934—1935年度达12380件。③ 航空邮递既能使上海出版的报纸远销内地,扩大影响,又能把各地政治经济、社会文化等信息快速传给报刊采纳与发表,④ 一举两得,促进了上海新闻事业的发展。

航空运报还促生了报刊分印之法。因"运费过巨,且飞机载重的份量也有限",有报馆想出一个"令人惊叹的运输方法","汇合了现代印刷工具交通工具联用成的奇迹"。当时上海一家销数最大的报馆,"每晨把纸型多铃一副,日升之际,就交由沪汉机飞送汉口,在汉口,他设了一个印刷部,接得了纸型,立刻翻成铅版印刷,于是,轻巧的一副纸型,就变成可以任意多少的报纸。同时,长江上海各埠及内地的报纸,既由该报的汉口印刷部分送抑且由该报独占了"⑤。

与交通一样,邮传条件与制度影响甚至制约着现代报刊的流动速度与传播面向。中国古代邮驿制度起始于西周,发展至清代,形成了比较发达的邮传系统。清代全国邮驿组织有驿站两千多个、驿夫七万多名、递铺一万四千多个、铺军四万多名。⑥ 邮传网络四通八达,规模大,传递速度

---

① 胡道静:《上海新闻纸的变迁》,上海通社编《上海研究资料》,上海书店1984年版,第384页。

② 《民国二十四年交通年鉴》之《民用航空编·中国航空公司》,转引自张仲礼、熊月之、沈祖炜主编《长江沿江城市与中国现代化》,上海人民出版社2002年版,第446—447页。

③ 参见交通部编《交通部统计年报》,南京大陆印书馆1933年、1935年版,转引自张仲礼、熊月之、沈祖炜主编《长江沿江城市与中国现代化》,上海人民出版社2002年版,第447页。

④ 参见陈冠兰《近代中国的租界与新闻传播》,中国书籍出版社2013年版,第46页。

⑤ 胡道静:《上海新闻纸的变迁》,上海通社编《上海研究资料》,上海书店1984年版,第384—385页。

⑥ 参见刘广生主编《中国古代邮驿史》,人民邮电出版社1986年版,第349页。

快。"清代以前马递传送公文的最高速度，按一昼夜算，一般为四百里至五百里"，清代创造了"一昼夜跑行六百里，以至八百里的最高水平"。如"由北京至乌鲁木齐（8500余里）的紧急军报，限半月到达，其速度是相当可观的。"① 18世纪末，马戛尔尼使团来华时，"英国人注意到朝廷的书信来往频繁。建立在庞大的物力组织基础上的邮件传驿使他们大为赞叹"。"骑马送信相当迅速，通常只需10来天时间就能跑完从广州到北京的1500英里路程。""而使团将用80天左右的时间完成这段行程。"② "英国人的钦佩被证明是有道理的：在同一时代，英国邮政创下的最辉煌的成绩远远比不上中国驿传。"即便"在中国建立传驿制度10个世纪之后，由于法国王家邮政部门取得的最新进步"而提速，"法国邮政部门的速度只是中国的三分之一"。不过，佩雷菲特也注意到，"在中国只有官方邮件才这样传送。对于私人邮件，皇家传驿部门除了少数例外都不管，对带的信件则无一例外都要进行检查"③。与英国和整个欧洲"'邮政信件'是为所有人服务的公益部门"大为不同，在中国，邮驿是专供政府使用的，"惟有国家才能通信，而且只是为自己进行"④。

清代邮驿律明确规定"无印信文字不许入递"⑤，所以这种发达的邮驿网络没有用于新闻传播。当时，封建统治者出于对信息传播与思想言论的控制，实行严厉的报禁与言禁，既控制新的传播技术与邮驿网络不被用于新闻传播，又对内容进行控制，政府（允许）刊行的报刊限定了内容模式，即仅为官文书内容。在这种管控制度下，无论是发展得最完备的古代报纸"京报"，还是一直没有合法地位而被钳制的"小报"，都没有可能发展出近代传媒形态。所以，直到1815年，外国传教士把近代报刊引

---

① 刘广生主编：《中国古代邮驿史》，人民邮电出版社1986年版，第321页。
② ［法］佩雷菲特：《停滞的帝国——两个世界的碰撞》，王国卿等译，生活·读书·新知三联书店2013年第4版，第291页。
③ ［法］佩雷菲特：《停滞的帝国——两个世界的碰撞》，王国卿等译，生活·读书·新知三联书店2013年第4版，第292、291页。
④ ［法］佩雷菲特：《停滞的帝国——两个世界的碰撞》，王国卿等译，生活·读书·新知三联书店2013年第4版，第292页。
⑤ 刘广生主编：《中国古代邮驿史》，人民邮电出版社1986年版，第347页。

入中国的时候，中国还是处在古代报刊的发展轨道之中。而且，在近代报刊由外力推动而进入中国数十年的情况下，清政府仍然严防死守，严厉禁止国人办报。

清代邮传网络既没有用于近代新闻传播，也没能朝近代邮政通信事业方向发展。在后来的世界发展大潮中，"中央帝国不仅没有进步，反而在退步；而欧洲通过革新，不断地快速前进。夏普发明的光学电报在1796年启用。10年之后，蒸汽船问世。再过20年，出现了铁路。由此开始了进步路上的你追我赶。而在这场竞赛中，不久前还领头的中国却踏步不前"①。中国近代邮政与交通事业，最早是在租界发展起来的，而将其运用于传递新闻、发行报刊，更是始于租界。②

为适应民间传递需要，虽然在明末清初资本主义萌芽中就"出现了专营民信业的民信局"③，但是到19世纪初特别是鸦片战争之后，五口通商，口岸的繁荣才促进了民信业的发展。"民信局于道光、咸丰、同治间发展至大小凡数千家。"如上海开埠后，"成为中外贸易重镇，于是各信局多至上海设立总局，而于各地分设分局、代办所；又有联号、支店等名目，构成新递传网络"④。当时，"较大信局一般在商业中心开设总号，如上海、九江、汉口、重庆、天津、广州、营口、厦门、汕头等，并各在特定业务活动路线上设立分号"⑤。这种走向近代发展方向的民信局，是在外国人的带动与影响下出现的。

鸦片战争后，随着条约口岸的逐步开放，越来越多的外国人来到中国，他们在华商贸与对外交往活动的开展，需要邮政与交通事业。最初，他们通过快船载送货物和邮件，包括新闻纸。当时，中国沿海的鸦片快船"经常定期地向鸦片接受站供货，这时它们既载运邮件，也载运旅客到条约口岸，更不用说载运香港来的新闻报纸，以及1850年以后载运上海出

---

① ［法］佩雷菲特：《停滞的帝国——两个世界的碰撞》，王国卿等译，生活·读书·新知三联书店2013年第4版，第293页。
② 参见陈冠兰《近代中国的租界与新闻传播》，《新闻与传播研究》2008年第1期。
③ 刘广生主编：《中国古代邮驿史》，人民邮电出版社1986年版，第378页。
④ 马楚坚：《中国古代的邮驿》，商务印书馆国际有限公司1997年版，第135页。
⑤ 刘广生主编：《中国古代邮驿史》，人民邮电出版社1986年版，第388页。

版的《北华捷报》了"①。后来，随着民间特别是商业活动对通信需求的增强，外国人在一些城市（主为开埠城市），利用商船往来便利，开办面向民间通信业务的书信馆。而"所有投寄国外的邮件，都由英、法、美、俄、德、日六国先后自设邮局办理"②。

虽无条约依据，也未经中国政府特许，但是外国邮局还是纷纷在通商口岸开设起来。1862年12月，上海法租界邮政局设立。1864年8月，公共租界工部局信馆新开宝兴信局，专递镇江、九江、汉口、天津等地信件。1865年8月，工部局信馆发布告称，将在南市另立分局，并在各通商口岸及北京设分馆。③ 当年10月，"在大东门内东街设工部信馆分局，专代城内各店铺号商送信上海、汉口、九江、镇江、烟台、大沽、天津、牛庄、北京、宁波、厦门、潮州、福州、东洋、花旗（即美国）金山等处，来往所收书信由工部局总信馆发送至火轮船上，寄往各口"④。上海租界工部局还与外地机构协议合作。如1877年3月，上海租界工部局书信馆与汉口租界工部局董事会达成协议，互相免费投递对方寄至本埠的邮件。⑤ 1894年3月至9月，上海工部局又先后与九江租界工部局、厦门书信馆、福州英租界工部局达成类似协议。⑥

在外人兴办邮政事业的激发下，随着商民通信的大量增加，清政府开始试行官办邮政。1866年12月，北京等四地海关先后设立邮务处，开始兼办邮政。1878年3月，清政府同意海关试办邮政，⑦ 并招商集股，在京

---

① ［美］费正清编：《剑桥中国晚清史》（上卷），中国社会科学院历史研究所编译室译，中国社会科学出版社1985年版，第248—249页。

② 蒯世勋：《上海英美租界的合并时期》，蒯世勋等编著《上海公共租界史稿》，上海人民出版社1980年版，第440页。

③ 参见汤志钧主编《近代上海大事记》，上海辞书出版社1989年版，第183、205、222页。

④ 《上海新报》1865年10月26日，转引自刘志琴主编《近代中国社会文化变迁录》第一卷，浙江人民出版社1998年版，第129页。

⑤ 参见《工部局董事会会议录》第7册，上海古籍出版社2001年版，第587页；陈冠兰《近代中国的租界与新闻传播》，中国书籍出版社2013年版，第42页。

⑥ 参见《工部局董事会会议录》第11册，上海古籍出版社2001年版，第610、651、654页；陈冠兰《近代中国的租界与新闻传播》，中国书籍出版社2013年版，第42页。

⑦ 参见徐建国《清末官办邮政与民信局的关系研究（1896—1911）》，《重庆邮电大学学报》（社会科学版）2011年第1期。

津沪等五处海关设华洋书信馆。是年 7 月 22 日《申报》报道,"兹闻北京、牛庄、天津、烟台、上海等五处,已由官招商合股设立华洋书信馆先行试办","定于本月廿五日开张",此"为将来邮政局之嚆矢"。① 华洋书信馆开在紫竹林新海关旁,由海关税务司经理,"专寄送京都、牛庄、芝罘、上海等南北各口岸来往信件,及内地各处亦可代交妥实"。② 从 1878 年开始,上海、清江、扬州、镇江和苏州华洋书信馆陆续成立。华洋书信馆 1882 年停馆,各海关邮务处仍在。③ 1886 年,清政府欲将海关兼管邮政业务扩大到各通商口岸,为此向上海租界当局提议,要求取消工部局和上海其他外人所设书信局,上海西商总会和工部局屡次拒绝。④ 到 1896 年,共有 24 处口岸设立邮局。⑤ 1902 年,各通商口岸设 33 处总局、309 处分局、388 处支局,除甘肃兰州外,各省均已通邮。⑥ 至 1905 年,官邮已在全国建起总局—分局—支局、代办所的较完整的邮政体系。⑦ 1911 年,邮政与海关分离,设立邮传部,邮政大权仍由英国人控制。1917 年后,随着大清邮政的发展,租界邮局的业务主要保持与其国内的邮政往来。

上海开埠后,所有投寄国外的邮件,都由英、法、美、俄、德、日六国先后自设邮局办理。⑧ 在汉口租界内外,则由英、法、德、俄、日五国先后开办多处官方邮局与代办所,收寄、投送华洋各界的各种邮件。⑨ 1900 年后,海上航运发展迅速,从伦敦经西伯利亚的信函在 14 天内便可

---

① 《新设华洋书信馆》,《申报》1878 年 7 月 22 日第 2、3 版。
② (清)张焘撰:《津门杂记》,丁绵孙、王黎雅点校,天津古籍出版社 1986 年版,第 127 页。
③ 王泽京:《江苏华洋书信馆研究》,《经济研究导刊》2018 年第 7 期。
④ 参见《工部局董事会会议录》第 6 册,上海古籍出版社 2001 年版,第 714 页;陈冠兰《近代中国的租界与新闻传播》,中国书籍出版社 2013 年版,第 43 页。
⑤ 参见仇润喜《天津邮政史料:第 1 辑》,北京航空学院出版社 1988 年版,第 181 页。
⑥ 参见沈阳市邮政局邮政志办公室《中国邮电史料:第一辑》,内部资料,1985 年,第 101—102 页。
⑦ 参见尹学梅《制度、运作与效应:清末国家邮政事业述论》,硕士学位论文,天津师范大学,2005 年;徐建国《清末官办邮政与民信局的关系研究(1896—1911)》,《重庆邮电大学学报》(社会科学版)2011 年第 1 期。
⑧ 参见蒯世勋《上海英美租界的合并时期》,蒯世勋等编著《上海公共租界史稿》,上海人民出版社 1980 年版,第 440 页。
⑨ 参见陈皮《汉口五国租界"客邮"始末》,载《集邮博览》2004 年第 6 期。

抵达汉口。① 这些外国在华办的邮政机构，直到1922年底才全部关闭停业。

邮政事业的发展，对报刊的新闻采集、信息传递与订阅发行起到了很大的促进作用。如上海租界工部局书信馆成立后，租界的报刊都通过它发行，如《北华捷报》《通闻西报》《文汇晚报》等。1866年9月，《北华捷报》即始由书信馆传递，到1867年5月，已传递250多份，"很受公众欢迎，是迅速传递信息非常好的方法"②。汉口开埠、报业发展起来后，民信局也迅速进入、批发寄递报纸。一些报馆甚至托信局捎报纸去外地零售，如未卖完月底再退回报社。③

创刊于1872年的《申报》，在其"申报馆条例"中，谈到了由信局传递、销售报纸的情况："本报之设新报，原冀流传广远，故设法由信局带往京都各省销售。贵信局如有每日趸买一二百张者，请先赴本馆注明入册，以便逐日分送。本馆议价每张六文（定价八文），该价于月底算账时再付。各处不能销售，俟月底仍将新报交回本馆，不取报资。""贵客如欲贩至他处销售，其价钱一切与信局一式，请赴本馆面议可也。"④

当时，上海印刷业集中，报馆也多，外埠信局多是通过上海信局批发寄递。专业的派报社和个人订户也多托信局运递，成为民信业务之一大宗。后来官办邮政所采取的"总包"新闻纸邮寄办法，就是采取民信局的办法。⑤ 当时信局的报刊传递，如《字林西报》，由工部局书信馆工人每天早晨五点半到馆取报，然后给居住租界境内、浦东（华界）以及静安寺（越界筑路区）的订户分送。⑥ 晚报则是每晚七点半前由报馆送到书信馆后在当晚分发，若迟于此时则在次日上午分发。书信馆的这种送报服

---

① 参见《海关十年报告·江汉关，1892—1901》，汉口租界志编纂委员会《汉口租界志》，武汉出版社2003年版，第267页。
② 参见《工部局董事会会议录》第3册，上海古籍出版社2001年版，第571页；陈冠兰《近代中国的租界与新闻传播》，中国书籍出版社2013年版，第43页。
③ 参见陈玉、董玉梅《汉口邮政溯源》，《武汉文史资料》2003年第6期。
④ 戈公振：《中国报学史》，生活·读书·新知三联书店2011年版，第77页。
⑤ 参见刘广生主编《中国古代邮驿史》，人民邮电出版社1986年版，第391页。
⑥ 参见《工部局董事会会议录》第6册，上海古籍出版社2001年版，第713页；陈冠兰《近代中国的租界与新闻传播》，中国书籍出版社2013年版，第43页。

务，取费低廉，几乎是赔本的。① 这对于当时报刊的扩大发行，促进发展无疑是非常重要的。

（四）"国中之国"的管理体系及多元格局下的矛盾罅隙，提供了"庇护"与生存空间

"作为大众传播媒介的报纸的诞生，除依靠大量印刷的机械技术外，还必须获得相应的大众读者层"，而"把这二者联结起来的社会交通网络的发达、出版印刷自由的确立等条件，也是不可缺少的"。② 17 世纪初，现代报刊诞生的时候，普遍处于封建专制集权统治之下，统治者往往通过特许出版制、新闻检查制度、知识税与津贴制、法律制裁等限禁或压制现代报刊的发展。在中国，清政府则是通过严厉的报禁，将现代报刊拒之门外。所以，历两百年之久，国人并无创办现代报刊之举。一直到西方势力进入，特别是鸦片战争之后，西方列强通过不平等条约，强迫开放通商口岸，并在口岸开辟租界，这种情况才发生改变。

如前文所述，租界给现代报刊提供了物质、交通通信与受众市场等方面的硬性条件。此外，租界对现代报刊及"洋旗报"生存发展还有一个最重要的条件，即是言论出版自由与生存空间。"报纸首先是在那些中央权力薄弱或统治者比较宽容的地方兴盛起来的。"③ 租界形成"三权独立"的"国中之国"的管理空间，使清政府鞭长莫及，"报禁"难施；通商口岸形成的诸多租界，由不同列强占领，华界由中国政府控制，多元格局下形成的矛盾罅隙，这便是当时环境下现代报刊及"洋旗报"生存与发展的空间。这种空间条件，概括来说是三个方面。

第一，由于"国中之国"的管理体系的形成，外国殖民势力限制了当时中国政府在租界的权力，使其不能直接插手租界事务。所以，无论是清末专制政府，还是后来的军阀势力，都"很难直接扼杀租界内的报刊"。

---

① 参见《工部局董事会会议录》第 6 册，上海古籍出版社 2001 年版，第 675、714 页；陈冠兰《近代中国的租界与新闻传播》，中国书籍出版社 2013 年版，第 43 页。

② ［日］竹内郁郎：《大众传播社会学》，张国良译，复旦大学出版社 1989 年版，第 24、25 页。

③ ［美］迈克尔·埃默里等：《美国新闻史——大众传播媒介解释史》，展江译，中国人民大学出版社 2009 年版，第 8 页。

最初，根据《上海租地章程》，租界仅仅是由中国地方政府划一处地皮，租赁给外国人居住，其地的领土主权、行政权、私法权仍属中国所有，租界不过是外国人的居留地。① 但是后来，由于清政府颟顸无能，西方列强与殖民势力不断通过违约、巧取豪夺，使租界成为不受中国政权管控的"国中之国"。②

1853年，太平军东进、小刀会攻占上海旧城，难民纷纷涌入租界寻找栖身之所，趁此乱世，外国人劫夺了租地内的行政大权。③ 自此之后，中国政府不能过问租界内的行政事务，连租界内中国居民也完全受外人的行政管理。④

19世纪50年代中期，英、美、法三国领事擅自修订土地章程，并联合发布新的《上海英、美、法租界租地章程》，建立统一管理机构"工部局"，设立警察武装"巡捕"。至此，上海的外国人租地发展成为拥有独立市政机构和警察武装，在行政体系方面类似西方自治城市，完全摆脱中国政府行政管理而由外人实行属地管理的"国中之国"，若干年后这种"国中之国"被称为"租界"。⑤ "公共租界的当局实际上还对中国居民行使管辖权，中国居民占人口中的绝大多数，但是他们没有参加市政管理的权利。"⑥ 租界的管理权操于外人之手，租界内的捐税等也都由工部局主管收支。

由于外国人在租界攫取的是"属地权"，中外人士不论是"有约国"人

---

① 参见王铁崖《中外旧约章汇编》第1册，生活·读书·新知三联书店1957年版，第65—70页。
② 参见陈冠兰《近代中国的租界与新闻传播》，中国书籍出版社2013年版，第179页。
③ 当时"各国领事虽坚持中立立场，但他们不得不越来越多地承担地方政府的责任"，"包括涉及中国居民的审判事务。他们对较小罪行处以适当的罚款或收监，比较严重一些的案件就移交给中国当局"。这"使得当地中国人甘愿默认外国居留地的自治权，而且还出力帮忙保卫它。这种中外之间的共同利害关系就是上海能成功地取得独立的秘密所在。到1854年，建立新秩序的要素已纷纷出现，而且逐渐形成一些新制度。"参见［美］费正清编《剑桥中国晚清史》（上卷），中国社会科学院历史研究所编译室译，中国社会科学出版社1985年版，第260页。
④ 参见陈冠兰《近代中国的租界与新闻传播》，中国书籍出版社2013年版，第48页。
⑤ 参见费成康《中国租界史》，上海社会科学院出版社1991年版，第20页。
⑥ ［美］费正清编：《剑桥中华民国史》（上卷），中国社会科学院历史研究所编译室译，中国社会科学出版社1993年版，第152页。

还是中国人，一旦"进入租界，在行政方面便只受该租界当局的管理"，而在多数租界里，民众有着更多的言论与社会活动的自由，正因为如此，租界才给中国近代新闻事业的发展提供了一定的生存空间与发展环境。因为有领事裁判权的原因，中国政府不能过问外国人及其所办事业。因而有外商参股的报刊，或以外商名义创办的"洋旗报"，都不受中国政府管控。[①]

第二，租界实行相对宽松的新闻政策，有着较宽松的制度环境。

与当时中国的专制统治相比，租界制度环境相对宽松。租界的制度基本上是仿照西方的城市制度，所以没有户籍制度，居民不需要登记户口，可以自由迁居。"外来人员只需改名换姓，即可轻而易举地长期隐藏于租界。"[②] 在多数租界里，民众"在言论、集会、结社、罢工等方面享有比较多的自由。"[③]

新闻出版方面，各租界都借鉴或因袭其母国经验，实行比较宽松的新闻政策。"在租界出版报刊，一般只需按规定办理注册登记手续，报刊内容也无须事先送审。"[④] 新闻媒介只要不触犯法律，不对租界当局殖民统治构成威胁，任何新闻报道都是允许的。当时，不但外国人办的《北华捷报》《申报》等曾对租界当局的许多政策和措施进行评议甚至批评，而且连中国人办的报刊也曾发文批评甚至抨击，如《汇报》曾发表专文抨击外国人在华的领事裁判权，对租界工部局的专横政策进行批评，说上海工部局即外国之议政院，"局中议立规条，无论于华人便否，辄毅然自是，意在必行。其局绅概由西商充，华人不得寓选"[⑤]。

与中国政府的言论钳制及专制大不一样，只要不触动大局，这些批评一般都能被租界当局所容忍。如触犯法律，则按司法程序审讯且允许申辩。即便对触怒租界当局的报刊报人，[⑥] 诉诸公堂时，一般不用暴力手

[①] 对治外法权与"洋旗报"的关系问题，后文将专节介绍，此处只述及租界对中国政府权力限制的情况。

[②] 费成康：《中国租界史》，上海社会科学院出版社1991年版，第214—215页。

[③] 薛飞：《旧中国的租界与报纸》，《新闻与传播研究》1999年第4期。

[④] 艾红红：《租界时空的"新闻自由"及其效应》，《当代传播》2014年第1期。

[⑤] 《工部局论》，《汇报》1874年6月29日，转引自陈玉申《晚清报业史》，山东画报出版社2003年版，第63页。

[⑥] 如《神州日报》与《东方杂志》的《五卅事件临时增刊》。

段、不未审封报、不搞人身伤害。显然，当时租界内有着比中国政府治下更为宽松的办报环境。

第三，租界多元格局造成的矛盾罅隙，提供了生存发展的空间。

在分布于10个通商口岸的近30个租界中，25个专管租界是由不同列强分别占领的，两个公共租界由部分列强共同管理，华界则由中国政府控制，从而形成多元化的治理格局与利益体系。由于各方利益不尽一致，在相当情况下也难以协调一致，这样一来，就出现了矛盾罅隙。如上海公共租界，多国势力渗入，多方利益纠葛、博弈，各种矛盾交错，无形中给中国报刊生存发展提供了空间。虽然为了自身的利益与特权，列强在镇压中国民族解放运动上是一致的，但在如何管理租界上，都是从各自利益出发的，因而必然存在矛盾和斗争。比如，继《苏报》《国民日日报》之后刊行的《俄事警闻》，系"清政府照会租界当局通缉的首犯"蔡元培[①]发起的革命派报刊，虽然"每天以大量篇幅刊载有关东北局势的新闻，揭露沙俄侵略东北的种种罪行"，"号召国人奋起抗俄"，但是因为沙俄鲸吞中国东北的图谋，触犯了英、美在华利益，租界当局不但未拘捕蔡元培，还对该报发行比较宽容。[②] 此即当时英、美与沙俄之间的矛盾使然。

在这样的背景下，租界上中国报刊的活动往往就成为他们博弈的砝码。比如"孤岛"时期上海之所以能出现众多宣传抗日的"洋旗报"，就是因为英、美、法等列强与日本之间的利益纷争与矛盾，"洋旗报"既是列强与日本势力平衡下的产物，又是列强与日本讨价还价的重要砝码。到了后来，随着日军侵华活动的推进，欲打破原来格局，就不断向租界当局施压，导致"洋旗报"环境恶化、数量减少，但是仍然存在，直到太平洋战争爆发、"孤岛"沦陷后，才始退出历史舞台。

再者，列强之间、租界当局与北京公使团之间，在新闻出版理念与手段上也并不完全一致。如"苏报案"后，为加强管控，租界当局曾向北京公使团提出更多管理界内报刊的权利要求，1913年正式提出议案，在

---

① 因同苏报案有牵连，苏报案发生前夕走避青岛幸免于难，是清政府照会租界当局通缉的首犯。

② 参见秦绍德《上海近代报刊史论 增订版》，复旦大学出版社2014年版，第166—167页。

《土地章程》中增加"印刷附律",但是由于列强之间的意见不一,虽历经数十年而未果。

此外,上海、天津、汉口等都是多个租界并存,各租界又都各自为政,致使中国差役乃至租界警方在追捕罪犯时都会存在诸多麻烦。虽然汉口英租界与俄租界工部局为此签订了合作协议,规定彼此警察在值勤时有权进入或穿越另一租界追捕犯人,但是沪、津、汉三地大部分租界并未订立类似协议。① 这就使得国人所办报刊大享其便,可以既不受中国政府直接干涉,又能通过变换地址等方式来逃避租界的管理。② 如在公共租界所办《民呼日报》被迫停刊后,于右任即利用各租界各自为政的空子,跑到法租界办起《民吁日报》来,继续宣传革命。

总之,由于"租界在中国政治和军事势力的控制之外,社会安定,经济繁荣,租界内出版极其自由",③ 特别是老报人谢啼红回忆的20世纪20年代,"政府既未实行新闻统制,也不必向租界当局呈请登记(1931年以后,中宣部内政部始厉行出版法登记报纸杂志),说出版就可出版"④,租界为中国近代报刊发展提供了一个良好的环境。不过,虽然在租界有这样的办报条件与生存空间,但终究是在畸形的环境下生存与发展的。列强之间、列强与中国政府之间虽有矛盾,但是为利益起见常会达成妥协甚至形成共谋,对租界内的中国人报刊予以扼制甚至扼杀。所以中国现代报刊的发展,一开始并不顺利,"洋旗报"的发展境遇坎坷,如"苏报案"虽在列强与清政府的博弈下,其主要涉案人物章太炎、邹容未被引渡处以极刑,但《苏报》还是被封禁了。

第二节 治外法权与"洋旗报"

治外法权,是近代历史上西方列强通过不平等条约在华攫取的特权,

---

① 参见费成康《中国租界史》,上海社会科学院出版社1991年版,第216页。
② 参见陈冠兰《近代中国的租界与新闻传播》,中国书籍出版社2013年版,第188页。
③ 孟兆臣:《中国近代小报史》,社会科学文献出版社2005年版,第24页。
④ 参见啼红《小型报痛言》,《力报》1940年11月16日。

既是西方列强对我国司法主权侵犯的结果,又加深了我国半殖民地化的程度。不过从客观上看,列强在华治外法权对我国近代新闻事业的发展起过一定的积极作用,即当时在清政府及北洋军阀的专制统治下,列强的治外法权对近代报刊与报人提供了一定的庇护作用,为其生存发展提供了一定的活动空间,不过这种"庇护"常成为列强利益交换及其特权维护需求下的牺牲,这种空间的宽狭程度也受到列强与中国政府之间、列强相互之间矛盾发展的影响。

一 治外法权概念辨析及其使用范围的限定

对于列强通过不平等条约在华攫取的特权——其来华国民不受中国政府司法管辖,而按其本国法律进行司法管辖,这一近代中外法律关系的历史事实,在近代中外交涉以及后来学界的讨论中,使用了"治外法权"与"领事裁判权"这两个概念进行指称,概念的使用情况也很不一致,有时是区分使用,有时是混同使用甚至等同使用。所以,我们有必要对"治外法权"这一概念加以辨析,根据论题主旨对其使用范围加以适当限定。

按照"治外法权"的最初含义,其与"领事裁判权"有着本质差别。在国际公法上,治外法权指的是"外国元首或代表他国元首之外交官,不受驻在国之管辖而言的",① 是基于互惠原则,给予外国元首与使节等的外交豁免权。治外法权"体现了国际公法上的平等关系",是以不损害国家领土主权为前提的。领事裁判权"则为一国单方面优惠政策"②,是"一国领事对本国侨民行使司法管辖权的制度"③,"一方面既使一国之领土权,侵入他国领土之上,一方面又使他国之领土权,受其侵入之限制"。④

但是,一方面,列强在华攫取的这一不平等权利是不断变化与扩展的,起初仅限于外国领事对其来华公民行使的司法审判权,后来竟泛滥为

---

① 梁敬錞:《在华领事裁判权论》,商务印书馆1934年版,第1页。
② 赵晓耕:《试析治外法权与领事裁判权》,《郑州大学学报》(哲学社会科学版)2005年第9期。
③ 参见李育民《晚清改进、收回领事裁判权的谋划及努力》,《近代史研究》2009年第1期。
④ 梁敬錞:《在华领事裁判权论》,商务印书馆1934年版,第1页。

外人对其在华各项权益的管辖权,所以杨邺人提出,原来使用的"领事裁判权"已经不能完整地概括中外法律关系的事实,最好采用"治外法权"这一概念。① 而且,在实际行使中,"其司审判之职者,不必尽属领事,更有由公使或特设之审判官以司裁判者;故谥之以领事裁判权,实未精严"②。另一方面,列强也一直沿用"治外法权"来指称其通过不平等条约所攫取的这一特权,意在混淆领事裁判权与国际法上公认的"治外法权"。因而,"治外法权"这一概念也已失其原初含义,或远非其原初含义所能涵盖。因是之故,王铁崖在其主编的法学辞典中,即将治外法权区分为广义与狭义两种,认为广义的治外法权包括:"一般国际法所指的治外法权,称为领事裁判权的治外法权和作为国家领土管辖权的特殊例外的称为域外管辖权的治外法权。"③ 为了便于讨论,根据主旨要求,本书讨论的"治外法权",是指列强通过不平等条约攫取的在华特权,包括了王铁崖广义治外法权概念中的作为"领事裁判权的治外法权"与"作为国家领土管辖权的特殊例外的""域外管辖权的治外法权"。

二 列强在华治外法权的攫取与撤废

英国是最早从事实上获得在华治外法权的国家,但是把该项特权能够条约完整、严密地固定下来的是1844年《望厦条约》,其他列强后来纷纷援引此约作为享受不平等特权的法律依据④。在鸦片战争之前,我国司法独立,并未允许外国人在华享有治外法权。鸦片战争之后,由于战败国的地位,中国被迫与列强签订丧权辱国的不平等条约,"治外法权"才出现于中华大地。作为制度的存在,治外法权始于1843年10

---

① 参见杨邺人《中美英新约内容》,《国民外交》1943年第1卷第1期。
② 梁敬錞:《在华领事裁判权论》,商务印书馆1934年版,第1页。
③ 王铁崖:《中华法学大辞典·国际法学卷》,中国检察出版社1996年版,第676页。
④ 顾维钧在《外人在华之地位》一书中认为,治外法权"首韧先例者,虽不能不归诸中英通商章程,而详明正确规定治外法权原则者,实以一八四四年七月三日之中美五口贸易通商章程为嚆矢也"(顾维钧:《外人在华之地位》,外交部图书处1925年版,第124页)。顾氏还指出,美方对治外法权的规定不仅比此前中英条约宽泛,还比此后的中法条约广泛。具体比较参见《外人在华之地位》第125—126页。《望厦条约》关于治外法权的规定,后来成为各殖民国照抄沿袭的标本。参见《外人在华之地位》,吉林出版集团责任有限公司2010年版,第129、136页。

月8日中英《五口通商附粘善后条款》(《虎门条约》)，终结于1947年4月1日中国外交部长与葡萄牙公使就废除该制度进行的换文，① 前后存世越百年之久。

结合历史情境综合分析，列强在华享有治外法权，既有清政府官员昧于主权认知的原因，更是列强蓄意攫取的结果，而其撤废既有赖于中国主权观念的觉醒与维护之努力，也有赖于中国在世界地位之提升。

在19世纪30年代以前，不管是外国人与中国人之间，还是外国人之间的诉讼案，只要是发生在中国土地上，都是依据中国法律由中国官方办理的。但是1830年（道光十年），在三名英国人打死一名荷兰人的案件中，英国要求归英国办理，由于中国官吏的腐败与懒政，没有力争，故而改由英国人办理。此后，英国人自办诉讼案件逐渐确定，这是在中国有治外法权的发端，但在此时没有条约依据只是事实上的治外法权。②

1833年8月，英国议会通过法案，提出英皇应以敕令给予其驻华商务监督（领事）"管理英国人民在中国国境上任何部分以内之商务权限"，且"得设立具有刑事及海军裁判权法庭一所，以审理英国人民在中国领土口岸海港及在中国海岸三十英里内之公海所犯之案件"，于各驻华领事中"指派一人为该法庭之审判官；其余则为执行审判之官"。③ 当年12月，英国政府发布枢密院令，宣布"设置一个具有刑事及海上法权的法庭，开庭地点定为广州或在广州的任何一只英国船舰上"④。1838年外交大臣帕麦斯顿（又译巴麦尊）向下院提出法案，提出"英国宜在中国境内任何部分或口岸海港或海岸九英里以内，设立具有刑事海军民事裁判权之英国法庭一所或数所"⑤。该案远超1833年法案，但在议院讨论时未获通过。不过从中可见，英国政府在鸦片战争之前就已迫切地要在中国建立

---

① 参见高汉成《治外法权、领事裁判权及其他——基于语义学视角的历史分析》，《政法论坛》2017年第5期。
② 参见张耀曾《撤销领事裁判权问题》，《京师法律评论》2017年第11期。
③ 梁敬𨱎：《在华领事裁判权论》，商务印书馆1934年版，第10页。
④ [美] 马士（Hosea Ballou Morse）：《中华帝国对外关系史》（第1卷，1834—1860年冲突期），张汇文等译，生活·读书·新知三联书店1957年版，第136页。
⑤ 梁敬𨱎：《在华领事裁判权论》，商务印书馆1934年版，第12页。

治外法权制度。①

第一次鸦片战争中国战败后，被迫与英国缔结不平等的《南京条约》。该约并无治外法权条款，但清政府已同意英方要求，因此签约后耆英即上奏折说，"英国商民，既在各口通商，难保无与内地居民交涉讼狱之事"，故应"立即明定章程，英商归英国自理"，但"他国夷商，仍不得援以为例"。② 1843 年年初，英政府即宣布在香港设英国法庭，执行香港与中国境内的英人司法裁判权。③ 是年 7 月签订的中英《五口通商章程》规定，"倘遇有交涉词讼……其英人如何科罪，由英国议定章程、法律发给管事官照办"④。条款虽然粗略，甚至民刑不分，但此为列强攫取治外法权之最初条约依据。当年 8 月英国国会通过相关法案，翌年 4 月颁布枢密院令，饬令其驻华领事实施裁判权，随即港英总督制定有关则例。这样，英国率先在华建立起该特权制度。⑤ 美、法紧随其后，趁火打劫，也攫取了在华治外法权。1844 年 7 月，美国迫订《望厦条约》，不仅由此获得治外法权，还在中英条约基础上予以扩大，其第 21、24、25 条对之做了明确而具体的规定，民刑分明，并且强调美国人与"别国贸易之人"争讼，"应听两造查照各本国所立条约办理，中国官员均不得过问"。⑥ 同年 10 月，法国迫订《黄埔条约》，之后瑞典、挪威、沙俄亦与清政府缔约，俱皆攫取了这一特权。

经过《望厦条约》的扩展，列强在华治外法权制度基本成形，享有该特权的国家也由英国一家扩展至多家。而在第二次鸦片战争之后，不但列强在华治外法权内容被扩充，而且攫得此特权的国家数量也大大增加。1858 年，英国迫使清政府签订《天津条约》，对治外法权做了更清楚的规

---

① 参见李育民《近代中国的领事裁判权制度》，《湖南师范大学社会科学学报》1995 年第 4 期。
② 梁廷枏：《夷氛记闻》，商务印书馆 1937 年版，第 87 页。
③ 参见李育民《近代中国的领事裁判权制度》，《湖南师范大学社会科学学报》1995 年第 4 期。
④ 王铁崖：《中外旧约章汇编》，生活·读书·新知三联书店 1957 年版，第 42 页。
⑤ 参见李育民《近代中国的领事裁判权制度》，《湖南师范大学》（社会科学学报）1995 年第 4 期。
⑥ 王铁崖：《中外旧约章汇编》，生活·读书·新知三联书店 1957 年版，第 55 页。

定,如有"英国属民相涉案件,不论人产皆归英国查办"① 等。

《天津条约》最先为中英之间订约,之后依次为法、美、俄等国。按条约第 16 条的英文,对刑事案件并无会同之意,英人却以第 17 条有会同字句借故要求,因而与中国争执数年,未果。至 1876 年签订中英《烟台条约》,即将《天津条约》第 16 条改为"英国管理英人诉讼案件,中国管理华人诉讼案件,但原告系华人,彼亦派员观审","华人与各国商人发生诉讼案件","必与各国共同审判",而且规定彼方观审人员"可以传讯证人及当堂驳斥"。"于是各国在中国之领事裁判权(治外法权),遂建筑完密,中国人乃等于不能顾问。"② 到 1894 年之前,又有"德国、丹麦、荷兰、西班牙、比利时、奥地利、秘鲁、巴西、葡萄牙等 10 个国家"先后攫取了该项特权。之后到 1918 年,相继又有"日本、墨西哥、瑞士等国"获此特权。1918 年的中瑞(士)《通商友好条约》,系"中国给予外国人领事裁判权的最后一约"③,至此,加上较早的英、美、法、瑞(典)、挪(威)、俄等六国,共有 19 个国家④在华攫取了治外法权。⑤

在攫得这一特权之后,列强即设立相应机构与制度加以实际利用,并在后来的交涉与运用中将之进一步扩展。"享有这一特权的各国,对它们的在华侨民行使司法管辖权,相应设立、采行各种类型的审判机构和制

---

① 《天津条约》第 15 条。另如"英国民人有犯事者皆有(由)英国惩办,中国人欺凌扰害英民,皆有(由)中国地方官自行惩办,两国交涉事件,彼此均须会同公平审断以昭允当"(第 16 条);"凡英国民人控告中国民人事件,应先赴领事官衙门投禀。领事官即当查明根由,先行劝息,使不成讼。中国民人赴领事官告英国民人者,领事官亦应一体劝息。间有不能劝息者,即由中国地方官与领事官,会同审办,公平讯断"。参见张耀曾《撤销领事裁判权问题》,《京师法律评论》2017 年第 11 期。

② 张耀曾:《撤销领事裁判权问题》,《京师法律评论》2017 年第 11 期。

③ 王建朗:《中国废除不平等条约的历程》,江西人民出版社 2000 年版,第 41 页。

④ 有学者认为,"挪威并不合法享有治外法权,但中国政府从未意识到这一点,长期承认";"瑞士实际上并不能确定享有治外法权,但是中国政府并未坚持否认","一直把瑞士视作享有治外法权的国家";此外,"还有一些国家曾享有治外法权",如卢森堡、尼泊尔、朝鲜及刚果(金)。参见吴文浩《中智法权纠纷(1924—1925)——兼论近代在华享有治外法权的国家数目》,《民国档案》2018 年第 4 期。

⑤ 李育民:《近代中国的领事裁判权制度》,《湖南师范大学社会科学学报》1995 年第 4 期。

度，除了极有限的民事范围，这一特权主要适用它们本国的法律。"治外法权本来只能针对在华外人而言，是属人的特权，但是后来，列强将之"扩大为属地的特权，在某些地域（租界）对华人实行某种程度的司法管辖，建立了不同形式的会审制度"①。

这样，列强攫取治外法权并将之扩张之后，"外人侨居我国之人民，如犯法律，悉须交彼裁判，甚至我国人民在租界犯法，亦由外人审判。因是外人常依领事裁判权，欺侮我国。国人损失权利。不知几许！"②而甲午以后，治外法权问题越发严重，御史吴钫说："此后十余年中，虽内政竭力整顿，外权且日进而无穷。若复因循苟安，坐待法权之侵夺，则逃犯不解，索债不偿，赴愬多门，人心大去，无论治外法权不能收回，恐治内法权亦不可得而自保矣。"③包天笑在回忆录中说道："租界里一切地方行政，都操在外国人手里，中国人无从问津。中外有什么交涉，老是中国人吃亏，喧宾夺主，就是上海本地人，也被压得透不过气来。"④故此，外人在华治外法权对中国多有弊害，主要方面：一是导致法权不能完全，损害了中国的主权；二是对中国人民不公平。由于既有中西法律差异，又有领事的偏袒，各国会审，"华人与外人诉讼案件，尝不公平处断，外人有罪亦成无罪，华人轻罪亦成重罪"⑤；"华官以华法治华人，命案必抵，且偿以银；西官以西法治西人，仅议罚锾，从无论抵"⑥。此外还会影响中国的长远发展。但是，国人对治外法权的弊害，一开始并没有清醒的认识，反而因为昧于认知，甚至还有主动出让的情况存在。更早的姑且不提，即便到了两次鸦片战争之后，在外人侵权日甚的情况下还有这种情形出现。如因《广州新报》（传教士中文报）多次诽谤中国官员，1866年英国驻广

---

① 李育民：《近代中国的领事裁判权制度》，《湖南师范大学社会科学学报》1995年第4期。
② 洪钧培编：《国民政府外交史》第1集，华通书局1930年版，第323页。
③ 《御史吴钫奏厘定外省官制请将行政司法严定区别折》（光绪三十二年十二月二十一日），故宫博物院明清档案部编：《清末筹备立宪档案史料》（下册），中华书局1979年版，第823页。
④ 包天笑：《钏影楼回忆录》，中国大百科全书出版社2009年版，第355页。
⑤ 张耀曾：《撤销领事裁判权问题》，《京师法律评论》2017年第11期。
⑥ 郑观应：《交涉》，夏东元编《郑观应集》（上册），上海人民出版社1982年版，第185页。

州领事罗伯逊建议中国政府采取法律行动。但总理衙门拱手让权,照会英公使阿礼国,要英方按英律处理中文报纸的诽谤行为。英人也就当仁不让了,之后还出台两项规定,即"英国人未获执照不得在中国出版中文报纸","英人在中国或其他地方出版的报纸中如有诽谤行为,即视为违法"。①就这样,清政府对租界涉外事务不愿闻、不愿管,希望外人自己处理报纸诽谤之类事务,等于把租界报刊管理之权拱手让于外人了。②

不过,在外人不断改变、扩展治外法权及由此带来的弊害越来越显明的情况下,同时由于在中外交涉中对西方法律的了解、国际法观念的增强,国人对法权认知深化,在一定程度上意识到对领事官之权有必要限制甚至取消。比如1864年冬,《万国公法》在华刊行之后,即使(部分)中国人意识到"领事裁判权并不符合国际法",中国"完全可以通过修约的方式把已经授予外国领事的权力拿回来"。③ 因此,恭亲王奕䜣在出资500银圆帮助出版《万国公法》的奏折中认为,"其中颇有制服领事官之法,未始不有裨益"。④ 此间,也已有中国官员认识到治外法权危害国家主权,并始设法挽救。比如1868年,户部尚书文祥曾对英国公使阿礼国说,如果外国人放弃治外法权,那么"他们的商人和传教士可以在中国内地任何地方居住",否则"中国政府将竭力把外国人和围绕治外法权的纠纷限制在通商口岸以内"。⑤ 另如驻美公使崔国因,针对"外国犹有言也,谓按照此不归管之条,非特中国官不应约束洋人,即洋人任意违背中国章程,亦无惩办之条"的这种关于享有治外法权即可不遵守中国法律的错误认识,针锋相对地予以驳斥,说"本衙门不以为然。因查各条约内,中国实未允有洋人任意违背中国法律之条。洋人居中国者,则应以中

---

① Natascha Vittinghoff, "Readers, Publishers and Officials in the Contest For a Public Voice and the Rise of a Modern Press in Late Qing China (1860 – 1880)," T'oung Pao, Second Series, Vol. 87, 4/5 (2001), p. 407.

② 参见邵志择《治外法权与清末报律的制定》,《新闻与传播研究》2016年第2期。

③ 高汉成:《治外法权、领事裁判权及其他——基于语义学视角的历史分析》,《政法论坛》2017年第5期。

④ "奕䜣等奏美士丁韪良译出万国律例呈阅已助款刊行折",中华书局编辑部,李书源整理《筹办夷务始末(同治朝)三》,中华书局2008年版,第1184—1185页。

⑤ 梁碧莹:《艰难的外交:晚清中国驻美公使研究》,天津古籍出版社2004年版,第10页。

国之章,与华民一体遵守。条约内所允者,不过以洋人犯法,系归其本国官按本国法律办理而已"①。两任驻英公使郭嵩焘与曾纪泽等,也曾致力于取消外人在华治外法权的努力。但在此时,列强侵华继续推进,治外法权仍在扩展之中,而"制服领事官"也只是部分人士的认识,而且在国势羸弱之际,也只能停留在部分人士的认识与个别的努力阶段,此时也就"还谈不上有正式的交涉"②。只有当租界当局管理权限越来越大,以至于本国政府对租界内臣民都不能有效控制之时,朝廷才认识到主权丧失已到了危害其合法统治权的地步。③ 尽管如此,由于传统观念的羁绊,直到第二次鸦片战争之前,清政府虽试图改进治外法权,但"只是浅尝辄止,并无急不可待的心理和意识,更谈不上切实可行的筹划和举措"。直至甲午战争、八国联军侵华激起取消治外法权的强烈要求时,才"明确地提出这一问题,采取了改革司法法律制度的实质性行动",但其"谋划和努力收效甚微"。④

1902 年出现了取消治外法权的机会,清廷在与英、美等国协商修订通商条约过程中得到允诺,即"只要清政府使自己的法律体系符合西方'文明世界'的通则,列强可以放弃治外法权"⑤。1902 年 8 月,清政府与英国议定新约之第 12 款说:"中国深欲整顿本国律例,以期与各西国律例改同一律。英国允愿尽力协助以成此举。一俟查悉中国律例情形及其审断办法及一切相关事宜皆臻妥善,英国即允弃其治外法权。"⑥ 1903 年,清政府与美签订的《中美续议通商航海条约》第 15 款,也应允"一俟查悉中国律例情形及其审断办法及一切相关事宜皆臻妥善,美国即允弃其治外法权";当年清政府与日本议定的"通商行船条约"第 11 款,亦有相

---

① (清)崔国因:《出使美日秘日记》,刘发清、胡贯中点注,黄山书社 1988 年版,第 63 页。
② 张龙林:《美国在华治外法权的终结——1943 年〈中美新约〉研究》,中山大学出版社 2012 年版,第 27 页。
③ 邵志择:《治外法权与清末报律的制定》,《新闻与传播研究》2016 年第 2 期。
④ 李育民:《晚清改进、收回领事裁判权的谋划及努力》,《近代史研究》2009 年第 1 期。
⑤ 邵志择:《治外法权与清末报律的制定》,《新闻与传播研究》2016 年第 2 期。
⑥ 《中英续议通商行船条约十六款》(光绪二十八年八月初四),(清)朱寿朋编:《光绪朝东华录》第五册,张静庐等校点,中华书局 1958 年版,第 4919 页。

同表述。① 稍后清廷与葡萄牙签订的通商条约也有这样的内容。尽管这些允诺犹如"画饼,可望而不可即,但毕竟为列强承诺放弃条约特权开了先河",为取消治外法权带来了一丝希望。② 此后,清廷即成立法律馆,组织翻译德、法、俄、荷、意、比、美、瑞、芬等西方国家和日本的法律汇编与法律书籍,革故鼎新,着手建立近代通行的法律司法体系。这一有助于奠立收回法权基础的改革,却遭到了传统观念的抵制。不过,在这些抵制声中,也有些合理的怀疑或提醒,如说仅制定西式法律尚不足,还要看"国势兵力之富强""人民教育之程度""内外文武人材之担任"等,"如其尚待培养,则虽法律精允,足与列强同符,而欲治外法权遂能一一收回,不待智者而知其未易言矣"③。当时,张之洞也清楚地看到,"所谓一切相关事宜皆臻妥善十字,包括甚广。其外貌则似指警察完备,盗风敛戢,税捐平允,民教相安等事。其实则专视国家兵力之强弱,战守之成效以为从违"④。诚如斯见,治外法权与所有不平等条约之废除,都"不仅仅是法制和内地问题,而与整个国家体制和国家地位密切相关"⑤。直到五四运动时期,中国仍是一个允许在其境内行使各种治外法权和特权的国家,在其领土上,存在各种"势力范围","特殊利益范围"(sphere of special interest)、交战区、租借地、条约口岸、租界、居留区和使馆界。外国人在中国保持着自己的法庭和邮局;甚至当中国人与外国侨民发生法律诉讼时,也须服从外国法庭的裁定。⑥

---

① 参见(清)朱寿朋编《光绪朝东华录》(第五册),张静庐等校点,中华书局1958年版,第5086页。
② 李育民:《晚清改进、收回领事裁判权的谋划及努力》,《近代史研究》2009年第1期。
③ 《大理寺正卿张仁黼奏修订法律宜妥慎进行不能操之过急片》(光绪三十三年五月初一),故宫博物院明清档案部编:《清末筹备立宪档案史料》(下册),中华书局1979年版,第836—837页。
④ 《遵旨核议新编刑事民事诉讼法折》(光绪三十三年七月二十日),《张文襄公全集》卷69,中国书店1990年影印版,第3页。转引自李育民《晚清改进、收回领事裁判权的谋划及努力》,《近代史研究》2009年第1期。
⑤ 李育民:《晚清改进、收回领事裁判权的谋划及努力》,《近代史研究》2009年第1期。
⑥ [美]周策纵:《五四运动史》,陈永明等译,世界图书出版公司北京公司2014年版,第209页。

中国官方层面正式向列强提出全面撤废其在华治外法权，始于1919年的巴黎和会。① 第一次世界大战后，作为战胜国之一，1919年中国代表团在巴黎和会上提出四项要求，其中第三项的内容就是"取消外人在中国享有之一切特殊利益，例如领事裁判权，外人在华势力之范围等"②，以完善审判制度、公布刑民商法典为前提，希望列强照此办法废除在华治外法权，但招致列强的严词拒绝。后在美国政府主导下，1921年12月10日的华盛顿会议通过的《关于在中国之治外法权议决案》，1926年出台的《法权委员会调查报告》指出：中国须改良法典、法院、警察、监狱等方面后，才可与各国商讨治外法权撤废计划，"其前提是法律改革得到列强的认可，其结果有赖于中国与各相关方商议解决"③。从多次外交的失败可见，治外法权的撤废任重道远。

       不过，由于国际形势变化，个别国家在华治外法权撤销了。如十月革命胜利、苏维埃政权建立后，苏俄政府于1919年7月25日发表宣言，声明"凡俄国从前所获取的各种特权"，"俄国官员或牧师或委员等，所有不受中国法律底审判等的特权，都一律放弃"。④ 次年9月23日，北洋政府以大总统令宣布停止在华俄国使领待遇，⑤ 继而接收沙俄设在中东铁路沿线的法院和监狱，并设立"东省特别区域法院"以管辖涉及俄人之诉讼，帝俄在华治外法权实际被废除。⑥ 1924年5月31日所签《中苏条约》第12条表示，对"苏联政府允诺取消治外法权"正式予以确认。德、奥两国在华治外法权，则因中国1917年加入协约国对其宣战而宣布丧失，⑦

---

① 安国胜：《乱世悲歌：中国撤废领事裁判权的艰难历程》，载《光华法学》编委会编《光华法学》第六辑，法律出版社2011年版，第218页。
② 张忠绂：《中华民国外交史》（1），正中书局民国五十年（1961）版，第257页。
③ 张龙林：《美国在华治外法权的终结——1943年〈中美新约〉研究》，中山大学出版社2012年版，第28页。
④ 《对于俄罗斯劳农政府通告的舆论》，《新青年》1920年第7卷第6号。
⑤ 参见李育民《中国废约史》，中华书局2005年版，第392页。
⑥ 参见程道德《试述中华民国政府废除列强在华领事裁判权的对外交涉》，《民国档案》1986年第1期。
⑦ 中国在宣战布告中称："所有以前我国与德奥两国订立之条约、合同、协约及其他国际条款、国际协议属于中德、中奥之间关系者，悉根据国际公法及惯例一律废止。"程道德等编：《中华民国外交史料选编（一）》，北京师范大学出版社1988年版，第291—292页。

后分别在1921年5月《中德协约》和1925年10月中奥《通商条约》中得以正式撤销。①

同时，国内情况也在发生变化。在巴黎和会与华盛顿会议上中国外交的失败，激起中国人民废除不平等条约的反帝斗争，在此时势下，"废约"也成为中国共产党与国民党的共识。我党在第三次全国代表大会（1923年7月）决议中，明确将"取消帝国主义列强与中国所订一切不平等条约"，作为当时第一项任务。②当年，孙中山领导的中国国民党也在其宣言中宣布，将"力图改正（不平等）条约，恢复我国国际上自由平等之地位"③，作为其当前采用之政策。1924年1月，标志着国共合作形成的国民党一大召开，两党共同确立了废除不平等条约的政纲。在国民党"一大"宣言提出的七项对外政策原则中，第一项就是："一切不平等条约，如外人租借地、领事裁判权、外人管理关税以及外人在中国境内行使一切政治的权力侵害中国主权者，皆当取消，重订双方平等互尊主权之条约。"④这样，"反帝废约"的民族主义运动与革命运动结合起来，使之进入一个极为重要的发展阶段。⑤

一方面，废约斗争发展为取消列强在华特权、争取民族独立平等的全国性群众爱国运动。特别是1925年"五卅事件"后，国内民族主义高涨，国人热切关注"反帝废约"，为当时的中国政府提供了重要的政治资源。1925年6月24日，外交部向外国公使团提出照会，提出全面修改不平等条约的主张。虽就某条约或条约体系而言，照会措辞只是"修改"，

---

① 参见梁敬錞《在华领事裁判权论》，商务印书馆1934年版，第160—166页；安国胜《乱世悲歌：中国撤废领事裁判权的艰难历程》，《光华法学》编委部编《光华法学》第六辑，法律出版社2011年版，第205—229页。

② 参见中央档案馆《中共中央文件选集》（第1册），中共中央党校出版社1981年版，第112页。

③ 中山大学历史系孙中山研究室编：《孙中山全集》（第7卷），中华书局1985年版，第3页。

④ 北京大学历史系中国现代史教研室编：《中国共产党历史教学参考资料》第1册，系北京大学"校内用书"，1978年，第309页；程道德：《试述中华民国政府废除列强在华领事裁判权的对外交涉》，《民国档案》1986年第1期。

⑤ 参见李育民《近代中国的条约制度》，湖南师范大学出版社1995年版，第458页。

具改良色彩,但就治外法权这样的具体条款来说,北洋政府很明显是要谋求"废除"的。①1926年1月12日,在北京召开法权调查委员会会议,参会国家13个,从最终成效来看,这是被视为北洋政府一次失败的外交,治外法权也没能通过该会议而废除,但是北洋政府为之寻求的努力还是清晰可见的。1926年,中比《通商条约》(1865)届满60年,北洋政府与比利时交涉修约,虽然比国政府态度强硬,但是在国内反帝废约浪潮的推动下,是年11月北洋政府单方面宣布废止中比条约,给列强震动极大。1926年10月至次年春,北伐军相继攻克武汉、九江、镇江等长江重镇,在积极的群众斗争支持下,新成立的国民政府收回三地的英租界,其中汉口、九江两处是通过与英国订立协定正式收回。在反帝怒潮推动下收回租界、废除条约特权的斗争,使列强认识到条约特权不是永恒不变的了。比利时政府即在1927年初表示:"愿以平等及互相新生领土主权为基础"②订立新约,其他"诸友邦之当局,已有同情于另订新约之表示"③。总之,1925年10月到1928年6月的政权更迭,北洋政府开展了一系列新订、改订中外条约的活动,比如签署中奥、中芬条约,修订届期已满条约,召开关税会议等对外交涉,也取得了一些成果。④

另一方面,在统一全国后,南京国民政府在国人要求独立自主、废除不平等条约的反帝爱国运动的推动下,开展起"改订新约"运动。1928年6月15日,国民政府发表取消不平等条约的宣言,声称应"遵正当之手续,实行重订新约,以副完成平等及相互新生主权之宗旨"⑤。7月7日,外交部奉准中常临时会议通过所拟之关于重订条约之宣言,照会各国公使转达各该国政府,宣言指出:"(1)中华民国与各国间条约之已届期满者,当然废除,另订新约。(2)其尚未满者,国民政府应即以相当之

---

① 参见杨天宏《北洋外交与"治外法权"的撤废——基于法权会议所作的历史考察》,《近代史研究》2005年第3期。
② 《晨报》1927年1月16日。
③ 洪钧培编:《国民政府外交史》第1集,华通书局1930年版,第244页。
④ 参见杨天宏《北洋外交与"治外法权"的撤废——基于法权会议所作的历史考察》,《近代史研究》2005年第3期。
⑤ 洪钧培编:《国民政府外交史》第1集,华通书局1930年版,第244页。

手续解除，而重订之。（3）其旧约业已期满，而新约尚未订定者，应由国民政府另订适当临时办法，处理一切。"当天即针对旧约期满新约未订者颁布了七条临时办法，其中第四条规定："在华外人应受中国法律之支配及中国法院之管辖。"① 在改订新约宣言发表后，各国分别与中国订立了有限度地放弃在华特权的新约，这些新约一类是仅承认中国关税完全自主的原则，另一类是除了承认关税自主外，还有条件地同意放弃治外法权，如，中国分别与比利时等5国重新订立的《友好通商条约》。比如"中意、中丹"通商条约6月30日期满，外交部7月1日分致修约照会于"意、丹"两国公使；7月7日中法越南商约期满，外交部7月10日照会驻华法公使；余如"中葡、中比、中西"通商航行条约、中日通商条约，均相继满期，外交部分别照会各该国驻华公使，声明期满废止，应另订新约。② 后经与意大利、丹麦、比利时、西班牙、葡萄牙等5国代表谈判，分别在11月、12月签订《友好通商条约》，新约中都明确规定，各该国侨民应受中国法律管辖，西班牙等五国治外法权正式取消。之后，中墨在多次磋商基础上，于1929年10月31日举行关于墨西哥取消治外法权的换文，结束了墨西哥人在华享有三十年治外法权的历史。③ 1931年4月，挪威也做出了放弃治外法权的承诺。此外，经过交涉，通过订立协定、互换照会，收回了天津比租界（1929年8月）、镇江英租界（1929年10月）、厦门英租界（1930年9月）。

在革命运动推动下，在广大民众的积极参与下，通过采取较激烈的手段，废约运动取得了实质性的成效，条约体系开始走向崩溃。然而1931年"九一八"事变爆发后，抗日救国成为当务之急，国民政府基本停止了修约交涉，甚至为了争取其他列强的支持，还以"尊重条约尊严"作为其外交方针。直到"二战"爆发，中国的抗日战争成为世界反法西斯战争的重要组成部分，废约才出现重大转折。④ 即在"二战"中以英、美

---

① 洪钧培编：《国民政府外交史》第1集，华通书局1930年版，第245页。
② 洪钧培编：《国民政府外交史》第1集，华通书局1930年版，第246—250页。
③ 参见程道德《试述中华民国政府废除列强在华领事裁判权的对外交涉》，《民国档案》1986年第1期。
④ 参见李育民《近代中国的条约制度》，湖南师范大学出版社1995年版，第459—460页。

为首的列强需要中国这个战略伙伴时,治外法权才开始了被最终撤废的过程。① 首先,中国抗战在世界反法西斯战争中处于重要的军事地位,英、美等国需要与中国加强团结以打赢这场战争。其次,抗战使中国的国际地位大为提高。如1942年2月7日,罗斯福致电蒋介石,说"中国军队对贵国遭受(日本)野蛮侵略所进行的英勇抵抗","已经赢得美国和一切热爱自由民族的最高赞誉"。② 最后,"二战"中兴起的民族解放运动,以及法西斯国家对资产阶级民主制度和国际法准则的破坏,使英、美等国不得不考虑在自由、民主、平等原则上建立新的国际关系。基于此,美、英等国对中国废约要求不得不加以考虑。1941年5月和7月,美、英通知中国,允诺在战后放弃条约特权。③ 1941年底,太平洋战争爆发后,美国参战,加速了废约进程。翌年10月10日,美、英即声明放弃在华治外法权。④ 1943年1月11日,中美《关于取消美国在华治外法权及处理有关问题之条约》、中英《关于取消英国在华治外法权及处理有关问题之条约》签订,美英两国据此正式放弃了在华治外法权。随后至1947年,比、挪、加、瑞(典)、荷、法、瑞(士)、丹、葡等国均与中国订立了类似条约。这样,以1943年1月中美、中英所订立的条约为标志,条约制度基本瓦解,而到1947年,历百余年,列强在华治外法权也终归撤废。⑤

三 治外法权对"洋旗报"的"庇护"作用及其局限

在鸦片战争之前,外国人在中国土地上办报是不被允许的。因此其在华办报,地域局限于澳门、广州两地,其所办报刊种类也只是外文商业报

---

① 参见安国胜《乱世悲歌:中国撤废领事裁判权的艰难历程》,《光华法学》2011年第六辑,第205页。

② 《关于对华援助致蒋介石委员长电》,[美]罗斯福(Franklin D. Roodvelt):《罗斯福选集》,关在汉编译,商务印书馆1982年版,第345页。

③ 参见李育民《近代中国的条约制度》,湖南师范大学出版社1995年版,第460页。

④ 《中美、中英平等条约之签订史料选辑》,《近代中国》第26期,转引自李育民《近代中国的条约制度》,湖南师范大学出版社1995年版,第461页。

⑤ 参见李育民《近代中国的条约制度》,湖南师范大学出版社1995年版,第461页。

刊与宗教性中文报刊，而且其在广州所办宗教性中文报刊还是通过贿赂地方官员才得以实现的。

  鸦片战争之后，列强通过签订不平等条约，迫使清政府开放通商口岸，开辟了近三十处"国中之国"的租界，并攫取了治外法权，而且随着侵略势力的深入，不断将之予以扩张。这样，"列强以签订不平等条约为手段，为外人在华办报打开了方便大门"。同时，由于有治外法权的庇护，他们所创办的报刊，及"由此产生的纠纷诉讼，均属其本国管理"，中国政府无权过问，从而"丧失了对外国在华报刊的管理权"。① 就这样，既有"国中之国"的租界办报空间，又有"治外法权"的庇护，脱离了清政府管控的外人在华所办报刊就此兴盛起来。不但继续发展商业外文报刊，而且还创办起商业中文报刊；不但在租界办报，而且延展至界外，办报区域也在不断地扩展，最后直抵中国的首都北京。而在此期，清政府一如既往地实行严厉的"报禁"与"言禁"，国人办报仍然是严厉禁止的，即如户部郎中陈炽所说，"于己民则禁之，于他国则听之"。因此，从19世纪初期至90年代中，"违禁"而起的国人办报一直不成功，也没有形成气候，外人在华办报一直居于垄断地位。在外国人在华办报数十年后，直到19世纪70年代初，由于认识到现代报刊的重要作用，在受外人办报不受清政府管辖的启示与激发下，国人才通过厕身租界、悬挂"洋旗"等方式开始自办报刊的活动，这些报刊的出现与发展，则有赖于租界的办报空间与"治外法权"的庇护。

  如前文所述，外国人在华享有的治外法权几乎涵盖了所有租界内事务，甚至连租界内中国人的事务清政府都不能完全管辖。治外法权损害中国主权，也为国人带来不公，是近代中国之耻辱。但是，一方面，治外法权从属人的权利扩展为属地的权利，使租界的中国人可以不受清政府的管辖，这就在清政府的专制统治与严厉报禁下，给国人办报提供了一定的便利和"庇护"作用；另一方面，由于治外法权的存在，洋人办报也不受清政府管辖，这样一来，国人不仅可以到租界办报，而且可以请"洋人"出面挂"洋旗"办报。

---

 ① 裴晓军：《试论治外法权与在华外报》，《现代传播》2011年第10期。

上海的租界发达，商业繁荣，报业也最发达，"洋旗报"出现得最早。胡道静论及上海报纸的繁荣时，就引外人著作探究其原因，认为大致有两个方面：其一为商业发达，其二为"能够得到外国租界地的掩护，在相当的限度内获得言论自由权"①。费唐法官也指出，上海的报纸皆设立于租界，而且"为保证官署之不干涉，并保障其职员不受迫害起见，各报纸之作为外人财产注册者，即非全数如此，亦占大多数"②。因为有治外法权的存在，"租界当局对辖内报馆一般采取保护措施，给予基本的出版和言论自由权"。而另一方面，"租界当局之所以要按照西方的制度对报馆进行一定程度的保护"，为的"一是维护租界'文明'制度的形象，二是维持租界的治外法权"③。维持治外法权与保护报馆，犹如币之两面，是互为依存的。

租界"治外法权"从属人权利发展到属地权利，经过了一个过程。在此过程中，殖民主义者步步为营口，巧取豪夺，一步步剥夺了中国政府的管理权。第一步，是禁止清军随意进入租界，剥夺了中国政府对没有治外法权国家侨民的管理权。第二步，是侵夺中国政府对租界内违法犯罪华人的逮捕权。本来按1845年土地章程有关规定④，界内华人"滋扰生事"犯罪，是由上海道审理的。但是，这一权力在19世纪60年代初，先后被英、美两租界攫取了。首先是英租界。1862年，英国驻沪领事函上海道台要求，中国官府对界内华人行使管理权时，必须事先经其同意。⑤ 然后是1863年，美租界效法英国。即在订立美租界划分章程时，美国领事虽口称承认中国政府对界内华人管辖权，却明确要求拘票要经美国领事加

---

① 胡道静：《上海的日报》，《上海通志馆期刊》第二年（1934）第一期，文海出版社1977年影印本，第219—220页。
② 《费唐法官研究上海公共租界情形报告书》（第一卷），工部局华文处译述，工部局华文处1931年版，第467页。
③ 邵志择：《治外法权与清末报律的制定》，《新闻与传播研究》2016年第2期。
④ 《上海土地章程》第12款规定："倘有赌徒、醉汉、宵小滋扰，伤及商人，即由领事行文道台，依法裁判，以资儆诫。"
⑤ 1862年，英国署上海领事麦华陀（W. H. Medhurst）致函上海道，"凡贵国官厅对于居于租界内之华人行使管理权时，须先得本领事同意"。参见蒯世勋《上海公共租界史稿》，上海人民出版社1980年版，第373页。

签，否则无效。① 有此两个先例，法租界就依葫芦画瓢了，在1866年公布法租界公董局组织章程时，也做出类似规定。② 就这样，中国政府丧失了对租界内中国居民的直接逮捕权。③

殖民主义者从其自身利益出发，将中国政府在租界的管辖权完全排挤出去，这是对中国主权的公然侵犯，也暴露了清政府在列强面前的软弱无能。不过，从另一角度来说，这种格局的形成使租界成为"国中之国"，即不受清政府直接管辖，封建皇权在此也就难以有效施展了。这种情形在当时的实际影响，就是给其时的维新派与革命党人士提供了庇护所和活动空间。④ 事实上，维新派与革命派等正是看到了这一点，也极力地利用了这一形势。⑤ 当时，上海租界的革命宣传活动远比其他地区活跃，新党或革命党人士被清廷追捕时多以租界做庇护所，然后借道逃往海外。我们知道，租界成为"国中之国"是缘于治外法权的存在，外国人之所以不受中国政府管辖，亦是缘于治外法权的存在，所以无论是在租界办报，还是挂"洋旗"办报，都是由治外法权的庇护所致。

从当时情况来看，也说明了治外汉权对"洋旗报"及租界报馆与办报人员具有一定的"庇护"作用，在"苏报案"中，我们对此可以看得比较清楚。

---

① 1863年，美国领事熙华德（G. F. Seward）在与上海道订立的美租界划分章程中表示，"中国官厅对于美租界内中国人民之管辖权，吾人当绝对承认，惟拘票非先经美领事加签，不得拘捕界内任何人等"。参见梁敬錞《在华领事裁判权论》，商务印书馆1934年版，第102页。

② 1866年公布的《上海法租界公董局组织章程》第十六条也明确规定："任何外国法庭或审判官，如未得法国总领事之核准，及其所辖巡捕房之协助，不得出票去法租界拘捕各该管之外国人。"参见〔法〕梅朋·傅立德《上海法租界史》，倪静兰译，上海译文出版社1983年版，第415页。这一条在1868年有经修改，但总的意思未变。

③ 参见熊月之《论上海租界与晚清革命》，唐振常、沈恒春主编《上海史研究》（二编），学林出版社1988年版，第4—5页。

④ 如蔡元培就曾说过："盖自戊戌政变后，黄遵宪逗留上海，北京政府欲逮之，而租界以保护国事犯自任，不果逮。自是人人视上海为北京政府权力所不能及之地。演说会之所以成立，《革命军》、《驳康有为政见书》之所以能出版，皆由于此。"参见蔡元培《读章氏所作〈邹容传〉》，《蔡元培全集》，台湾商务印书馆1968年版，第451页。

⑤ 资产阶级政党至少从1902年起就已看清楚上海租界这一特点，并自觉地加以利用了。

由于对《苏报》革命宣传的极为不满，清政府在询悉日本领事不承认《苏报》之日商地位后，即疏通上海租界当局，于1903年6月底7月初逮捕了章太炎、邹容等六人，并查封了苏报馆与爱国学社。当时清廷的意图，是要置《苏报》及其革命报人于死地，即"拿犯、封馆、沪讯、解宁、江鄂会奏请旨"①，就是捉拿报人、查封报馆、上海会审，然后将章太炎、邹容等要犯"引渡"②押送南京，最后由两江、湖广总督奏请朝廷，将章、邹等斩首。不过，在当时环境下，清廷错看了租界环境，所以其如意算盘并不如意。在"解宁"上，清政府就费尽心思。为达目的，他们企图收买领事与公使、贿赂捕房，但是都被严词拒绝了。③"解宁"不行，欲请旨斩首就更是空想了。但是，清廷岂会轻易罢休？所以，他们就在最后的审判环节打主意，在额外公堂力主重判不成后，即表示愿出大价钱将章、邹二人"审实处决"，④不过仍遭拒绝。后来，在清吏力争下拟判二人永远监禁，⑤外国领事团仍表异议。所以又拖了近半年时间，直到次年5月，额外公堂才宣判章太炎监禁三年，邹容两年。⑥至此，"清政府'引渡'、杀头、重判的三部曲均告失败"⑦。

这种情况已非首例，之前即有"缉拿康有为案""缉拿黄遵宪案""捉拿龚超案"三案在先，清政府在上海租界这块中国土地上，对其认为有罪的维新派、革命派并不能随意处置。前面三例加上"苏报案"，在这四个案件中，上海租界当局和外国驻沪领事所为，本意是为维护其

---

① 即"拿犯是第一层，封馆是第二层，沪讯是第三层，解宁是第四层，江鄂会奏请旨是第五层。"参见《金鼎致梁鼎芬书》，《近代史资料》1956年第3期。
② 租界仍系中国领土，本书涉及与租界当局的"引渡"均加引号。
③ 他们企图买通列强驻沪领事与北京公使，甚至用三百大洋去贿赂捕房，但是都被拒绝了，所持理由即是租界事"当于租界治之"。
④ 在由公共租界会审公廨组成的额外公堂对章、邹等人进行审讯时，清政府官员及其请来的律师极力主张从重判决。上海道甚至表示，愿"出银十万两，将诸人审实处决"。参见《国民日日报汇编》第一集，外论，东大陆图书译印局1904年版，第2页。
⑤ 1903年12月24日，在清政府官员的力争之下，额外公堂准备判章太炎、邹容永远监禁。
⑥ 其余四人已于此前相继开释。
⑦ 熊月之：《论上海租界与晚清革命》，载唐振常、沈恒春主编《上海史研究》（二编），学林出版社1988年版，第1—21页。

自身权力与利益，事实上却不同程度地帮助了当时的维新派与革命派等新党，①是对专制王权的公然挑战，使清政府地方官痛感在上海租界"拿犯最为棘手"②。清吏之所以颇感棘手与头痛，租界当局之所以会不经意地"保护新党"③，即因上海租界的特点，以及租界与清政府的关系等问题。

从"苏报案"来看，无论是"保护新党"，还是主事之人没有按清政府本意处置，都是源于外人在华的治外法权，以及列强为维护其治外法权的意图所致。从治外法权对"洋旗报""庇护"作用的角度来理解，可以说，"苏报案"主事人章太炎、邹容没有被清吏直接捕拿，也没有被引渡施以极刑，是因有外人的治外法权所致。④而清廷决定查封《苏报》、捉拿主笔，"则与官府得知其不再是日商注册有很大的关系"⑤。也从另一个方面说明了这一点。比如后来的《国民日日报》，虽然言论也较激烈，但是清廷再也不能封报拿人，而只能"禁阅、禁邮"，⑥就因为其是以英商名义注册的报纸。⑦所以总体来说，外国租界在一定程度上为当时中国报业发展提

---

① 时人对维新派与革命派的统称。"新"字简明概括了两派要求革新的共性，所以用"新党"泛指革新派。

② 如1903年，当清廷命令两江总督魏光焘对鼓吹革命的章太炎实施严惩时，魏光焘就大诉其苦，"惟事在租界，历来拿犯最为棘手。不独前在界内拿办黄遵宪可为前鉴，即前岁在租界外拿获龚超，尚被工部局怂恿领事索回纵释。盖彼视界内为其权力所范，故遇事争之甚力"。参见《江督魏光焘致枢垣报租界拿犯历来最为棘手电》，《清季外交史料》卷172。

③ 当时报纸颇多租界"保护新党"之说，如1903年6月4日《苏报》载文曰《西报论工部局保护新党事》。

④ 后来多次延宕，在会审时也没有受到重罚，是因为外国律师为他们做辩护时主张思想言论自由权，主持审判的外国人也支持这个理由。参见王敏《苏报案研究》，上海人民出版社2010年版，第71—73页。

⑤ 《光绪二十九年闰五月初八日探员志赞希赵竹君致兼湖广总督端方电》中称："遵查苏报初办，挂日商牌，沪道询小田，不认，即无外人保护。刻已拿到主笔三人……该报即可封闭。"参见《苏报鼓吹革命清方档案》，中国史学会主编《辛亥革命》第1册，上海人民出版社1957年版，第409页。

⑥ 参见胡道静《上海的日报》，《上海通志馆期刊》第二年（1934）第一期，文海出版社1977年影印本，第261—262页。

⑦ 参见方汉奇主编《中国新闻事业通史》（第一卷），中国人民大学出版社1992年版，第959页。

供了保护,这是事实。①

1911年,两广总督张鸣岐曾电请民政部:悬挂外商招牌的革命报纸可否适用中国报律?民政部咨送外务部,得到的答复却是"报馆既挂洋旗,则吾国报律不能适用",因为治外法权尚未收回,现"只好电商该外国驻粤领事,请其秉公干涉"(《申报》1911年10月8日)。②

对于治外法权的危害,国人自19世纪60年代即已有所认识,到甲午战争之后,更深刻地感受到治外法权对中国主权危害之深,图谋撤废之举。但由于国力羸弱,外人且多以中国法制未完备、执法野蛮为由,拒行废止之议。这便促使清政府在加强法制建设上有所举措,在1901年实行新政之后,开始有明显的努力。特别是1902年与英国,之后与美、日、葡等国订立通商条约时,列强同意在中国法律"臻于妥善"时放弃治外法权,这是修律时的一个直接动因。此其一。另外,国人在租界办报,借"洋人"名义办报,脱离清政府之管辖,也促动清政府图谋以立法来改变这一状况。如在戊戌变法期间,康有为提出制定报律,就有对付租界内报馆的目的:"凡在洋人租界内开设报馆者,皆当遵守此律令。各奸商亦不得借洋人之名,任意雌黄议论,于报务外交,似不无小补。"③ 显然,其所称"在洋人租界内开设报馆者",只是中国的"奸商"。④ 不仅如此,康的主张因变法失败而作罢了。后经过"苏报案",清廷开始考虑制定报律。但因顾虑引起中外交涉问题及整体法律还未"臻于妥善",报律的制定非常谨慎。结果是,《报馆暂行条规》没有关于租界的内容,正式颁行的《大清报律》《钦定报律》也没有相关条款。只是在具体条文中,如报馆开设只需登记出版地址的规定,似可理解为适用于租界。关于担任发行人、编辑人及印刷人的须是"年满二十岁以上之本国人"的规定,则表

---

① 胡道静在述及此事时曾说:"事实证明这种谰语不能否认,真是一件堪痛恨的事。"参见胡道静《上海的日报》,《上海通志馆期刊》第二年(1934)第一期,第220页。

② 方汉奇:《中国新闻事业编年史·上》,福建人民出版社2018年版,第306页。

③ 康有为:《请定中国报律折》,汤志钧编《康有为政论集》(上册),中华书局1981年版,第334页。

④ 参见〔美〕周策纵《五四运动史》,陈永明等译,世界图书出版公司北京公司2014年版,第209页。

明外国人不适用,而凡合法登记的中国人,不论报馆是否办在租界,都受报律管辖。① 因为清政府的报律并不能管束外国人,从而给中国人挂"洋旗"办报提供了空间。所以中国人办报,只要打上外商招牌,不管《大清报律》还是《钦定报律》都无法控制。在辛亥革命前夕,曾有清政府地方官就革命党挂"洋旗"办报事电请民政部,民政部咨送外务部后,得到的回复就是:"报馆既挂洋旗,则吾国报律不能适用。"② 事实表明,无论是管理内政的民政部还是负对外交涉之责的外务部,对租界报馆事务都无法、不敢或不愿管理,这样一来,清政府的所有报律对租界内的报馆来说,"就形同虚设了"③。

不过,治外法权是"洋人"在华特权,虽然对租界的华人与"洋旗报"有一定的"庇护"作用,但称不上是真正的保护,其作用是非常有限的。一者,治外法权对"洋旗报"的保护,会为利益交换所牺牲;二者,"洋旗报"触及或伤及列强利益时,便会使其成为被扼杀的对象。在五四运动前后,租界的处置措施便是如此。如为保护英国商人利益,英租界工部局对学生运动采取镇压措施:禁止散发传单、悬挂中国旗帜、集会、游行和上街示威,还将上海学生联合会驱逐出租界。当时,上海的法租界当局对学生和新文化运动也采取类似的高压政策。在罢工、罢市结束一周后,1919 年 6 月 18 日,法国驻沪总领事奥古斯特·韦礼德(August Wilden)通知工部局,永久封禁在法租界刊印的《救国日报》,主编被判处中国法律的极刑,罪名是其报纸鼓动人们参与抵制日货。6 月 26 日,韦礼德公布了一则限制一切出版发行的定章,规定:"无论书籍、杂志、新闻纸及印刷品,非预将底稿一份送法巡捕总领署,不能在外发行。"④ 该令即刻在法租界实施,违反者将随时被警方查封,并加以严惩。⑤ 再

---

① 参见邵志择《治外法权与清末报律的制定》,《新闻与传播研究》2016 年第 2 期。
② 方汉奇主编:《中国新闻事业编年史·上》,福建人民出版社 2000 年版,第 585 页。
③ 邵志择:《治外法权与清末报律的制定》,《新闻与传播研究》2016 年第 2 期。
④ 法国领事馆法令第 7 号第 3 条,转引自周策纵《五四运动史》,世界图书公版公司北京公司 2014 年版,第 431 页。
⑤ 参见[美]周策纵《五四运动史》,陈永明等译,世界图书出版公司北京公司 2014 年版,第 205—207 页。

者，清政府与列强也有共同利益，会联手扼制"洋旗报"。无论是在"苏报案"中，还是在其他报案中，都看得到这种勾结的行径。如具有革命倾向的《楚报》，虽然是挂英商招牌的"洋旗报"，但是，因为揭载鄂督与美国所签粤汉铁路借款合同，并著文抨击，触怒张之洞，被其串通英领事馆，将报馆查封，总编辑张汉杰被判监禁十年。[①]

所以，即便有治外法权的惠及，不管是厕身租界还是悬挂"洋旗"办报，对国人来说，都不是理想的办报路径，虽然起到了一定的作用，但是不能从根本上解决问题，只是在当时内外压制下的一种非常态的突破手段而已。

[①] 参见唐惠虎、朱英主编《武汉近代新闻史》，武汉出版社2012年版，第210页；薛飞《旧中国的租界与报纸》，《新闻与传播研究》1999年第4期。

第二章 近代国人办报路径探索中的"洋旗报"

自唐开元年间开始，中国就有了原始形态的报纸——"古代报纸"[①]。古代报纸是以"邸报"的传媒形态为主，"以传播朝廷发布的诏书、法令等官文书为中心内容而发展起来的"。各朝历代中央政府对"邸报"的发布不但有具体的规定，而且进行严格的监督与管理，还禁止"邸报"以外的任何报纸的流传。[②]虽到了晚清，当时世界现代报刊发展已有近200年的历史，但是中国的新闻传播，除了被查禁的小报外，便是在"封建统治机构内部发行"的邸报与报房京报，以刊载朝廷许可的官文书内容为主，"并不代表什么舆论"，"实际上只不过是封建统治者的传声筒"。[③]因此，直至清末19世纪10年代中期外国传教士将现代报刊传入中国之前，虽然历经1000多年，但仍然保持着古代报纸的发展形态与传播内容。即便在现代报刊通过外力传入中国以后，由于政治、思想上的限禁与文化上的惯习，国人自办报刊并没有立即出现，而是在数十年之后，才有了各种外报的接触与办报的尝试。"洋旗报"作为国人办报路径的一种探索，在国人自办报刊发端中起到了什么样的开创作用，具体情形如何，有哪些历史局限，这是本章想要探讨的内容。

[①] 在《中国报学史》中，戈公振将现代报纸出现前的报纸统归于"官报独占时期"。不过，其官报概念未能完全涵盖其时报纸的各种实际形态，故越来越多的学者主张称为"古代报纸"更合适，如黄卓明的《中国古代报纸探源》，人民日报出版社1983年版，第8—9页，等等。

[②] 参见卓南生《中国近代报业发展史：1815—1874》，中国社会科学出版社2002年版，第1页。

[③] 方汉奇：《中国近代报刊史》（上），山西教育出版社1981年版，第2—4页。

第一节　国人近代报刊的接触与自办报刊的探索

1815年《察世俗每月统记传》的问世,"无疑给闭关自守的中国提供了以中国统治阶层或上层社会人士为对象,以反映朝廷动态的官文书等为中心内容的'邸报'以外的另一种报刊形态"①,从而开启了中国近代报刊史的发展历程。在外国传教士及稍后政客与商人的在华办报活动中,在"古代"与"现代"的接触、碰撞中,中国在历经痛苦的探索之后,走进了近代报刊史的轨道。

一　国人在"报禁"与外报扩张中对近代报刊的接触

在工业革命与全球贸易不断推进的过程中,在英国等近代化国家对外采取积极扩张策略与行动的过程中,清朝政府为维持其封建经济结构与自给自足的自然经济状态,对与外人的通商贸易采取消极与否定的态度,②在"天朝上国"的迷梦与"臣民"的"俯首臣服"中,对与世界各国的接触,也秉持着保守与自大的心态。

1757年,清政府谕令外国商人只准在广州(十三行)通商,这与当时的全球贸易体系发展趋势是背道而驰的。1792年,英国在向中国输出产品、争夺国际市场的内在驱动下,派遣马戛尔尼出使中国,其交涉目标有四个:"第一,英国派全权大使常驻北京,如中国愿派大使到伦敦去,英廷必以最优之礼款待之。第二,英国希望中国加开通商口岸。第三,英国希望中国有固定的、公开的海关税则。第四,英国希望中国给她一个小岛,可以供英国商人居住及贮货,如同葡萄牙人在澳门一样。"③客观地说,除了第四点,其他都是基本的国际贸易与国家交往的内容要求。但是

---

① 参见卓南生《中国近代报业发展史:1815—1874》,中国社会科学出版社2002年版,第2页。

② 参见卓南生《中国近代报业发展史:1815—1874》,中国社会科学出版社2002年版,第10页。

③ 蒋廷黻:《中国近代史》,上海古籍出版社1999年版,第8页。

在当时，大清王朝迷梦未醒，既无国际概念又无国交意识，仍以朝贡贸易体系的思维与方式进行处置，从而注定了马戛尔尼出使的失败。1816年，英政府再次遣使阿美士德来华交涉，仍遭拒绝。

在外交努力一再受挫的情况下，英帝改行他道，先遣传教士与鸦片商，再派军队，终要打开中国大门。之后，中外情势完全逆转，诚如史家所论："中西的关系是特别的。在鸦片战争以前，我们不肯给外国平等待遇；在以后，他们不肯给我们平等待遇。"① 随着清政府在鸦片战争中的失败，中外不平等条约的签订，外国在华势力与特权不断渗透、扩张，而随着租界的开辟、外人在华治外法权的攫取，中国逐渐沦为半殖民地社会。这种情形，在外报对华扩张的轨迹中充分地呈现出来。外国人在华办报的轨迹，在地域上，从鸦片战争前在南洋、澳门、广州办报开始，到鸦片战争之后，随着条约口岸的不断增多，由沿海推进到沿江、内地，直至首都北京；数量上，由鸦片战争前的20余种激增至近200种；种类上，则从传教士报刊、商业外文报刊，扩展至商业中文报刊，外文报刊种类也更多，从英文、葡文报刊发展至德、日、俄、法等外文报刊。所以可以说，在华外报的扩张史便是中国丧权失地半殖民地化屈辱史的另一种面相。

随着在列强侵华战争中的失败，对外，清政府步步让权，允许外国人在华传教、办报；对内，则实行严厉的专制统治，"报禁"与"言禁"森严。于是就形成了"于己民则禁之，于他国则听之"（陈炽《庸书·报馆》）的办报局面。国人就是在这样的局势下接触近代报刊的。

《察世俗每月统记传》（1815，后简称《察世俗》）拉开了中国近代新闻史的序幕。《察世俗》刊印于马六甲，但其发行却是以云集东南亚各地的华侨及中国本土的中国人为对象，"通过朋友、通讯员、旅行者及航运"等方式分送，数量由最初的每月500份，增加到1000多份。② 作为传教活动的副产物，英国传教士向中国读者介绍了"定期出版物"的概念，这对19世纪50年代以后中文报纸的产生和发展产生了一定的影响。③

---

① 蒋廷黻：《中国近代史》，上海古籍出版社1999年版，第9页。
② 参见卓南生《中国近代报业发展史：1815—1874》，中国社会科学出版社2002年版，第28页。
③ 参见卓南生《中国近代报业发展史：1815—1874》，中国社会科学出版社2002年版，第32页。

《察世俗》停刊后，在鸦片战争以前，西方传教士还办起了《特选撮要每月纪传》（1823）与《各国消息》（1838）等四种报刊。① 这些报刊都是宗教性的，内容主要为阐发教义与宣传西方文化。但在后来，其宗教色彩淡化、政经色彩渐浓，日益重视对新闻信息的传播。就这样，在向中国渗透的过程中，伴随形势变化，其新闻传媒性质日益凸显。一方面，宗教报刊对科学和人文知识的传播，"迎合了开明官绅'睁眼看世界'的需要"，启蒙意义重于神学价值，"早期宗教报刊的阅读，可以看作是中国读者对西学认知与想象的社会化进程"；② 另一方面，这些报刊形式及其内容发展，给中国民众带来了最早的近代报刊印象。

需要特别指出的是，广州出版的《东西洋考每月统记传》（后简称《东西洋考》）月刊，是在中国境内出版的第一份中文报刊③，其最引人注目处，是"几乎每期都辟有'新闻'栏，报道各国的近况"。虽然其新闻来源主要是西方船只带来的信件或报纸，内容也主要是各国概况的介绍，但这是此前宗教报刊所没有的。1834年1月，该报还刊出《新闻纸略论》一文，第一次有条理地介绍西方报纸的情况。④ 这对中国民众认识近代报刊又推进了一步。1838年，该刊进一步辟有"贸易"栏。当年，麦都思创办《各国消息》，虽只出版数期即停刊，但其内容以外国新闻与广州商品行情等为中心，完全不登宗教性内容，"既说明了当时旅居中国的西方传教士、政治家与商人三者关系之紧密，也反映了当时从事对外贸易的中国商人已经开始出现，以及他们对海外讯息与商业情报已有所需求"，而其"刊载海外信息与反映商业情报的新尝试"，无疑"为后来者提供了另

---

① 另两种为《天下新闻》（1828）、《东西洋考每月统记传》（1833），创办人都与伦敦布道会有一定的关系。

② 蒋建国：《甲午之前传教士中文报刊的传播、阅读及其影响》，《新闻与传播研究》2019年第8期。

③ 在中国境内出版的第一份近代报刊是澳门的《蜜蜂华报》（1822）。澳门与广州还出版有12种葡萄牙文报刊与6种英文报刊，但其读者对象主要是外国人，对中国影响不大。

④ 包括西方报纸起源、发展及有关新闻自由的法律和制度，指出西方新闻纸有"每日出一次的、有二日出一次的、有七日出二次的、亦有七日或半月或一月出一次不等的、最多者乃每日出一次的、其次则每七日出一次的。其每月一次者、亦有非纪新闻之事、乃博学之文"。参见卓南生《中国近代报业发展史：1815—1874》，中国社会科学出版社2002年版，第51—54页。

一编辑方针的模式"①。

鸦片战争后，随着香港割让成为殖民地以及各通商口岸的开放，由欧美传教士创办的《遐迩贯珍》（1853）与《中外新报》（1854）等中文报刊②，相继在香港、宁波、上海、广州等地刊行。其中，《南京条约》签订后最早出现的中文报刊《遐迩贯珍》，是西方传教士对华"文字播道"的新起点。而其1855年开设的广告栏"布告编"，率先推出收费广告，则象征着"导入以广告收入开展近代化报刊经营的概念之征兆"③。

由上述梳理可知，近代报刊首先是在外国传教士"文字播道"、沟通中外的目的和意图下带入中国的，在此过程中，中国民众是被动接触与了解近代报刊的。即便是担任《察世俗》刻工甚至为之撰写过文章的广东人梁发，其进入近代报刊也是被动的、无意识的，因为在《察世俗》，他的身份首先是教徒，其工作是在此身份下听命于上帝而为传播教义服务的。主动介入近代报刊者，还要从20余年后的林则徐开始，而深化于成批地进入近代报刊实践的国人。

1839年，林则徐在广东禁烟期间，为定"制驭准备之方"，"日日使人刺探西事，翻译西书，购其新闻纸"④，将之"零星译出……藉以采访夷情"⑤。也就是派人到澳门搜集各种外文报刊，如《广州周报》《广州纪录报》等，并组织人员，翻译其中有关鸦片贸易和其他相关方面的消息、言论，以供参考。林则徐曾谈及"御粤省六条"，其中之一就是"夷情叵测，宜周密探报"，探报之法，端赖翻译新闻纸："澳门地方，华夷杂处，各国夷人所聚，闻见最多……又有夷人刊印之新闻纸，每七日一礼拜后，即行刷出，系将广东事传至该国，并将该国事传至广东，彼此互相知照，即内地之塘报也。彼本不与华人阅看，而华人不识夷字，亦即不看。近年雇有翻译之人，因而辗转购得新闻纸，密为译出。其中所得夷

---

① 卓南生：《中国近代报业发展史：1815—1874》，中国社会科学出版社2002年版，第62—64页。
② 另有《六合丛谈》（1857）、《中外杂志》（1862）、《中外新闻七日录》（1865）等。
③ 卓南生：《中国近代报业发展史：1815—1874》，中国社会科学出版社2002年版，第84页。
④ （清）魏源：《圣武记》（附夷艘寇海记），岳麓书社2011年版，第460页。
⑤ （清）林则徐：《致怡良》，《林则徐书简》，杨国桢编，福建人民出版社1981年版，第44页。

情,实为不少,制驭准备之方,多由此出。"① 此时,在林则徐看来,外报即"塘报",是要"密为译出"的。可见,其对近代报刊的认识,主要是从获取情报方面着眼的。其认识虽然有失片面,也略显肤浅,但毕竟是"开眼看世界之第一人",也是第一个主动接触与利用近代报刊的国人。②

林则徐在革职之后,曾将有关翻译材料托付给好友魏源。在此基础上,魏源历时年余,编写完成了《海国图志》。在编写过程中,魏源注意搜集外国新闻纸,《海国图志》也专辟报纸部分,而其辑录外国新闻纸,是为"知己知彼,可款可战",显然是对林则徐译报思想的继承。而其认为"夷情备采"的最终目的,在于"师夷长技以制夷"③,则是在此基础上对林则徐思想的弘扬。

《海国图志》的主要内容是各国历史地理介绍,在当时的中国乃至日本知识界,引起了相当大的反响。反观当时外国传教士报刊,大多也是历史地理风俗见闻等内容。两相比较,即可见《海国图志》是当时社会需求下的一种因应与发创。但是很显然,两者出发点与宗旨迥异。一为"知己知彼,可款可战",二为改变西方的"蛮夷形象"及中国人"高傲排外的观念"。

林则徐与魏源编译的书报,刺激了中国先进分子"讲求外国情形",

---

① (清)林则徐:《答奕将军防御粤省六条》,《海国图志》(下),岳麓书社1988年版,第1949—1950页。

② 林则徐当时只是译报而未能办报,既有其对报刊的认识问题,也有其受制于当时的政治与文化环境的因素。黄旦先生认为,"任何报纸体制都与政治制度相关联","中国古代的'邸报',是与政治制度同根而生,为政治机器运转中不可缺少的润滑剂,施行政治控制的一种手段"。"邸报"向为官阅,也以传播官方信息为主,即便是后来由民间印发的《京报》,其内容也未能越出此界。由西方传入的近代报刊则不然,是面向社会公众的,内容也广泛得多,这是西方政治制度下的产物。两种报刊,两种政制,不可能混同,也不会轻易迭代。在林则徐时代的政治文化环境下,在"报事"上任何敢冒天下大不韪者,都没有好果子吃。林则徐"为政若做真书,绵密无间",自是深知于此。林当时只是为禁烟事业了解夷情而"译报,背后指指点点的聒噪之声就不绝于耳"了,所以在当时的政治和文化环境中,林"纵然吃了豹子胆,也绝不敢踏上办报之路,开自己红翎顶戴的玩笑,哪怕他能把新闻理论倒背如流"。参见黄旦《林则徐为何不办报?——读中国新闻史偶记》,《新闻记者》2012年第1期。

③ (清)魏源:《筹海篇三议战》,《海国图志》,岳麓书社1998年版,第26页。

了解西方的欲望，这种需求反过来又刺激了近代报刊在中国的发展。长期以来，编译外报新闻与言论，成为我国报刊的重要内容。

此期的叶名琛，则是利用报刊资料进行外交斗争的第一人。1849年叶任广东巡抚，曾和两广总督徐广缙协力拒阻英人入穗，迫使当时英国公使和香港总督下达公告，要求英人不得入城。这一文告在当时广州、香港的报纸上均有刊载。1856年，第二次鸦片战争爆发，英军统帅致信叶名琛，要求就英军进入广州城一事与他会谈，叶名琛在反复笔争中，多次提到当年各报所刊英国官方文告，作为英人不得入城的法律依据。①叶名琛十分重视编译外报，收集情报，由于战争的因素，这种工作更为繁多。在其现存文案中，有三大卷是1855—1856年港报译文。1858年被俘押囚印度加尔各答，叶仍保持每天听人翻译当天报纸的习惯，直至次年，由于所带中国食品用罄拒食英粟而逝。

从林则徐到叶名琛，都是对封建王朝忠心耿耿的地方大员。一方面，作为头脑较为清醒的那部分士子，他们认识到了解外情的必要性，在国人中最先有意识地接触与利用外国报刊；另一方面，为根深蒂固的传统文化所羁绊，他们眼中的外国报刊，犹如清王朝的提塘传报那样传递一些政治情报，是情报而非新闻，要秘密传送而不能公诸民众的。此外，为功利性所囿，他们收集的"情报"往往比较专门。②所以，他们的思想也仅停留于译报，而不是办报，最早提出办报主张的是洪仁玕。

作为太平天国后期主要领导人之一的洪仁玕，曾在香港生活六年，学习研究了西方社会制度和思想，对中国现实问题进行了探索。鉴于当时太平天国内部涣散、制度混乱、官风腐败等状况，欲用西方知识，参照欧美法典以及东方国家历史教训，实行资本主义性质的改革。1859年提出其改革总纲《资政新篇》，并经洪秀全批改，作为官方文书颁行。《资政新篇》"从整个国家结构的宏观角度着眼，高度评价了报纸在社会结构中的

---

① 指出："惟所称进城一节，查道光二十九年三月间，贵国公使出示，在公司行内，称：本总督出示，不准番人入城等语，载在新闻纸，谅贵提督早已知悉。"参见叶名琛《（咸丰六年）十月初三日致英酋照会》，（清）华廷杰《触藩始末》（卷上），光绪十一年刻本。

② 参见徐培汀、裘正义《中国新闻传播学说史》，重庆出版社1994年版，第131—132页。

重要地位"，提出了较系统的主张。① 这些主张虽然随着太平天国的覆灭并未得到实施，但无疑，洪仁玕是近代中国第一个提出具体办报主张的国人。由此可见，洪是个理想主义色彩浓厚的知识分子，其新闻思想和办报主张，在理论上是超前的，不但超越了之前的林则徐与魏源等辈，也非其后一般资产阶级改良派报刊活动家所能比拟。不过，洪仁玕虽然接触了西方资本主义社会政治思想，却没能深入体验和研究；虽然认识到近代报纸的作用和基本运作情况，却未能亲身从事报刊实践；虽然迅速登上太平天国最高决策层，却长期以来身居局外，没能全面地、历史地认识这次农民运动，这些因素既使其比较超脱、思想比较超前，也使其思想难免成为空想。

国人以职业身份参与近代报刊编务、经营近代报业，开始于咸丰、同治年间。其先驱或者其时的代表人物，主要有黄胜、黄宽、王韬、沈毓桂、陈霭亭等。

黄胜（1825—1902），广东香山人，是我国近代报业先驱。1847年与容闳、黄宽等三人，在香港德臣报馆资助下赴美留学，就读于马萨诸塞州的芒松学校。1848年秋因病辍学回港，先到《德臣报》学习印刷技术，得以熟悉报纸经营业务。后又受聘主持伦敦布道会香港英华书院内教会印刷所的工作。《香港中外新报》② 创刊后，黄胜为首任主编，负责报纸的编辑和经营，伍廷芳（1842—1922）曾襄助其事，并担任翻译。③ 上海广方言馆成立后，黄胜受李鸿章、丁日昌邀约，1864年8月起到沪担任英文教司，至1867年初才告退回港。

《香港中外新报》初为三日刊，后改为日报，是中国第一份近代中文

---

① 认为，"报纸是维系中央政权、加强集中统一领导的有力工具"，通过报纸，可"'禁朋党之弊'，以消除种种弱本强末的离心力量"；"办报是实现民主政治的手段"，通过报纸，可以"沟通太平天国领导集团和民众之间的公议"；"报纸具有教育民众、移风易俗的作用"；"报纸具有监督政府的作用"。基于此种认识，提出了"设立新闻馆、设置新闻官、'准卖新闻篇（报纸）'等新闻主张"。参见黄瑚《中国新闻事业发展史》，复旦大学出版社2009年版，第59—60页。

② 前身系1857年11月3日创刊的《香港船头华价纸》，《孖剌报》中文晚刊，1865年初改名《中外新报》，由华人单独主持。

③ 参见林友兰《近代中文报业先驱黄胜》（台北《报学》第4卷第3期）、《伍廷芳与近代中文报业》（台北《报学》第5卷第3期），转引自赖光临《中国新闻传播史》，台北三民书局1978年版，第52—53页。

日报。它虽为华人黄胜主持编务，但只是《孖剌报》的附属报纸，跳不出外人办报的范畴和框框。不过，该报的出现，无疑为以后的华文报纸奠定了模式。该报是第一家以报纸形态两面印刷的报纸，其版面安排、新闻内容分类，以及对行情新闻的重视等，都开创了前所未有的新风格。该报评论不多见，但《猪仔论》等篇什，及该报在某个时期刊登的一连串同类性质的文章与报道，多少反映了当时报人已懂得应用报纸发挥舆论的作用。当然由于种种客观因素的限制，"该报同人无法全面负起推动舆论的工作"，但这种种限制往往会"激起华人自办报纸的原动力"。在其出版之后，《香港华字日报》的创刊以及王韬所办《循环日报》的相继问世，就反映了"华人在该报的刺激下，自办报纸愿望之日益强烈与条件之日益成熟"①。

王韬（1828—1897），是中国近代报纸先驱与初期知名的改良主义者。1849—1862年间曾受雇于上海墨海书馆，从事中文编辑和翻译工作。《六合丛谈》（1857—1858）创刊后，作为"撰稿者和协助者"②，王韬曾参与该刊活动，这是他最早的报刊活动。③ 该刊曾发表有其署名王利宾的短文，此外"有不少未署名的文章，估计也是出自其手笔或者是他协助伟烈亚力和艾约瑟翻译的"④。1863年，王韬从上海流亡到香港，协助理雅各译书，此间广泛接触了西方文化，后并参与编辑《近事编录》（1864）⑤，开始积累其办报的实际经验。1867年，王韬随理雅各回英国，在欧洲游历两年多，使他对西方政治、社会、文化有了更深层次的认识。旅英期间，他还深深体会到英国报纸社会地位之高、影响力之深远，萌生了办一份"人仰之如泰山北斗"的中文报纸的雄心。1870年春返港后，继续协助理雅各完成中国经典著作的翻译工作，直到1872年理雅各受聘回国主

---

① 卓南生：《中国近代报业发展史：1815—1874》，中国社会科学出版社2002年版，第147页。
② 卓南生：《中国近代报业发展史：1815—1874》，中国社会科学出版社2002年版，第91页。
③ 参见刘家林《中国新闻史》，武汉大学出版社2012年版，第57页。
④ 1889—1890年，王韬在上海出版《西学辑存六种》，其中包括《六合丛谈》刊载的论文如《重学浅说》《西国天学源流》《华英通商事略》等，可知他曾积极协助编辑《六合丛谈》。
⑤ Roswell S. Britton, *The Chinese Periodical Press 1800—1912*, Shanghai: Kelly and Walsh, Ltd., 1935, p.42.

持牛津大学汉学讲座。此间值得注意者,一是王韬译书之余完成其巨著《普法战纪》的撰写,一是与香港报界人士交往甚密。1871年3月创刊的《中外新闻七日报》,不仅曾连载其《普法战纪》及对该著问世予以崇高的评价,也曾刊登该报主笔陈蔼廷与王韬合译的文章。①

陈蔼廷(？—1905)②,亦称霭亭,广东新会人,中国近代早期"西学巨擘"(王韬)。1856年到香港,曾肄业于香港圣保罗书院。先在巡理府当书吏,1871年3月被《德臣报》聘为翻译与英文日报副主笔,并主持该报中文专页《中外新闻七日报》③。1872年4月,《中外新闻七日报》改为《香港华字日报》,脱离《德臣报》独立出版,陈为第一任主笔。1878年4月,陈应出使美、西、秘三国大臣陈兰彬之邀到上海,接着受命出任驻古巴总领事,④ 从此离开香港报坛。其服务报界,前后计有七年。

陈蔼廷进入报坛的最大愿望,是志在办一份"主笔出自华人,替华人说话"的中文报。这一愿望不仅清楚地列明在《中外新闻七日报》的发刊词中,也常流露于该报有关新闻报道及《香港华字日报》的文告之中。

比如,《德臣报》1871年5月刊文介绍,印度孟买有53家报馆,其中,14家英文兼当地语文报,39家纯当地文字报纸。文中指出:长期以来我们期望香港有一家当地报纸。为什么在本殖民地的中国人,不能拥有一份表达他们独立看法的机关刊物呢?⑤ 在将该文译出时,《中外新闻七

---

① 参见卓南生《中国近代报业发展史:1815—1874》,中国社会科学出版社2002年版,第182页。

② 陈霭亭"邃于国学,因鉴于香港割让于英国以后,华人得以为买办通事为荣,不特西学仅得皮毛,且将祖国文化视为陈腐,志藉报纸以开通民智"。其子陈止澜(斗恒)于《华字日报》71周年纪念刊上撰《本报创造以来》,谈及其父创办报纸的宗旨:"外观世界潮流,内察国民程度,知非自强不足以自得,非开通民智无以图强。霭亭公乃决意创办本报,期以世界知识灌输以国人,以国内政治报告于侨胞,使民智日开,而益奋其爱国之念,此办报之唯一宗旨也。"参见卓南生《中国近代报业发展史:1815—1874》,中国社会科学出版社2002年版,第161—162页。

③ 1871年3月11日创刊,陈蔼亭主持,每周六出版。1872年4月17日,改出《香港华字日报》,四版,保持了《中外新闻七日报》内容。

④ 参见林友兰《陈蔼廷与香港华字日报》,《报学》第5卷第10期。

⑤ May 2, 1871. *The China Mail.* 转引自卓南生《中国近代报业发展史:1815—1874》,中国社会科学出版社2002年版,第162页。

日报》更发抒道："然华人居港者现以英俊鳞集，记录一事固有笔挟风霜成链锷者，但无自设之新闻纸，则凡有要事关涉华人者，每欲传达而究不克，自专此中关系实非浅鲜。故西人恒冀华人有志之士，自设一新闻纸以便记录，且得藉扩闻之益焉。"①

一方面，为香港华人阅报需要与社会经济生活需要。《德臣报》看到了这一商机，在《中外新闻七日报》刊行时，即以华人主持相号召，如其1871年3月25日（二月初五）所登《告白》说："蔼廷陈言先生，前在巡理府充当书吏之职，今本馆延请司理翻译事务并英文日报副主笔，诸君如有告白无论唐番字欲刻于本馆日报者，恳祈赐顾。"另一方面，是陈蔼廷等创办"以华人主持为号召"中文报的强烈愿望。两相结合，便催生了《香港华字日报》的刊行，而且特别说明，该刊为华人所办，为华人所主持。1871年6月17日，《中外新闻七日报》以回答读者来信方式，宣布该报将改为周三刊单出，篇幅扩大为四大版，而且强调"在切论本港时事时，凡有益于唐人之款，也事行指日"。三周后，刊登陈霭廷署名的《创设香港华字日报说略》一文，正式宣布该报将从原来新闻版式发展为四大版的《香港华字日报》，并豪情满怀地说：华字日报的创设虽不是由他开始，但以往报纸皆属西人承办，该报却是华人主宰。因此，办华文报虽说已有前例，但由华人办华文报，却不能不说是一项"前所未有之创举"。至于编辑方针，将着重于"述政事、纪民情、辨风俗、详见闻"，据此，"大可以持清议，小可以励民心"。但由于筹办困难不少，拖到次年四月才正式创刊。1872年4月上旬，《中外新闻七日报》以"德臣新闻纸馆"名义发表《本馆告白》，宣布该报设立的"唐字新闻纸"（《香港华字日报》）即将发行，除再次强调唐字新闻纸"系属唐人自设"，与"向来所行者皆倡自西人"有所不同外，还进一步表示，其"译择、遴选、命意、措词，皆唐人为之主持，为之布置，而于西人无预"。②为符华人社会的需要，也为主持者陈蔼廷等之心志，《香港华字日报》从

---

① 《中外新闻七日录》，辛未年三月十七日（May 6, 1871. The China Mail），转引自卓南生《中国近代报业发展史：1815—1874》，中国社会科学出版社2002年版，第162页。

② 卓南生：《中国近代报业发展史：1815—1874》，中国社会科学出版社2002年版，第163页。

筹备到刊行,都"以华人主持为号召"。虽然陈蔼廷主持下的《中外新闻七日报》与《香港华字日报》为西报《德臣报》馆所办,"不可能有如对外宣称一般,由华人全面主宰编辑方针,却显然是努力朝着反映华人意愿迈进"的,① 从中也可见到19世纪70年代初,国人自办报刊之迫切愿望和热切努力。

二 民族报业创始时期国人办报路径的三种探索

如前文所述,历史地看,国人对近代报刊的接触与认识,是缓慢进行、逐步深入的。19世纪初,外国传教士在传教中,把近代报刊模式和新闻理念带到中国,揭开中国近代新闻史的第一页。西方传教士先创宗教性报刊,外国商人与政客继创中外文商业报刊,到19世纪末形成居于垄断地位的在华外报网。然而,国人对这种新式传媒,并没有立即引起注意,而是要经过一个较长的过程。这既是当时政治文化环境使然,也是国人观念所致。最先发现并重视这种近代报刊的官员是林则徐,但他只是将其作为了解外情的渠道,其组织人员翻译外报,目的也是了解和应对敌情。之后,在外报发展中,国人或以编务、经营人员身份深入其中;或是在接触西方文化的过程中了解近代报刊与近代新闻思想,并在国内传播;或是在中外交涉事务中,了解近代报刊的舆论影响,认识到办报的重要性……在这些情况下,才出现了国人自办报刊的尝试,而在尝试办报中,又深化了对近代报刊的认识。

此中,19世纪70年代初,是中国近代报业发展的重要窗口期,主要有两个方面的表现:一是商业中文报刊内容与经营模式形成,以新闻、物价与商品行情为主要信息内容的商业中文日报开始成批出现;二是进入国人自办报刊的创始时期,多地、多路径的国人自办报刊探索开始出现。

在香港,1873年《中外新报》发展为完整的日报;1872年《德臣报》中文专版《中外新闻七日报》(1871)改为《香港华字日报》,周三刊、四版,次年即改为日报;在上海,1872年《申报》创刊,初出时每

---

① 卓南生:《中国近代报业发展史:1815—1874》,中国社会科学出版社2002年版,第176页。

两天一期，一个星期之后改出日报，① 之后不久，《上海新报》也从周三刊改为日刊。这些报刊的发生地，一个是沦为殖民地的香港，一个是租界最发达、港口贸易最繁荣的通商口岸上海，两地西方商业资本活跃、中西贸易繁盛，以及中国商人阶层形成，出现了对商业信息的迫切需求。《香港中外新报》的前身《香港船头货价纸》（1857）与稍后的《上海新报》（1861），可以说都是当时"繁忙商业社会的产物"。前者纯粹是一张行情纸。后者则将商业信息放在首位，其发刊词称，"大凡商贾贸易，贵乎信息流通。本行印此新报，所有一切国政军情，市俗利弊，生意价值，船货往来，无所不载"，初创时两个版面，第一版为商业信息和新闻，第二版全部为商业性内容。而在满足商业信息需求之原动力的推动下，这些报纸扩版、改名、缩短刊期，进入商业中文日报发展轨道，与新创报刊一起，为适应当时社会需求，将商业信息置于首位，版面安排也都效仿西报，形成了《香港中外新报》那样的版面编排模式：第一版为物价行情商业讯息，第二版是中外新闻，第三版为新闻续登与船期、广告，第四版为广告。《申报》创刊前曾专门派人去香港考察商业中文报的内容与经营模式，从而在上海成功开办起来。这种情况，成为其时之盛。这些中文日报，都标榜以华人读者为服务对象、聘用中国人主持编务，其中的《中外新闻七日报》《香港华字日报》甚至还"以华人主持为号召"，虽然它们"都不能称为华人自办的报纸"②，不过，却为国人办报提供了蓝本与催化剂。

在外国人在华办报的推动下③，中国人的报刊活动也活跃起来了。

---

① 星期日休刊，自1879年4月27日起，星期日也照常出报，除了腊尾年头即春节时暂停数日，未尝间断。

② 卓南生：《中国近代报业发展史：1815—1874》，中国社会科学出版社2002年版，第179页。

③ 其中，外文报馆推动最著。一者，外文报刊体现了西方现代报刊的形式与内容发展要求；二者，由华人主持编务或笔政的中文报刊《香港船头货价纸》《香港中外新报》《中外新闻七日录》《香港华字日报》都分别由西文《孖剌报》馆、《德臣报》馆所办。传教士所办宗教报刊，虽以中国人为读者对象，也向中国人传播了近代报刊观念与文化，发挥了一定的启蒙作用乃至催生作用，但由于刊期以月刊为主，内容以宗教性与各国文化、习俗等为主，而适合中国人的阅读习惯在形式上还倒退回书本式，所以比较而言，影响最大、推动最直接的还是外文报刊所创的中文报刊，特别是《香港中外新报》与《香港华字日报》。

"先是一些中国人在外国人办的报馆中工作,获得了办报经验。像黄胜、王韬曾分别担任过《香港中外新报》和《近事编录》的主编,陈蔼亭先后成为《中外新闻七日报》和《香港华字日报》的主持人,[①] 伍廷芳曾任《孖剌报》的翻译等。中国人成批进入报界并担负起编报重任[②],为中国人自办报纸创造了条件。"[③] 而且,在19世纪六七十年代,随着西方在华商业资本的发展,在中国出现了买办阶级,其中的知识分子一则由于客观工作熏陶,二则基于改良主义思想的认识,在近代报刊的接触中,萌生了国人最早的创办近代报刊的意识。其中的代表人物如黄胜、伍廷芳、陈蔼亭、王韬等,他们有个共同特点,即都是在资本主义较为发达的殖民地香港,都接受过西方教育,或是与外人一起工作过,都具有近代知识和世界眼光,迥异于内地闭塞迂腐的封建知识分子,其中又以王韬的办报思想最为突出。

在当时环境下,中国有保持"古代报纸"内容与形式的官报,也有外人创办、国人主持的近代中文报刊,但是国人认识到,"官报,无民意之可言";"外报,仅可代表外人之意","虽其间执笔者有华人,然办报之宗旨不同,即言之亦不能尽其意也"。[④] 改变这一状况,需要自办"民报"。因此,在19世纪70年代各种条件的综合作用下,国人自办报刊出现了。

第一批国人自办报刊,按问世时间,首推艾小梅在汉口创办的《昭文新报》(1873),其次是王韬在香港创办的《循环日报》(1874),再次为上海创办的《汇报》(1874)与《新报》(1876)。其中,办得最成功、影响也最大的是《循环日报》。由于当时环境所致,国人自办报刊的路径选择辟有三途:一是商办;二是官办,但以商出名,官办为实;三是厕身租界,悬挂"洋旗"办报。

---

① 参见宁树藩《十九世纪香港报业概述》,《新闻大学》1997年第3期。
② 《申报》初创时,即延聘赵逸如为"买办"(经理)、蒋芷湘为"主笔"(主编),不久增聘何桂笙、钱昕伯襄理笔政。无论经营管理还是笔政编务都由华人担任,这种模式后来为《沪报》《新闻报》等外商所办商业中文报所效仿。
③ 宁树藩:《中国地区比较新闻史》,复旦大学出版社2018年版,第1050页。
④ 戈公振:《中国报学史》,上海古籍出版社2003年版,第143页。

(一)"商办"导其先路

国人自办报刊，首先是从商办开始的。商办报刊，即是由民间资本投入，由民间人士按商业模式运作的报刊。在商办报刊中，汉口的《昭文新报》最早，香港商办报纸最典型、最成功，其中代表则是《循环日报》。

对于第一份国人自办报刊，存有两说。一是《羊城采新实录》（或名《采新实录》），二是《昭文新报》。两者都看不到报纸，但是后者有明确、可靠的记载。

从留存的资料及时人记叙来看，《羊城采新实录》为国人所办第一份报刊之说或为误传，并不可靠，其实很可能如《香港华字日报》《香港中外新报》一样，是"以华人主持为号召"的报纸。现在能见到的资料，仅学人新近在《申报》上发现的《记羊城采新实录之创设》①一文，该文共454字，是用"骈体写成的评述性报道"，文辞偏重"藻饰和用典，对讯息的传达不甚明晰"②。不过，通过对文章内容的解读与分析，可以判定《羊城采新实录》在历史上是存在过的，从该文发刊的时间看，应"创刊于1873年元旦前后"，至早在1872年12月即已创刊，规格上是"综合性的日报，主要内容为中外新闻、社会新闻、时事评论、物价行情、航运信息"③等。不过，仅此而已，并没有充分理由可据此判定其为国人所办，而其"上纪中西之和好，合万国以咸宁"这样的措辞命意，倒颇有点19世纪70年代传教士在华所办中文报刊韵味；而其"采新实录"的报名，也如之前英国伦敦布道会传教士湛约翰所办《中外新闻七日录》（1865—1870）④。当时商业中文日报命名，香港的《中外新闻七日录》1872年4月停刊改名《香港华字日报》出版，《香港船头货价纸》1864年改名《香港中外新报》出版；上海的《申报》《上海新报》，也都

---

① 载《申报》大清同治壬申十二月十六日（1873年1月14日）第五版。
② 陈玉申：《〈羊城采新实录〉探略——对一则新见史料的释读》，《青年记者》2019年8月上。
③ 陈玉申：《〈羊城采新实录〉探略——对一则新见史料的释读》，《青年记者》2019年8月上。
④ 参见方汉奇《中国新闻事业通史》（第一卷），中国人民大学出版社1992年版，第242—244页。

以"新报"命名。而按第一批国人自办报刊命名风格，无论叫"新报"还是"日报"，都是以"报"命名。所以，从其以"录"命名的方式来看，也不符当时国人报刊发展趋势。

另外，王韬在《倡设日报小引》（刊1874年2月5日《循环日报》）一文中说道，"我国民报之产生，当以同治十二年在汉口出版之《昭文新报》为最早"。戈公振亦附此说："我国人自办之日报，开其先路者，实为《昭文新报》。"① 一者，自办报刊是当时国人的一大心志，不但国人关注，在华外报也很关注，王韬是当时国人在报界中比较活跃者，国人首创报刊自必引起他的注意。二者，在距离上广州更近，按理，广州报界动态更易为香港的王韬所注意到。汉口的《昭文新报》能为其所知，在邻近香港的广州有国人自办报刊，王韬自必有所注意。三者，《羊城采新实录》刊行时间距王韬撰文时间仅约一年，时间也不久。王韬之所以没有主张是《羊城采新实录》，很可能是因为该报并非国人所办，充其量是为"华人主持"的报纸。所以，王说《昭文新报》为最早的国人自办报刊应是可靠的。

关于《昭文新报》，留存可考的资料主要是《申报》的两则简短报道，即《汉口创设昭文新报馆》②《记汉口新报改革事》③。

由此两则报道可知，《昭文新报》是1873年8月8日由艾小梅在汉口

---

① 戈公振：《中国报学史》，上海古籍出版社2003年版，第151页。

② 内容附录：汉镇创设昭文新报馆，盖亦仿香港、上海之式而作者也。今承该报馆邮致十六日报，得窥崖略，兼识例言，读之不胜雀跃。查新报之设，创于泰西，所以使下情能达，时事周知也。倘能于各行省及大都会之处，遍设此馆，则南北不至有风尚之殊，山泽不至有情事之隔，将来汇而存之，可以作野史，可以备辀轩矣，岂不美哉！吾尤望汉皋诸君子洒墨挥毫，无第勤于始事也。因记之以志欣幸云。参见《汉口创设昭文新报馆》，《申报》大清同治癸酉闰六月二十一日（1873年8月13日），第2页。

③ 内容附录：汉皋艾君小梅开设昭文新报馆，其始每日发印，遍售各埠，然汉皋向无此举，今骤仿行，未免人情未习，取阅者不能垒集，后遂改为五日一期，装订成书，改用白鹿纸，墨水亦较腴润。其所采录则奇闻轶事居多，间有诗词杂作，与本馆新报亦属相辅而行，为博览者所不废。惟事艰于创始，众骇于翻新，倘能不阻于人言，不惑于市道，则鹤楼鹦洲间，自可构野史之亭，补辀轩之录矣，何至功败已成哉，予□望之。参见《记汉口新报改革事》，《申报》大清同治癸酉八月十一日（1873年10月2日），第2页。

创刊的，系"仿香港、上海之式而作"。初为日报，"每日发印，遍售各埠"，从版式规格与发行来看，可知其为当时香港、上海商业中文日报兴起潮推动下出版的，实乃应时而起。初创时的内容情况，"英国领事认为它是一块'完全本土化的和非官方的阵地'"，"《昭文新报》刊登地方消息、市场行情和广告，并转载《京报》的文章"①。由此记叙来看，其内容当与《申报》相似。而且，从《申报》报道中的评述"得窥崖略，兼识例言，读之不胜雀跃"来看，其与香港、上海商业中文日报内容安排应相仿，否则不能入其法眼，更谈不上有"读之不胜雀跃"的感受了。但是，其时报禁尚严、风习未开，且"内无西人，甫开即闭矣"②。此间，创办者虽做了种种努力，也无济于事，刊行未及两月，即以"人情未习""惑于市道"，阅者较少，而由日报改为五日刊，用白鹿纸印刷，装订如书册状，内容也以奇闻轶事、诗词杂作为主，虽"为博览者所不废"，但仍销路不佳，因经济上难以支撑，不及三月就停刊闭馆了。

囿于资料留存有限，对这份开创之报及其报人所知无多，我们很难对之有更丰富的解读。但从现有资料可知以下几点。其一，它是商业中文日报的规格。《申报》馆是看到了邮寄来的《昭文新报》创刊号，从而判定其乃"仿香港、上海之式而作"，其版式规格应是接近《香港华字日报》、上海《申报》等的。同时结合其创刊的时间，也可说明，《昭文新报》是受当时商业中文日报潮的推动而创刊的。其二，在当时的政治、文化环境下，《昭文新报》必早夭无疑。《申报》在1874年正月二十四日的《论新闻日报馆事》一文中，论及新闻日报不盛行于中国的原因时说，中国"君尊于官，官尊于民，君尚有纳谏之心，官则有禁谤之意。故得罪于君犹可逃，得罪于官不可逭也。夫民间创设新闻一事，其中难免干犯君官之语，君隔九重，或尚不知，官则未有不知者。一旦大肆威虐，重则惩办，轻亦封闭。故民间亦不敢冒罪而开设也。""至于汉口新闻馆，内无西人，

---

① ［美］罗威廉：《汉口：一个中国城市的冲突和社区（1796—1895）》，鲁西奇、罗杜芳译，中国人民大学出版社2008年版，第29页。
② 《论新闻日报馆》，《申报》第571号，大清同治甲戌正月廿四日（1874年3月12日），第1页。

甫开即闭矣。"① 即揭示其当时面临的一种困境，更何况当时风习未开，更兼"惑于市道"呢。

与处于内地的汉口不同，19世纪70年代初的香港，办报自由，商业发达，商业中文报已形成一定气候，同时还聚集起一批具有办报经验且有着鲜明而强烈办报理想的中国报人。得此天时地利人和之便，《循环日报》一举成功，从而成为第一批国人自办报刊中影响力最大、最具代表性的报纸。

1872年，"理雅各完成其巨著，受聘回国主持牛津大学汉学讲座"，英华书院及教会印刷所因而停办。"结束其佣书生涯"的王韬与黄胜等，集资购买了英华书院的印刷设备，筹组起中华印务总局。②次年即行开业，用活字版排印中、英文图书，如王韬的《普法战纪》、湛约翰的《英粤字典》、邝其照的《华英字典》等，兼出售各号铅字，并筹划编印日报。③王韬等集资购买印刷设备、筹组印务总局，是为实现其创办一份"专为裨益我华人而设"的中文日报之夙愿。

1874年2月4日（清同治癸酉十二月十八日）《循环日报》创刊，并标榜"所有资本及局内一切事务，皆我华人操权，非别处新闻馆可比"，并利用此特点展开宣传。创刊之初，几乎每天都刊登旨在阐明办报缘由的《倡设循环日报小引》《本局日报通启》，以及招徕广告订户等的各种"本局告白"。"这些'小引'与'告白'的一个共同特点，无不在强调该报是由华人出资、华人自办的唯一华文报。"④据《循环日报》所刊启事宣称，正主笔为王紫诠（王韬），总司理先后为陈蔼廷、黄胜。⑤究其实际，黄胜在1873年5月间，因办理洋务赴美，至1881年底1882年初才回香

---

① 《论新闻日报馆》，《申报》第571号，大清同治甲戌正月廿四日（1874年3月12日），第1页。

② 参见卓南生《中国近代报业发展史：1815—1874》，中国社会科学出版社2002年版，第182页。

③ 参见刘家林《中国新闻史》，武汉大学出版社2012年版，第117页。

④ 卓南生：《中国近代报业发展史：1815—1874》，中国社会科学出版社2002年版，第182页。

⑤ 《循环日报》在1874年2月5日至3月中旬刊登的《中华印务总局告白》中，都宣称该报陈蔼廷为"正总司理"，但从3月13日起，在同样的《中华印务总局告白》中，则改称黄平甫为"正总司理"。

港，未及参与《循环日报》创刊的具体活动，故其"总司理"多为挂名，该报"总司阙事"者乃王韬（见王韬《弢园老民自传》）。

《循环日报》版式、刊期与办报模式，与当时香港商业中文日报相类似。自创刊起，《循环日报》就在版头右角写明"行情新闻每日派送礼拜停刊"，清楚表明其每星期出报六天（星期日停刊），每天发行报纸与行情纸。编排形式上，与《香港中外新报》《香港华字日报》基本无异，第一版为横线分栏，第二版以后用直线分为五栏，每栏栏高97字、横10字，每版可载4850字。内容上，前三版依次是行情版（刊经济新闻）、新闻版（含论说）、船期版，① 第四版为广告，下端横书"此新闻纸系由香港第五约荷李活道第二十九号中华印务总局王韬刊印"。

与其时的《香港中外新报》《香港华字日报》相比，该报有几个特色。一是评论文章多。不过，评论文章没有固定版位与固定数目，"有时冠首于第二版，有时则刊于'羊城新闻'或'中外新闻'栏"，署名王韬的文章，"则偶见于'弢园述撰'栏"，"但为数并不多"。二是广告少。对比附属当地英文报的《中外新报》与《华字日报》，"有关欧美船务公司、洋行及药局等广告，在早期的《循环日报》更显得稀少"。因为该报是标榜要成为"华人社会之喉舌"的具有中华民族意识的中文报，所以当时香港的欧美公司不予积极支持是自然之事。三是重视新闻报道的"新"与"快"。每天发行"行情纸"，以小张土纸印刷，不受版面限制，常将新闻纸截稿后接到的重要消息刊登于"行情纸"；还出版"号外"，即有特别重要之消息时"特印小纸，以便先得览观"。②

《循环日报》的成功，一方面是由于其适应当时报业环境，秉承了当时商业中文报的内容编排与经营模式；另一方面，则是注重独特风格，突出"华人出资、华人操权"的特点，根据内忧外患的时代要求，重视言论，对内，"疾呼当局放弃保守的思想，主张'变法自强'"；对外，"主

---

① 第一版为行情版，是"香港目下绵纱匹头杂货行情"及"各公司股份行情"的经济新闻；第二、三版为新闻版，顺序大略为"京报全录""羊城新闻""中外新闻"，第三版左上角，刊登"香港、黄埔、澳门等处落货往各埠"的船期表。

② 卓南生：《中国近代报业发展史：1815—1874》，中国社会科学出版社2002年版，第191—192页。

张加强海防,不许外来者对中国任何权益进行丝毫的侵犯",“开创了文人论政的政论报纸的先河"①。

因环境得天独厚,香港的国人办报最多,也最成功,且都为商办。除了《循环日报》,在香港出版的国人自办报刊,还有《维新日报》(1879年创刊,1909年改名为《国民日报》)、《粤报》(又名《香港粤报》,1885)、《日报特选》(1889,中华印务总局)等。英国人罗郎也所创中文日报《近事编录》1883年也由国人购得产权成为国人自办报刊。

此外,1884年4月18日创刊于广州的《述报》、1890年10月16日创刊于上海的《飞影阁画报》②,也是国人的"商办"报刊。

《述报》则每日出版,逢十因书局工人休息停派。除日报外,还将时事、评论分类装订,出版《中外近事汇编》,每月一册。《述报》由广州海墨楼石印书局承印,单面石印,呈书页式,每日出四页(版),第一、二页为中外新闻,"述中外紧要时事";第三页为译文选登,"译录西国一切图式书籍";第四页为广告行情与船期,刊载"各行告白及货物行情、轮船出入日期"③。刊行近一年于1885年4月3日停刊。④

在《述报》刊行的19世纪80年代,近代资本主义对中国社会的影响深化,近代报刊成长气候已渐次形成,国人办报思想也愈加清晰。所以,《述报》创刊号所发的《述报缘起》以及之后登载的《开言论为自强首义说》等评论文章中,就提出了比较明确的办报思想,一是对报纸功能的认识,认为"日报之设,始自泰西。能使上下消息,一气相通,中外情形,了如指掌";二是对新闻真实性的强调,说"若夫传闻失实,采访未真,求速而遽登诸报,市井谰言,前人说部,贪多而溢录……本馆有鉴于此,多聘通儒,遍阅各报,去疑存信,加以论断,事必核实,语

---

① 卓南生:《中国近代报业发展史:1815—1874》,中国社会科学出版社2002年版,第200页。
② 《飞影阁画报》为石印旬刊,前《点石斋画报》主笔吴友如任主编,除新闻画外,还设有百兽、闺媛、仕女等栏目。
③ 方汉奇:《中国新闻事业通史》(第一卷),中国人民大学出版社1992年版,第325页。
④ 当日因故"停派三天",本拟"更订章程,增聘主笔,于念二日(4月7日)重新派送",但后人却再"未发现重新出版的《述报》,可能由于种种原因从此永远停刊了"。参见方汉奇《中国新闻事业通史》(第一卷),中国人民大学出版社1992年版,第484页。

戒荒唐";三是提出政府要实行资产阶级性质的改革,尊重言论自由,广开言路。①

在此办报思想下,《述报》在内容上表现出鲜明的爱国色彩。70%的版面是关于中法战争的消息、电讯、评论、译论和来论,连续详尽地报道战争发展过程、战况及官方态度与社会舆论等,主张对法作战,反对"输金议和",积极支持省港人民的抗法斗争;对清廷的妥协活动表示强烈不满,报道了不少有关刘永福黑旗军和法国侵略军作战的消息,颂扬刘永福的抗法战争,称其为"今之人杰"。在业务水平上,已经达到甚至超过同时期外人在华商业报纸。比如,重视图片新闻报道,比《申报》更早地刊登新闻图片,自创刊起,每期刊发一幅或多幅新闻纪实图画,与文字新闻穿插编排,力求做到图文并茂;所刊消息比较注重时效性,经常有"昨晚来电"等重要及时的消息;言论亦较大胆,切中时事。②

(二)"官办"应其声气

国人自办报刊初发之时,报禁未开,开明士绅办报都是火烛小心,唯恐犯禁。故此期的"官办"之报,与清末新政之后批量出现的官报完全不同。首先,它是官商合办,由商出名,官办为实,但官居幕后。其次,它是维护"官"之立场与利益的,即明定"国政不议""不触时弊"的。最后,因报禁未开,报之继兴,与幕后之"官"对报事的观念直接攸关,所以在当时环境下,"官办"之报自难久长,亦不可多见。

此期国人"官办"之报,主要是1876年11月23日(清光绪二年十月八日)创刊于上海的《新报》。《新报》以各省商帮名义发行,名为商办,实乃"官办",实际主办人是上海道台冯焌光,经费也都出自道库。

冯焌光,字竹儒,广东南海人,举人出身,曾随曾国藩办理文案,积功保举为海防同知,是当时有名的洋务官员。1868年6月,江南制造局开始设翻译馆,次年10月广方言馆并入,使其成为当时上海翻译力量最

---

① 参见徐培汀、裘正义《中国新闻传播学说史》,重庆出版社1994年版,第138页。
② 参见李磊《〈述报〉研究》,兰州大学出版社2002年版,第173—181页。

强的官方译馆。1870年4月3日，担任江南制造局总办的冯焌光与会办郑藻如等请示办学开馆事宜，附呈《拟开办学馆事章程十六条》，其中就有"录新报以知情伪"条。①

6月4日曾国藩在批复中说道："翻译各国有用之书及其每月新报，尤学馆精实之功，目前切要之务。"但翻译馆重点在翻译西学书籍，译报到1873年4月才始出刊，初出时还带有尝试性质，发刊范围不大，出版也不定期。1875年1月，冯焌光以江南制造局总办身份补授上海道后，在其具体支持下，《西国近事》报才在蔡锡龄的具体操办下，较正规定期地出版、公开发行了。

从其上书吁请译报到具体支持发刊《西国近事》报，可知冯焌光对"新报"的认识，也可见其办报观念的萌发。此后不久，为了争取话语权、抵制外商报刊的舆论，他创办起了《新报》。在1875年接篆上海道之后，冯焌光首先遇到的麻烦事即中外交涉的吴淞铁路问题。该路路基原只同意修筑马路，1874年7月却以资金不足为由改组为吴淞铁路有限公司，并开始全面施工。这是无视中国主权的行为，清廷责成冯焌光交涉收回。在交涉的过程中，包括《申报》在内的上海外商报刊，无一不帮着英商铁路公司。为了抵制外报舆论，待交涉有一定眉目之后，冯焌光即着手筹办《新报》。一创刊，《新报》即在创刊号上发表了《铁路会议条款》，宣布吴淞铁路由中国政府收回，由洋商公司继续承办运行一年，盈亏与中国无关。全套文件用中、英文同时刊出，比当时上海所有报纸都刊得周全，很像一张机关报。所以当时被国人称为"官场新报"，外侨则称之为"道台的嘴巴"。②

---

① 内云："查耶稣教之流行中国也，往往借传教以为名，实则觇我虚实，为彼间谍。中外偶有举动，不逾月而播闻彼都。闻每月阁钞，在外国已有寄阅者。夫我国之实尽输于人，彼国之情何至懵然不觉。通商已经百余年，岂无人知其情伪者……夫新闻纸一项，其刊存中国者，类皆商贾传闻，谬误滋甚。而英、法、美各国均有新报，固是洋文，中国不便观览；其译出华文者，所言虽不足尽信，而各关口货物进出之数及各国占据港口，制造奇器，利便舟车，言之凿凿可据。有心人于此考其形势，觇其虚实，随时密采，证以见闻，未尝不可资策划也。兹拟选沉潜缜密之士，凡各国的传闻可信者，简其要而删其繁，分类辑录，以备有览。"参见马光仁主编《上海新闻史（1850—1949）》，复旦大学出版社1996年版，第72页。

② 马光仁：《上海新闻史（1850—1949）》，复旦大学出版社1996年版，第79—80页。

作为上海道台，冯焌光出而办《新报》，既是当时报业环境的推动，又是自身见识所致。冯焌光认识到报纸的舆论力量，在当时"外强我弱"的舆论环境下，他想办一份能为中国代言的机关报，甚至是能用中、英文两方发言的机关报。但是，作为官场中人，冯亦深识此中利害，所以他虽以"官身"办报，但不得不讲究策略，即只能以商办出名，故托名为各省商帮所办。

《新报》日出对开一张，内容严肃整齐，初创时用中、英两种文字刊行。《新报》宗旨，据其创刊号《本馆告白》称为"冀广听远闻，庶几贸迁利便"，对"京省各报，求速且详"；对外文报刊，"求译而无误"；对时事"查访的实"，对货价"探听确真"；为便于外国人阅看，每天用英文译载数则新闻于华文之后。①

按此宗旨，《新报》报道涉及政治、军事、外交、商情诸多方面，内容广泛，包括：《京报》全录，两江督辕事宜，苏、浙、鄂诸省辕门事宜，本埠新闻、各地新闻及国际新闻。从其宗旨与内容安排看，《新报》"商办"策略比较明显，其办报宗旨称，因"入仕经商"贵知时事、世情，"居无易有"，故各省商帮联合"开设报馆，以冀广听远闻，庶几贸迁利便"；内容则详速转载"京省各报"，准确译述外文报刊，"时事则查访的实，货价则探听确真"。由此两点，可见冯焌光用"商办"之名与形掩盖其"官办"之迹的苦心。而其实际操作与内容安排上，一方面既符合当时商业中文报之式，如对有关经济和商务内容比一般报纸要更为重视，曾连续译载《通商各关华洋贸易总册》；另一方面又可见其"官办"色彩与立场，常在陈述学习西方科技兴办实业意见的同时，发表评论为封建文化道德辩护。因是道台创办与控制的报刊，《新报》明

---

① 《本馆告白》：窃以入仕经商，所贵周知夫时事；居无易有，必当博采夫世情。如朝廷之政教维新，京外之升迁调补，暨列国政令之变置，各货居积之所宜，以及岁时收成厚薄，货物行销利钝，价值高下，船只往来，或时事，或异闻，皆为仕商之切务，要经营之不可少也。……缘是，各口诸帮公议，开设报馆，以冀广听远闻，庶几贸迁利便。……本馆于京省各报，则求速而且详。于西字诸报，则求译而无误。时事则查访的实，货价则探听确真。……每日译成西国文字数则，系于华文之后，既以便西士之省览，亦以便我国博学多识之士日渐观摩。参见方汉奇《中国新闻事业编年史（第二版）》（上），福建人民出版社2018年版，第32页。

确规定"国政不可议",凡"疾世愤时"之作不予发表。这是其在对近代报刊认识的基础上,对当时政治环境把握下的一种内在要求的体现。但是这样的认识与作为,并不一定能够得到同僚的认可,即便得到认可,也未必能在行动上表现出来。这在《新报》后来的发展与最终停刊上,即可见其一斑。

作为"官办"报纸,《新报》发展受官场变迁的影响很大。1877年5月,冯焌光因为父亲病逝请假一年,由刘瑞芬、诸兰生等先后接任上海道台。刘、诸二人萧规曹随,《新报》得以继续刊行,但是"由于看报外人不多",且刘瑞芬不赞成中英文合刊,1877年6月4日(五月初六)起,停止了英文稿的刊载,改为纯中文报纸。报头横写,版面直排。1882年,左宗棠出任两江总督,邵友濂受派接篆上海道,恰逢其时《申报》发生《论院试提复》事件[1],朝廷下旨查办上海报纸。邵友濂到沪就任后不敢办理洋商所办的《申报》,就"李代桃僵"把板子打在《新报》上,裁撤了《新报》。当年7月14日,《新报》并入上海机器制造局成为其机关报,旋即停刊。《新报》共刊行六年,出一千九百号,报馆设在巡捕房后宁兴街,是最早在法租界出版的中文报刊。[2]

"官办"报纸有赖于"官"对"新报"的认识及其观念的开化,而在当时政治和文化环境下,必须策略性地开办,不能直接出面,所以略显隐蔽。不过,社会人士大多会知情而传的。如《广报》与《公论报》就有"官办"色彩,但不如《新报》那样明确。《公论报》[3]创刊后,曾由

---

[1] 《论院试提复》是《申报》刊载的首论,批评当时江苏乡试中的弊端。此文一出,当时主持江苏学政的黄某勃然大怒,通过租界的洋泾浜北首理事衙门(会审公廨)的中国官吏,将一纸布告贴到《申报》馆门口墙上,要读者禁阅《申报》。《申报》却针锋相对,将布告在报上全文照登,并著文继续批评揶揄这位黄学台。黄恼羞成怒,通过御史陈启泰上书北京,奏称《申报》"经华人播弄,阴图射利,捏造事端,眩惑视听,藐视纪纲,亟应严行禁革"。清廷旨谕新任两江总督左宗棠"斟酌设法办理,以期勘永除陋习",左宗棠似未对英商《申报》采取什么行动。参见马光仁《上海新闻史(1850—1949)》,复旦大学出版社1996年版,第102—103页。

[2] 马光仁:《上海新闻史(1850—1949)》,复旦大学出版社1996年版,第81页。

[3] 1889年在汉口创刊,由李涵秋主编。1907年后,改名为《公论新报》继续出版,为辛亥革命前武汉地区的重要报纸之一。

江汉关职员宦海之接办，且言论倾向官方，故有"官报"之称。《广报》系邝其照所办，不过，邝虽然做过张之洞的幕僚，带有"官家"色彩，但终究与办《新报》的冯焌光不同，而且《广报》开办资金亦非"公款"，而其后来为逃官府迫害，避入租界、悬挂洋旗办报，可见其还是民间办报，所以放入"洋旗报"中讨论。

（三）"挂洋旗"壮其声威

在国人自办报刊发端之际，就产生了"洋旗报"。戈公振说，"我国人自办之日报，开其先路者，实为《昭文新报》，《循环日报》次之，《汇报》《新报》《广报》又次之"①。《汇报》（1874）是最早"挂洋旗"的报纸，是除香港《循环日报》外，继《昭文新报》旋起旋辄之后最先创刊的报纸。

19世纪70年代初，在香港商业中文日报勃兴之潮的推动下，先是《申报》在上海的成功创办，继而带动国人自办报刊的发创。最早的国人自办报刊，以"商办"报纸发其端，以"挂洋旗办报"承其续，后再以"官办"报刊继之而起，进而形成三路并进的局面。不过，在这批十几家国人自办报刊中，虽然"商办"报刊居多超过半数，但多在香港这个外人统治的区域刊行。在清政府治下，"商办"报纸的数量并不多，声势也不大，生命力也不及"洋旗报"与"官办"的报纸。比较而言，三者之中，"挂洋旗"办报的成效与影响最大。

"洋旗报"在国人自办报刊创始时期，至少是三分天下有其一的局面。此期的"洋旗报"中，《汇报》最早，之后是《广报》于1891年迁入沙面租界改名《中西日报》挂洋旗刊行继之，而后是汉口的《汉报》。因本书的内容中心在"洋旗报"，故在此不对其加以详述，而放在后面用专节重点讨论。

综上所述，第一批国人自办报刊，是通过多点、多路径创办的，但是除在香港特殊环境刊行者外，大多因清政府封建专制统治而夭折，其生命最短者，刊行仅寥寥两三个月。这些夭折的报刊，归宿相同，但生命长短不一，致其停刊的原因或有不同，不过，归结起来无非是政治、

---

① 戈公振：《中国报学史》，生活·读书·新知三联书店1955年版，第119页。

经济、文化等方面，只是在具体某一方面各有侧重。此处一笔带过，后文详论。

不过，从其时的办报情况来看，概括起来特点有四：① 一是办报业务或宗旨，基本处于全面模仿外人阶段；② 二是办报人一般出身买办，或由商人集股，大都属商业报刊性质，注重广告和商情消息，对政治持保守态度；③ 三是报刊业务达到一定水平，注重新闻，编辑上强调读者兴趣，④ 报纸管理上产生了竞争意识；四是由于办报人生活经历，认识水平不同，此期报人的办报思想水平差距较大。有的如"《广报》初办时，仍仿京抄式，登载官吏升降，其余论说、诗歌及新闻，皆琐屑事，不及于政治。时而思矫正社会之缺失，如揭登科场捉刀之情弊，时有阴嫉之者谋孽于旗人，率众捣毁之"⑤，保守、肤浅甚至混乱可笑，有的则如王韬那样，在思想与实践上都达到全面而深刻的层次。

第二节 《汇报》《广报》等"挂洋旗"办报

在近代中国民族新闻事业的创始时期，"挂洋旗"办报是国人进行办报探索的一条重要路径。这一时期"挂洋旗"办报，就是"中国人在国内创办报纸，为了防止封建专制政府的迫害、对付官方的干涉，往往聘请外侨担任报纸名义上的发行人或主编，借作护身符"。"这种情况后来成为我国近现代新闻史上的一个重要现象，其始作俑者，当为《汇报》。"⑥ 当时，在清政府治下的第一批国人自办报刊虽仅寥寥

---

① 参见徐培汀、裘正义《中国新闻传播学说史》，重庆出版社1994年版，第139页。
② 由于办报人或主持人大多受过西方教育或与西人多有交往，因而直接受西方近代报刊思想的影响。
③ 使其与之后的维新派报刊与革命派报刊有着明显的区别。
④ 认识到新闻真实性与时效性等方面的要求，编辑上力求生动鲜明、富有新意。
⑤ 梁家禄、钟紫、赵玉明、韩松：《中国新闻业：（古代至一九四九年）》，广西人民出版社1984年版，第69页。
⑥ 刘家林：《中国新闻史》，武汉大学出版社2012年版，第127页。

数种①，但是其中，"洋旗报"至少有三种，占到 1/3 以上。在国人自办报刊发创时期的"洋旗报"，除了开创者《汇报》之外，还有《广报》与《汉报》等。

一 《汇报》"挂洋旗"办报

《汇报》（1874 年 6 月 16 日至 1875 年 12 月 4 日）是最早"挂洋旗"刊行的报纸，是我国新闻史上的第一份"洋旗报"。《汇报》"挂洋旗"办报，是在清政府专制统治下的新闻话语权抗争，是对当时"报禁"的一种突破，其办报目的却是对外的新闻话语与舆论斗争。

（一）《汇报》创刊缘起

《汇报》是以集股商办的形式创刊，并以"挂洋旗"办报立足的，其办报缘起却和新闻话语论争与舆论抗衡有关。

关于《汇报》创刊的缘起，当时业界与后来学界都有一些讨论。如在《汇报》创刊的次月（1874 年 7 月），北京《中西闻见录》月刊即以《上海近事　新设报局》为题进行报道，称："兹闻有广东寓居上海者，以从前申报，持论有不允当处，恐将来有偏袒不公，遂另设一局，刷印新报，每日一出。"②寥寥数语指出，《汇报》的创设，是为《申报》"持论不允当"，恐将来"偏袒不公"，即《汇报》的创办与新闻舆论及话语权有关。但是仅仅说《申报》"持论不允当"略显笼统，是事关中外交涉、官事民情或是地域矛盾，还是兼而有之，不甚确切。马光仁在《上海新闻史》中则说，"《汇报》是在沪的香山籍官绅们，为愤《申报》的不持平，甚至侮辱香山人而负气创办的"③。结合当时实际情况可知，侮辱的缘由，实因《申报》关于"杨月楼案"的报道与评论所致，是论点明了《汇报》创刊的直接缘起是"杨月楼案"。也就是"《申报》对杨月楼的同情和对县令及广东人的公开批评"，"引发了官媒对抗和地域冲突"。

---

① 这一时期，因办报环境维艰，报纸常有改名调整出版的，因其发创人员、基本运营机制不变，实乃同一报纸，如《匯报》先后改名《彙报》，《益报》《广报》先后改名《中西日报》《越峤纪闻》，都视为一种。

② 《上海近事　新设报局》，载《中西闻见录》第二十四号，清同治十三年六月（1874 年 7 月）。

③ 马光仁：《上海新闻史（1850—1949）》，复旦大学出版社 1996 年版，第 74 页。

《申报》由此与上海县令叶廷眷彻底交恶,并直接导致在其主导下,广东绅商捐资筹办《汇报》,以及该报创刊之初与《申报》的对抗。① 不过,综合当时情形来看,创办《汇报》并"不全是由于负气",因为通过杨月楼案及之前《申报》对清朝刑讯与吏治得失的批评、1873年曾试图通过英领事予以查禁失败,"上海县令等诸人已经意识到了舆论的力量,在禁止无术的情况下,如何将舆论掌控于手中,是非常重要的问题"。可以说,"杨月楼案"的确是引爆矛盾相对集中的一个点,我们不妨多着笔墨加以细述。

1873年12月发生在上海的"杨月楼案",指的是因京剧演员杨月楼与广东香山在沪商人之女韦阿宝的婚恋有违当时社会风俗与礼制,为其族人所强烈反对,从而引发的案件。女方韦阿宝乃富商子女,其父是茶商和买办。男方杨月楼,虽因唱京戏成为名角,广受追捧,但仍然是"戏子",与"倡优"同属"贱籍"。按照大清律例相关规定,良贱是不可以通婚的。② 所以,在杨、韦婚礼的当晚,韦女叔叔与同乡,就串通官府和租界当局,将杨月楼绑赴上海县衙。并由驻沪广东人的会馆广肇公所出面,指控杨月楼涉嫌绑架、强奸和盗窃。对于这一社会新闻,正在打开市场、扩大社会影响的《申报》自然十分关注。不过,一开始,《申报》字里行间虽有同情杨月楼婚事的一面,但总体上还是维护戏子不得与良家女子通婚的社会习俗与礼制的。③ 本来,像杨月楼这样的案子,判其不准结婚,或至多枷号数天,也就罢了。④ 谁料想,时任上海县令叶廷眷(顾

---

① 卢宁:《早期〈申报〉与晚清政府近代转型视野中报纸与官吏关系的考察》,上海科学技术文献出版社2012年版,第66页。

② 《大清律例·户律》关于良贱为婚的规定:"凡家长与奴娶良人为妻者,杖八十,女家主婚人减一等。不知者,不坐。其奴自娶者,罪亦如之。"关于违律嫁娶的规定:"凡嫁娶违律,若由男女之祖父母、父母、伯叔父母、姑兄姊及外祖父母主婚者,违律之罪独坐主婚,男女不坐。"参见《大清律例》,张荣铮、刘勇强、金懋初点校,天津古籍出版社1993年版,第225—226页。

③ 一者,《申报》主笔之人是中国文人,是当时社会文化中人;二者,为获当时中国社会的认同,《申报》在此类问题上,持论是按中国文化礼制要求行事的。

④ 因杨月楼案发生不久,上海出现一起诱拐案件,《申报》同治癸酉十一月十九日(1874年1月7日)第三版,以《瞿茂和诱拐小金珠案》进行了报道。撇开杨案中杨、韦的情事内情不提,单就诱拐案的判罚,虽即情同事同,但判罚结果大为不同。县衙将瞿茂和抓获后,杖责百许,然后保释出狱。

之）乃韦氏广东香山同乡、广肇公所董事，出于同乡观念的倾向性，加上他对杨月楼的嫌恶①，接到控告后，无视其中内情，直接以拐盗通奸罪论判，像对付江洋大盗一样对杨月楼施刑。"第一次审讯时，就下令皂隶把杨吊起来，用竹棍在他脚踝上打了150下"②，"拷打之下，杨月楼承认诱拐了阿宝"。最后，叶知县给杨月楼施烙刑、判其流放和充军。如此一来，《申报》对杨月楼更为同情，其舆论也完全转向。"尽管案子的审理结果捍卫了广东人荣誉，但广肇公所的做法和叶廷眷的判决也引起了批评。"《申报》的"社论批评知县的地域偏见，虽然也谴责杨月楼好色嗜斗的恶名，但同时也抨击广东女子的德行来羞辱广东人"③。而且，因为判案期间，有人揭发在杨、韦情事之中，女方是主动追求的，由"《梵王宫》一曲定情"酿成的。④于是《申报》话题峰转，"阿宝被描写成与妓女一样漂亮，谣传韦氏（阿宝母王氏）放荡，她安排这场婚姻的目的是自己能和杨月楼厮混"。《申报》"社论宣称整个案子由于广东人的掺和，成为一场虚假的指控，他们试图把一场合法的婚姻换成一个诱奸、偷盗的案子"。直到1874年1月，在沪广东人还经常在报纸上成为被嘲弄的对象，说他们"以合省正人而公讼一优伶、一奔女，何异以泰山之尊重而压一卵，以狮象之全力而搏一兔，胜之亦觉不武"⑤。"不仅每日的社论为案子中的是非曲直争辩不休"，还"发表文章描写咸水妹，尤其关注

---

① 这种嫌恶，一是与县令的籍贯与同乡观念有关；二是在之前的一次事件中，杨月楼参与了由同乡关系引发的天津人和广东人之间的斗殴，从而给县令留下了较深的恶劣印象。《申报》同治壬申十一年十一月十九日（1872年12月19日）第二版，以《记天津优伶与潮人押店械斗事》为题进行了报道。叶县令"痛恶杨月楼索行不端"指的就是这次械斗。

② 《持平子致本馆论杨月楼事书》报道，"将月楼敲打胫骨百五"，对阿宝"亦予掌责二百，年幼娇姿，甫行合卺，满面红肿，不复人形。在粤人以为大快人心，在旁人以为大惨人目"。载《申报》癸酉十一月初十日（1873年12月29日），第一版。

③ [美]顾德曼（Bryna Goodman）：《家乡、城市和国家——上海的地缘网络与认同，1853—1937》，宋钻友译，上海古籍出版社2004年版，第77页。

④ 阅尽沧桑道人《记杨月楼事》有较清晰的记述，载《申报》癸酉十一月十一日（1873年12月30日），第一版。

⑤ 《持平子致本馆论杨月楼事书》，《申报》癸酉十一月初十日（1873年12月29日），第一版。

广东人有组织的绑架和拐卖青年妇女的陋习",并攻击性地说,广东香山多出买办、细崽、广东婆、咸水妹,① 做洋人临时妻子的都是他们。不少上海洋场做洋行买办及官场人士,都原籍香山,如此舆论深深地触怒了他们。

"以广东人和上海道台为一方,道台、浙江人和上海人为另一方。"双方争吵不休,矛盾进一步激化。据1874年1月29日《北华捷报》报道,被激怒的广东人两次冲击道台衙门,威胁道台,"如果不采取行动就焚毁《申报》馆、杀死《申报》编辑,但被"原籍浙江的道台沈秉成拒绝了"。然后,应广东同乡要求,叶廷眷试图找英国领事交涉,欲使《申报》华员受惩,也未获成功。②

《申报》上的争论越闹越大,上海县令叶廷眷越发不能容忍,但在租界法律庇护下,非但直接抓人是不现实的,即便要在租界内查封一家英国人办的报纸,显然也是不可能的。他们忍无可忍,于是在上海滩上发传单,号召"凡我同人无再买阅《申报》"③。而通过此案,他们"已经关注到媒体和舆论的力量",同时深感手中没有报纸的痛苦,于是"试图通过创办另一份报纸来进行舆论交锋。《汇报》的创办,由此而始"④。这就是后来《申报》所声称的:"匯报之设,是基于以绅控优一案而已。当时,因本馆指陈刑讯之惨,以故地方官挟怒而另设一报,以谋抗我也。"⑤

其实,在"杨月楼案"中,《申报》批评的还有中国的刑讯制度与吏治,比如,"瞿茂和诱拐小金珠案"与"杨月楼案",虽为同样或类似的案件,只因涉案对象不同,判决即大不相同;而在事关中外交涉的"湖丝案"中,"会审公廨的中方谳员陈司马不能体察案情,根究原委,使一

---

① 买办即洋人的经纪人,细崽即洋人的跟班,广东婆、咸水妹多指妓女。参见《广东同人公致本馆书》,《申报》同治十二年十一月二十六日(1874年1月14日),第一版。
② 参见[美]顾德曼(Bryna Goodman)《家乡、城市和国家——上海的地缘网络与认同,1853—1937》,宋钻友译,上海古籍出版社2004年版,第78页。
③ 马光仁:《上海新闻史(1850—1949)》,复旦大学出版社1996年版,第65页。
④ 卢宁:《早期〈申报〉与晚清政府近代转型视野中报纸与官吏关系的考察》,上海科学技术文献出版社2012年版,第66页。
⑤ 《书墨痴生来信后》,《申报》大清同治甲戌十月十三日(1874年11月21日),第一版。

位儒生受到了冤屈"①;在普通民事案件"徐壬癸案"中,上海县令未审先断、动用酷刑等,都被《申报》揭诸报端并发论批评。《申报》的报道批评官吏的审讯方式,引起官员愤怒,导致报纸与地方官员关系恶化;《申报》的介入,也使这些事件成为中西文化价值冲突的缩影,成为中外交锋的介质。所以,通过"杨月楼案"及之前的刑案报道,以《申报》为媒,给我们呈现的是媒体与地方官员的冲突、不同地域间的冲突,以及中西文化的冲突。在这些矛盾与冲突中,上海地方官员曾试图干涉甚至查禁《申报》。据《晚清史事》载述,杨天石在伦敦档案馆查到一份清恭亲王奕䜣发给英驻华公使威妥玛的照会,其中提到上海道台曾给英国驻沪领事发公文要求查禁《申报》未获允准:"查上海英国租界由英商美查于上年(1872)创设申报馆,所刊之报,皆系汉字,并无洋字。其初原为贸易起见,迨后将无关贸易之事逐渐列入,妄论是非,妄加毁誉,甚至捏造谣言,煽惑人心,又复纵谈官事,横加谤议,即经职道函致英领事饬禁,未允照办。"上海是当时五个通商口岸之一,查禁《申报》一事既未得到英国领事认可,即由时任上海道台沈秉成上报总理衙门,总理衙门即照会英国公使,要求"凡不关贸易之事,不准列入《申报》"②。

而于《申报》言之,对其与官府的矛盾是比较清楚的,故对于官府的意欲查禁及欲查禁的相关原因,亦有所知,故在1873年8月8日刊登的社论中,透露了相关信息,并为自己进行了有针对性的辩护,文中说:"凡以国计民生为心者,无不喜有新闻纸,往往劝民各处刊行。凡有禁止此事者,必无益国利民之实心而欲逞已之私欲,惟恐众人彰之也。昔泰西之在上者,亦有惧其不便于己而欲止之者。或喻之曰:譬如水之横流也,鲧堙之则泛滥,禹顺之则平行。今子欲塞其源、阻其流,其势当益猛而益扰,不如清源导流之为得计也。故以后西国各衙署皆以日行公事尽付新闻纸馆,令新报皆据实录载,以免传闻之贻误失实也。今中国于香港、申江、汉口亦有新闻纸馆数处,其所录载,除京报外,并未及国政之是非,

---

① 卢宁:《早期〈申报〉与晚清政府近代转型视野中报纸与官吏关系的考察》,上海科学技术文献出版社2012年版,第17页。

② 转引自杨天石《晚清史事》,中国人民大学出版社2007年版,第94—95页。

亦不叙官吏之优劣也。偶有言及者，皆与各国之有交涉，亦众人所共见其闻者也。况有舛讹，即行更正，其余则游戏之诗文耳，庸何伤乎？乃道路传闻，则云各官之恶新闻纸也，必欲毁其馆、火其纸、逐其人而后快于心吁！是何传闻之过甚也。……若言士大夫欲禁此事，不知能禁中字之西报，果能禁西字之新报乎？即能并禁西字之新报，果能禁口碑之不载道乎？又况陈诗观风可以知民之好恶，好问察言可以知得失，在昔圣君以从谏为美德，贤相以集思为广益，若使新闻纸果能遇事而直陈，凡世人更宜取此以为鉴。士夫阅历久，见闻多，其存心当在此，不在彼也。虽然，孟子有言：言人之不善，当如后患何！吾愿世之为新闻纸者，慎勿品评时事，臧否人物，以撄当世之怒，以取禁止之羞，岂不彼此有益，各行其是哉！"①

在辩白与发抒中，文章还对新闻纸的功能进行了阐述，认为"新闻纸能通上下之情，消除君民、官民间的隔膜"，从而"将新闻纸的作用提升到国计民生的高度"，并痛斥欲查禁报纸者"必无益国利民之实心而欲逞己之私欲，惟恐众人彰之"。②

所以，无论是报纸的态度，还是英领事与租界当局的态度，官府欲查禁《申报》既不合时宜，亦不切实际。实如前文所述，在"杨月楼案"中，广东人曾两次冲击道台衙门欲使其对《申报》施压，上海县令也曾与英国领事麦华陀交涉，均未获成功。而在这些案件中，特别是在"杨月楼案"中，通过《申报》的报道、《申报》上的争论、官府干涉与查禁《申报》各种努力的失败，无论是官方（县令叶廷眷等）还是民间（广东在沪商人等），都认识到"报纸与舆论的力量"，深感"没有自己报纸的无奈"，进而萌发了自办报刊的想法。其办报的时间选在"杨月楼案"之后，既有偶然也有必然，只是偶然性因素易现，从而使社会人士对这一问题的认识会有失偏颇。如在《汇报》创刊后当时媒体所论，"杨月楼案件发生期间，因为受到《申报》的揶揄，广东商人试图摧毁《申报》，甚至一再威胁要烧毁报社"，但是无奈，"因为《申报》的所有权属于外国老

---

① 《论各国新报之设》，《申报》清同治癸酉闰六月廿六日（1873年8月8日），第一至二版。
② 卢宁：《早期〈申报〉与晚清政府近代转型视野中报纸与官吏关系的考察》，上海科学技术文献出版社2012年版，第32页。

板，广东群体的领导人不得不放弃这一想法"，"他们找到一个更有创意的解决办法"，即"宣布将利用广东会馆的力量和财富创办一份立场相反的报纸"。① 结果在 1874—1875 年，他们雄心勃勃地创办了一份完全由中国人自己办的日报——《汇报》②。此即后来学人所说，《汇报》乃负气而创。如前所述，实不尽然。

近代报刊进入中国数十年来，国人对之已有一定的认识，而在当时洋务运动兴起潮中，创办近代报刊已经成为开明士绅的一种思考甚至行动，在香港国人主持的商业中文报刊并不仅见时，国人自办报刊也有了行动，如 1873 年的《昭文新报》、1874 年的《循环日报》。而在 19 世纪 70 年代初的上海，报业已颇发达，逐渐超越香港成为新的办报基地，开创起新的办报模式，西文报中《北华捷报》为代表，中文报中则以《申报》为代表，但就对中国社会的影响而言，《申报》显然大得多。《申报》创刊两年来，抛开其商业成功不说，其对中国社会更重要的，是其社会影响面的拓展，无论是报道新闻、传播商情，还是发而为论，在民刑案件报道中逐渐触及中国的政制习俗与吏治，从而引发与地方官场的冲突，引发中外文化观的冲突、地域关系的冲突。在这种冲突中，以《申报》为主导的媒体平台上展开的争论，自然难保允当、持平，但毫无疑问，报纸是新闻舆论介质，在近代社会生活中，已经生发不容忽视的重要影响。国人有此认识，在控制不了当时报刊，发声传论多有不便不力的情况下，自办报刊就是一种必然选择。通过办报，伸张话语，抗衡舆论，无论是针对当时外国人掌握报刊的传媒环境，还是在中外交涉中的失语被动，或是应对官媒矛盾与地域冲突，都是其内在动力与创刊缘起。只是碰巧，在"杨月楼案"这个集点之后创办，这种偶然性遮蔽了这诸多必然，从而使后来论者易生误会，或为取巧简言，引发误会。

（二）《汇报》的创办人

《汇报》是居沪广东香山籍官绅们所办，创办人及其作用，从学者的

---

① 《北华捷报》1874 年 1 月 29 日、2 月 12 日。
② [美] 白瑞华：《中国近代报刊史·附录二：*The Chinese Press 1800—1912*》，苏世军译，中央编译出版社 2013 年版，第 254 页。

考证与已知事实来看，是由"唐廷枢、叶廷眷、容闳、郑观应等人共同发起创办"，其中"唐廷枢与叶廷眷最为关键，容闳并未承担主要角色"①。但因资料原因，对这些创办人在《汇报》创刊中承担角色与作用的记述存在误传、过于简略或有失偏颇之处，在此我们作个基本的梳理。

在《汇报》创刊前，《申报》曾作过报道，其主要信息集中呈现在《论新闻日报馆事》一文中，即"现闻粤人拟在上海另开新闻馆一所。首先倡捐者，上海令叶邑侯也。倡议开馆者，唐君景星诸人也。倡立馆规者，容君纯甫也。主笔诸君，皆延请粤中名宿也。机器铅字，皆容君所承办也。馆则设立于招商局侧，并闻另延西人，代为出名。"②此文刊发时，距《汇报》创刊还有三个月，该信息有些出入，我们按人物依次辨析。

1. 容闳③与《汇报》

戈公振（1927）称，《汇报》"为中国第一留学生容闳（纯甫）所发起④，集股万两，投资者多粤人，招商局总办唐景星实助成之"⑤。白瑞华（1933）则称，"最早的发起人是容闳"⑥。两位学者先后在著述中立论，将容闳视为《汇报》的最先发起人与创刊主导者。其实不然，"这是上了《申报》记载的当"，其原因，是在《汇报》正式发刊数月前，《申报》探知叶廷眷等正集资办报，只知容闳参与其中，但又探听不确，故发了该不实消息。⑦后来了解到实情，即在《论新闻日报馆事》中予以补叙，按此文提供的信息显示，容闳是承办"机器铅字"与"倡立馆规"者。

作为中国第一个留学美国的大学毕业生，容闳在美国八年，接受西方教育之后，产生了强烈的爱国思想，回国后亟欲"以西方之学术，灌输

---

① 沈松华：《〈汇报〉的创办及其股份制尝试》，《国际新闻界》2007年第6期。
② 《论新闻日报馆事》，《申报》大清同治甲戌正月廿四日（1874年3月12日），第一版。
③ 容闳（1828—1912），号纯甫，英文名Yung Wing，广东香山县南屏村（今珠海南屏镇）人。幼入澳门马礼逊学校读书，1847年1月赴美留学，1852年10月入美国籍，1854年毕业于耶鲁大学，同年11月回国。
④ 方汉奇主编的《中国新闻事业通史》亦主张"发起人为容闳"。参见《中国新闻事业通史》第1卷，中国人民大学出版社1992年版，第328页。
⑤ 戈公振：《中国报学史》，上海古籍出版社2003年版，第153页。
⑥ [美]白瑞华：《中国近代报刊史》，苏世军译，中央编译出版社2013年版，第92页。
⑦ 参见马光仁《上海新闻史（1850—1949）》，复旦大学出版社1996年版，第74—75页。

于中国，使中国日趋于文明富强"，其方式：一是以教育推动，历十余年经多方努力、协调，苦心孤诣地促成了派遣留学生的计划，并从 1872 年开始"率领幼童留美，完成'中华创始之举'"，为中国社会的近代化转型提供栋梁之材；二是"引入'制器之器'，在中国历史上第一次从国外引进成套先进设备，为近代机器制造业奠基"。① 不过，比较而言，容闳最看重、投入心血最多的还是留学计划，从其率领首批幼童赴美留学到 1881 年清政府撤回留学生时为止，历时十年，虽然从 1875 年开始兼任出使美国、西班牙、秘鲁三国的副大臣，但主要精力仍放在留学事业上。从促成计划到亲率实践计划共二十多年，心力所在，期望所归。然而，1881 年清政府却下令撤回留学生，容闳失望之至，从 1882 年至 1894 年侨居美国，直到甲午战争时才又回国。

1909 年，容闳完成自传性回忆录 My Life in China and America，同年 11 月在美国出版。在回忆录中，容闳对其留学计划的推动与实施，对购买机器、助理洋务、秘鲁华工调查等都详加叙述，甚至对回国初的谋生经商、在太平军中的考察与观感、不大情愿兼任的出使，及其各求学阶段的经历乃至幼稚时代，都一一记叙。但在这叙述颇详的回忆录中，恰恰没有提及发创《汇报》之事，令后来学人费解，也不好悬测。

不过，从其经历与《汇报》创刊的背景来看，我们不妨以"同情之理解"进行把握：容闳只是参与筹划甚至发起，但未实际参与《汇报》的创办，不过也提供些实际的帮助。一者，容闳与叶廷眷等都是香山同乡，还是唐廷枢的同学，由叶唐等主推、香山绅商集资兴办的事业，他定会热情支持。二者，容闳不但留学美国，在 1852 年还入了美国籍，当时《汇报》有借助洋人名义的想法，他这现成的资源自然会用。三者，长期的西方教育特别是八年美国留学生涯，他对现代报刊有较充分的接触与认识，对于办报是支持的甚至也会提出倡议。但是，其时国人办报还是禁止的，而他当时正热衷于留学计划，也因该计划与洋务派曾国藩、李鸿章等保持着较密切的关系，为了不影响留学计划，出于稳妥考虑，他不会实际参与创办《汇报》。实际上，在 1873 年秋，容闳"以谋输入一种新式军

---

① 李华兴：《容闳：中国近代化的卓越先驱》，《复旦学报》（社会科学版）2005 年第 5 期。

械于中国，曾归国一行"。1874年1月底由南京赴上海，其间曾在天津经理军械贸易与对外交涉，9月1日即赴秘鲁调查华工受虐之事。所以在《汇报》筹划创刊时，容闳是在上海的。但他所忙事业在军械贸易与交涉秘鲁华工事，而且在回忆录中说道"此行程途迅速，不敢少延，盖此时予固有教育职务在身也"①，念兹在兹的是其留学计划。

其间，容闳有参与发起《汇报》的可能，甚至"倡立馆规"。但后来我们知道，《汇报》章程等都是由郑观应起草的，章程中写明："一切局务议交邝君容阶一人总理，以专责成。"②没有提及容闳。原因还是在于容闳的留学计划，他"倡立馆规"时可出主意，但具体起草则不参与，更不在章程中出名。至于购买"机器铅字"一项，应是容闳。因为他与洋务派保持较密切的联系，除了留学计划就是购置机器回国，也因此与国外相关公司、机构的联系较多，有此便利亦非大事，置办则个。当然，后来的实际办报，容闳应该没有参与，一来不便出面，二来身处国外忙于留学计划及外事，无暇顾及。

2. 叶廷眷③与《汇报》

对于《汇报》创刊中叶廷眷的作用，《申报》报道称，"首先倡捐者，上海令叶邑侯也"。叶以军功起家，1864年主持上海会捕局，1867年（同治六年六月）署理上海知县，次年5月调任南汇知县。1872年（同治十一年七月）回任上海县令，至1875年（光绪元年四月）去职。叶在任期间，曾多次输资解民困，注意维护民族权益，对外国侵略行径能予以抵制，官声还是不错的。在其第二次就任上海知县期间，正是《申报》创刊初期。在这一时期，《申报》通过对民、刑案件与官吏任事的报道，初涉地方政务，从而引发官、报关系的紧张。如在对"湖丝案""徐壬癸案"等的报道中，批评官吏的审讯方式，引起官员恼怒，与地方官员关系恶化，并引发查禁风波。叶乃上海县令，自然深裹其中。特别是之后的

---

① 容闳：《西学东渐记》，岳麓书社2015年版，第99页；宾睦新：《容闳年谱简编》，《珠海潮》2018年第4期。

② 马光仁：《上海新闻史（1850—1949）》，复旦大学出版社1996年版，第75页。

③ 叶廷眷（1829—1886），字顾之，广东香山人。

"杨月楼案",《申报》的报道、评论,处处针对广东人甚至叶廷眷本人。从叶廷眷的角度来说,在查禁不了的情况下,起而倡办报刊以抗衡《申报》舆论,不失为一种理性的选择。但是作为官员,他当时出面办报不合体制,自不合适,所以只能"倡捐"办报。因是之故,《申报》记载说,《汇报》的创办缘于"杨月楼案","地方官挟怒而另设一报以谋抗我也"。此论略显意气,一来《汇报》创刊宗旨不在于此,至少不止于此;二来叶廷眷除了上海县令身份,还是广东香山人、广肇公所倡设者①,其初而倡办《汇报》并非以地方官的身份。不过,杨月楼案对《汇报》的创刊是直接的推动力,在《申报》对是案的报道中,广东绅商被置于其舆论端口,借此当口,汇聚起来集资办报。只是因为叶廷眷的多方面身份,成为一个较为集中的代表,所以从这个角度上说,"叶廷眷才是真正的发起人"②。因是之故,《汇报》有着较鲜明的官方背景,难怪《申报》总是有意无意地在这一点上做文章。比如,在《汇报》创刊前,《申报》在刊文传播相关信息时,即语带讥讽地突出其"官方"背景,说其"馆则设立于招商局侧,并闻另延西人,代为出名。但赫赫县尹,堂堂粤绅,办此小事,尚不敢出头,反请西人露面,未免心欲大而胆欲小矣"③。这里还官、绅相提并论,后面则将"官"进一步突出了。即之后《申报》又在《上海日报之事》中说,因杨月楼一案得罪于官,"官宪遂于本馆而生嫌,与粤人会议另设官报以图灭计"④。后来,《汇报》改名《彙报》,《申报》特发《报馆更名》消息说:"本馆昨谓彙报为官宪所设,或有驳白:非也。汇报为官所开,而彙报则不然也,盖已授诸西人也。吾曰:彙

---

① 在《记倡议成立广肇公所缘起》中,徐润说:"先时余与叶顾之、潘爵臣两观察合买二摆渡地方吴宅一所,计地基十亩,价银三万一千两。未几,诸同乡创议公所,时叶顾之观察权知上海县事,同与是议。先四叔荣村公,唐景星诸公创捐集款,设席于余之宝源祥号,是晚诸同乡颇赞成叶公建议,将余三人合置吴宅产业照原价让出作公益之用,三人各捐银千两,首为之倡。此后凡广肇两府之事,俱归公所经理,联乡里而御外侮,公益诚非浅焉。"参见《唐廷枢年谱》,转引自汪敬虞《唐廷枢研究》,中国社会科学出版社1983年版,第2页。
② 沈松华:《〈汇报〉的创办及其股份制尝试》,《国际新闻界》2007年第6期。
③ 《论新闻日报馆事》,《申报》大清同治甲戌正月廿四日(1874年3月12日),第一版。
④ 《上海日报之事》,《申报》大清同治甲戌年三月二十七日(1874年5月12日),第一版。

报即汇报也,不过改其名而已。"①

3. 唐廷枢、郑观应与《汇报》

唐廷枢(1832—1892),字景星,广东香山人。"在旅沪粤商中,不但有经济实力,也有政治地位。"是当时旅沪粤人的领袖人物之一。② 1861年通过同乡林钦介绍,开始代理怡和洋行在长江一带的生意,两年后正式接替林,开始其长达十年的买办生涯。1872年,曾与徐润等人在上海知县叶廷眷的支持下,成立了广肇公所。1873年1月14日上海轮船招商局创办后,唐脱离怡和洋行,担任轮船招商局总办。当时媒体报道称,"招商局总管委员今改派唐君廷枢号景星者,择于六月初一日接事,据闻随代资本开南浔轮船入局营运,而唐君久历怡和洋行,船务亦深熟悉,自后招商局必多获利也"③。在怡和洋行有十年买办经历的唐廷枢,深为洋务派所器重,亦满怀期待。

招商局在其发展中,欲寻求挽回利权,亦难免会与洋商争利,从而招致对外的交涉,引发与洋商的冲突与矛盾。所以,学者著论说,唐"在掌握这个重要企业之后,希望有一个报纸表达自己的思想、主张"④,以扩大影响,这就有了《汇报》的发轫。⑤ 其实,该说多臆测成分,有点以偏概全。虽然不能完全排除唐参与创刊《汇报》动机中有该方面的考虑,但是以之作为办报的出发点显然有失偏颇。其一,该论忽略了一个基本事实,即《汇报》创刊动议是在"杨月楼案"期间,直接引发因素,则是《申报》在该案的报道上,引发其与广东香山人士的冲突与矛盾,由在沪粤绅商同发起办报。其二,唐廷枢是得风气之先的人物,受过较系统的英华教育,对文化公益事业颇热心。⑥ 在参与创办《汇报》之前,曾与英领事麦华陀等一起创办格致书院,是首创董事。该院创办目的,是"俾华

---

① 《报馆更名》,《申报》大清同治甲戌七月二十九日(1874年9月9日),第二版。
② 参见孟鹏《关于〈汇报〉的考证》,《国际新闻界》2006年第9期。
③ 《教会新报》1873年6月28日,转引自汪敬虞《唐廷枢研究》,中国社会科学出版社1983年版,第2页。
④ 李吉奎:《容闳与近代中国新闻事业》,载吴文莱主编《容闳与中国近代化》,珠海出版社1999年版,第395页。
⑤ 参见孟鹏《关于〈汇报〉的考证》,《国际新闻界》2006年第9期。
⑥ 他从1842年开始,与容闳同校,在马礼逊学校读书六年,写过一本名《英语集全》的书。

人得以博览翻译西书西报，议论新事"。此外，还积极赞助了傅兰雅的英华书馆。① 所以说，其参与发起创办《汇报》亦包含这一方面的因素。

郑观应（1842—1922），字正翔，广东香山人，近代著名思想家与实业家。② 1881年任上海电报局总办，1883年升任轮船招商局总办。1894年出版《盛世危言》一书，系统地提出从政治、经济、教育、舆论与司法等方面对中国社会进行改造的方案。与唐景星一样，郑观应是《汇报》"倡议开馆"的诸人之一。参与创办《汇报》时，郑观应是招商局股东，并担任太古轮船公司经理，对公司制运营管理有经验。《汇报》是集股商办的形式，开办章程中就明白写道，"尤要协力同心，公正办理，以图生意畅旺"。报纸的具体规划、章程是由郑观应完成的，由其撰写的《创办上海汇报章程并序》，确立了该报旨趣与具体办法。

从几位主要发起人与创办人的情况来看，都是身有要职不可能专事办报的社会达人。所以采用股份制，成立"'汇报局'，公举董事数名协同商办"，"一切局务议交邝君容阶一人总理，以专责成"，规定"总理为局内主持，所有司事人等统归总理调度，如不称职，许总理与董事商酌裁撤；总理倘不胜任，应由董事会同股内诸友公议更换"③。明确总理人选之后，再聘请若干主笔、编务经营人员，报就这样办起来了。

（三）《汇报》"挂洋旗"办报情况

1874年6月16日，《汇报》由在沪广东香山籍官、绅人士集资创办起来。规格为"日刊，集股万两，投资者多为粤人"，"为出版方便计，特请英人格雷（Grey，又译葛理）为名义上的总主笔。管才叔、黄子帏、贾季良等为编辑"④。

在《汇报》创刊的三个月前，《申报》曾刊发《论新闻日报馆事》一

---

① 参见汪敬虞《唐廷枢研究》之附录《唐廷枢年谱》，中国社会科学出版社1983年版，第157、180—181页。
② 1859年进入英商宝顺洋行任职，业余参加傅兰雅开办的英华书馆夜校学习英语，对西方政治、经济等产生兴趣。1868年转任生祥茶栈通事，并出资合伙经营公正轮船公司。1873年参与太古轮船公司的创办，并投资入股上海轮船招商局。
③ 郑观应著，夏东元编：《郑观应集》（下册），上海人民出版社1988年版，第1174页。
④ 方汉奇：《中国新闻事业编年史·上》，福建人民出版社2018年版，第28页。

文，对《汇报》的开办给了一些信息预报、提醒，也有一些讥刺。谈及当时的办报环境时说，"民间创设新闻一事，其中难免无干犯君官之语。君隔九重，或尚不知，官则未有不知者。一旦大肆威虐，重则惩办，轻亦封闭。故民间亦不敢冒罪而开设也"。从后来《汇报》刊行的波折情况可知，此言不虚。在这种报禁环境下，鉴于《昭文新报》的早夭，《汇报》筹划时就想了一个主意，即如《申报》所闻说的，"另延西人，代为出名"。初创时，以原聘来担任翻译的英国人葛理为名义上的总主笔。"葛理的（总主笔）职务可能是名义上的，但因有洋人介入，在对付官府方面，将会有些作用，但借洋人以自卫，当时即被人诟病。"[①] 确实，当时《申报》就语带讥讽地说，"赫赫县尹，堂堂粤绅，办此小事，尚不敢出头，反请西人露面，未免心欲大而胆欲小矣"。我们知道，《申报》有实实在在的"洋背景"，当然不怕。就其创刊两年来，官府曾试图查禁未成，即知其"洋背景"之有效。对于国人办报的苦衷，《申报》也不是不知，该文中就提到《昭文新报》"内无西人，甫开即闭"的情况。《申报》的讥刺，既是打趣又是其自得其意的流露。但是，国人办报别无选择，只能小心从事。

  不过，即便是请洋人代为出面，也不踏实，所以集股时还是有些股东临阵退缩，导致俄延时日。《汇报》发起时，"初议各人股份，捐凑办理"，因"畏新报，倘有偶涉得罪官长之处，与股份者，照律必一例不免受累，缘仅究股份开馆之人，并不问代为出名之人"。"因此，其创议开馆者虽多，其愿与股份者反少矣。""后又议广所公项，凑补不足。兹闻粤人有不愿者，以为向捐公项，特为帮助同乡落魄于上海者而设，今动用于新报，殆非前人劝捐之意。""观与此则凑集股份之事，与动用公项之说，恐一时难于成就，仍不过叶唐诸君数人，集资而成了。"[②] 从后来情况看，应是"纠集千股，汇成万金"。并立《创办上海汇报章程》，明确股份构成与收益，在章程的第二条即已写明，"汇合资本一万两为率，分作一千股；每股先付

---

  ① 李吉奎：《容闳与近代中国新闻事业》，载吴文莱主编《容闳与中国近代化》，珠海出版社 1999 年版，第 399 页。

  ② 《论新闻日报馆事》，《申报》大清同治甲戌正月廿四日（1874 年 3 月 12 日），第一版。

规银十两,每两每年一分官利,闰月不计"①。这一千股,按当时情况,实际应集中在那些主要的发起与创设《汇报》的官、绅董事手上。

《汇报》态度激进,出报两个半月,其"宣传报道遭到了官方的非议,不少股东因此要求退股"②,"报纸便宣布改组,出至 8 月 31 日便停"③。9 月 1 日改名《彚报》继续出版,由英商葛理承顶,担任名义上的发行人。④ 这次《汇报》改名在《字林西报》刊登告白,有"葛理承顶""股份属西人"之词,让坊间信以为真,《申报》也是将信将疑,只是推测仍是华人所有。直至过了半月,看到《彚报》在《字林西报》刊登由华人签名的告白后,才确信自己的推测,"阅昨日彚报在字林西报内所登之告白,系华人签名者,则该报果仍系华人与股而设者也"⑤,才真正弄清了《彚报》是"挂洋旗"办报,而不是转让给洋人办报。

这次改组有两大变化,其一是葛理的身份由名义上的总主笔转为承顶,即发行人,但实际产权未变。不管是承顶还是名义发行人,其关键一点即在注册信息上要转为"葛理",这是真正挂起了"洋旗"办报。可以推断,在前段时间,只是以葛理为名义上的总主笔,这是不够的,对报纸的保护作用估计也不大,因此这次改组就改为由葛理来承顶,即名义上报纸就是葛理办的,以利用外商名义寻求更为有效的庇护。其二是股东结构发生了变化,即如《申报》在《报馆更名》中所说,"上海上下各官皆有股份,而华商少敢与预者"⑥,也就是说官员参股的更加多了。因此《申报》说其"实不可算民报也"。不过,这倒未必。从叶廷眷作为主要发起人"首先倡捐",到"上海上下各官皆有股份"看,《汇报》的官方背景

---

① 郑观应著,夏东元编:《郑观应集》(下册),上海人民出版社 1988 年版,第 1174 页。

② 白瑞华说,"其激进的态度很快就遭到反对,受到一些官员的公开指责,商业资本家迅速撤资,导致《汇报》停刊,但随后又得到重组"。参见 [美] 白瑞华《中国报刊史》,苏世军译,中央编译出版社 2013 年版,第 93 页。

③ 《汇报》主笔管才叔曾声明称:"启者管才叔先生经汇报馆延纳主笔,今蒙上宪谕将汇报禁止。另由西商开设彚报,管才叔即经辞退,此后笔墨概与管才叔无涉,阅者鉴之。特此布知。"参见《声明》,《申报》1874 年 9 月 2 日第 5 版。

④ 方汉奇:《中国新闻事业通史》(第 1 卷),中国人民大学出版社 1992 年版,第 329 页。

⑤ 《新报改例》,《申报》大清同治甲戌八月初六日(1874 年 9 月 16 日),第二版。

⑥ 《报馆更名》,《申报》大清同治甲戌七月二十九日(1874 年 9 月 9 日),第二版。

是比较明显的,其能得官方支持或是会受到官方影响也是很显然的。不过,不管参股官员占多少,叶廷眷及其他各官员都是以个人身份入股而参与支持《汇报》的,这与后来《新报》的"经费出自府库道银"性质完全不同,后者显然是"商办出名,官办为实"。

另外,由于"挂洋旗"出版,报纸内容体例作了些调整。《汇报》初创时,是连史纸印刷,两张八版。其中,行情、船期、广告等占四版;新闻(含言论)约四版,内容则有京报全录、两江督辕事宜、苏省辕门事宜、浙省辕门事宜、鄂省辕门事宜,及本市和中外新闻。该报另有一创举,即每日在报首刊载新闻目录,使读者阅读方便。而在"改名《彙报》成为真正的'洋旗报'后,作为一种策略,籍以表明报纸已经改由外国人经办了",报纸体例有所变动,即将京报全录等官报稿件从原来最前位置移到各类新闻与文艺稿的后面了,论说放在首位。而且,内容也稍有变动,《汇报》一般不登文艺稿,改名《彙报》后刊登了不少诗词和笔记小品等文艺作品。案件新闻明显增多,并辟有《新衙门案略》。"体例上有学习和靠拢《申报》的迹象。"①

郑观应在《创办上海汇报章程并序》中,从新报的社会功能出发,结合上海社会的需求,点明了《汇报》的基本内容取向,序文称道,"西洋向有新报馆之设,在以励风俗、宣教化,俾善者劝而恶者惩,兼之采朝野之新闻,穷格致之物理,下及舟楫留行,市廛货价,烂然备列,流遍寰区,扩充见闻,增长绅智,自非妄谈国政、空论是非者比,有益于民生国计、世道人心",而且表示,"遐迩名流、才智之士,苟有鸿词伟论,发人深警,自当亟为登录"。"上海为华洋辐辏之区,事赜人稠,足资观感。""兹集同人共襄美举。""欲仿照泰西新报,兼译洋文,传述中外风土人情,格致功用,既可维持风教,又堪裨益民生。"并在章程中专列条款,强调报纸内容与用稿要求,"本局专以翻刻中外新闻逐日传报,以期改良社会之习惯,周悉外人之风尚,考较商业之良窳,增进国民之智慧,尤要协力同心,公正办理,以图生意畅旺";"凡有到局请刻新闻,其词句间或讥私恶,或败人名节,是非混淆,各种恶习概勿承刊,免生事端。

---

① 方汉奇:《中国新闻事业通史》(第1卷),中国人民大学出版社1992年版,第330页。

如事属关要，必期刊刻传播使大众咸知者，务须先觅殷实保人肩任出具保结，然后方准刊入日报"。①

《汇报》创刊后，立场鲜明，曾公开声明"本局为中华日报，自宜求有益于中华之事而言之，故于有裨于中国者，无不直陈，而不必为西人讳"②。平均每日刊发论说一篇，对内发表"一些兴办洋务、讲求富强的言论"，比如，提出加强防御、西法治河、自造轮船、丝茶出洋自卖等方面的主张，但"措辞谨慎"，锋芒少见。"对外则强调维护中国的利益，反对外人对中国权益的侵害。"③ 曾发表专文抨击外国在华领事裁判权，谴责在沪外人在该项特权庇护下的胡作非为，愤然曰"以为华人可欺而任意以上下其手"，"得寸入尺，犹不知止"；④ 并刊文指责上海租界工部局无视中国主权的专横政策，说"上海工部局者，即外国之议院也。局中议立规条，无论于华人便否，辄毅然自是，意在必行。其局绅概由西商充，华人不得寓选"，又说，"上海（租界）每年所抽之捐，华人居其大半。乃捐多者不得与闻，捐少者反能主宰……是亦不公之事"⑤。为了维护中国的利益，还经常与《字林西报》《申报》等外国人所办的报纸进行辩论、斗争，如对《字林西报》《德臣报》等蔑视中国主权和进行武力威胁等方面的议论进行有力的批驳，就英商无视我国主权用欺骗手段修建的吴淞铁路事及购买铁甲船之事，与《申报》进行争论、辩驳。⑥ 只是殊为遗憾，由于识见所限、着力点有偏，《汇报》在对《申报》的批评不力，在与《申报》论战中也常处下风。但其立场与努力却是值得肯定的，这便是国人自办报刊之根本所在。

不过，《汇报》与《申报》的争论范围较广，情况也比较复杂。在

---

① 郑观应著，夏东元编：《郑观应集》（下册），上海人民出版社1988年版，第1173—1175页。
② 《译辩字林报》，《汇报》1874年8月25日。
③ 陈玉申：《晚清报业史》，山东画报出版社2003年版，第63页。
④ 《论中外涉讼事》，《汇报》1874年7月27日。
⑤ 《工部局论》，《汇报》1874年6月29日。
⑥ 参见方汉奇《中国新闻事业通史》（第1卷），中国人民大学出版社1992年版，第329—330页。

《汇报》创刊之前,《申报》针对《汇报》的创刊就有不少说辞,《汇报》出版时它们的斗争就已经开始了。倒不是,至少不仅仅是因为《申报》为外人所办就这样,如前面讨论《汇报》创刊缘起时所述,这涉及《申报》与上海地方官吏、与广东商民的矛盾,以及中外文化观念差异导致的矛盾,还有地方官在新闻报道政策上给《汇报》与《申报》不同的待遇,甚至《申报》所有且一直试图强化的"《汇报》是官办之报"的刻板印象。

撇开中外立场之别、国家利益所系这些基本面所决定的两报关系,单从当时报业环境下新报的生存发展来说,《汇报》与《申报》是既相互竞争又互为依存的关系,这进一步增加了它们关系的复杂性。《汇报》初创时,在报道内容上受到了官宪的严格约束,① 所以,无论报道还是在言论上,都显得"措辞谨慎"少见锋芒的状态。不过,虽然"官宪前本设法约束,不准该报直言各事"②,但是创刊月余,1874年7月,《汇报》曾刊登一条有关官府"禁绝小钱"政策的新闻报道:据《申报》报道称,"沪城彙报内载,初三日(7月16日)藩宪出门,有群丐拦舆,口称禁绝小钱,丐等难于行乞,势必饿死,恳求施恩设法。又载,此次禁小钱,民间颇受其累,且因更换小钱,起衅酿成命案,陆续殴毙四人,木渎镇殴毙一人,无故酿成大狱,实为可惨等语"。实际上,《汇报》这是间接批评官府政策在民间引发了不良后果,因而遭到了官府的查究。由于消息从"苏友来函"中得来,故苏州府"除据实通禀,并移上海县饬差,赴(《彙报》)馆吊取原函,并押令该馆指明苏友姓名、住址,移覆就近提讯惩办"。进而晓谕道,"此次造谣之人,业经移提讯究,嗣后如有再敢肆意妄言,亦当随时查拏到案,照例从严究办"③。这件事之后,官宪对报纸言论控制得更为严格。即便有官员撑腰,言词唯谨,但不及三月,《汇报》还是奉上宪之谕禁止了,只好更名改例再刊行。

---

① 参见卢宁《早期〈申报〉与晚清政府近代转型视野中报纸与官吏关系的考察》,上海科学技术文献出版社2012年版,第69页。

② 《新报改例》,《申报》大清同治甲戌八月初六日(1874年9月16日),第二版。

③ 《江南苏州府总捕府实苏局监督朱、长洲县万、元和县阳、吴县高为出示晓谕事照得本厅县面奉》,《申报》大清同治甲戌六月二十二日(1874年8月4日),第三版。

对于《汇报》的境遇，作为竞争对手与论敌的《申报》并没有幸灾乐祸，而是心生同情。因为言路禁锢对报纸生存发展极为不利，在这一点上，《申报》与《汇报》有着共同利益，所以也非常关注其境遇及官府对报纸言论控制态度的变化。在《汇报》更名为《彙报》出版不久，《申报》发表了一则《新报改例》的消息称："官宪前本设法约束，不准该报直言各事。今则业行驰禁，故各事准其放笔疾书，直言不讳。顾新报之据事直陈虽于远势有裨，而于当今舆事之官未免有如凿枘，乃现在上宪既得恩除前禁，以彰其无顾虑己事而有谋及远利之望，能不为之额手交庆乎？"① 该"业行驰禁"消息关系报纸的未来发展，所以《申报》很是为之欢欣鼓舞。只是遗憾，《申报》很快发现，官府只是放开了对天津兵变报道的控制，并允许《汇报》抢先刊登有关天津事变的消息。②

1874年8月，天津发生兵变后，《申报》从《字林西报》获知消息，即将该消息译出准备发表。但因时值日本侵台，该消息受到官方控制，为免人心动摇，《申报》只好暂缓登载。不料这一消息却被《彙报》抢先发表，《申报》极为愤怒，发文详述内情，并责问、批评："天津一事，本馆向未载录，恐见责于诸观报者。其实，音耗初至，本馆径将《字林·述事》一篇译出以登录，旋为官宪力劝不印，盖恐至扰动人心。且本馆又念东洋接战一事，当似在即，人心已为之皇遽，如再加以本国兵变之音，则先惶顿加。兼又恐言西人述事已属过甚，不如少停以酌印也。乃阅廿三、廿七两日，彙报连述津门兵变各事，岂以彙报为官宪自设，始可详言此等事耶，真令人不解也。"③ 由于该事，两报再陷骂战之中。

（四）改名《益报》后停刊

虽然上海县令叶廷眷是《汇报》的重要发起人与创办人，《汇报》股份中上海官员持股不少，竞争者与论敌《申报》也一直宣传《汇报》是官报不是民报，但揆诸事实，《汇报》实为民报。一者，《汇报》是采用

---

① 《新报改例》，《申报》大清同治甲戌八月初六日（1874年9月16日），第二版。
② 参见卢宁：《早期〈申报〉与晚清政府近代转型视野中报纸与官吏关系的考察》，上海科学技术文献出版社2012年版，第70页。
③ 《详述天津一事》，《申报》大清同治甲戌七月二十八日（1874年9月8日），第一版。

股份制运营,由个人集资创办,叶廷眷等官员是以个人身份参股,股份中还有很多商人资本。二者,《汇报》是按商业模式运营,报纸按商品销行,本埠每期售价10文钱,外埠加2文,比《申报》(售价8文)略高,同时还注意拓展销路,在"北京、国内各通商口岸、香港、澳门以及日本神户、横滨、长崎等处均设有分局(代销处)"①。不过,在当时主客观条件还不太成熟的办报环境下,《汇报》办得不太成功,而且多遭波折。《汇报》前后刊行约一年半,时间不长,却一再地遭遇困难,最后导致直接停刊了事。《汇报》发展中遭遇的困难,一是政治方面的,二是经济方面的,而由于实行股权制,政治方面的困难导致股权变动,进而引发甚至加剧经济方面的困难。

《汇报》当时采取股份制,既与其时股份制在中国的发端有关,更与《汇报》发起人与创办者的身份、条件相关。在《汇报》的几位主要发起人与创办者中,唐廷枢、郑观应等都是近代著名的买办与实业家,了解新式企业的组织与管理,是中国最早积极提倡并实践近代股份制企业制度的先行者;② 容闳留美八年,后又常驻美国,对西方报业公司较熟悉,1867年他向苏抚丁日昌提出"联设新轮船公司章程",建议"组织合资汽船公司","这是迄今见到的中国最早效仿西方近代股份有限公司的文件";③ 而叶廷眷虽为官员,但精通实业,后曾接任招商局会办。由于这些主创人员的特殊身份,也由于先前《申报》对企业化经营管理的探索,他们创办《汇报》时,即订立股份公司制,将经营企业之法用于报纸。经众人合议,并由郑观应执笔草撰,"提出了中文报业第一个股份制试验方案"——《创办上海汇报章程》。比较来看,该章程除少数内容结合报馆情况调整,④ 其他皆由轮船招商局规程中照搬或者修改挪用而来。⑤

不过,《汇报》与洋务派所办的规模大、融资巨、社会影响广的第一家民用企业轮船招商局相比,情形不同,不但规模、集资招股影响面小,

---

① 方汉奇:《中国新闻事业通史》(第1卷),中国人民大学出版社1992年版,第329页。
② 参见沈松华《〈汇报〉的创办及其股份制尝试》,《国际新闻界》2007年第6期。
③ 参见沈松华《〈汇报〉的创办及其股份制尝试》,《国际新闻界》2007年第6期。
④ 如第4、6、7、13条。
⑤ 参见沈松华《〈汇报〉的创办及其股份制尝试》,《国际新闻界》2007年第6期。

而且其根本方面——内容受官宪制约较严。再者,刚起步的近代企业股份制既显稚嫩也不甚规范,导致后来《汇报》发展受挫。

可以说,《汇报》的多次变更与遭遇困难,官府干涉是诱因,股权变动是根本。《汇报》创刊不到三个月,即因新闻中不时涉及官事,宣传报道招致官府非议,引发部分股东动摇、退股,只好调整改名出版。改名《彙报》之后,出版未及一年,又遭严重困难,于1875年5月14日后停办。① 当时有个情况,就是叶廷眷在1875年3月25日纳捐升道班,于5月28日卸任上海县令之职。叶的离任,也引发《汇报》的股权发生变动,加之当时营业不佳,"乃清理账目,加入新股,于光绪元年六月十四日(1875年7月16日),易名《益报》"② 重新出版,延朱莲生为主笔。

一方面,从遭官府非议及叶廷眷一人离任都会招致股权变动可知,当时《汇报》受官方影响非常明显,叶廷眷在《汇报》的地位也不一般。可以说,《汇报》虽非官报,但有着明显的官方背景,刊行中既能得官员支持也会受官员限制。另一方面,股权之易于变动,可见当时《汇报》的股权制存在明显的缺陷。因官府非议,导致《汇报》的第一次股权变动;因叶廷眷一人的离职,导致第二次股权变动。就这样,因为所采股份制不成熟、不规范,一有风吹草动,《汇报》就会出现股权变动,进而引发办报困难,只好更张改名出版。

《彙报》经过短暂停刊、重新调整后,于1875年7月16日改名《益报》重新刊行。报纸有几个方面的变化,一是重要发起人与创办者叶廷眷,已于之前的5月底离任,《益报》与叶廷眷、唐廷枢等的关系如何不详,也未见续有西人出面的材料;二是当年9月,《益报》出刊未及两月,总理报务的邝其照带领第四批留美幼童去美国了;三是主笔改由华亭宿儒朱逢甲(莲生)担任;四是报馆搬到了新关后福来里。由于核心人物的离去、更换,没有叶廷眷的照拂(可能洋人的庇护也没有了),《益报》锋芒全无,与《汇报》《彙报》相比,无论在政治思想上还是业务水平上,都

---

① 具体停刊日期不确定,但1875年7月14日《彙报》是目前所见的最后一期。之后,两个月又两天,改名《益报》出版。

② 戈公振:《中国报学史》,生活·读书·新知三联书店2011年版,第114页。

大大倒退了。如其版面内容等的安排，上谕、宫门钞、奏疏等录自京报的稿件内容重新放在报纸首位，原来较活跃的论说不但数量大减而且思想水平严重下降，有分量的时事新闻大减，而庸俗的社会新闻和文艺作品明显增加，还新增"灯谜"一栏。虽仍然与《申报》论战，对《申报》进行攻击，但常常是"有乖事实，说明也不充分"，甚至"意气用事"，进行"人身攻击"。这样的报纸自然办不好，也坚持不下去。当年12月3日，宣布主笔朱莲生离职，一日后报纸停刊了。①

白瑞华在《中国报纸》一书中，"赞扬《汇报》是激进和进步的"，"《北华捷报》则指责其为'保守'和'排外'"。该报记者称，《汇报》"针对外国在华势力的批评立场，激怒了租界当局"②，而由于"坚持直言不讳的编辑方针，也遭到了中国官方的冷遇"，"赞助商逐渐撤出了这一事业"③。顾德曼说，即便如此，"《汇报》仍然是一份创办时间早、私人所有的敢于大胆鼓动公众情绪的中国报纸，它是受到城里同乡群体间的紧张关系的刺激、并由单个同乡群体创办的。④《汇报》的创立和广东人与《申报》斗争的历史证明，报纸并非新的城市认同的简单载体。上海的报纸，正如城里的企业，也深深地打上了同乡的印记"⑤。这一考察《汇报》的视角，丰富了我们的认识。不过，对《汇报》的历史贡献与认识，我们还要综合当时社会历史条件与环境来看。如果说，其后的《新报》是冯焌光等为争"官事"话语权、进行新闻舆论抗争而创办，《汇报》则是

---

① 方汉奇：《中国新闻事业通史》（第1卷），中国人民大学出版社1992年版，第330—331页。

② 戈公振说，《汇报》"以《申报》为外人所开设，遇有当时以为不利于中国之事，即与之笔战"，一旦《汇报》编者认为这家为外国人所有的报纸违背了中国利益，便进行口诛笔伐。参见戈公振《中国报学史》，上海古籍出版社2003年版，第153—154页。

③ 当时由于《汇报》新闻报道涉及政事，遭官府非议甚至封禁，即有部分股东退股。《汇报》同人即行改制更名，请葛理承顶担任名义上的发行人，悬挂"洋旗"应付官府，此时有更多官员参股。

④ 《北华捷报》1874年8月4日、1876年2月10日；白瑞华：《中国报纸（1800—1912）》，暨南大学出版社2012年版；梁家禄等编：《中国新闻业史》，广西人民出版社1984年版，第66页。

⑤ [美] 顾德曼（Bryna Goodman）：《家乡、城市和国家——上海的地缘网络与认同，1853—1937》，宋钻友译，上海古籍出版社2004年版，第101页。

因"民事"话语权与舆论抗争而直接激发的,但是在刊行过程中,又糅合了"官事"话语权与舆论斗争。

虽然在其发展中波折不少,刊行时间不长,终而停刊,但是作为第一批国人自办报刊的代表,《汇报》为我们留下了不少有价值的贡献:其一,因为已有《上海新报》特别是《申报》所创的办报模式可为效仿,所以国人自办报纸"一开始就是成熟新闻纸的'整株移植'",而且"有所创新,如每期报纸的重要文章都有'要目',显要地刊于第一版"等。其二,上海知县叶廷眷等,为对付《申报》批评而另办报纸对抗,而非采取禁止等手段,固然是因其权力所不及,但"他的胆敢冒险办报",即便为避免朝廷责难而采取"挂洋旗"办报的方式,却是开风气之举。同时也说明,"至少在他看来办报已不是不可沾染的事,而且也可以拿来为我所用"。当然,从其直接发刊原因来看,有激于《申报》的批评与对"香山人的侮辱"负气而办的因素,"既不是事出政治上的某种严正目标,也不是建基于经济上的需求",反映了那时国人自办报刊的"主客观条件还不甚成熟,当时还不大可能自办成功有前途的报纸"。①

二 《广报》改名《中西日报》"挂洋旗"刊行

这一时期的"洋旗报"重要的还有《广报》,但是与《汇报》不同,《广报》是在刊行受挫之后才改挂"洋旗"出版的。究其原因,主要是到了19世纪80年代中后期,正是"洋务运动"兴盛之时,对"办报"这一"洋务",在之前诸报的刊行与传播基础上,已为国人所认识并得到一定程度的接受,加上此前《述报》在广州的成功刊行,也提供了一些基础与鼓励。所以,《广报》初创时并未挂"洋旗",直至遭遇困难时,才中途挂"洋旗"刊行。

在《述报》停刊一年之后,1886年6月24日(光绪十二年五月二十三日),广州第二家日报《广报》(1886—1900)创刊,社址在广州华宁里。创办人为邝其照,先后任主笔者,有吴大猷、林翰瀛、肖竹朋、罗佩琼、劳宝胜(亦渔)、武子韬(芝鹿)、朱鹤(云表)等。

---

① 马光仁:《上海新闻史(1850—1949)》,复旦大学出版社1996年版,第78—79页。

邝其照（1836—卒年不详），字蓉阶（容阶），乳名全福，广东新宁（今广东台山）人。早年在香港的官府学校接受教育，毕业后曾任预备学校校长，1868 年编印《华英字典集成》（English and Chinese Lexicon），是"第一位编纂英汉词典的中国人"①，后"随陈荔秋副宪驻美多年"②。"约自 19 世纪 70 年代初起，任职上海洋务总局（翻译）"③，为时任上海道邵荻川办理"通商事宜"。1874 年 6 月 16 日，协助同乡容闳发起创办《汇报》，并总理报务工作，④ 之后作为翻译随祁兆熙率第三批留学生赴美，当年 8 月 10 日从上海出发，9 月 27 日抵目的地斯普林菲尔德，后由华盛顿赴英国，由英返回。⑤ 1875 年 10 月，以参军衔领"第四批官学生四十名赴美留学"⑥，驻美任职约三年半后，丁忧辞官回国，开始埋头著书立说。1884 年 6 月 4 日，曾以"洋务委员"的名义发表公开信，斥责上海英文报纸《文汇报》（The Shanghai Mercury）在中法战争中"肆意妄撰，捏造谣言"，"以言语欺侮华人"，"力劝法廷，为难中国"⑦。是年 9 月被张之洞调任赴广东办理洋务，⑧ 1886 年 6 月在广州发起创办《广报》。⑨

据《七十二行商报纪念刊》记载，"《广报》初办时，仍仿京抄式，

---

① 高田时雄、孙建军：《清末的英语学：邝其照及其著作》，《国际汉学》2014 年第 2 期。
② 邝其照：《华英字典集成》，1887 年香港上环利昌隆发售，广东中山图书馆藏，许应锵序，第 2 页。
③ 甘惜分主编：《新闻学大词典》，河南人民出版社 1993 年版，第 693 页。
④ 《述报——广州述报馆编辑》，台湾学生书局 1965 年影印本，序言，第 1 页。
⑤ 参见祁兆熙《游美洲日记》，岳麓书社 1985 年版，第 211—254 页。
⑥ 徐润：《徐愚斋自叙年谱》，江西人民出版社 2012 年版，第 42、46 页；参见沈云龙主编《近代中国史料丛刊续辑》，台湾文海出版社 1981 年版。
⑦ 《中国新闻事业编年史·上》，福建人民出版社 2018 年版，第 39 页。
⑧ 1884 年 8 月 29 日（光绪十年七月初九）《申报》第二版一则新闻《调用译员》报道，"邝君容阶，湛于西学。前经邵关宪聘为翻译，倚之如左右手。今谕道署昨接张香涛制军电，调邝君赴粤办理洋务，约于二十日外启行。鸣珂旋里，喜卜莺迁，致足庆矣"。
⑨ 除了投身洋务、创办报纸之外，邝其照还是出色的文化使者，其学术贡献主要是编纂英文词典和教材，先后著述出版《华英字典集成》《英文成语字典》《英语汇腋初集》《英语汇腋二集》《应酬宝籍》《英学初阶》《地球五大洲全图》等著作，在早期中外交流活动中有着重要影响。参见李磊《〈述报〉研究对近代国人第一批自办报刊的个案研究》，兰州大学出版社 2002 年版，第 50 页。

登载官吏升降,自余论说、诗歌及新闻,皆琐屑事,不及于政治。时亦思矫正社会之缺失,如揭登科场捉刀之情弊"①。其后(至少在1888年)版面内容有所调整,②"首列论著,新闻则分为两门,曰本省新闻,曰中外新闻。而以宫门抄、辕门抄,及货价行情附焉"③。由兹看来,版面一如当时《申报》。外形亦仿效《申报》,"广报"二字横排头版上方中央,报名两侧刊出版年月日、馆址和外埠派报处,以及招请投稿的启事,报名下写"敬惜字纸,功德无量"的标语。版面中下部为分栏内容:第一栏为昨日寒暑表,第二栏为目录,第三栏为广告,第四栏为新闻。《广报》销行较广,"省内有佛山、西南、大良、陈村、江门、新会、香山等地,国内有香港、澳门、上海、梧州等地,海外在新加坡、越南、旧金山和菲律宾等地都有销售"。④

虽然,《广报》为避免干犯官府,尽量不及于政事,但"时亦思矫正社会之缺失。其时试场多倩替劳,亦惯作捉刀人,故能洞悉其中情弊,乃揭而登于报,织悉靡遗,同人深恨之,而莫可如何。报纸之见憎于人,盖自此始"。因此,"《广报》一直不见容于封建顽固势力和当道"⑤。"清季驻防旗人,横悍稍杀,而气焰犹张。有阴嫉之者,媒蘖于旗人,遂率众捣毁之,社中人仅以身免。"⑥可见其时作报之不易。更有甚者,1891年《广报》因登载某大员被参一折,触怒两广总督兼粤抚李瀚章(小泉),

---

① 李默:《辛亥革命时期广东报刊录》,《新闻研究资料》1979年第1期。
② 谭汝俭《四十七年来广东报业史概略》说,"内地未始有报业,有之则自广报始",以《广报》创刊作为广东报业的发端。该文写于1934年,按时序前推则为1888年。后该文载入《报学》第三卷第八期(1967年6月)发表时,林友兰写《介绍》短文序于前,文中说"本文是民国廿三年九月出版《香港华字日报七十一周年纪念刊》论文之一。广东近代报业开始于《广报》的创刊(光绪十四年,1888)","在本文当日发表时,广东近代报业史,只有那短短的四十七年"。参见李瞻《中国新闻史》(报学丛书第6种),台湾学生书局1979年版,第462、459页。
③ 谭汝俭:《四十七年来广东报业史概略》,载李瞻《中国新闻史》(报学丛书第6种),台湾学生书局1979年版,第462页。
④ 方汉奇:《中国新闻事业通史》(第1卷),中国人民大学出版社1992年版,第327页;李默:《辛亥革命时期广东报刊录》,《新闻研究资料》1979年第1期。
⑤ 刘家林:《中国新闻史》,武汉大学出版社2012年版,第129页。
⑥ 谭汝俭:《四十七年来广东报业史概略》,载李瞻《中国新闻史》(报学丛书第6种),台湾学生书局1979年版,第459—475页。

李令番禺、南海两县将其封闭，不准复开。① 饬谕云，"辩言乱政，法所不容。广报局妄谈时事，淆乱是非，胆大妄为，实堪痛恨，亟应严行查禁，以免淆惑人心！"等语。②《广报》由此被查封，不得已，邝其照等人当年乃将报馆迁入沙面租界，请英商必文出面，并将报纸改名为《中西日报》继续出版发行。

报纸迁馆挂牌改名之后，有两个明显的变化，一是版面比《广报》时期有所扩大，内容增加了《书课榜》《西报译登》《上谕电传》等项目。二是由于悬挂"洋旗"、托庇于租界，因此，"该报发行后，渐肆议论，指摘政治"。对此，当局也是无可奈何，"官无如何，只罪卖报之贫民而捕之耳"③。后南海县令裴景福附股，馆址遂迁至城内的朝天街。

1895 年，孙中山、杨衢云等谋在广州起义，《中西日报》曾予报道并因此风行。（革命逸史有言，其时是该报最风光的时候）1900 年，该报因刊登义和团获胜、八国联军战败的消息，被英、法等帝国主义迫使广东地方当局予以查禁。当年冬，邝其照等又将报纸易名为《越峤纪闻》继续出版，但因发行受到限制，不久就停刊了。

从 1886 年创刊，到 1900 年岁末 1901 年初停刊，《广报》虽然也历经坎坷、两易报名，并请外商担任发行人后才得以为继，但是前后持续时间 15 年之久。在第一批国人自办报刊中，除了王韬在香港所创办的《循环日报》之外，《广报》是当时内地所办报刊中刊行时间最长的，影响也相当大。

三 从《字林汉报》到《汉报》

1861 年汉口开埠，标志着武汉开启现代化进程。1866 年，在汉英美人士创办武汉地区最早的近代报纸《汉口时报》（英文）；1872 年《谈道新编》创办，武汉出现第一份近代中文报刊；1873 年，国人自办的第一份近代中文日报《昭文新报》创刊。此后 20 年间，无人再行兴办，直到《汉报》出现，才又出现国人自办报刊。

---

① 参见李默《辛亥革命时期广东报刊录》，《新闻研究资料》1979 年第 1 期。
② 戈公振：《中国报学史》，上海古籍出版社 2003 年版，第 154 页。
③ 谭汝俭：《四十七年来广东报业史概略》，《华字日报七十一周年纪念刊》1934 年 10 月。

1900年4月2日（三月初三），日本驻汉口总领事濑川浅之进密电日本外务大臣青木周藏和驻华公使西德二郎，进呈《有关当地发行报纸状况》之内部调查报告，详细汇报宗方小太郎接办《汉报》的经过与办报宗旨，电云："关于当地及附近地区现正发行之报纸，日刊中文报纸仅有一种《汉报》，该报系明治二十三四年（1890—1891）间由英人所创设，一年左右即停刊。嗣后至二十六年（1893）夏，有苏州人姚文藻者再兴之，出又贷与林松塘。林松塘接办有一年时间即陷于困境，难于续办，遂将停刊之事又告知姚。其时，我国熊本县人宗方小太郎适居上海，彼即与姚文藻商谈接办《汉报》一事。宗方筹金一千元，即于二十九年（1896）一月与姚共至汉口，接受了《汉报》。当时，汉口尚未设日本领事馆，故倩法国领事为中介，就《汉报》转让一事向道台衙门呈请备案，该报遂公然为日本人宗方所有。同年二月十二日，该报即发刊。"①

据该调查报告及刘望龄史书记叙，1890—1891年，《字林沪报》在汉口创设《字林汉报》，聘用华人姚文藻（赋秋）、梅问羹主编，一年左右停刊。约两年后，"光绪癸巳（1893年），姚赋秋、梅问羹辈自上海来创《字林汉报》，托当日《字林沪报》外人之声援也"，又谓"汉馆与沪馆本出一家，所有论说、新闻彼此多相采用"，近似英人《字林沪报》之分馆。②《字林汉报》后改名《汉报》。

姚创《汉报》与《沪报》所创《字林汉报》不同，其只是"托当日《字林沪报》外人之声援"，"近似英人《字林沪报》之分馆"。也就是说，只是借英人之名而办，当视为"洋旗报"。创刊号刊载的论说《说报》，代发刊辞，以民报口气申论其宗旨道，"本馆博访时事，务使环海万国之情状，晓然于我中人之耳目，庶不至于受外侮，而有以自立于不败之地"，"本馆意取公平，议归正大，务愿中国因本有之长，以渐致富强，

---

① 刘望龄：《黑血·金鼓——辛亥前后湖北报刊史事长编（1866—1911）》，湖北教育出版社1991年版，第41页。

② 刘记曰：1893年3月23日，"英国人主办的中文报纸《字林汉报》（后署《汉报》）正式创刊，馆设汉口英租界一码头后"。比较日本人当时的调查报告，英人创《汉报》时间不确切，而姚再创《汉报》时相对比较确切。刘书所载当为姚创《汉报》的时间。参见刘望龄《黑血·金鼓——辛亥前后湖北报刊史事长编（1866—1911）》，湖北教育出版社1991年版，第6页。

而决不依附以荣,为抑中重西之见"。① 其实欲"博访时事",晓"我中人之耳目","不至于受外侮",其国人立场判然可见。有关记载也以中国人自办报刊视之。② 可惜没有更可靠的史料支撑,只能作此推说。该报具体情形,如刘书所记,乃"用枣木手工刻字拼版,使用老折纸,手工打印,单面印刷。日出一大张,售钱10文,汉报书馆印行。版面编排与后期的左右分版不同,为上下对折的两长条,书刊型,直排,每页45行,每行50字,便于装订成册,以利收藏。初始未设栏目,标题与正文字体一律使用老四宋,题文之间留一字空格,相与区分。上条为正文,刊登论说、谕旨、电传、西报汇译等内容;下条专作广告之用,刊载各货行情、汇兑、银洋钱价和船期公告等"③。

由于为办报力量与基础所限,《汉报》的内容比同时期《申报》《沪报》等报要少,但内容构成相似,实因其时商业中文日报已较成熟,而市场格局也比较稳定。上海在《新闻报》成功创办后,就形成了《申》《沪》《新》三足鼎立的格局,这一格局的影响并辐射全国。《申报》在创刊当年即在武汉拓展市场,只用几个月时间就打开了市场,"发售日胜一日"。当时在汉口中文报中,《申报》的影响自是居于首位的,之前《字林沪报》在此创设《字林汉报》,仅一年左右即折戟而返,由此可见一斑。所以,在此格局下,姚创《汉报》也颇不易,坚持约两年,于1895年"贷与林松塘",林"接办有一年时间即陷于困境,难于续办",于1896年意欲转让。

当时《汉报》转让时,有两个买家,一个是《时务报》发起人之一的吴德潇之子吴樵(铁桥),其时正在汉口,有意接盘过来改办《民听

---

① 阳美燕:《英商在汉口创办的〈字林汉报〉(1893)——外人在华内地发行的第一份中文日报》,《新闻与传播研究》2008年第1期。

② 时任驻汉总领事的濑川浅之进《有关当地发行报纸状况》内部调查报告了解的情况,即称《汉报》为中国人姚文藻所办。东亚同文会编的《对支回忆录》提到宗方小太郎接办《汉报》过程时说,"收买了向来由中国人发行的《汉报》"。参见刘望龄《黑血·金鼓——辛亥前后湖北报刊史事长编(1866—1911)》,湖北教育出版社1991年版,第6、12页。

③ 刘望龄:《黑血·金鼓——辛亥前后湖北报刊史事长编(1866—1911)》,湖北教育出版社1991年版,第6页。

报》，用美商招牌。可惜吴不久病逝未成。另一个就是日本人宗方小太郎。宗方"自1890年以来，即提倡以发行报纸作为对中国的指导机关为当前急务"，趁机买下。1896年2月12日，宗方正式接办后，馆设汉口河街茶业公所间壁，日出一大张，"承袭《汉报》原名，使用'大清'年号，凡文字内容、版面编排、行文语气均未作任何变动，整张报纸，只在报头添列了一条'明治纪元'，稍微粗心，一般读者是难以识别这是易主后的《汉报》"①。宗方承办的《汉报》，"因得到日本朝野军政要员的支持和保护，故较少受到清朝政府的压力和阻挠，一度尚可'畅言西学'、'代西人立言'"。梁启超亦曾论道："《汉报》以日本人之力，大声疾呼于汉口。"②《汉报》由于始终坚持"抵制旧党，援助新党，以助长维新之气运"③，终不为慈禧所容，在湖广总督张之洞的严禁购阅与递送的种种限制下，销路锐减，"始终收支相抵，难以继持"④，出至1900年9月28日，"举其报名及一切附属设备"，"是日以三千两价银让与湖北官宪，宣布闭馆"。⑤

第三节 创始时期"洋旗报"的办报启示与面临的困境

在民族新闻事业创始时期，"洋旗报"的出现无疑具有开创意义，也带来了深刻的启示，最要者是给后来国人自办报刊开辟了一条新的路径。在中国新闻事业发展史上，"洋旗报"是一种重要的报刊现象，是一道独特的风景线。不过，在国人自办报刊发创时期刊行的"洋旗报"，也面临

---

① 唐惠虎、朱英：《武汉近代新闻史》（上卷），武汉出版社2012年版，第137页。
② 唐惠虎、朱英：《武汉近代新闻史》（上卷），武汉出版社2012年版，第158页。
③ 刘望龄：《黑血·金鼓——辛亥前后湖北报刊史事长编（1866—1911）》，湖北教育出版社1991年版，第42页。
④ 刘望龄：《黑血·金鼓——辛亥前后湖北报刊史事长编（1866—1911）》，湖北教育出版社1991年版，第52页。
⑤ 刘望龄：《黑血·金鼓——辛亥前后湖北报刊史事长编（1866—1911）》，湖北教育出版社1991年版，第50页。

着其时无法解决的困难，这些困难涉及政治、经济、文化等多个层面，而且大多不是"洋旗报"所单独面临的，其他商办、官办之报概莫能外。另外，挂"洋旗"办报也不是万能的，其局限也很明显，有时还面临着"中、外"势力的共同碾压。所以，创始时期"洋旗报"的命运是波折的，其发展势头既不大好，其持续时间也都不长。

一 "洋旗报"对国人办报的启示与意义

第一，这一时期的"洋旗报"是在清末报禁环境下外人办报的启发下创办起来的，是国人办报路径的一种重要探索。

19世纪70年代初，当《申报》在上海抢占滩头之时，中国自有新闻事业仍是"一脉单传"的官报体制，《申报》面临的第一个待破解之题就是改变中国的"邸报观念"，所以在其创刊初期刊登了不少相关论述文章。但是，观念的改变、社会对新事物的接受有一个过程。所以，对于新生事物来说，首先是适应并生存，然后才是实施改变。为此，《申报》一边进行观念教育，一边实行形式变革，既适应特殊的传播环境，又不断推进传播环境的改变。《申报》适应与变革的结果，就是人员结构采用"洋人老板加华人主笔的特殊组合"，版面内容则"专门辟出一部分用于抄录京报（邸报）"，并常常刊载狐仙鬼怪等类寓言小说。对当时的报人来说，"这种华文报纸虽脱胎于西方，但和纯粹的西方报纸又有所不同，是洋化报纸＋邸报＋寓言小说的组合"①。这样的人员组合与内容安排，"使得洋化新报和传统邸报的功能实现了某种程度的整合"，都可"看作新闻纸这一新生事物为适应中国环境而进行的一种调整"。② 在当时清政府"与己民则禁之，于他国则听之"③ 的新闻政策下，这种调整无疑为国人自办报

---

① 卢宁：《西方新闻纸在华本土化的早期尝试——以初创时期的〈申报〉为例》，《编辑之友》2012年第8期。

② 卢宁：《西方新闻纸在华本土化的早期尝试——以初创时期的〈申报〉为例》，《编辑之友》2012年第8期；卢宁：《早期〈申报〉与晚清政府近代转型视野中报纸与官吏关系的考察》，上海科学技术文献出版社2012年版，第129—130页。

③ 陈炽：《庸书·日报》，载复旦大学新闻系新闻史教研室编《中国新闻史文集》，上海人民出版社1987年版，第22页。

刊提供了一种探索的路径，即挂"洋旗"办报。后来《昭文新报》旋起旋辄，《汇报》正欲创设之时，《申报》借题发挥道，"夫民间创设新闻一事，其中难免无干犯君官之语。君隔九重，或尚不知，官则未有不知者。一旦大肆威虐，重则惩办，轻亦封闭。故民间亦不敢冒罪而开设也。近因通商开市，于香港开设华字新闻三馆，于上海开设华字新闻一处，主笔虽系华人，而馆主实为西人也。至于汉口新闻馆，内无西人，甫开即闭矣"①。此种议论，在当时环境下，有《昭文新报》的例子与《申报》及香港所办新报的对比，对国人借助外力、挂"洋旗"办报无疑是一种直接的提示。

另外，其时外国资本在华活动有年，洋务运动如火如荼，在此过程中，民族资产阶级兴起，洋务派官员、开明士绅形成。作为新兴阶级与阶层，他们所关心者，或是对外交涉、西学东渐，或是官民沟通、商贸往来，等等，都有心声、意兴甚至利益需要发抒，需要传播与交流。而当时报界，虽然有官报也有外人所办之报，但是"官报，无民意之可言也。外报，仅可代表外人之意思；虽其间执笔者有华人，然办报之宗旨不同，即言之亦不能尽其意也"②。国人办报的意愿，就是在这种需要与不能满足需要的现实这对矛盾作用下产生的。但在当时环境下，国人办报是被禁止的，而与此相反，由于治外法权的存在，外国人却获得了在华办报的特权与自由。正是在这种环境的制约下，基于这种需要的驱动，同时在《申报》等"洋人老板+华人主笔"办报模式、"洋化报纸+邸报+寓言小说"内容模式获得成功的启发下，国人办报开辟出悬挂"洋旗"办报的路径。先是《汇报》挂"洋旗"开先路，然后由《广报》《汉报》继其后，最终形成"三分天下，其势最强"的格局。

第二，"洋旗报"借助外力，打破"报禁"，争取对内对外的新闻话语权，维护国家利益，与外报进行新闻舆论抗衡。

鸦片战争以后，由于租界的存在、在华外国人享有"治外法权"，专制的清政府对出版报纸实行"禁止华人而听任西人开设"的政策。清政

---

① 《论新闻日报馆事》，《申报》大清同治甲戌正月廿四日（1874年3月12日），第1版。
② 戈公振：《中国报学史》，上海古籍出版社2003年版，第143页。

府这种带有殖民地色彩的政策，也反映在其所制定的新闻法律法规中，无论是在清政府宣布预备仿行立宪之初出台的《大清印刷物件专律》《报章应守规则》，还是在辛亥革命前夕出台的《钦定报律》，在这"一系列新闻法规中，不仅没有涉及对外国人出版的报刊如何管理，就连国人在租界内创办报刊的管理问题也只字未提。对外国人在租界以外地区创办的报刊也未敢加以管理"①。所以，有如方汉奇先生论及清末"洋旗报"产生的原因时所说，"为了对付清廷的迫害，不少报纸采用了各种巧妙的手法进行斗争。手法之一是雇佣外籍人士充当名义上的发行人，托为外商报纸"②。当时，国人自办报刊"挂上洋旗，是为求得治外法权，以逃避清政府的迫害与外国势力的挤压"③。这是时代局限下的一种非常态反应与积极的应对。说其非常态，指的是"洋旗报"虽在中国环境下，国人却要利用外国人的势力来争取新闻话语权办报，即需要利用当时租界环境与外国人在华的治外法权，请外国人担任名义上的发行人，来应对专制政府的报禁与言禁，以避免遭受迫害。另外，"洋旗报"又是在当时情势下的一种积极应对，即在当时"报禁、言禁"之下，主动创造条件，争取新闻话语权，以传播信息、宣传不太成熟的"主张"或是谨慎温和地转录变法自强的宣传言论，而且为了维护国家民族利益，与外国人所办报刊进行新闻舆论斗争与话语抗衡。

比如，《广报》为官宪所迫害，在被迫改名《中西日报》出版之后，由于厕身租界、托庇"洋旗"之下，"渐肆议论，指摘政治"。这一时期比较典型的，就是《汇报》改名《彙报》"挂洋旗"办报之后，由于托庇洋人，言论与报道更为大胆，指陈时弊、要求变革的言论也增多了，并不时转录王韬和《循环日报》上关于变法自强的论述文章、译载英国议会的介绍文章。不过，由于是在清政府治下办报，且有官员参股，其言论与主张还是有较大的局限性，如《循环日报》主张矿由商办，《彙报》提

---

① 马光仁：《中国近代新闻法制史》，上海社会科学院出版社2007年版，第69页。
② 方汉奇：《中国近代报刊史》，山西教育出版社1981年版，第602页。
③ 陈志强：《租界、"洋旗报"与近代报业——中国近代新闻事业生存环境变迁的一个独特视角》，《南昌大学学报》（人文社会科学版）2006年第4期。

出应官督商办，言论中更不敢直接触及政治体制。不过，对外则继续坚持为中国权益辩护的立场，如对日本侵台进行严厉批评，对《字林西报》与《德臣报》等报蔑视中国主权和进行武力威胁等方面的言论进行有力批驳。① 同时，就一些实际事务与外国人所办报纸进行论战，如就英商无视我国主权用欺骗手段擅自修筑的吴淞火轮车铁路、铁甲船问题等。虽然《彚报》的立论并不高明，论争中常居下风，但其维护中国权益的心志还是值得肯定的。

第三，"洋旗报"的创办，激发了国人办报的想象空间与行动力。

19世纪七八十年代，中国出现第一批国人自办报刊，主要有《昭文新报》《循环日报》《汇报》《新报》《述报》《广报》等几种。"在这些报刊中，境遇较好的，多与租界洋人相关。"② 确实，当时除了香港办的报刊之外，在清政府治下，境遇相对较好，生命力较强的是"洋旗报"。虽然"这种办法难以持久，但短时期内还是有效的，至少可以使清廷投鼠忌器，有所顾虑，不敢轻举妄动。端方督鄂时不敢对'悬洋旗'的报纸随便下手，就是一个证明"。据《江苏》第三期"内国时评"所载此事之文称，"湖北自有汉口日报馆以来，端方久欲封禁之，以碍于该报馆之悬洋旗也，乃密以三千金尽购该馆之所有，而后封禁之令始下"③。

正因为清政府对"洋人"的忌惮，清吏们对"洋旗报"会有所顾忌，国人进一步认识到洋人之可托庇，可作为打破当时报禁、言禁之凭借，可以助力国人办报之进展。再者，通过挂"洋旗"办起报来，而且可以刊行较长的时间，也使国人认识到办报还是可行的。无论是身为政府官吏的叶廷眷，还是作为新兴的买办达人唐景星、郑观应等，他们参与发起与创办《汇报》，更是以身体力行为证，表明"办报也已不是不可沾染的事"，作为"洋务"之一的现代报刊已不是只可摩挲把玩的"西洋镜"，而是"可以拿来为我所用"之利器，可倚之内争话语权，外行新闻舆论抗衡。

---

① 方汉奇：《中国新闻事业通史》（第1卷），中国人民大学出版社1992年版，第330页。
② 陈志强：《租界、"洋旗报"与近代报业——中国近代新闻事业生存环境变迁的一个独特视角》，《南昌大学学报》（人文社会科学版）2006年第4期。
③ 方汉奇：《中国近代报刊史》，山西教育出版社1981年版，第602—603页。

可以这样说，《汇报》创办人员的组成，对激荡其时国人办报的士气作用是明显的。不但在《汇报》挂"洋旗"办报之后《广报》《汉报》继之而起，而且在叶廷眷之后，洋务官员冯焌光也继起办报。包括后来在19世纪90年代中后期至20世纪初期兴起的办报高潮中，"洋旗报"是当时的一支别动队，特别是清政府报禁重启趋严的环境下，挂"洋旗"办报再次成为突破报禁的办报策略为其时报界所重视。而且，也因为不少报刊改挂"洋旗"，也迫使清政府在实施报禁时也有所顾忌，"以免都改挂'洋旗'"不为所控。

二 "洋旗报"之困：风气未开与缚足前行

这一时期的"洋旗报"，虽然通过借助外力，在一定程度上打破了清政府的"报禁"，为国人办报争得了一定的空间，但在当时环境下，仍然困难重重，局限明显，所以最后都以失败而告终。其面临困境，除了部分为其"洋旗报"特性所致，大部分是第一批国人自办报刊所共同面临的。

《昭文新报》是国人自办报刊的先行者，但是刊行不及三月就闭馆歇业了。日本记者内田佐和吉的《武汉的文化机关史》一文，谈到《昭文新报》的创刊情形时，特别分析了其艰难处境，说当时汉口社会，90%的民众都是文盲，乡间更是闭塞；商人没有在报上登广告的想法，所以在当时情形下办报，只是虚掷金钱。[①] 所以两个月不到，《昭文新报》即由日报改为五日刊，不过，仍然没有读者。"新闻仿佛是无用之物，莫不等闲的看待结局，不得已步入停刊之途。此亦足见办理文化事业之不易成功。"[②] 《申报》在记述《昭文新报》改革之事时则说，"汉皋向无此举，

[①] 文中称，汉口"当时社会情形，十人中九人可以说是文盲，到乡间去更为蔽塞不堪，毫无事业之可言。至于新闻一事，更无成立之必要。若谈到在新闻纸登载广告，在商人方面，绝无此种思想，在那种情形之下，无论鼓着如何的勇气，怀抱着如何的方法，要想经营这样新闻事业，不过是虚掷金钱，付诸流水就是了"。

[②] 刘望龄：《黑血·金鼓——辛亥前后湖北报刊史事长编（1866—1911）》，湖北教育出版社1991年版，第2页。

今骤仿行，未免人情未习，取阅者不能荟集"①，后来述及《昭文新报》的闭馆之事时说道，"至于汉口新闻馆，内无西人，甫开即闭矣"②。由当时报纸与记者的记述可知，《昭文新报》面临困境实在不少，时人"十之八九是文盲"，"人情未习"，没有"广告"，没有"西人"可依仗，所以，刊行月余即由日报改成五日刊，三月不到，就停刊了。

由《昭文新报》之艰难困境可知，清末国人办报面临的问题，主要有三：一是清政府的"报禁"，不让国人办报；二是经济支持问题，是否有财力与经济血脉维系；三是读者问题，即要有人看报。就已有讨论来看，大家关注最多的首先是"报禁"，即清政府不让国人办报，成为最大的问题。其次是其时风习未开，读报者少，面临经济困难。而从当时情况看，"洋旗报"在一定程度上应对了清政府的"报禁"，而且相对来说，在19世纪70年代以后，随着洋务运动的兴起，部分朝中洋务大员与地方官吏中的洋务派官员，于"办报"之务，思想观念上已有所变化、在执行清政府的"报禁""言禁"政策时也会有所松动。这才会出现叶廷眷、冯焌光这样的官员参与办报，准确讲邝其照也是"官"身办报。可以说，"洋旗报"有了洋人的庇护，《汇报》《广报》开办中也有官吏的参与，在一定程度上打破了当时的"报禁"，但是他们最后还是失败了。这就说明，当时办报不只是要打破报禁言禁的问题。③ 学者在讨论《汇报》改名《彙报》挂"洋旗"办报的便利之后，说到不及一年，《彙报》还是被迫改名《益报》出版，最后没坚持几个月即行停刊，其"主要是财力缺乏和《申报》排挤的结果"④，就指出了这种困境的复杂性。所以，就"洋旗报"来说，我们不妨设疑发问，其突破报禁刊行起来后，是否还存在限禁问题，这种限禁的程度又受制于什么因素？同时，报禁既破之后，其

---

① 《记汉口新报改革事》，《申报》大清同治癸酉八月十一日（1873年10月2日），第二版。
② 《论新闻日报馆事》，《申报》大清同治甲戌正月廿四日（1874年3月12日），第一版。
③ 程丽红也提到，"早期商办报刊的短命，却远非政治因素使然，而更多的是出自经济上的原因，不赢利，或者办报人图谋他业，便放弃了对报业的投注"。参见程丽红《清代报人研究》，社会科学文献出版社2008年版，第202页。
④ 陈志强：《租界、"洋旗报"与近代报业——中国近代新闻事业生存环境变迁的一个独特视角》，《南昌大学学报》（人文社会科学版）2006年第4期。

生存发展又受制于何种条件？解释这些问题，我们可以结合当时情况和后来学者的讨论，主要从四个方面展开。

第一，其时风气未开，报刊未为社会所见重；识字率低，阅报者少。

从我们的报刊文化来说，近代报刊由传教士与外国商人、政客带入中国，从形式到内容异质程度非常高。即便是在19世纪70年代商业中文日报兴起之时，中国仍然是"官报"体制，国人对报刊的认知还是"官事官话"体系，因其基本不及"民事"，民众对报刊比较隔膜，当时国人对"新闻"的认知与现代新闻观念相距较远。黄旦先生就此分析道，"'新闻'一词的汉语本义，实指街谈巷议奇事异闻，历来不登大雅之堂，常常是市井无赖的日常用语，在中国的'经史子集'中难有其踪迹。《申报》初始遭人鄙视，不能说与'新闻'的这种想象无关"①。更何况，当时"科举取士"乃士子正途，即便在受过教育、具有阅读能力的知识人士中，由于知识结构和文化背景所限，② 愿意读报的人依然极少，此乃风气未开之另一面相。这一情况，对现代报刊在华的发展制约力很强，无论是对外国人拟办报刊还是国人自办的报刊，都概莫能外。所以，"洋旗报"初起时以失败而告终，当时风气未开是非常重要的原因。

戈公振先生曾深情惋叹，第一批国人自办报刊，虽为"当时深悉外情者之所为，惜国人尚不知阅报为何事，未为社会所见重耳"③。正如老报人包天笑在其回忆录中所提到的，即便到了19世纪80年代中期，《申报》已开办十年有余，在商业繁盛的苏州阅报风气仍然未大开化，"当时苏州风气未开，全城看上海《申报》的，恐怕还不到一百家"④。因为业务不大，《申报》当时在苏州也没有设立代理处或代派处，《申报》是信局通过"脚划船"送达订户手中的。直到十年之后，"苏州看报的人，也渐渐多起来了，他们（《申报》《新闻报》）在苏州都设了代理处，不必

---

① 黄旦：《媒介变革视野中的近代中国知识转型》，《中国社会科学》2019年第1期。
② 参见孟庆澍《报刊、学堂与租界——近代舆论兴起的物质性条件》，《现代中国文化与文学》2008年第1期。
③ 戈公振：《中国报学史》，上海古籍出版社2003年版，第143页。
④ 包天笑：《钏影楼回忆录》，中国大百科全书出版社2009年版，第107页。

由信局派了"①。可见，苏沪地区由于商贸发达、社会交往日多，进入90年代后风气渐开，阅报的人不断增多起来。但是就全国范围来讲，在19世纪90年代末甚至20世纪初，风气未开仍然是制约中国报业发展的一个重要因素。谭汝俭先生是90年代中进入报界的，他在回忆当时的广东报业时，就曾说道，"其时风气未开，阅报者寡，所入不足供捃注"②。我们知道，虽然广州在第二次鸦片战争之后，商贸地位渐渐地不及上海，但作为鸦片战争前中国唯一的对外贸易中心、鸦片战争后最早的通商口岸之一，其商贸地位还是很重要的，商业也比较发达，何况还紧邻香港。广东风气尚且未开，报业境遇若此，全国其他地区也就可见一斑了。更遑论二十多年前"洋旗报"发创时的情形了。

风气未开，与识字人少也有一定的关系。而识字人少，则与现代报刊大有干系。基于机器生产的现代报刊，要求拥有一定数量的读者才能够存活，但是近代中国社会的识字率并不高，③甚至可以说比较低，更不用说识字与有阅读文章的能力还是两回事呢。所以在传统的中国农业社会，在以科举取士为正途的制度体系下，阅读只是极少数精英阶层的专利。这对当时报业发展是极为不利的。

《万国公报》曾刊载文章估计说，在中国的四亿人中，识字的不到五千万，其中通文意能阅读书报的不到两千万人，至于能读经史、知古今、晓全地、懂外文、知政学等者则仅数千人矣。④虽然读报不一定需要高深的字功，但是在识字基础上，还是要有一定的通文能力。所以，按此文所

---

① 包天笑：《钏影楼回忆录》，中国大百科全书出版社2009年版，第108页。
② 谭汝俭：《四十七年来广东报业史概略》，载李瞻《中国新闻史》（报学丛书第6种），台湾学生书局1979年版，第464页。
③ 孟庆澍：《报刊、学堂与租界——近代舆论兴起的物质性条件》，《现代中国文化与文学》2008年第1期。
④ 原文内容："四万万人中，其能识字者，殆不满五千万人也。此五千万人中，其能通文意、阅书报者，殆不满二千万人也。此二千万人中，其能解文法、执笔成文者，殆不满五百万人也。此五百万人中，其能读经史、略知中国古今之事故者，殆不满十万人也。此十万人中，略知外国语言文字，知有地球五大洲之事故者，殆不满五千人也。此五千人中，其能知政学之本源，考人情之条理，而求所以富强吾国、进化吾种之道者，殆不满百数十人也"。载《论中国积弱在于无国脑》，《万国公报》第一九三卷。

估计之数，中国能读报之人实不为多。在维新变法前夕，章太炎也曾发表文章，表达其对国人知识水准的忧虑，"中国四百兆人，识字者五分而一"，"其知文义者，上逮举贡，下至学官弟子，无虑六十万人。诵习史传，通达古人者，百人而一。审谛时务，深识形便者，千人而一。以此提倡后进，郡不过数人，则甚少矣"。① 尽管这种精英阶层基于较高要求的自我估量未必准确，但间接反映出其时中国基层民众缺乏教育的普遍状况。稍后有学者则更悲观地认为，那个时期只有5%的中国人识字。② 而且在受过教育、具有阅读能力的知识人士之中，由于知识结构与文化背景的限制，愿意接触来自西方之现代书报的人依然极少。传统文人与士子们阅读，主要是传统经典，或纯为应试科举书籍，大多对西式书报不屑一顾，使当时报纸难有销路，商业性报纸更是长期受到冷落，乏人问津，送报人不得不"于分送长年定阅各家者外，其有剩余之报，则挨家分送于各商店，然各商店并不欢迎，且有厉声色以饷之者，而此分送之人，则唯唯承受惟谨。乃届月终，复多方以善言乞取报资，多少即亦不论，几与沿门求乞无异"③。

第二，是经济上的制约，面临经济上的困难。

其一，此期国人所办"洋旗报"，都是集资参股或私人资本兴办，对市场风险反应快。比如，《汇报》是按股份制开办的报企，主要是官员、买办、商人以个人身份集资入股，对风险的反应很快，而由于当时股份制尚属初创还不成熟，所以股东队伍不稳定。《汇报》创办不久，由于其宣传报道招致官府非议，就有不少股东动摇，要求退股。所以，仅出两个半月，报纸只好改组重出。其二，不管是集资参股还是私人资本兴办，都需要依靠营业获得经济支撑。报纸营业，无非发行与广告。发行如前所述，由于风气未开、识字者少，阅报者少。广告呢，"在新闻纸登载广告，在（中国）商人方面，绝无此种思想"，外国企业或商人登广告，都在外人

---

① 章炳麟：《论学会有大益于黄人亟宜保护》，《时务报》第19册，光绪二十三年二月初一日。
② 蒋国珍并说：中国"百分之九十五为目不识丁者"。参见蒋国珍《中国新闻发达史》，上海联合书店1930年版，第59—60页。
③ 姚公鹤：《上海报纸小史》，《东方杂志》1917年第14卷第6号。

所办报刊。再者，读者除受识字、文化程度制约之外，还受经济条件的制约，所以订户、读者不多也有经济方面的原因。如老报人包天笑家，在其曾祖时代，"经营米业，亦为巨商，但经过太平天国之战，已经扫荡得精光"[①] 了，其父成年后入了钱庄，家中景况也还不错，所以在包天笑幼时，家里订有《申报》。后来，其父脱离了钱庄，虽趁手有余资与友人经营小商业，但是不甚获利，家道中落，其家即不再订阅《申报》了。"到了十四五岁时，我（包天笑）略谙时事，愈加喜欢看报了。""我家那时虽没有定报，我就零零散散买来看"，或是借来看。[②]

所以，第一批国人自办报刊，既没有广告市场，又缺少订户与读者，靠广告、发行难以生存。当时"洋旗报"就是这样，一没有社会经济的支撑，像《申报》那样求得生存发展；二没有政党或社会团体、经济实体的支持，像维新报刊与革命报刊那样得到组织经费与捐资助办。所以，发创时期的"洋旗报"不但道路波折，而且难以长期维持。其能短暂维持者，主要靠矢志报业的第一批报人的投资撑持。

第三，是第一批报人的先天不足及挂"洋旗"办报的局限。

诚如前辈学人所说："在维新运动以前，申报、沪报、新闻报是上海报界的三株台柱。其间虽然还有几种国人经营而托名外人的报纸，但都是不久就消灭，并且没有独立的精神留下来。"[③] 这一点，我们由《汇报》即可见一斑。《汇报》的发刊，既是其时官媒冲突、中外冲突的一种产物，同时也是地域冲突的一种直接结果，兼有"负气而办"的因素，其创办人也有强烈的地域与同乡色彩，都是广东籍商、绅，缺少共同的精神与明确的宗旨。因此，虽然在维护国家利益上与外国人所办报刊论争、进行舆论抗衡，但是由于没有既定的思想、昧于时代的认知，往往是争其所不当争之故，弃其所不当弃之理，导致与《申报》争论诸如吴淞铁路问题、铁甲船等问题时，常居下风。越百余年阅之，为之喟叹惋惜尤深。

还有就是第一批国人自办报刊兴起时，正是民族资产阶级形成之时，

---

① 包天笑：《钏影楼回忆录》，中国大百科全书出版社2009年版，第119页。
② 包天笑：《钏影楼回忆录》，中国大百科全书出版社2009年版，第108页。
③ 胡道静：《上海新闻事业之史的发展》，中国传媒大学出版社2018年版，第2页。

其办报主体也主要是民族资产阶级人士。民族资产阶级政治上的软弱、经济上的薄弱，也使其在办报中表现出不坚定来。如"《汇报》创办及多次改名的过程，反映了民族资产阶级刚刚产生时的既想办报又提心吊胆的心理状态"①。即一有风吹草动，就出现动摇、退缩。如《汇报》创刊两个多月，因引官府非议，就有不少股东退出，从而需要调整改组。改名《彙报》后更主要的是官员入股，所以其对官员的依赖性明显，叶廷眷一离任，报纸不仅改组改名，还留不住人，后来核心办报人员也离开了，报纸水平下降、影响力下降，不及半年，停刊了之。

另外，因为"洋旗报"依仗于洋人，其新闻报道、言论一旦触痛洋人，就没有好果子吃。如《中西日报》在 1900 年，因为刊登义和团获胜、八国联军战败的消息，被英、法等帝国主义迫使广东地方当局查禁。只好在当年冬改名《越峤纪闻》出版，但是"因发行受到限制，不久亦停刊"②。作为民间报刊，由于"缺少强大的后盾，封建与殖民势力的双重压制，使其自由成长的空间极为有限"③。

第四，是面临着外报强势的同业竞争与挤压。

第一批国人自办报刊问世之时，《申报》等外国人所有的报刊已先期创办，不但站稳了脚跟，而且四处攻城略地，抢先占领了中国的报业市场。譬如说，《昭文新报》在汉口创办很快夭折，其他汉口兴办商业报刊的早期努力也都失败了，是汉口没有读者市场吗？不是，起码不完全是。从《申报》在汉口的发展可知，汉口还是有一定市场的，只是"这一市场自 1872 年后就被上海著名的《申报》有效地占领了"④。据刘望龄《黑血·金鼓——辛亥前后湖北报刊史事长编（1866—1911）》记载：1872 年"4 月在上海创办的《申报》开始在武汉行销"，8 月 9 日，"《申报》在《本馆自叙》中记曰：《申报》运销武汉，'始则未经入目，销路寥寥，继则逐渐通行，发售日胜一日'"，又载"1875 年（清光绪元年）7 月，上

---

① 梁有禄、钟紫、赵玉明、韩松：《中国新闻业史》，广西人民出版社 1984 年版，第 66 页。
② 方汉奇：《中国新闻事业通史》（第 1 卷），中国人民大学出版社 1992 年版，第 328 页。
③ 程丽红：《清代报人研究》，社会科学文献出版社 2008 年版，第 202 页。
④ 唐惠虎、朱英：《武汉近代新闻史》（上卷），武汉出版社 2012 年版，第 111 页。

海《申报》馆在武昌、汉口聘请特约访员（记者），负责报道当地新闻消息"①。其刊载汉口的消息也是逐渐发展起来的。"最初，《申报》偶尔刊载来自汉口的消息；到19世纪70年代末，这已经成为每一期必有的内容；1881年《申报》采用电报发送消息之后，汉口的消息变得更为及时。"② 由此可见，汉口的市场由《申报》不断开辟出来，进而加以占领，这就挤占了当地商业报刊的发展空间。就汉口来说，读者市场本来就不大，经《申报》开发占领后，《昭文新报》等新创报刊必然也就"阅报者寡"，前景堪忧。

不仅仅是汉口，就当时整个中国报业市场来说，确实是《申报》一家独大。所以，可以说，《申报》等外人所办报刊形成的竞争压力，是使国人自办报刊面临困境的一个重要原因。

《申报》是由英国商人美查按企业化经营的模式创办和发展起来的。美查本为茶叶商人，起初与其兄在中国贩茶，"某岁折阅，思改业。其买办赣人陈莘庚鉴于《上海新报》之畅销，乃以办报之说进，并介其同乡吴子让为主笔。美查赞同其议，乃延钱昕伯赴香港，调查报业情形，以资仿效。时日报初兴，竞争者少，其兄所营茶业亦大转机，故美查得以历年所获之利，先后添设点石斋石印书局，图书集成铅印书局，申昌书局，燧昌火柴厂，与江苏药水厂等"。"美查虽为英人，而一以营业为前提。谓'此报乃与华人阅看'，故于言论不加束缚。有时且有自撰社论，无所偏倚，是其特色也。光绪二年，以《申报》文字高深，非妇孺工人所能尽读，乃附刊《民报》，间日出一张，每月取费六十五文。"③

《申报》的这种企业化经营、针对中国报业市场的发展策略获得极大成功。同时，《申报》的成功还得力于其他产业对报纸的经济支撑，使其拥有相当强的经济实力，不仅没有后顾之忧，还能确保它在竞争中处于优势。所以，《申报》的成功经营与其拥有的经济实力，对当时的中文报业

---

① 刘望龄：《黑血·金鼓——辛亥前后湖北报刊史事长编（1866—1911）》，湖北教育出版社1991年版，第1、3页。

② ［美］罗威廉：《汉口：一个中国城市的冲突和社区（1796—1895）》，中国人民大学出版社2008年版，第31页。

③ 戈公振：《中国报学史》，上海古籍出版社2003年版，第88—89页。

形成强大的竞争压力。就在《申报》创刊的 1872 年底,字林洋行 1861 年创办的《上海新报》,这样一份拥有 11 年历史的报刊,仅约半年时间就被迫停刊、退出报业市场了。

有着十余年办报历史且有字林洋行作为后盾的《上海新报》,在《申报》的强势竞争压力下,仅仅半年就败北而去了,更遑论资本本来就薄弱的国人自办报刊了。比如《汇报》,"以《申报》为外人所开设,遇有当时以为不利于中国之事,即与之笔战。但营业不佳,乃清理账目,加入新股,于光绪元年六月十四日,易名《益报》,延朱莲生为主笔。至是年十一月初七日,朱氏辞职,斯报遂废。此三报以为时势所限,致难销行"[①]。刊行一年半,两次调整,两次改名出版,最后还是停刊了。

---

① 戈公振:《中国报学史》,上海古籍出版社 2003 年版,第 153—154 页。

第三章　国人办报高潮中的"洋旗报"

鸦片战争后，开埠通商，各通商口岸外侨和华人商业关系日益密切，因当时商业与社会交往的需要，使得华文报纸诞生并不断发展。最先在香港，之后在上海，兴起了商业中文日报潮。19世纪70年代初，国人自办报刊兴起时即产生了"洋旗报"，"特当时只视为商业之一种，姑试为之，固无明显之主张也。其形式既不脱外报窠臼，其发行亦多假名外人"[1]。在此近代报刊滥觞之时，为时代所限，"主报者与阅报者，俱茫然不解报纸之真价"[2]，所以，这些报刊"都是不久就消灭，并且没有独立的精神留下来"[3]。

甲午一役，中国惨败，意味着19世纪60年代开始兴起的"洋务运动"彻底破产，"中国面临数千年未有之变局"，如何救国图存，成为国人必须面对与认真思考的问题。从当时情况来看，救国图存主要有两途，一是自上而下的变革，通过维新变法、社会改良，实现强国自存；二是通过自下而上的革命，推翻腐朽落后的封建政权，形成新的有生命力的政权组织。这一时期始于1895年的公车上书，止于1912年的中华民国临时政府的成立。在这近二十年里，维新改良与革命先后是当时的时代风尚，报刊则是时代发展的风向标。在维新改良与革命浪潮的推进中，出现了两次

---

[1] 戈公振：《中国报学史》，上海古籍出版社2003年版，第29—30页。
[2] 胡汉民：《近年中国革命报之发达》，《辛亥革命实绩史料汇编（舆论卷）》，陈夏红选编，杨天石审订，中国大百科全书出版社2011年版，第308页。
[3] 胡道静：《上海新闻事业之史的发展》，中国传媒大学出版社2018年版，第2页。

国人办报高潮。当时,"清廷之对于报馆,始则以屈于外侮,为维新而提倡;继则以诽议杂兴,为革命而禁止"①。在清廷的报禁之下,为争话语权,无论是维新派报人还是革命派报人,抑或是一般社会报人,有了国人自办报刊创始时期的经验,注意起而借助外力,挂"洋旗"办报,从而在办报高潮中冲浪,在办报低潮时以相承续。

第一节　第一次国人办报高潮中的"洋旗报"

在甲午战争之后,到戊戌政变报禁重申之前,在"维新变法"思想传播与社会动员中出现了第一次国人办报高潮。在当时报禁未开,或是变法期间暂时开放但局势未定的情况下,借助外力寻求保护创办"洋旗报",仍是一种重要选择。

一　国人办报在维新变法中形成高潮

如前文所述,19世纪70年代初至90年代初创刊的第一批国人自办报刊,"特只视为商业的一种","固无明显之主张",在停刊之后也就没有"独立的精神留下来"。从商业来说,当时民族工商业薄弱,对报业没能提供坚实的经济基础,加之风气未开,为文化教育所限,阅报者少,按商业经营的第一批国人报刊缺乏社会经济的支持,所以发展波折动荡,生命力脆弱。从政治思想方面看,虽然在洋务运动兴起期间,"变法、自强"的主张也开始得到提倡与传播,但是在"天朝上国"的臆想未被完全打破、民族危亡意识未切实形成之前,这种主张也只是少数开明士绅的个人主张,没能形成一定的社会共识,所以没有在单薄的国人报刊上广泛传播,即便传播也没有较普遍的接受者。

与第一批国人自办报刊不同,到19世纪90年代中后期,经过20余年的洋务运动,中国的民族工商业得到一定程度的发展,而更重要的是,甲午战败对国人的打击非常沉重,民族危亡意识陡增,"夫甲午一役,实

---

① 戈公振:《中国报学史》,上海古籍出版社2003年版,第198页。

吾国盛衰一大关键也。前乎此，吾虽屡与哲种龃龉，然未尝大创，人犹不敢公然侮之，自是役之败，割地一行省，赔款二百兆，而吾国之声威顿减，虎视眈眈之群雄，遂张牙舞爪，纷至沓来，而吾国几于不国"①。值此"数千年未有之大变局"，"变"是时人的认知，也是在时代危局下的一种选择，但如何"变"却颇有分歧，无论是在上的统治者，还是在下的民众之间。不过，在当时环境下历史选择了维新变法，从上到下，有一支"变法维新"的强劲力量在形成，"维新变法"的思想在热切传播，而在这种传播的需要下，催生了一次办报热潮。此期办报，已不特是一种商业行为，而是一种政治与社会需要下的行为，与此前办报的经济薄弱、政治隔膜不同，此期办报，既得到了一定的政治支持，又得到了维新团体与社会组织及开明士绅的经济支持，而且有着更为广泛的社会需要。

1895年春，乙未科进士会试结束等候发榜期间，《马关条约》割地赔款消息不期而至，在京应试的举子们群情激愤，台籍举人更是痛哭流涕。4月22日康有为撰成1.8万字的"上今上皇帝书"，得到18省举人的响应、1200多人连署。5月2日，由18省举人与数千市民集聚都察院前呈请代奏，此为资产阶级维新派登上政治历史舞台的"公车上书"。此后，他们"创办报刊、组织团体、开办学堂"三位一体，积极推动维新运动的开展，促使变法的实现。②

在维新运动兴起的过程中，为积极推动维新运动的发展，以康有为、梁启超等为代表的资产阶级维新派人士，率先以报刊为武器，先后创办《万国公报》（1895年8月17日）、《中外纪闻》（1895年12月16日）、《强学报》（1896年1月12日）、《时务报》（1896年8月9日）、《知新报》（1897年2月22日）、《湘学新报》（1897年4月22日，后改《湘学报》）、《国闻报》（1897年10月26日）、《湘报》（1898年3月7日）等以宣传维新变法为主旨的政论报刊。与此同时，通过上书建言③争取办报

---

① 宋教仁：《东亚最近二十年时局论》，原载《民立报》1911年2月8日至3月27日；参见陈旭麓主编《宋教仁集（上）》，中华书局1981年版，第137页。
② 参见方汉奇《中国新闻事业通史》（第1卷），中国人民大学出版社1992年版，第364页。
③ 如在"公车上书"中提出"纵民开设报馆"的建议，在"上清帝第四书"中，再次提出"设报达聪"，"宜令直省要郡各开报馆，州县乡镇亦令续开"等建议。

自由，甚至"提出建立以言论出版自由为本的近代新闻法律制度的要求"，冲破"言禁""报禁"的藩篱。① 1896年2月5日，在《奏复书局有益人才请饬筹议以裨时局折》中，总理各国事务衙门建议"建立官书局"负责有关书籍和"各国新报"的选译印售。3月4日清廷派工部尚书孙家鼐为管理官书局大臣，规定官书局除印行新书外，还出版《官书局报》和《官书局汇报》，从而在"事实上承认了办报的合法地位"。1898年6月"百日维新"开始后，光绪帝发布上谕，"正式承认近代报刊具有合法地位，官绅士民得到了办报自由权利"②。

在维新派报刊活动的带动及其为打破"报禁""言禁"争取办报自由努力的影响下，维新运动期间，出现了第一次国人办报高潮。③ 在当时新出版的120种报刊中，国人自办报刊占80%左右，且以资产阶级维新派及与之有联系的社会力量所办报刊数量最多、影响最大，这些报刊以上海、长沙、天津等为办报中心，遍及北京、天津、上海与太原等12个城市，④以及香港、澳门等地。国人自办报刊的大量出现、遍地开花，在推动维新运动发展的同时打破了外报的在华垄断，成为中国社会舆论的主要力量。

与第一批国人自办报刊相比，这次办报高潮中的国人自办报刊，不但数量多、办报地区广，而且报刊种类也多。在打破外报的垄断地位后，国人报刊的影响也更大。鉴于当时的办报环境，国人自办报刊也采取了灵活的策略，注意加强自我保护。如《国闻报》刚创刊时，就请不知名人士李志成出面，3个多月后又挂起了"洋旗"，请日本人出面，而实际主持人严复等则居身幕后。而《中外日报》则是在慈禧禁报、捉拿主笔的当口挂"洋旗"办报，从而幸存下来，在报道政变的相关消息上发挥了积极的作用。

---

① 参见黄瑚《中国新闻事业发展史》，复旦大学出版社2009年版，第83页。
② 1898年7月26日，光绪就孙家鼐奏遵议上海《时务报》改官报一折发布上谕："报馆之设，所以宣国是而达民情，必应官为倡办。"8月9日发布上谕，命官报局所需经费，照官书局之例，按月筹拨银一千两，另拨开办费银六千两；8月16日发布上谕，鼓励创办农报；8月26日发布上谕，实行对书籍报纸免税的优惠政策。8月9日，光绪还就康有为所上附片《请定中国报律折》发布上谕："泰西律例，专有报律一门，应由康有为详细译出，参以中国情形，定为报律，送交孙家鼐呈览。"梁启超：《戊戌政变记》，中华书局1954年版，第123—125页。
③ 据统计，从1895年到1898年，四年间全国新出中文报刊约120种。
④ 余为杭州、苏州、无锡、汉口、长沙、重庆、福州、桂林。

二 《国闻报》在维新变法中挂"洋旗"办报

在这一时期的"洋旗报"中,《国闻报》堪称代表,既是维新派创办的第一份日报,又是维新派在中国北方唯一的舆论机关,而且明确地提出了"以通外情为要务"等办报主张,由于采取了挂"洋旗"办报的策略,在变法失败后还能继续刊行,在维新变法中发挥了独特而又重要的作用。

(一) 四位创办人及其在办报中的贡献

严复(1854—1921)[①],幼年接受过严格的中国传统文化教育,1866年考入福州船政学堂,毕业后在军舰上服务。1877年赴英国格林尼治海军学院留学,1879年学成回国后,先后任福州船政学堂教习、天津水师学堂总教习与总办。对中日甲午战争中国的失败,严复深为触动,连续在《直报》发表文章,[②]抨击帝国主义侵略行径,揭批封建专制政体,提出"鼓民力""开民智""新民德"等主张。1897年,与王修植、夏曾佑、杭辛斋等人集资创办《国闻报》《国闻汇编》(旬刊),《国闻报缘起》《国闻报馆启》等文字,都是严复的手笔,并为《国闻报》撰写了大量鼓吹变法的社论。[③]"严复在维新运动中的实际活动虽然并不重要,可是他在传播维新思想上,却是一个非常重要的人物,他是那时期一个非常出色的维新思想家。"[④]

严复是维新派中家资较丰者,在《国闻报》创办中,他是两位主要出资人之一,与王修植一样,是《国闻报》真正的馆主。报馆资本由严、王二人出具,严所占股份比王还多。后来,《国闻报》真正转让给日人时,共卖得一万一千金,且在合同签署前即已支付。[⑤]夏曾佑屡次致函汪康年都谈到《国闻报》的出售情形,其中1899年正月十八日即函称:"国闻报馆已

---

① 字又陵、几道,福建侯官(今闽侯县)人,我国近代启蒙思想家、报刊活动家和翻译家。
② 有《论世变之亟》《原强》《辟韩》《救亡决论》等。
③ 参见黄瑚《中国新闻事业发展史》,复旦大学出版社2009年版,第80页。
④ 王栻:《严复传》,上海人民出版社1957年版,第22页。
⑤ 参见日本外务省外交史料馆藏《国闻报卖约》,光绪二十五年三月二十日,转引自孔祥吉、村田雄二郎《从中日两国档案看〈国闻报〉之内幕(上)——兼论严复、夏曾佑、王修植在天津的新闻实践》,《学术研究》2008年第7期。

认真卖与日人，已交五千元，而余数尚未决定，馆事则一切交与日人矣。"二月十六日又具函称："严又陵处之菊书已达。又陵博大胜，已到手者已万金，水师学堂总办大可不做矣。"① 所言"又陵博大胜，已到手已万金"，即指在报纸转卖于日人后严复所得总数，夏说或许过多，但大致可信。同时，严复还是"该报的灵魂"②。一是在《国闻报缘起》中，严复提出《国闻报》的办报宗旨是为"求通"，并说"夫通之道有二，一曰通上下之情，一曰通中外之故"，"尤以通外情为急"。③ 二是主笔撰文，宣传维新变法、开发民智。在《国闻报》创刊不到一年的时间（1897年10月—1898年9月）里刊发的42篇社论中，严复至少撰写23篇，占了一半多。④

王修植（约1853—1903），字菀生，号俨庵，浙江定海人。光绪十六年进士，授翰林院庶吉士、编修，不久调任直隶候补道。由于时任直隶总督兼北洋通商大臣李鸿章与王修植恩师俞樾皆为曾国藩门生，得到李的格外照顾。⑤ 创办《国闻报》时，王任候补道台、天津北洋学堂总办、北洋水师学堂会办，还主持由津海关道筹款开设的天津西学官书局工作。《国闻报》创办，王修植不仅是两位主要出资人之一，而且除了为报纸撰写文章之外，还负责报纸发行工作，是报馆业务上的实际负责人。在1898年3月《国闻报》挂"洋旗"假盘给日本人时，与日方协调并签署协议的"主修人"（经手人）是王修植，后来报纸转让给日本人时也是王经手。⑥

---

① 上海图书馆：《汪康年师友书札》第二册，上海古籍出版社1989年版，第1338、1340页。
② 姚福申：《天津〈国闻报〉若干史实辨析》，《新闻研究资料》1990年第3期。
③ 《国闻报缘起》，载《国闻汇编》，西江欧化社藏版，光绪癸卯（1903）六月初印，第3页。
④ 王栻：《严复传》，上海人民出版社1975年版，第35页；方汉奇：《中国近代报刊史》，山西教育出版社1981年版，第102页。
⑤ 参见张梦新等《杭州新闻史》，中国社会科学出版社2011年版，第60页。
⑥ 据日本外务省档案《新闻杂志操纵关系杂纂》载："国闻报，原系候补道北洋大学校长王修植所办。戊戌政变后，处境日益艰难，乃由日本人西村博领有，实际仍由王修植主其事。清政府要求日本方面查禁，该报经济日益困难。光绪二十五年三月三十，王修植遂正式立约将国闻报所有机器、铅字、生财什物出卖给日本驻津领事郑永昌，共计11000元。"参见方汉奇《中国新闻事业通史》（第1卷），中国人民大学出版社1992年版，第411页；参见孔祥吉、村田雄二郎《从中日两国档案看〈国闻报〉之内幕（上）——兼论严复、夏曾佑、王修植在天津的新闻实践》，《学术研究》2008年第7期。

夏曾佑（1863—1924），字穗卿，号碎佛，浙江杭州人，系汪康年表弟。光绪十六年（1890）进士，授礼部主事，1897年1月任天津育才学堂教读。创办《国闻报》前，曾在《时务报》发表许多文章。与王修植是旧交，因王的关系结识严复。夏在《国闻报》除了撰写文章，还与王修植一道处理许多报馆的重要事务，如"为了躲避清廷和沙俄势力的迫害而与日本驻天津总领事接洽，改以日商名义出版等，多是王、夏二人运作"①。筹办和处理《国闻报》的工作，都是在王修植家中进行的，夏有时也住在报馆里。

杭辛斋（1869—1924），名凤元、慎修，别字一苇，浙江定海人。清光绪十五年（1889）县试第一，补博士弟子员。次年入北京国子监，后入同文馆，弃科举，习新学。甲午战争后，上书光绪条陈变法自强，授内阁中书。与夏曾佑同到天津，参与《国闻报》编撰工作。还曾主编北京《中华报》，该报由其妹夫彭翼仲（《京话日报》主编）创办，着力于政治新闻和西方文化介绍，以官绅为主要对象，意在"开通官智"。

当时四人的分工，据严复忆述，"余与夏君穗卿主旬刊，而王菀生太史与君（杭辛斋）任日报"②，即严、夏主持旬刊，王、杭负责日报。因销量问题，旬刊仅出六期即停刊，此后四人集中全力办日报，③而由严复总其成。④

（二）《国闻报》办报策略及其挂"洋旗"情况

由于是在清政府的统治中心京津地区办报，办报宗旨又在求通，宣传变法思想、传播西学、开通民智，而且创办人都有一定的政治地位、担任一定官职，在当时环境下，《国闻报》很注意办报策略。

一是将报馆办在租界，⑤以便必要时寻得租界当局庇护。为了避免让人生疑，严、王、夏、杭等都尽量不去报馆，而是到王修植寓所商议办报

---

① 张梦新等：《杭州新闻史》，中国社会科学出版社2011年版，第60页。
② 杭辛斋：《学易笔谈·序二》，岳麓书社2010年版，第125页。
③ 参见方汉奇《中国新闻事业通史》（第1卷），中国人民大学出版社1992年版，第411页。
④ 参见方汉奇《中国近代报刊史》，山西教育出版社1981年版，第102页。
⑤ 设在天津紫竹林海大道租界地面。

事宜，严复更是"足迹未履馆门"。①

二是四位创办者都不直接出面，而是请不知名的福建人李志成充任馆主。1898年3月间，《国闻报》为李盛铎所参，光绪帝谕令直隶总督王文韶查明该报馆现办情形及严复有无与日人"勾串之事"。4月19日，王奏复称，"查该领事（日领郑永昌）所称，前开国闻报馆者，系闽人李志成；今年三月接开者，系日人西村博，自行经理，皆确有主名。不言另有人合股。道员严复……偶以论说登报则有之……实未闻有勾串情事"②。严复、夏曾佑等人虽暗为主笔，在《国闻报》撰发文章，但其评论从不署名，对外也一概不承认是主笔。在变法期间，光绪帝曾召见严复询问，说1898年夏间，有人参其在《国闻报》馆主笔，问："其中议论可都是汝的笔墨乎？汝近来尚在《国闻报》馆主笔否？"严答称："臣非该馆主笔，不过时有议论交于该馆登报耳。"③

三是报道、言论谨慎小心。在创刊时，由严复执笔拟定的《国闻报馆章程》中，就颇为明确地申明："诽谤官长、攻讦隐私，不但干国家之律令，亦实非报章之公理，凡有涉于此者，本馆概不登载。即有冤抑等情，借报章申诉，至本馆登上告白者，亦须本人具名，并有妥实保家，本馆方许代登。如隐匿姓名之件，一概不登。"④

四是挂"洋旗"办报。《国闻报》创刊，有两个对手，一为帝俄，二为朝廷内的守旧派。其挂"洋旗"办报，即是在这两股势力夹迫下采取的策略。

最初，王修植等筹设《国闻报》时，沙俄间谍获知后，即表示欲出钱兴办以图操纵社会舆论，被严复、王修植等严词拒绝，引致时欲扩大在华侵略势力之帝俄的大不满。而后，在《国闻报》创刊不久，即发生胶州湾事件，德国借口一名德籍传教士在曹州巨野被杀，派舰

---

① 杭辛斋：《学易笔谈·序二》，岳麓书社2010年版，第125页。
② 故宫博物院明清档案馆编：《戊戌变法档案史料》，中华书局1958年版，第447页。
③ 《国闻报》第320号，光绪二十四年八月初四。
④ 《国闻报馆章程》，张之华：《中国新闻事业史文选》，中国人民大学出版社1999年版，第100页。

队强行占领胶州湾。此事尚未完结，帝俄接着制造了旅大事件①。《国闻报》对这些事件都进行了连续、即时的报道，在揭露德、俄帝国主义侵略方面，"提供了其他报纸无法相比的详细和准确的消息，反映了中国人民的正义舆论"，"赢得了声誉"，从而被俄国政府与朝廷顽固守旧势力视为眼中之钉。② 一八九八年正月十七、十八两日，《国闻报》连载了《总理衙门奏教案办结胶澳议租折》，披露总理衙门与德国使臣交涉经过，将清廷在列强面前步步退让、无可奈何的情状公之于世，总理衙门因之大动肝火，欲以泄露国家最高机密之罪整治《国闻报》。《国闻报》此举同时也引起沙俄不满，认为泄露了俄、德两国谈判秘密，大增中国人对俄人的恶感。③ 本来，《国闻报》创刊之后，俄方在华间谍即已多方活动，要求总理衙门采取扼杀措施，此事一出，俄国公使更是强行要求总理衙门下令迫其停刊。在面临内外势力绞杀的情况下，为保全舆论阵地，《国闻报》采取了挂"洋旗"办报的策略。

在《国闻报》报道胶案议结奏稿引起总理衙门震怒、欲借此整治时，维新派人士总理衙门章京张元济，正月二十四日给《时务报》去函暗通消息说："胶案议结奏稿，《国闻》登载，总署震怒严查。昨已有人电告尊处，一切请留意。"④ 俄国人则是再三请求直隶总督王文韶发布禁止《国闻报》刊行的指令，⑤ 但王文韶并没有按他们的要求办，于是沙俄在华代表人物便在北京四处活动设法，直欲灭之而后快。

在《国闻报》这一生死存亡之际，王修植通过直隶督抚衙门翻译官

---

① 即沙俄侵略军强占旅顺、大连后，派兵强行征粮，遭遇反抗后武力镇压、屠杀民众。
② 参见方汉奇《中国新闻事业通史》（第1卷），中国人民大学出版社1992年版，第413页。
③ 参见孔祥吉、村田雄二郎《从中日两国档案看〈国闻报〉之内幕（上）——兼论严复、夏曾佑、王修植在天津的新闻实践》，《学术研究》2008年第7期。
④ 参见孔祥吉、村田雄二郎《从中日两国档案看〈国闻报〉之内幕（上）——兼论严复、夏曾佑、王修植在天津的新闻实践》，《学术研究》2008年第7期。
⑤ 日本外务省外交史料馆藏：《郑永昌致外务省次官小村寿太郎报告》，明治三十一年三月三十一日，《新闻杂志操纵关系杂纂——国闻报》，第8页，转引自孔祥吉、村田雄二郎《从中日两国档案看〈国闻报〉之内幕（上）——兼论严复、夏曾佑、王修植在天津的新闻实践》，《学术研究》2008年第7期。

陶大均，向日本驻津领事求助。① 据驻津日领馆一等领事郑永昌在其给日本外务大臣小村寿太郎的专题报告（1898年3月31日）中称：

> 1898年3月21日，受《国闻报》所有者王修植委托，直隶总督府日语翻译官陶大均私下求见（郑），"谈及俄国公使强行要求总理衙门下达《国闻报》停刊令"，称"若能改为日本人名义，则可免除此危难"，因为"清政府不愿因此而惹起日本国人恶感"。陶"希望我知悉此中内情，而且该报对于日清两国皆为意义之正规报纸"。因为当时，"以北京公使馆泷川海军中佐随从名义来津之日本人西村博"，稍通汉文，且"在参谋本部时曾经从事过新闻事业"，"若我方认为事属可行，则可以将《国闻报》变更为该人名义"。（陶郑谈妥）之后，王修植又亲来领事馆，"承诺将报纸变更为日本人之名义，并陈述对我方之好意表示感谢"，同时介绍报纸之发起及沿革情况。在（与王）谈妥之后，"本官即将西村博招至馆中，向王修植做了介绍"，彼此约定，"表面上暂将《国闻报》转让，以西村博名义继续发行"，于是对外宣称报纸3月26日"为西村博所有，并像以前一样，继续发行"。王、西之约"仅为表面之举"，其"并在本官面前口头谈妥条件"：西村以《国闻报》主事资格办理社务，《国闻报》所刊新闻、论文须经西村检阅；西村住在报馆内，"饮食零用等费用由《国闻报》社支办"，除此之外，西村不得要求任何报酬。②

在与日本人谈妥之后，《国闻报》在当年三月初五、初六两日，以报

---

① 当时联系人，还有日本驻华公使矢野雄文。据夏曾佑一八九八年三月初四致汪康年书，函称："敝馆因政府阻力太甚，俄人亦迭有违言。虽屡行设法消弭，终非持久之道。兹不得已，与东邻矢野君相商，借作外援，始得保全自主。俄人之发阻力不足为奇，可奇者政府也，然此正所以成为今日之政府也。"参见《汪康年师友书札（二）》，上海古籍出版社1986年版，第1330页。

② 日本外务省外交史料馆藏：《郑永昌致外务省次官小村寿太郎报告》，明治三十一年三月三十一日，《新闻杂志操纵关系杂纂——国闻报》，第1—5页，转引自孔祥吉、村田雄二郎《从中日两国档案看〈国闻报〉之内幕（上）——兼论严复、夏曾佑、王修植在天津的新闻实践》，《学术研究》2008年第7期。

馆名义连登告白，称因"成本未充（足），不能持久"，"出盘于日本西村博"，从该月初六日起，馆中事务归西村博处理。① 三月初七，《国闻报》开始在报上加印日本明治年号，并接连三天以馆主西村博名义刊登告白，声明《国闻报》已盘于西村，自是月初六日起，所有事务归其管理，此前账目等仍由前馆主负责。②

这样一来，《国闻报》在清政府与帝俄联合压力下，求助日本挂起"洋旗"，"借作外援，始得保全自主"继续刊行。不过，《国闻报》的"洋旗"西村博，一者，其由日本领事馆出面所请，带有官方背景；二者，西村是甲午中日战争中以从军记者身份随侵略军来华的，"曾在参谋本部从事过新闻事业"。由此背景可知，西村为日本在华利益服务的立场。事实上，西村之所以担任《国闻报》的名义馆主，也是因为该报的存在符合日本人的利益，一方面，因甲午战后，中国所创发报刊（包括《国闻报》）常以日本维新为例，刊载革新之说；另一方面，因为当时的日俄矛盾，《国闻报》揭露俄、德侵略阴谋，"对俄人之感情伤害不少"，此为日本所欢迎。

《国闻报》的"洋旗"西村博，我们可依相关资料作个基本勾勒：西村博（1866—1929），京都伏见区人。早年入大阪《朝日新闻》社，甲午战争中以从军记者身份赴台湾。战后，以北京公使馆泷川海军中佐随从名义赴天津，在《国闻报》挂"洋旗"办报时担任名义上的发行人，后来报纸正式转入日人经营后，活跃于华北舆论界。"义和团事变时该社惨遭战火"，"以至被迫停刊"。1902年在天津创办《北清新报》，"以如椽大笔挥毫编辑"，"并全力致力于报纸经营"。别号"麻三斤"，"一身超凡

---

① 告白全文：本馆自上年十月开办以来，虽蒙阅报诸君远近购取，现在每日售报已至二千张左右，只以当初忽忽开办，成本未充（足），不能持久，因将馆中所有大小机器、铅字纸墨材料，底账时值，估计出盘与日本西村博君。自本年三月初六日为始，以后馆中一切事情，均归属西村博君经理。参见孔祥吉、村田雄二郎《从中日两国档案看〈国闻报〉之内幕（上）——兼论严复、夏曾佑、王修植在天津的新闻实践》，《学术研究》2008年第7期。

② 告白全文：现因本馆前主，自上年十月开办至今，已历半载，只以成本未充足，是以出盘于余。今自历三月初六日为始，所有内外一切事务均归敝处管理，以前内外账目一切事务，悉由旧馆主自理。参见孔祥吉、村田雄二郎《从中日两国档案看〈国闻报〉之内幕（上）——兼论严复、夏曾佑、王修植在天津的新闻实践》，《学术研究》2008年第7期。

淡泊的豪侠风范"，戊戌政变中康梁惨遭镇压之际，西村曾与仁人志士一道竭死营救维新党人。另外，西村还是知名的俳句诗人，以"白水"为号。昭和四年（1929）四月十一日，西村博死于天津，时年六十三岁。[①]

在《国闻报》挂"洋旗"办报时期，作为其名义上的馆主，因"人极雅澹"且不通中国语言与文字，西村实际上很少过问报馆的事务。[②]

不过，如前所述，请日本人出面挂"洋旗"办报，是维新派在内外夹击下被迫采取的自救之举，日本人出面保护《国闻报》，则是基于其自身利益的。更何况，还是通过日本官方协调派人承当"洋旗"角色的呢。所以，挂日商招牌之后，也使报馆事务在一定程度上受日人的影响。如为了维持西村博日常所需，以使其不与报社关系断绝，日本外务部每月还补助报社 50 元，当年七月后为 100 元。而日本领事郑永昌对西村在《国闻报》事务上的"悠然物外"是有不同看法的，只是因为中国的变法、改革符合日本人的期望，所以日本方面对《国闻报》"在百日维新期间鼓吹改革、赞扬变法的新闻报道并无干涉"[③]。不过，在维新变法后期，《国闻报》所发议论，在一定程度上就受到日方的影响。实际上，《国闻报》自挂上"洋旗""以明治纪年始，即以不刊登有碍日本利益的文章为先决条件"，从而"捆绑了自己的手脚"，使其"只注意宣传日本明治维新的经验，而未能揭露日本对中国的侵略野心"[④]。

（三）《国闻报》刊行情况及其维新报道与言论

《国闻报》1897 年 10 月 26 日创刊，当年 12 月 8 日出版旬刊《国闻

---

① 参见［日本］黑龙会编《东亚先觉志士记传（下）》，原书房，昭和 41 年，列传，第 94 页，转引自孔祥吉、村田雄二郎《从中日两国档案看〈国闻报〉之内幕（上）——兼论严复、夏曾佑、王修植在天津的新闻实践》，《学术研究》2008 年第 7 期。

② 夏曾佑在给表兄汪康年的信中就谈到，"西村博名为馆主，而其人性极雅澹，且与支那言语文字均不甚通，虽在馆中而悠然物外，若与馆事无涉也者。日领事郑永昌稍精明，而无暇力及此"。参见上海图书馆编《汪康年师友书札（二）》，上海古籍出版社 1986 年版，第 1338 页。

③ 孔祥吉、村田雄二郎：《从中日两国档案看〈国闻报〉之内幕（上）——兼论严复、夏曾佑、王修植在天津的新闻实践》，《学术研究》2008 年第 7 期。

④ 孔祥吉、村田雄二郎：《从中日两国档案看〈国闻报〉之内幕（下）——兼论严复、夏曾佑、王修植在天津的新闻实践》，《学术研究》2008 年第 9 期。

汇编》。创刊不久，即被西方人士评为最佳的中国报纸。① 就当时情况看，《国闻报》有几大优势，一是特别重视新闻，消息及时、可靠。不仅直接采用路透社电讯，还聘请《泰晤士报》记者提供消息。如时任总理衙门章京的汪大燮给汪康年信中提到，"《国闻报》请人法最妙，所请即《泰晤士报》馆所请之人，消息确而速，又极多极详"②。二是办报人有政治地位和社会声望，还和不少参与变法的维新派人士梁启超、张元济等相过从、结交许多外国朋友，能通过种种渠道获取较详细的内部消息。三是离北京近，且北京没有维新派报刊可供发布消息，所以北京的重大变法新闻，总由《国闻报》率先登载。四是主笔之人学贯中西，学术水平和政治识见都为一时之选，从而保证了报刊的质量。③

《国闻报》在初创的五个月里，完全掌握在以严复为首的维新派手中。即便在1898年3月挂"洋旗"办报以后，虽以西村博为名义上的馆主，报纸仍然掌握在严复、王修植等人的手中，直到一年之后才为形势所迫，将报纸真正转给了日本人。在这将近一年半的时间里，《国闻报》一面报道胶州湾事件、旅大事件等，揭露德、俄等帝国主义的侵略行径，反映中国人民的正义舆论；一面作为维新派在变法中的重要舆论阵地，在鼓吹变法与改革、动员民众、传播西学等方面发挥了重要的作用。④

由于离京师近，《国闻报》主笔又与梁启超、谭嗣同、张元济等维新志士关系密切，京师发生的重大事件及朝廷动向信息，能源源不断地传抵天津，所以《国闻报》能全面及时地向全国报道变法进展、传播改革成就甚至所遭遇的挫折，成为维新派的喉舌。在中国史学会主编的《中国近代史资料丛刊·戊戌变法Ⅲ》（神州国光社1957年出版）的"报纸新

---

① "当戊戌年间，西人评骘中国报界以之（《国闻报》）为第一，而《时务报》不与焉，亦可以见其价值矣！"参见西江欧化社《编辑国闻报汇编叙言》，载《国闻报汇编》·光绪二十九年六月二十八日。

② 上海图书馆：《汪康年师友书札》第一册，上海古籍出版社1986年版，第784页。

③ 姚福申：《天津〈国闻报〉若干史实辨析》，《新闻研究资料》1990年第3期。

④ 当时《时务报》为张之洞、梁鼎芬等人所影响，与维新派不能步调一致，至其改《昌言报》之后，更引发了康有为与汪康年之间关于报纸领导权的争夺斗争，严重影响其变法宣传作用的发挥。

闻"中，辑录了 193 则报道文章，① 其中辑录自《国闻报》109 则，占 56%，超过《中外日报》（35 则）等七家报纸②所辑录文章的总和，由此可见，《国闻报》在戊戌变法中的重要作用与影响。

《国闻报》在戊戌政变前，一方面，大力宣传中国面临的危局，变法刻不容缓。1898 年春，德国侵略军亵渎山东即墨县的文庙，康梁等鼓动在京会试的各省举子向朝廷上书，要求责问德帝、捍卫孔教。围绕这一事件，《国闻报》先发《拟上请办德人拆毁孔庙呈稿》及梁启超号召举人签名《公启》③，后在《国闻录要》中连载《江苏举人为圣庙事呈稿》④ 与《江苏淮安府举人公递都察院呈稿》⑤ 等文，报道举人们上书的情况，在知识分子中引起了轰动效应。同时配合维新派在京师的活动，为变法救亡宣传造势。如对康有为召开保国会的报道：一八九八年闰三月十七日将《保国会章程》刊于报端，二十三、二十四连续两日以《京城保国会题名记》为题，刊布岑春煊、陈虬、阔普通武、徐仁镜、王贻谷、杨深秀与刘鹗、宋伯鲁等参加保国会京官的姓名，五日后刊登《书保国会题名记后》⑥，四月初三刊《论保国会》《闻保国会事书后》等文，四月初十始连载康有为《保国会三月二十七日第一集上的演讲稿》《闰三月初一日保国会开会第二集演说大意》及陈虬等呈请总署代奏的《变法自强力保大局　请求立会折稿》。不但发布名单报道爱国京官参与保国会的情况，而且还在《京师新闻》的《会事续闻》中，报道光绪支持保国会而不理会御史们弹劾保国会奏章的消息。⑦ 这样积极主动、持续密集的报道，远非当时的《时务报》可比，既大长康梁等维新派人士的志气，又推动了维新运动的向前发展。

---

① 从光绪廿二年正月《万国公报》第 85 卷刊登的《南北练军》开始，选编至光绪廿六年二月初一日《知新报》所刊的《废立要闻彙志》。

② 另 6 家：《申报》24 则、《知新报》19 则、《昌言报》4 则、《万国公报》2 则，《字林西报》《译文汇报》各 1 则。

③ 载《国闻报》第 184 期，光绪二十四年闰三月十六日。

④ 载《国闻报》第 187 期，光绪二十四年闰三月十九日。

⑤ 载《国闻报》第 190 期，光绪二十四年闰三月二十二日。

⑥ 载《国闻报》第 197 期，光绪二十四年闰三月二十九日。

⑦ 载《国闻报》第 213 期，光绪二十四年四月十六日。

另一方面，及时报道维新派重大变法举措及其在北京的重要活动，为改革张目。一是报道在维新派人的恳请下皇帝废除八股取士的情况。在维新派的再三请求下，光绪帝冲破守旧大臣阻挠，下令科举考试停用八股文、改试策论。五月初七《国闻报》的《上谕恭录》栏中，刊发光绪谕令，"著自下科为始，乡、会试及生、童岁科各试，向用四书文者，一律改试策论"。初九日在《国闻录要》中报道了光绪废除八股取士的曲折过程。《国闻报》对推行数百年取士旧法废除的报道，在全国读书人中引起强烈震撼，新党人士则是拍手称快。二是宣扬维新派人的政治目标及其在京师的变法活动。百日维新开始，《国闻报》即在《京师新闻》中以《简在帝心》为题，报道光绪帝对康有为等维新志士的赏识，并称光绪帝在颐和园召见康有为、张元济等，"康奏对至九刻钟之久，张奏对至三刻钟之久"①。接着又以《总报局告白》形式，力推维新派人士的维新变法书报，如《知新报》《春秋董氏学》《日本书目志》《南海先生四上书记》《南海先生五上书记》《桂学答问》等的售价若何。② 随之披露康有为的最新动态，"工部主事康有为召见后，得旨令在总理衙门章京上行走，本应人署当差，因奉旨编辑译书，是以暂缓人署"，"闻有旨令其随译随呈，皇上之振奋实学，考求洋务，益于此可见"。③ 三是及时报道了维新派在变法高潮中改变纲领之事。在之前的"上清帝第四书、第五书"中，康曾多次吁请设"议院"、定宪法等，但在（1898）正月初被总理衙门王大臣传见之后呈递的"上清帝第六书、第七书"中，已没有开国会、颁宪法的建议，而以"制度局"代之；在四月二十八日被皇帝召见之后，则主张"以君权雷厉风行""拔通才以济时艰"，更鲜明地举起以君权变法的旗帜。④ 五月二十八日《国闻报》刊《答人论议院书》，真实表达了康对君权与民权关系的理解。此后，又连篇累牍地报道新旧两党围绕制度局展开的争斗，并对维新派人的变法言论进行追

---

① 载《国闻报》第228期，光绪二十四年五月初一日。
② 载《国闻报》第237期，光绪二十四年五月初十日。
③ 《奉旨编书》，《国闻报》第251期，光绪二十四年五月二十四日。
④ 参见孔祥吉、村田雄二郎《从中日两国档案看〈国闻报〉之内幕（下）——兼论严复、夏曾佑、王修植在天津的新闻实践》，《学术研究》2008年第9期。

踪报道。

在戊戌政变后，由于有"洋旗"的庇护，《国闻报》继续刊行，① 而且没有改变原有立场，仍以显明态度，对维新派表示同情与支持。

慈禧等守旧派上台后开始逮捕、镇压维新党人，八月初九将谭嗣同、康广仁等收押，随后残杀。十二日，《国闻报》即以《视死如归》为题进行报道，对谭嗣同面对死亡仰天长笑、毫不畏惧的豪情，赞之为"视死如归"，与将谭等称为"逆犯"的国内其他报纸相比，《国闻报》对维新派的同情立场跃然纸上，其勇毅也可见一斑。然后，在守旧势力猖獗之时，《国闻报》仍坚持刊载康有为逃离京师后发表的一系列公开反对慈禧守旧派言论，如九月二十三日即在《本馆照录》栏登《照录八月二十七日上海新闻报康有为言论》，在《国闻录要》栏载《再录西报六月十六日康有为奏对之词》；次日又刊登《录上海新闻报九月初四日康有为问答之词》。在戊戌政变后，面对新法被弃、守旧派倒行逆施，许多没有气节之士，不但忘了曾积极参与变法的言论，而且转而为慈禧歌功颂德，其最典型者是端方②进呈《劝善歌》事件。端方为讨慈禧欢心，除由军机处进呈《劝善歌》外，还主动送至《国闻报》刊出。《国闻报》却不顾清廷反对，在刊登《劝善歌》时，以"跋"的形式反弹琵琶，大唱反调。跋中指出，"清朝的赋役兵刑是否至善，只要参阅历代史书记载，'必能辨之'，端方是在以'浅见寡闻''定天下是非'"。跋文刊出，被细心读者看出，就中即有缪润绂依此上书，指说《国闻报》"语言狂谬，诋斥朝政，摇惑人心者，以《劝善歌》跋，康有为问答二篇为最"③。《国闻报》在颂扬、同情、支持维新派的同时，也对守旧派的胡作非为进行揭露，如将翰林院编修沈鹏要求杀荣禄、刚毅及太监李莲英的奏折公诸报端，并对

---

① 政变发生后，因御史徐道焜上折奏劾，国闻报被逼停办，不过"未及旬日"就又刊行了。见江南道监察御史徐道焜纠参严复、王修植、孙宝琦等折，原件存北京故宫博物院，据中国史学会主编《中国近代史料丛刊　戊戌变法Ⅱ》，上海人民出版社1953年版，第5—6页。

② 曾与维新派关系密切，赞同光绪变法，在百日维新中受皇命督理新政机构农工商局，但在政变后摇身一变，转而为慈禧大唱赞歌，其进呈《劝善歌》，正中慈禧下怀。

③ 国家档案局明清档案馆编：《戊戌变法档案史料》，中华书局1958年版，第487页。

相关事件进行了追踪报道。①

不过，挂"洋旗"对《国闻报》的保护作用是很有限的，尤其对几位参与、支持维新的创办者来说更是如此，因为他们是守旧派要惩办、打击的对象。更何况在戊戌政变、中国政局发生显著变化、慈禧为首的守旧派上台后，光绪所颁新政悉数被废，守旧大臣昏愦排外，极端仇视鼓吹西学的《国闻报》，必欲灭之而后快。如九月初六、初七两日，《国闻报》刊发康有为在香港等地发表的反对慈禧守旧派的激烈言论后，当月十四日礼部右侍郎准良即行"跪奏，为（国闻）报馆挟洋自重，刊布邪说，丧心指斥，据实密陈，请旨查办事"。折中说，《国闻报》"自奉旨停止，未及旬日，旋照常刊布"，"其诽谤时政，诋斥廷臣，较诸往日有加无已"，"然未有肆逆不法，如九月初七日之甚者"，"应请密饬直隶总督，设法严禁。若能出之该管地方官本意作为，一见国闻此报，即行查办"。② 慈禧接奏后，即命军机处将惩处《国闻报》上谕发给直隶总督兼北洋大臣裕禄。上谕中说，准良所奏称之"九月初七日，述康逆问答之词，尤为肆逆不法等语"，"系指天津国闻报馆而言，该报馆名为设自洋人，必有内地匪徒，挟洋为重，敢于肆行指斥"，"著裕禄拣派妥员，密查明确，设法严禁"，谕令对"此等败类，必应擎获惩办，毋得轻纵"。③ 裕禄接旨后，先欲以金钱购买报馆，然后自行处置，并用行政手段，严禁直隶官员购阅。其购买计划遭日方反对未成。继之，命津海关道出面，照会日本驻津领事，欲使其将《国闻报》自行关闭，被日本领事郑永昌复函驳回，拒绝了禁止《国闻报》的要求。但后来经几番交涉后，郑永昌向直隶总督稍作妥协，即承诺"凡属有议论不纯，事肆意毁谤之词，概置勿登"④。

如此，《国闻报》与清廷关系紧张，严复等天津改革派深感形势剧

---

① 参见孔祥吉、村田雄二郎《从中日两国档案看〈国闻报〉之内幕（下）——兼论严复、夏曾佑、王修植在天津的新闻实践》，《学术研究》2008年第9期。
② 国家档案局明清档案馆编：《戊戌变法档案史料》，中华书局1958年版，第482页。
③ 中国第一历史档案馆藏：《上谕档》，光绪二十四年秋季档。
④ 孔祥吉、村田雄二郎：《从中日两国档案看〈国闻报〉之内幕（下）——兼论严复、夏曾佑、王修植在天津的新闻实践》，《学术研究》2008年第9期。

变、办报压力陡增，办报热情大减。因为无论是政变前还是政变后，《国闻报》的报道、言论，都招致了守旧派的嫉视，所以后来，报馆越来越成为危地险境，不可久留，严复更是首当其冲。政变发生一个月，郑孝胥日记中写道，"闻前数日或劾严复、王修植、孙宝琦者，军机大臣为力救乃免"，"日来《国闻报》指斥朝政，略无忌惮，意在挑衅"，"彼必有以待之者，惟幼陵当益危耳"。① 在《致毅伯表兄》函中，夏曾佑也提到"又陵甚自危，菀生稍可"②。在当时形势下，他们相当悲观。所以，在政变发生约三个月时，"报馆王、严均拟暂停，已有成议"，夏曾佑则"已将报馆之席辞去"③。而在此前政变发生、维新人士遭捕杀的当儿，报馆就有社员惟恐祸及其身，"或有避之犹恐不及而退居家乡者"④，报馆处于难以为继之境。但是日方认为，《国闻报》"之消长实与日本之利益有很大关系"⑤，觉得报纸应该办下去。所以，天津的日本领事馆领事郑永昌即给日本外务省密函报告，陈述《国闻报》陷入将要解散的窘境，及其对于日本之关系，"请在国内劝导有志之士，设法救济"⑥。其报告受到外务省的关注，并允诺由日方出资购买。一方拟停，一方欲买，双方即正式办理转卖手续。手续由王修植办理，时间在 1899 年 3 月 20 日。王出面立下卖约，约定《国闻报》馆所有铅字、生财什物及一切费用等，卖与日本驻津领事郑永昌，价值一万一千元，见卖人有西村博与方楚青氏。当即交割后，王还递交了收据，内容为，"今收到郑永昌领事《国闻报》价值银钱一万一千元，立此收据存照。光绪二十五年三月二十日，王修植字"⑦。卖约一签，严复、王修植即正式撤出报馆，《国闻报》也就真正成为日本外务部所有了。

---

① 《戊戌日记》，《郑孝胥日记》第 2 册，光绪廿四年九月六日。
② 上海图书馆编：《汪康年师友书札》（二），上海古籍出版社 1986 年版，第 1338 页。
③ 上海图书馆编：《汪康年师友书札》（二），上海古籍出版社 1986 年版，第 1336 页。
④ 孔祥吉、村田雄二郎：《从中日两国档案看〈国闻报〉之内幕（下）——兼论严复、夏曾佑、王修植在天津的新闻实践》，《学术研究》2008 年第 9 期。
⑤ 日本外务省外交史料馆藏：《新闻杂志操纵关系杂纂——国闻报》，第 20 页。
⑥ 日本外务省外交史料馆藏：《新闻杂志操纵关系杂纂——国闻报》，第 26 页。
⑦ 日本外务省外交史料馆藏：《新闻杂志操纵关系杂纂——国闻报》，第 59 页。

三 其他"洋旗报"情况

这个时期，虽然在维新派的推动下，出现了第一次国人办报高潮。在变法期间，清廷通过设立官书局准许出书办报，事实上放开了报禁，并且还由光绪皇帝发布谕旨，给了官民办报的权利。但是，一方面，在这些举措、谕旨出来之前，报禁仍在；另一方面，在当时变法前景尚不明晰的环境下，因为长期报禁所带来的影响，国人在办报时还是小心谨慎的，有的还是在现实困境下的选择（如《国闻报》）。所以，在当时还是有成批的"洋旗报"出现。据现有资料统计，至少有五家。在这些报刊中，既有维新派所办的舆论重镇如《国闻报》，也有些倾向于维新派立场的商办报刊如《华洋报》与《杭报》，同时也有附和维新却格调并不高的小报如《奇闻报》等。

此期"洋旗报"中，除了《国闻报》之外，格调较高、影响相对较大的是《杭报》与《集成报》、《华洋报》等。

《集成报》是我国最早的文摘性报刊，1897年5月6日（四月初五）创刊于上海，初创时报馆设上海英租界三马路东昼锦里口42号，第五期起迁至大东门内西唐家弄中。陈念薲倡办并主持，由上海商务印书馆代印，旬刊，连史纸石印。主要栏目有"上谕、奏折及摘录其他报的新闻、论说"，"以新闻为主"，消息来源有"中外报刊""中外电讯""记者采访""各地来信"。前十七期曾经标有"英商经办"，署代理人吕塞尔（H. C. Russeu），实为中国人所办。1898年5月中旬出至34期后停刊。[①]1901年5月8日，以英商集成报馆名义印行《集成报》[②]，旬刊，有光纸铅印，"取中西各报汇集一册"，栏目内容主要有"上谕、奏折、本馆论说、政治、时事、仕宦、文学等"，与之前相近。出版一年后停刊。

《华洋报》（《华洋汇报》），自称"华洋大报馆"，1897年11月12日

[①] 上海图书馆藏1—34册，参见史和等编《中国近代报刊名录》，福建人民出版社1991年版，第319页。

[②] 后取消"英商经办"字样。现学界将其弄成两份报，实则是一份，性质、内容相同，主办人员亦同，只是中曾因故停刊，后再续，因无详细信息可考。

(光绪廿三年十月十八日）在上海创刊，馆址在英大马路福利公司隔壁。自称是由中英商界人士合办的，实际可能是由中国商人所办，只是为出版方便，而打了英商的招牌。在当时的维新思潮下，内容趋向进步，维新报刊《萃报》曾连连摘载其所刊登的内容。具体停刊时间不详，但至少持续出版过几个月。①

《杭报》② 是挂日商招牌的"洋旗报"，1897 年 11 月 26 日（光绪廿三年十一月初三）创刊于杭州，馆址在城北拱宸桥，并在城中三元坊设立分馆。

《杭报》办报人员均为中国人，经理马绩甫，主笔泰瑾生（主办《笑林报》者）、王莼赋、蒋菊等，报社既无日方投资，其言论也不代表日本人的立场和利益。但是，为了逃避清廷的新闻钳制，该报乃以日商加藤能言的名义在日本驻杭领事馆登记立案，故时人称之"日商杭报"。

《杭报》是杭州近代第一张综合性新闻日报，设有"论说、电传、上谕、中西要事、各国新事、各省新闻、省内新闻、辕门抄及沪杭市场行情"等内容栏目。《杭报》重视新闻的采访与时效，以"仕官之升迁，货价之涨落，及新奇要事，皆人人所急欲闻者"，故予"认真探访"；对重大新闻，则"一有新闻，即专信驰告，或传电告知，即行登报"，以满足读者"先观为快""以广见闻"的需要。注意政治新闻与商业新闻兼顾，以适合不同读者的口味；同时也重视广告，每刊登在显要位置；报社自备印刷机器，印刷精良。每逢农历初一、十五，还将半月刊载的国内外要闻汇印成《中西大事报》，随报发行。从其内容格调、新闻业务、技术设备条件等来看，在当时应为较佳者。只是成也萧何败也萧何，日商招牌帮其挡避清廷迫害之时，也埋下了日后颓败的根源。1898 年（光绪廿四年）秋，因群众起而抵制日商，致使该报一蹶不振最终停刊了。③

---

① 参见马光仁《上海新闻史（1850—1949）》，复旦大学出版社 1996 年版，第 144 页。

② 在其创刊前三个月，杭州另有一家名为《杭报》的报刊在出版，社址在杭州马市街方谷园，版式与《申报》一样，每期六版，一大张，连史纸单页印刷，创刊与终刊日期不详。

③ 参见张梦新《杭州新闻史》，中国社会科学出版社 2011 年版，第 50 页。

另外，还有两份纯商业投机的"洋旗报"，即《奇闻报》与胡璋主办时期的《苏报》。

《奇闻报》（《海上奇闻报》），1897年12月3日（清光绪廿三年十一月十日）创刊于上海，以德国人鼐普为名义上的经理，挂名德商报纸，实际主办人是沈棠（沈子实），正主笔是留尘倦客罗汇川，（青浦）盛青任买办兼正账房，馆设四马路惠福里（一说山东路）。"洋旗"德商鼎普是北顺泰洋行老板，专门经营华赍赐增彩发财票的，不是正经商人。主笔罗汇川虽"曾游历外洋，于洋务更所熟悉"，不过报纸却编得不伦不类，广学会的报告中称，"其风格和质量都比大多数报要差"。《奇闻报》自称"事取新奇，有闻必录"，实属《游戏报》一类的文艺性小报。其发刊时，正是李宝嘉（伯元）所办《游戏报》脱离《指南报》馆独立，开花榜、选花界状元闹得热火朝天的当儿。《奇闻报》一方面附和维新，在头版连续三天刊出日本要求中国维新的《日本冈山市山阳新报社员上中国皇帝》的万言书，另一方面以赠送石印《青楼画报》等手段，与《游戏报》大抢生意。①

《苏报》，1896年6月26日（光绪廿二年五月十六日）创刊于上海，是挂日商招牌的"洋旗报"。本为中国人胡璋（铁梅）所办，却以其日籍妻子生驹悦担任"馆主"。胡璋是曾任福建知事安徽人胡琢人长子，旅日画家，甲午战事后返回上海后创办此报。其弟胡二梅是上海德商泰来洋行著名的买办。胡回国时带回日籍妻子生驹悦，创办《苏报》时即以其妻子名义在上海日本总领事馆注册。

据该报主笔邹弢被解雇后向租界会审公廨投诉之供词所透露的信息称，"这馆我究不知是哪个开的，不过向无女人开馆之理。生驹悦曾对我说：'我不惧，馆由东洋外部大臣来的，领事也不能管我。'我叫他笔下留心，他说：'领事无权，不能封我馆。'以前铁梅说过：'生驹悦本是平常人，我在日本官绅前保举他，因此得为馆主。'"② 生驹悦此说，很可能是借势唬人的，因为在1900年下半年时《苏报》转卖给了陈范，从

---

① 马光仁：《上海新闻史（1850—1949）》，复旦大学出版社1996年版，第144页。
② 《照录会讯主笔供词》，《申报》1898年3月11日。

胡璋可将《苏报》产权私相授受来看,"此馆来自日本外务省"之说不明确。① 究其实际,该报只是胡铁梅以其日籍妻子名义在日本领事馆注册的"洋旗报"。

《苏报》馆址初在上海四马路外滩,1898年3月迁至棋盘街中市,这一带是上海报纸出版和发行的中心,《苏报》就在这里一直出版到停刊。在胡铁梅主办时期,由邹弢(邹悦)担任主笔,办得并不好。据当时记载,借报营私、显抉阴私或敲诈勒索,蛮横无理的事时有发生。1897年,为敲竹杠,《苏报》就曾蓄意指名攻击郑观应。当年6月,又因刊载法公堂案件时发生差错但又不肯更正,从而被法总领事白藻泰下令禁止在租界发售。1898年3月,还发生主笔邹弢不允毁谤"新衙门(会审公廨)"而被登报开除闹到上公堂的事。因为声名狼藉,难以为继,决定歇手,1900年下半年把报纸的全部设备转售给陈范,之后"才发展成另一局面"②。

从此期《苏报》的情况来看,很显然,只是试图办报谋利、并无理想的投机商人办报,之所以悬挂"洋旗"出版,一是有现成的"洋旗"可用,二是当时报禁未开,出于避免风险起见而行此便途。虽即如此,其挂"洋旗"办报,对后来趋向革命、宣传革命的《苏报》却有着重要影响,使清政府不敢轻易封禁,直到深入调查,查清日方已不承认其日商招牌后才敢下手。

除了以上挂"洋旗"刊行的五报,此期还有一种欲为维新变法而办但又胎死腹中的"洋旗报"——《民听报》。在维新思潮兴起时期,即1896年,"湖北,原来经营《字林汉报》的姚赋秋有意出盘。《时务报》发起人之一的吴德潇之子吴樵(铁桥)那时正在汉口,有意接盘过来改办《民听报》。'用美商招牌,其议论一切。面貌专不与沪澳两馆相符,暗中声气必须相通。……三馆以神合貌离为主。若是,则鼎足之势成矣。'"③ 设想很

---

① 参见马光仁《上海新闻史(1850—1949)》,复旦大学出版社1996年版,第141、191页。
② 参见马光仁《上海新闻史(1850—1949)》,复旦大学出版社1996年版,第141页。
③ 吴樵丙申冬月廿九书。转引自马光仁《上海新闻史(1850—1949)》,复旦大学出版社1996年版,第200页。

好，然而遗憾的是，吴樵不幸于丁酉（1897）春季暴病逝世，汉口《民听报》只能作罢。① 而《汉报》竟为日人所购。

第二节 报禁重申中的"洋旗报"

在戊戌政变之后，以慈禧为首的顽固派重启报禁，使当时报业环境趋紧，全国新闻事业元气大伤。不过，在经过第一批国人自办报刊的路径探索，以及第一次国人办报高潮的激荡之后，包括顽固派在内的国人，对近代报刊的认知已经发生很大变化。就顽固派来说，他们已认识到完全禁报既不可能，也不是根本目的，其目的是扼制变法思想的传播、消除康梁思想的影响。在第一次报禁上谕发布之后，仍有超过半数的报刊继续刊行，甚至传播变法思想，于是再发上谕，严禁发行与购阅，不是从办报环节而是从传播途径进行扼制，而且对象明确指向附和变法、传播康梁思想或者是与顽固派异向的报刊。而对当时报界人士来说，在报禁之下，一些应对之策并非不可为，如悬挂"洋旗"、托庇租界，甚至消极对抗。在一些报刊相继悬挂"洋旗"刊行的时候，有官员出而奏议，请予弛禁，以免报刊被逼之下俱挂"洋旗"，反而不便管理。所以，在当时环境下，既有《农学报》《蒙学报》《中外日报》《岭海报》等报刊，通过挂"洋旗"的办法继续刊行；也有一些报刊挂"洋旗"创刊，如《五洲时事汇报》《海上日报》等。

一 戊戌政变后报禁重申下报界的反应与应对

戊戌政变发生之后，"以慈禧太后为代表的极端顽固派掌权的清王朝政府，将维新变法运动期间取得的新闻法制建设的成果全盘否定，已经松开了的'报禁'、'言禁'的罗网重新收紧"②。1898年9月26日（八月十一日）清廷发布上谕，宣布停办《时务官报》，上谕称"《时务官报》

---

① 参见马光仁《上海新闻史（1850—1949）》，复旦大学出版社1996年版，第120—121页。
② 黄瑚：《中国近代新闻法制史论》，复旦大学出版社1999年版，第82页。

无裨治体,徒惑人心,并著即行裁撤"①。10月9日(八月二十四日),清廷再发上谕查禁报馆,访拿全国报馆主笔,称其"莠言乱政,最为生民之害,前经降旨,将官报《时务报》一律停止。近闻天津、上海、汉口各自仍复报馆林立,肆口逞说,捏造谣言,惑世诬民,罔知顾忌,亟应设法禁止。著各该督抚,饬属认真查禁。其馆中主笔之人,皆斯文败类,不顾廉耻,即饬地方官严行访拿,从重惩治,以息邪说而靖人心"②。"报禁"重开,民众创办报刊的自由权利再次被剥夺。

所以上谕一出,导致全国各地的报刊纷纷闭门歇业,全国新闻事业元气大伤,仅上海一地即有约十家报纸被迫停刊了;或者多方设法图存,如改挂"洋旗"、寻求官方庇护、以租界为依凭消极对抗。

据上海广学会报告,戊戌政变后,慈禧颁布禁报上谕,只有得到外国保护的报纸才敢继续出版,故有一半的报纸都停刊了。③ 在这种环境之下,许多报刊就采取挂"洋旗"办报的策略,如《蒙学报》《中外日报》等。上海的小报,一则以"租界"为依凭,消极对抗;二则通过悬挂"洋旗",继续刊行。"上海一些消闲性报纸则自管风花雪月,或者就像《采风报》那样来一个'捉拿康梁法的征文征稿,滑稽突梯的插科打诨'。""因为租界非清廷行政权力所及,又可以随时转戴洋商帽子,上海官吏对他们没有多大办法的。"④ 不只是上海,其他地方也有"洋旗报"的出现,如广州的《岭海报》等。

找到挂"洋旗"办报等各种应对法子之后,继续刊行的这些报刊对顽固派的报禁申令也就不大以为意了。比如,《中外日报》初为汪康年、

---

① 《德宗景皇帝实录》卷四二七,第2页;参见方汉奇《中国新闻事业编年史·上》,福建人民出版社2018年版,第77页。

② 《德宗景皇帝实录》卷四二八,第8页;参见方汉奇《中国新闻事业编年史·上》,福建人民出版社2018年版,第78页。

③ 广学会1900年的年会报告称:1898年慈禧太后用武力夺取政权后,就颁布了禁止报纸出版的上谕,只有那些得到外国保护的报纸才敢继续出版。1898年上海出版的二十三家中文报纸,现在只有十三家继续出版。在其他城市出版的十四家报纸,现在只有六家出版。这样中文报纸减少到十九家,据说中国政府收买了剩下来的一些主要报纸的编辑。确实有些过去拥护维新的中文报纸,现在站到反动分子一边。参见《农学报》第五十册所刊刘坤一奏折。

④ 马光仁:《上海新闻史(1850—1949)》,复旦大学出版社1996年版,第190页。

汪大钧与曾广铨集资创设，后两汪由于家国原因先后退股，① 继而在慈禧重申报禁的时候，汪康年与汪大钧先是联名在《中外日报》"倒填日月"声明，该报自 8 月 21 日起已"统归曾君敬贻一人经理"，其后报馆事务"与（汪）康年等无涉（9 月 20 日）"，后于 10 月 14 日又宣称，"即日起为英商老公茂洋行（Libert & Co.）所有。由该行大班（英）杜德勤（C. C. J. Dudlgen）担任发行人。而《农学报》在 11 月（十月中）出版的第五十册上刊出了《两江总督大臣请准设农商学会报片》，作为护符，《蒙学报》则宣布自八月初一（9 月 16 日）起将报馆盘与日商香月梅外接办"。其他当时正在继续刊行之各报，没有一家理睬慈禧那道上谕的。② 所以，《字林西报》总主笔立德禄还撰文挖苦慈禧，说她真像英国寓言故事中的帕廷顿夫人（Dame Partington）那样企图用一个拖把去阻挡大西洋的潮汐一般可笑，甚至扬言："对于这个不幸的国家。除了瓜分它以外，似乎没有别的可以救治了。"③

帝国主义侵略分子的狂妄言论下，却也道出一个真相：顽固派的逆行做派，已经阻挡不了滚滚前行的时代车轮。有了第一批国人办报路径探索的经验，有了第一次国人办报高潮中对"报禁"的突破，顽固派已经做不到"报禁"之令一下，便使众报齐喑。不过，困兽犹斗，在严令查拿维新派报刊、报人的同时，顽固派还拿购读者开刀，可见其无奈，也可见其气急败坏、歇斯底里。

在 1899 年的下半年，关于"立储"的传言四起，于是，《国闻报》《中外日报》《沪报》等连续发表论说，要求慈禧归政、光绪复权、重行新政。此举深深触犯慈禧太后大忌，使其下定决心废帝，1900 年 1 月 24 日慈禧即宣布立储上谕。此废帝前兆一现，"勤王"呼声顿起。"慈颜大怒"，遂即饬令沿江沿海各省督抚加紧对康、梁党羽及其报纸的严拿深究。2 月 14 日，清廷再次发布上谕，通缉康有为、梁启超，严禁康党所

---

① 参见《曾广铨来书》，《汪康年师友书札》（三），上海古籍出版社 1986 年版，第 2205—2206 页。

② 参见马光仁《上海新闻史（1850—1949）》，复旦大学出版社 1996 年版，第 185 页。

③ 《字林西报》1898 年 10 月 10 日。

设报馆并严惩购读者。上谕称："至该逆犯等开设报馆，发卖报章，必在华界，但使购阅无人，该逆犯等自无所施其技。"谕令南洋、福建、浙江、广东等省督抚"实力严查，如有购阅前项报章者，一律严拿惩办"。如在湖北与湖南等地，就因而掀起了查禁报章的恶浪。① 不过，对于有外商背景的报刊，官府并不敢也不能一禁了之。

时任湖广总督张之洞，虽然"一次又一次得到太后的'知遇之恩'"，但是反对废立，故而一再"苦谏西后"慎行。所以，接到慈禧要求查拿报纸的谕令后，南皮先生左右为难，只好在2月10日专电时任留日学生监督钱恂，饬令与日本外务部"婉商"，请予采取措施约束"诬诋慈圣"的各报。② 电称："康党造谣煽乱，诬诋慈圣，各报妄传，深恨仆之攻驳康学，故于仆极事诬诋，谓京师有大举，鄙人已允，骇愕已极。中国体制，岂有一外臣与秘谋之理。查天津《国闻报》、上海《中外日报》、《便览报》、《苏报》、《沪报》、汉口《汉报》皆日本保护，③ 阁下务访其外部，并商近卫伊藤，述鄙意，与之婉商，言此各报多误信康党谣言，不知康党逆谋，有意危乱中国，中国乱于日本亦不利，且非日本力助自强之意。务请其速电驻华公使及各领事，切告各报馆，事事务须访实，勿信逆党讹言，刊报勿用康党主笔，万不可诋毁慈圣，有碍邦交。"④ 一方面，是官府设法与日本外部"婉商"；另一方面，是在清廷一再谕令禁报的情形之下，因有日商背景可恃，《汉报》等仍著文公开支持光绪亲政，甚至说"太后一日不撤帘，今上一日不亲政治，则数万万人心一日不安，伏莽将乘隙而起"⑤。对此，官无如何。

---

① 参见刘望龄《黑血·金鼓——辛亥前后湖北报刊史事长编（1866—1911）》，湖北教育出版社1991年版，第37页。

② 参见唐惠虎、朱英《武汉近代新闻史》（上卷），武汉出版社2012年版，第161页。

③ 当时挂"洋旗"办报是一种保护措施，也是一种应对专制统治的幌子，情形多样，相与混淆。其实，如《中外日报》，是挂"英商"招牌的"洋旗报"，因而不是受日本保护的报刊。从中也可见清政府官吏对"洋大人"之畏惧。

④ 刘望龄：《张之洞与湖北报刊》，《近代史研究》1996年第2期；参见刘望龄《黑血·金鼓——辛亥前后湖北报刊史事长编（1866—1911）》，湖北教育出版社1991年版，第36—37页。

⑤ 刘望龄：《黑血·金鼓——辛亥前后湖北报刊史事长编（1866—1911）》，湖北教育出版社1991年版，第37页。

但是，清廷查禁甚急，封报不成就禁止发行、禁止购阅，连发上谕，地方官府只得应之。3月7日，张之洞即奉慈禧2月14日上谕，发布《札江汉关道遵旨禁止购阅悖逆报章并禁止代为寄递、续开报馆》，下令禁止发售和购买阅看《汉报》，并警示续开报馆者。①

日本驻华公使西德二郎见此情形，于3月15日密电驻汉口总领事濑川浅之进调查日本在汉口发行报纸的情况，以设法对付清政府的严厉查禁。3月31日，为两湖督抚禁阻《汉报》发行事，濑川浅之进特致函日本外务大臣青木周藏，敦促日本政府出面干预。函称："湖广总督张之洞根据本年2月14日之上谕，对清国内地发行之报纸，其购读与递送等事项——进行了制裁，已命当地道台将此旨照会过各国领事。其次，据曩昔之报告及近期之传闻，湖南省城长沙于本月17日起宣布禁止发卖历来在该地颇有销路之各种报纸，如上海之《同文沪报》、《申报》、《中外日报》，汉口之《汉报》及湖南之《湘省电录》等。又且颁布逮捕报纸贩卖

---

① 令曰："为遵旨禁止购阅悖逆报章事。……以后沿海各省报章，其恪遵谕旨并无悖逆字句者，仍旧准其阅看，如有语涉悖逆者，一体禁止购阅，并禁止代为寄送，严行查拿惩办。并闻华人有拟在汉口续开报馆者，当此讹言繁兴之时，恐不免摭拾上海及外洋各报，传布惑众，将来开报馆之人，必致自蹈法网。与其拿办于事后，不若预防于事先。如在华界开设者，禁止购阅递送，房屋查封入官；即在洋界开设，冒充洋牌，亦断不准购阅递送，违者一并拿办。除会同抚部院出示晓谕暨札行布按两司、江汉关道转饬通省各属一体禀遵严查拿办外，查现在中国与各国均系友邦，共敦和好，华民冒充洋商，本为条约所禁，久经总理衙门咨行照会在案。报馆并非洋商生计，各领事断不肯曲为包庇，且查外国各报馆，虽许其议论本国政事得失，然必须事属确实，语有根据，亦断不准其捏造黑白，颠倒是非，若造言诬蔑有碍邦交之词，亦干律。若如今日沿海报馆，专诋中国朝廷，诬蔑皇太后，悖逆之言，更不容其传播煽乱，致伤友谊而碍邦交。况各国洋人，或来各埠通商，或来各省传教，自必愿我中国安稳强盛，地方静谧，若听报馆为匪党传播谣言，扰乱中国，商民教士自必先受其害，亦非各国商民之利。查各国领事，访闻各处有匿名白贴。诬诋洋人、造谣惑众者，一经照会本部堂，无不立即饬令地方官实力严禁查办。今近在租界之内，傥有传播诬捏之事，悖逆之言，本部堂理应实力禁阻，各国领事定当协力相助。合亟札饬，为此札仰该关道，即便遵照，迅速照会各国领事，勿令华人在汉口冒充洋牌，续添报馆，以靖地方而安人心，是为至要。并由该关道知照税务司，严行稽查，将来无论何省寄来之报，如有言语悖逆，意在煽乱者，断不准其进口销售。并转饬汉阳府夏口厅，如有购阅悖逆报章及递送者，严行查拿惩办，并禁止不准续开报馆，如有将屋租与报馆者，查封入官，懔尊勿违"。参见《张之洞全集》第五册（公牍），河北人民出版社1998年版，第3972—3973页。

人之命令，报纸贩卖人龚姓已逃逸。前任湖南巡抚陈宝箴在任之时，开改革百政之绪，诸文明事业皆有骎骎勃兴之色。然自前年政变以来，改进派之人尽皆免职，而代之以守旧派之人，今省城内之权势者如现任巡抚俞廉三及布政使锡良等人，皆顽固排斥新政之热心者。是故近来湖南之风气有日益退缩之势，有心者不胜慨叹之至。据传闻近日湖南布政使有言，'外人报章，不得销行内地，华人代外人售报，即以从逆论，罪当不赦；况日本为我国仇敌，何得代其任事'云云。此皆为顽固派以2月14日之上谕为奇货，气焰日张之结果，于此亦可见该地地方施政方针之一斑。近来湖南长沙之政况日非，即如现今巡抚布政使等全班官僚齐心协力之顽固态度，不独为该地之不幸，亦将对内治、外交颇多之影响。""本年2月14日之上谕，于厌忌康有为、梁启超之余，又发出禁止购读与康梁之辈互通气脉之报纸之旨意。某报与康梁有关，某报与康梁无关，谁亦难于辨清。然康梁二人于政变后皆出国避难，旅居日本，遂使彼等产生凡与日本人有关系之报纸皆与康梁有关系之臆测。我国人于清国国内发行之报纸困难实为不少，即如前述湖南布政使之言，若果如传闻所述，彼之做法则颇为欠妥，小之而使地方之耳目为之壅塞，大之而将伤两国之交谊。与康梁无任何关系之《汉报》，顿时已失去在该地之销路，目前已受到相当损害，故应考虑照会当地之地方官，请求解除《汉报》发行之禁令。余深信该上谕将对我国人在清国各地兴办之新闻事业产生莫大之影响也。"①

4月2日（三月初三），《汉报》刊发了日本北平逸人的《论中国近事》一文，揭露封建统治者之腐败，致"瓜分之势已成"，希望"宏开言路""特色伟才"，以挽救中国危局。当天，濑川浅之进密电日本外务大臣青木周藏和驻华公使西德二郎，进呈日本在汉口发行报纸情况的调查报告，述及《汉报》发展历史与日人接受《汉报》经过，称1896年1月，宗方小太郎筹金一千元，从姚文藻手中接办《汉报》，因汉口当时"尚未设日本领事馆，故倩法国领事为中介，就《汉报》转让一事向道台衙门

---

① 刘望龄：《黑血·金鼓——辛亥前后湖北报刊史事长编（1866—1911）》，湖北教育出版社1991年版，第39—40页。

呈请备案",当年 2 月 12 日该报发刊,① "此即为日本人在清国境内创办中文报纸之嚆矢"。当时正值甲午战后,清国"上下之感情不睦,对于日人尤厌忌之极,加之清国各地发行之诸报,于是时竞相痛骂日本,倡导结俄制倭之论,朝野官绅之意向亦颇倾注之。《汉报》于此遂力辩支那各报之妄,抨击崇拜俄国热潮,申明唇齿辅车之议,极力融和朝野官民之感情"②。极言《汉报》对日本人之重要性。4 月 27 日,青木周藏即就《汉报》被禁发行等事,电复濑川浅之进,示令立即与汉口地方当局交涉,"请勿擅自禁止发行",如湖南布政使锡良所言属实,即"向北京政府提出抗议"。电文曰:"关于我国人在当地发行之报纸——《汉报》之探报与报纸发卖人被逮捕之事,以及湖广总督对报纸购读与递送进行制裁,令各道台照会各国领事之事,已从您上月二十二日所送报告中了解。关于湖南省禁止发卖报纸一事,亦从您同月三十一日所送报告得到了解。正如您来信所说,我国人于该国发行报纸,所遇困难诚为不少,贵官可于现在向当地地方官作如下表示:我国人发行之报纸,完全基于睦邻邦交之旨,目的在于启迪该国人民之智识。若其刊载之文章中有涉及悖逆之事时,'即请移牒于该国首都之我帝国领事,地方官请勿擅自禁止其发行与购读'③。您可以此与彼等交涉,设法使彼等改变其固陋之见解。又,据贵官之报告,湖南布政使曾扬言,'况日本为我国仇敌'云云,您作为传闻予以报告,其事果为事实否?若得其意属实,不论从何目的出发,也要向北京政府反映其征迹,提出抗议。"④

"由于日本政府的一再干预,《汉报》得以与当地政府周旋"数合,湖广总督张之洞并不能直接予以查封。但因《汉报》自从宗方小太郎接办以来,"始终坚持'抑制旧党,援助新党',扶植亲日势力的方针"⑤,

---

① 刘望龄:《日本在汉的舆论宣传与思想近代化——以〈汉报〉为中心》,《近代史研究》1992 年第 1 期。

② 刘望龄:《日本在汉的舆论宣传与思想近代化——以〈汉报〉为中心》,《近代史研究》1992 年第 1 期。

③ 刘望龄:《张之洞与湖北报刊》,《近代史研究》1996 年第 2 期。

④ 刘望龄:《黑血·金鼓——辛亥前后湖北报刊史事长编(1866—1911)》,湖北教育出版社 1991 年版,第 40—42 页。

⑤ 刘望龄:《黑血·金鼓——辛亥前后湖北报刊史事长编(1866—1911)》,湖北教育出版社 1991 年版,第 50 页。

"终不为慈禧太后所容",张之洞对之实行"严禁购阅与递送的各种限制",致使其销路锐减,"始终收支相抵,难以维持"①,终于在1900年9月28日以三千两价银转让。②湖北官宪将其买下之后,予以停刊。

即便是对康梁在日本所办之报,清政府只能在国内禁发、禁阅,对其在外的办报活动,也只能恳请日领"婉商"于日政府。1899年3月19日,张之洞致电日本驻沪总领事小田切,指责《清议报》"所说各事,皆是虚诬"。认为日本方面"不应准其在境内捏造是非,摇动友邦人心",要求小田切"婉商贵政府妥筹良策,尤须先禁其妄发议论",并"严饬贵国报馆及商人,万勿代其分送"③。

可见,从当时的办报环境来看,已远非之前境况可比。不但民间对清政府之办报禁令不会如之前那样在意,而且部分官方人士对之也并不以为意,甚至认识到会适得其反。所以,在报禁重申不久,挂"洋旗"办报现象屡屡出现之后,1898年11月12日(九月二十九日),两江总督刘坤一致函总署,建议对报馆采取缓和措施,以免都改挂洋旗,并且提醒说,报纸挂洋旗后,"我即不能过问,徒示人以不广而启其怨谤"④。四天后的11月16日,刘坤一又奏请免禁《农学报》及《商学报》。⑤

二 《农学报》《蒙学报》《中外日报》挂"洋旗"图存

如前所述,戊戌政变后,顽固派重启报禁,对当时报业形成强大的抑

---

① 刘望龄:《黑血·金鼓——辛亥前后湖北报刊史事长编(1866—1911)》,湖北教育出版社1991年版,第52页。

② 唐惠虎、朱英:《武汉近代新闻史》(上卷),武汉出版社2012年版,第165页。

③ 《张文襄公电稿》卷二三,第10页;参见方汉奇《中国新闻事业编年史·上》,福建人民出版社2018年版,第82页。

④ 《刘坤一书牍》卷一三,1909年刊本;参见方汉奇《中国新闻事业编年史·上》,福建人民出版社2018年版,第80页。

⑤ 奏折称:"前奉谕旨,严禁报馆会名。臣愚以为朝廷之意,特指士大夫言,诚不宜动辄设报设会,以逞臆说,而植党援。至于农学会《农学报》、商学会《商学报》,实所以联络群情,考求物产,于农务、商务不无裨益,似不在禁止之列。可否仰恳特旨,准其设报所、会,或即由臣出示晓谕,以免农商有所疑畏,仍不准其妄议时政,以杜流弊。"载《刘坤一遗集》第3册,中华书局1959年版,第1067—1068页;参见方汉奇《中国新闻事业编年史·上》,福建人民出版社2018年版,第80页。

制作用,不过,报界采取挂"洋旗"办报等方式,使不少报刊得以存续下来,据统计有约51%的报刊留存下来了。其中,挂"洋旗"图存的报刊,有《农学报》《蒙学报》《中外日报》《岭海报》等。

《农学报》(1897年5月—1906年1月),是我国最早传播农业科学知识的专业刊物。1897年5月在上海创刊,原名《农学》,第15期改名《农学报》。上海农学会主办,上海务农会出版。罗振玉、蒋黻等主编,创刊号有梁启超所作序。初为半月刊,从1898年2月出版的第20册起改为旬刊。连史纸石印,每册25页。设有公文、古籍调查、译述、专著等栏。翻译大量欧美、日本农书,"以资考究"。所刊务农会会员采访各省农事情况的报告,最为可观。《农学报》连续出版近九年,到1906年1月出至第315期才停刊,"先后垂十年,译农书百余种"[1]。

戊戌政变后,1898年10月(农历九月),曾一度声言出让给日本人经办,挂起日商招牌,由日本人香月梅外担任名义上的发行人。11月16日(十月初三),两江总督刘坤一上奏,称农学会与《农学报》"实所以联络群情,考求物产,于农务不无裨益,似不在禁止之例"。12月8日(二十五日),清廷即同意刘之奏请准设会、设报之议。[2] 在刘坤一上折之后,《农学报》即在其所出的第五十册卷首,刊出《两江总督大臣请准设农商学会报片》奏折录要,后即在封面标明"农学会遵旨刊行"的字样,以为护符。[3]

《蒙学报》,蒙学公会机关报,1897年11月24日(十一月初一)创刊于上海,由叶翰、曾广铨、汪康年与汪钟霖等联名发起,叶翰主编。内容以译述西方通俗儿童作品为主,图文并重。每十日出一册,石印,每册20页左右。馆设上海三马路望平街口朝宗坊,1902年迁至上海大马路泥城桥东。每期分上、下编,上编注明供五至八岁儿童阅读,下编供九至十三岁儿童阅读。分"史学类、数学类、智学类、史事类、舆地类"等栏。[4] 在

---

[1] 方汉奇:《中国新闻事业编年史·上》,福建人民出版社2018年版,第55—56页。

[2] 参见中国第一历史档案馆编《光绪朝上谕档》第24册,广西师范大学出版社1996年版,第548—549页。

[3] 参见马光仁《上海新闻史(1850—1949)》,复旦大学出版社1996年版,第185页。

[4] 现存第1—72期,北京大学图书馆藏有原件。参史和等编《中国近代报刊名录》,福建人民出版社1991年版,第335页。

戊戌政变前五天，即 1898 年 9 月 16 日，《蒙学报》"宣布自八月初一起将报馆盘与日商香月梅外接办"①。后改名《蒙学书报》。

《岭海报》，系《岭学报》（旬刊）②附设的日报，1898 年 3 月创刊于广州，馆址在广州十八甫，在佛山快子上街及上海四马路设有分局。③ 曾刊载有关保国会的报道，以及梁启超等人的演说词，对维新变法表示支持。戊戌变法失败，即刊《原效》一文为康梁辩护。二日后，因之受到督府来函警告，被勒令将康党逐出报馆。为避免麻烦，借用德商名义，更名《德商岭海报》继续出版。④ 1899 年 2 月 2 日起，与香港《通报》建立合作关系，互相交换内容，联合发行，《通报》作为副张，不另取值。《岭海报》印羊城新闻、货价、辕抄牌示；《通报》印上谕、奏稿、论说、专件、京都新闻、各省新闻、各国新闻、船期货价。1900 年，因刊登义和团打败八国联军消息，帝国主义驻广州领事胁迫广东巡抚德寿查封。⑤

《中外日报》，前身为 1898 年 5 月 11 日汪康年创办的《时务日报》，在康有为等奏请将《时务报》改为官报之时，汪康年率先将《时务日报》于 1898 年 8 月 17 日起改为《中外日报》出版。⑥ 9 月上旬，《中外日报》改为中外日报有限公司，⑦ 9 月 20 日并"倒填日月"称，报纸"统归曾广铨一人经理"，而与汪康年无关。《中外日报》初创时，四开大小，白

---

① 马光仁：《上海新闻史（1850—1949）》，复旦大学出版社 1996 年版，第 185 页。

② 1898 年 2 月 10 日创刊，由广东名宿潘衍桐、黎国廉倡办，朱淇、谭汝俭等任主笔，自称"凡有西学西政，皆考其源流，详其得失"，效法林则徐延聘翻译人员译载德英日文书报文章，"凡所论著，皆泛涉西方政治及技艺"。

③ 朱篆荪、杨肖欧、谭汝俭、陈庆林、区宝庆、王笙闲等主编。日出八开八版，内容以新闻和评论为主，分论说、邸抄恭录、宫门抄、督抚宪辕报、藩宪牌示、京都新闻、各省新闻、羊城新闻、外洋新闻、各行告白、货价行情等。参见方汉奇《中国新闻事业编年史·上》，福建人民出版社 2018 年版，第 63 页。

④ 参见孙文铄《广东的近代报刊》，《新闻大学》1996 年冬季号，第 39—40、43 页。天津《大公报》1905 年 5 月 11 日至 25 日，连续 4 次刊登该报记者调查编制的《报界最近调查表》，《岭海报》1896 年创刊于广东，是英商报纸，当时还存。是否指的是同一种，还需考证。参见方汉奇《中国新闻事业编年史·上》，福建人民出版社 2018 年版，第 172 页。

⑤ 参见史和等编《中国近代报刊名录》，福建人民出版社 1991 年版，第 214 页。

⑥ 参见马光仁《上海新闻史（1850—1949）》，复旦大学出版社 1996 年版，第 123 页。

⑦ 《本馆呈南洋大臣原禀》，《中外日报》1898 年 9 月 11 日。

报纸两面印刷版面与《时务日报》相仿，刊头则由直排改成横排。采取分栏编排，在当时是为创举。内容以报道中外新闻为主，兼评论时政得失，设有"外埠新闻、本埠新闻、译报、专件、时事要闻、电传上谕、论说"等栏目，注意选材，颇受读者欢迎。①

戊戌政变发生时，汪康年正在南京，被清廷下令逮捕，仓皇逃回上海，托庇于租界。为了躲避清廷的追究，在戊戌政变后至10月中旬间，设法聘得英商老公茂洋行的经理杜德勤（Charles John Dudgeon）任《中外日报》发行人，并由曾广铨委托威金生律师和濮兰德经手，在香港注册中外日报有限公司，威金生与濮兰德都为公司董事，英商老公茂洋行的经理杜德勤与曾广铨为董会办事。② 并且由杜德勤出面，在10月14日（农历八月二十九日）《中外日报》第一版刊登启事，声明自即日起，该报为英商老公茂洋行所属，由该行经理杜德勤担任发行人。曾广铨告诉汪康年，"本馆未挂洋牌之先，已变为有限公司，现因公司之文凭未到，故暂借德贞（杜德勤）之名"，先挂出"洋旗"。③ 从而在政变后得以幸存。将报纸托庇于外人名下，躲避清政府的迫害，是当时特别是"戊戌政变"以后许多报人的选择。④

在继续出版后，《中外日报》对戊戌政变后的情况进行详尽的报道，如9月24日（农历八月初九），政变后的第三天，即开始随时发"传单"（号外），及时报道政变消息。次日连载《康有为到吴淞》《康党潜逃》等消息；9月27日又报道北京追捕维新派人士消息多条。在言论方面，虽曾刊载多篇论说，但多"向当局曲意承欢献媚，摇尾乞怜，态度至为反动、卑劣"⑤。

1906年前后，《中外日报》因经费不支，接受了苏、松、太道瑞澂及江督端方3万金巨款的津贴资助，报格尽失。1908年又因经济困窘，

---

① 参见史和等编《中国近代报刊名录》，福建人民出版社1991年版，第77页。
② 《曾广铨来书》，《汪康年师友书札》（三），上海古籍出版社1986年版，第2203页。
③ 《曾广铨来书》，《汪康年师友书札》（三），上海古籍出版社1986年版，第2205页。
④ 参见钱秀飞《〈中外日报〉视野下的义和团运动》，硕士学位论文，华东师范大学，2008年。
⑤ 刘家林：《中国新闻史》，武汉大学出版社2012年版，第157页。

再次乞得苏、松、太道蔡乃煌的资助，不久索性让售于蔡。经这样几次出卖之后，报格不存，销量大跌，并于1910年随着蔡的下台而销声匿迹了。

三 《五洲时事汇报》《海上日报》挂"洋旗"创刊

这一时期，除挂"洋旗"存续的几家报刊外，还有一些新创刊的"洋旗报"，如《海上日报》《五洲时事汇报》等。其中，《五洲时事汇报》还是倾向改良派的报刊。

《海上日报》，1899年1月20日（十二月初九）创刊，挂英商牌子，馆设三马路太平坊后迁四马路中和里，实际东家是岷山山民即张罗澄，据称是四川光绪五年举人，曾入张之洞幕，甲午之后在上海投资出版《普天忠愤集》，同时却又发售《秘传房中术》，是一个到上海滩来捞世界的"海派"人物。《海上日报》所聘主笔，就是因《洋妇三奶奶》一文被字林洋行开革的张久余。张久余为上海秀才，在主笔《海上日报》任中又因索诈被会审公廨拘捕三月，在公堂烟瘾发作丑态百出。另一股东四川举人李作栋和主笔闵烈芝又因另一桩索诈案再上公廨。更有一案中牵出张岷远创办《海上日报》只有资本洋八百元，完全靠索诈度日。这样的报纸岂能长久存世。在吴沃尧1905年的调查中已列入"已佚各报"。[①] 该报创刊当年还出《海上日报画报》，随《海上日报》附送，1905年已停刊。

《五洲时事汇报》[②]，1899年9月5日（八月初一）创刊于上海，出至1899年底第四期后停刊。据上海出版、原件题署，"本馆社主日本佐原笃介，支配人中国沈士孙，馆设苏报馆内"。可见，以日本人佐原笃介名义注册，实际由中国人沈士孙所办。以报道国内外时事为主的半月刊，政治上倾向维新派。内容分"论说、谕折、章程、五洲近事等栏"，"五洲近事分为亚、欧、美、非、澳各栏，每栏又分各国，颇有条理"。论说有署名章炳麟的《论黄种之将来》《翼教丛编书后》《藩镇

---

① 参见马光仁《上海新闻史（1850—1949）》，复旦大学出版社1996年版，第193页。
② 上海图书馆与浙江图书馆藏有部分原件。

论》等篇，章当时还持改良主义思想，在后来出版的《訄书》中，他曾予以批评纠正。[①]

《便览报》，又名《商务便览报》，1899 年夏创刊于上海，日刊。1906 年前停刊。按湖广总督张之洞 1900 年 2 月 10 日致东京的湖北留日学生监督钱恂电，张提到要钱商请日本政府约束挂日商招牌受日方保护的报刊中，就有上海的《便览报》，且将其与当时挂日商招牌的《中外日报》《苏报》相提并论，所以《便览报》极有可能是"洋旗报"。惜资料有限，难以确考其实。[②]

这一时期，还出现了国人在境外办"洋旗报"的情况。如 1898 年 12 月 23 日在日本横滨创刊的《清议报》，打着外商招牌，实际主编是梁启超。[③]

第三节　第二次国人办报高潮中的"洋旗报"

在抵御八国联军侵略失败被迫签订《辛丑条约》后，中华民族面临"瓜分豆剖"生死存亡的局面，为了挽救专制统治，清政府被迫改行"新政"、仿行"预备立宪"。但是，清政府之"新政"改革实乃被迫之举，"仿行立宪"也是形式大于内容，因有此前维新变法失败的教训，越来越多的国人认识到，靠清廷自觉的"新政"改革与"立宪"并不可靠，所以当时，在改良、立宪宣传之外，更兴一种革命思潮。而由于有清廷的"新政"与"仿行立宪"，国人先获事实上之新闻出版自由，继则在清末新闻法制建设进程中，取得了法律上的办报空间，官绅民人相继起而办报。面对民办报刊的兴起，为抵制其社会舆论影响，各级政府也起而倡办

---

① 参见史和等编《中国近代报刊名录》，福建人民出版社 1991 年版，第 72 页。
② 参见方汉奇《中国新闻事业编年史·上》（第二版），福建人民出版社 2018 年版，第 85 页。
③ 经费由旅日华侨冯镜如、冯紫珊、林北泉等负责筹集。发行编辑人署"英国人冯镜如"，印刷人署"日本人铃木鹤太郎"，宗旨与内容是"继续宣传变法维新，鼓吹政治改良，反对慈禧，拥戴光绪，是戊戌政变后维新党人在海外的主要宣传阵地"。参见方汉奇《中国新闻事业编年史·上》（第二版），福建人民出版社 2018 年版，第 80 页。

种种官报。因而,从1901年"新政"开始,到辛亥革命后中华民国临时政府成立期间,在当时"改良、立宪、革命"三潮激荡之下,保皇报刊、立宪报刊、革命报刊与官报,四路并进将国人办报推向又一次高潮。但是,改良与革命宣传为顽固派势力所不许可,文化专制主义时时出而扼抑,民、绅办报不得不策略行之,而其中,假借外力,挂"洋旗"办报仍是其中重要的方略。

一 "新政、立宪"相接,"保皇、立宪、革命、官"报齐出

1900年八国联军入侵,1901年《辛丑条约》订约,"彻底摧毁了清王朝的尊严与自信","为了涂饰人民耳目并取悦外国以挽回颓局,清政府不得不改弦易辙,以缓和来自国内外的各种矛盾与冲突,维持其摇摇欲坠的封建专制统治"。1901年1月29日,逃往西安的慈禧指示光绪发布上谕,实行"新政",整顿政事;接着,又命中央、地方及出使外国的文武要员议论"新政"事宜,4月21日还成立督办政务处,专办"新政"。1901年10月,慈禧携光绪回北京后,"新政"全面展开,内容涵盖政治、经济、军事、法制、文化教育等各个方面。[①] 1905年后,为对付日益高涨的资产阶级民主革命运动,清政府开始考虑立宪问题,以拉拢地主资产阶级上层。当年7月,派五大臣出洋考察宪政;次年9月1日发布《宣示预备立宪谕》。在清廷宣布实行"新政""预备立宪"后,"具有沟通信息与舆论的社会功能的近代报刊,是推进社会发展的有效手段,自不能再将其束缚在封建专制统治时代长期实行的'报禁'的罗网之中"。[②] 事实上,在政变之后到实行"新政"之前,在报禁重申中,还是有不少报刊通过挂"洋旗"、厕身租界托庇官府等方式求得存续,并未也不可能禁绝。而在"新政""预备立宪"之后,又出现不少新办报刊。官方也进一步认识到近代报刊的作用与影响,进而重视办报。

1901年,清廷实行"新政"后,"报禁"开放,国民可自由办报、

---

① 参见黄瑚《中国近代新闻法制史论》,复旦大学出版社1999年版,第80页。
② 参见黄瑚《中国近代新闻法制史论》,复旦大学出版社1999年版,第82页。

传递新闻信息，在事实上获得了一定的言论出版自由权利。① 在此情况下，管学大臣张百熙在应诏上疏中，建议清廷创办官报以控制舆论，抵制民办报刊的社会影响。②"在这些新创办的报刊中，各级政府及其职能部门主办的官报为数甚多，且占有极为重要的地位。"③

于是，自1901年开始，官绅士民自办的报刊纷纷创刊，数量年年递增。据不完全统计，自1901年至1905年，每年新创办报刊数分别为34种、46种、53种、71种、85种，逐年递增，五年间增长150%，增速可观。这些报刊的创办，日益增长的势头，表明清政府在事实上已经承认近代报刊的合法地位。而自宣布"预备立宪"，声称"大权统于朝廷，庶政公诸舆论"后，近代报刊发展进一步加速。从1906年至1911年，每年新创报刊都在百种以上，1911年更是高达209种，④ 新增报刊种类是"预备立宪"前的2.5倍。这些新创报刊，遍布北京、天津、上海、南京、苏州、镇江、常州、常熟、江阴、太仓、南通、无锡、昆山、吴县、安庆、芜湖、开封、保定、杭州、金华、湖州、南浔、宁波、绍兴、嘉定、福州、厦门、广州、汕头、潮州、佛山、梅县、番禺、海丰、台山、成都、重庆、武昌、汉口、宜昌、南昌、九江、赣州、烟台、青岛、济南、太原、长沙、郴州、衡山、宁乡、西安、三原、兰州、桂林、梧州、贵阳、昆明、奉天、旅顺、营口、海城、吉林、长春、哈尔滨、齐齐哈尔、黑河、西藏、伊犁等地。⑤

---

① 参见黄瑚《中国近代新闻法制史论》，复旦大学出版社1999年版，第95页。

② 其上疏中说："中国通商各埠，由民间自行办理者不下数十种，然成本少而宗旨乱，除略佳之数种外，多不免乱是非而淆视听。又多居租界，挂洋旗，彼挟清议以誉时局，人人深而藏力固，听之不能，阻止不可，惟有由公家自设官报，诚使论通而记事确，自足以收开通之效而广闻见之途。应请饬各省及有洋关设立等处，酌筹的款，或劝喻绅董各设报馆一所，并粗定报律：一、不得轻议宫廷；二、不得立论怪诞；三、不得有意攻讦；四、不得受贿赂；此外则宜少宽禁制，使得以改革立论，风闻纪事；不然，则恐徒塞销售之途，不足间谗慝之口也。"参见朱寿朋《东华续录》（卷一六九），中华书局1958年版；方汉奇《中国新闻事业编年史·上》（第二版），福建人民出版社2018年版，第100页。

③ 黄瑚：《中国近代新闻法制史论》，复旦大学出版社1999年版，第84页。

④ 其中1906年113种，1907年110种，1908年118种，1909年116种，1910年136种。参见黄瑚《中国近代新闻法制史论》，复旦大学出版社1999年版，第82—83页。

⑤ 参见史和等编《中国近代报刊名录》，福建人民出版社1991年版，第396—419页。

二 《国民日日报》等为革命挂"洋旗"办报

进入 20 世纪之后，中国的形势发生很大变化，自上言之，是专制的清政府被迫做出的调整；从下言之，是革命形势出现了"新的生机"。一方面，八国联军的入侵与辛丑条约的签订，使国势愈益危急，清政府的威信扫地以尽，人民的生计江河日下，整个局面岌岌可危，人们要求变革现状的愿望日趋强烈；另一方面，由于新的社会力量迅速成长起来，逐渐形成一种能够对中国政治局势产生影响的实体。[①] 此间，1903 年春夏之交的拒俄事件[②]与"《苏报》案"是一个重要的转折点，自此之后，留日学生中的多数迅速地倾向革命，内地的革命思潮也迅速兴起。在此同时，许多接受了革命思想、要求采取行动的激进分子，便自动结合起来，组成革命团体。[③] 为了表达变革愿望、传播革命思想、组织革命力量，同情或倾向革命的人士与革命分子一道，利用当时的社会条件，先在国外后在国内办起了一系列有重要影响的革命报刊。其中代表者，如《国民日日报》、《警钟日报》与"竖三民"报等。为了防止清政府的迫害，这些报刊多方设法施策，虚虚实实地挂"洋旗"办报，便是其中之一。

（一）带着"洋旗报"光环的《苏报》

《苏报》是在甲午战争后，由旅日中国画家胡璋 1896 年在上海所办，并由其日籍妻子生驹悦出面，在日本驻沪总领事馆注册，是挂"日商"招牌的"洋旗报"。不过，胡璋时期的《苏报》办得并不好，常"藉报营私，显抉阴私或敲诈勒索"，声誉不佳，销路日蹙。1900 年，胡璋将报纸卖给因处理教案不力落职寓居上海的江西铅山知县陈范，之后才"脱离

---

① 参见金冲及《辛亥革命研究》，上海辞书出版社 2011 年版，第 39 页。

② 八国联军入侵期间，沙俄军队大举入侵，强占东北主要城市与交通线，《辛丑条约》签订后不肯撤兵，其独占中国东北的野心与列强特别是日本在华利益发生尖锐矛盾。1903 年 4 月 28 日，东京各报详细报道沙俄对东北的七项无理要求及其并吞东北的野心。这些消息在留日学生中引起强烈震动，次日下午即有五百多人参与召开留学生大会，商讨对策，并倡组义勇队抗俄。学生军成立后，天天操练，幻想能隶属于袁世凯麾下从事抗俄，结果却遭到清政府的悍然镇压。一大批并无"革命本心"的留日学生，在此驱迫下，丢弃幻想，走上革命道路。

③ 参见金冲及《辛亥革命研究》，上海辞书出版社 2011 年版，第 48 页。

了与日本的关系"①。所以,这一阶段的《苏报》,很有可能已不是"洋旗报",起码得不到日方的明确支持或承认,②但是,因为其创刊时挂"洋旗"办报,由胡璋转卖给陈范时也未作特别声明,故对社会人士来讲,其"洋旗报"的印象犹存,清政府官吏也是这一印象,这对《苏报》的发展及其革命宣传无疑具有一定的庇护作用。

据其主笔邹弢对租界会审公廨供词中所说,生驹悦曾自称:"馆由东洋外部大臣来的,领事也不能管我。"对此,马光仁说,《苏报》很可能是借势唬人的"假东洋鬼子",如果真的"系日本外部大臣处来",胡璋怎能自行出让给陈范。③是为的论,《苏报》"系日本外部大臣处来"应是生驹悦借势唬人之语,否则《苏报》当时的宗旨与内容取向就不可能是那样了。不过,其由生驹悦出面向日本领事馆注册,且由胡璋"在日本官绅前保举"生驹悦为馆主,即生驹悦为挂名馆主,《苏报》挂"洋旗"办报则为真。因为后来清吏查办"苏报案"时还是很忌惮的,虽然当时报纸已转让给陈范了。

陈范接办《苏报》之后,邀其妹夫汪文溥(兰皋)担任主笔,言论倾向改良。1902年后,国内外舆论倾向革命,陈范深感保皇立宪的不合潮流,思想上开始同情革命党。1902年冬,《苏报》特辟"学界风潮"专栏,常对国内外爱国学生运动进行连续报道;11月16日革命组织爱国学社成立后,《苏报》与之约定,由该社师生撰写论说,一日一篇,报社每月资助学社100元为酬。《苏报》逐步成为资产阶级革命派的舆论工具,一篇一篇地接连发表《释仇满》《汉奸辨》《代满政府筹御汉人之策》《论中国学生同盟会之发起》等鼓吹革命的文章,实际已成为爱国学社的言论机关。1903年5月27日,《苏报》还礼聘该社学员章士钊担任主笔。

1903年5月,邹容所撰宣传革命的小册子《革命军》出版,《苏报》为之作了大量宣传。6月9日,在《新书介绍》栏以《介绍〈革命军〉为题》,评介"其宗旨专在驱除满清,光复中国",并称"若能以此书普

---

① 史和等编:《中国近代报刊名录》,福建人民出版社1991年版,第184页。
② 因为在"苏报案"发前夕,上海道台为查办《苏报》,特意就《苏报》挂日商招牌事问询日本驻沪总领事小田切万寿之助,小田切不认。
③ 参见马光仁《上海新闻史(1850—1949)》,复旦大学出版社1996年版,第141页。

及于四万万人之脑海,中国当兴也勃焉"。当天还刊出章士钊署名"爱读革命军者"的《读〈革命军〉》一文,对《革命军》作了高度评价和充分肯定。次日,全文刊出章太炎为《革命军》所作序言,序中强调"今容为是书……以是为义师先声,庶几民无异志",并对"革命"两字进行解释①。《苏报》的连续宣传,进一步促进了《革命军》的传播、扩大了《革命军》的影响,使其辗转翻印销数逾百万册,对民主主义革命起了很大的鼓吹作用。6月29日,《苏报》在显著位置刊登章太炎《康有为与觉罗君之关系》,"很有说服力地论述了革命的重要性和必然性",文中并以蔑视口吻,直呼光绪为"载湉小丑",使清廷如芒在背。②

自与革命组织爱国学社合作开始革命宣传后,《苏报》的言论即引起清廷官员的密切注意,早就想对《苏报》下手,只因其在租界开办,且曾有日本背景,故不敢轻举妄动。直至1903年6月,《苏报》"排满兴汉之议论,高唱入云"之际,清政府坐立不安,非急谋惩办不可了。6月21日,外务部致电沿江沿海各省督抚,"查有上海创立爱国学社,搜集一群不逞之徒,倡演革命诸邪说",并令其"严密查拿,随时惩办"。③ 同时,专门派人调查清楚《苏报》的背景,排除了因认识障碍带来的对《苏报》"洋旗"背景的忌惮。6月23日,兼署湖广总督端方急电两江总督魏光焘、江苏巡抚恩寿,说《苏报》"系衡山陈编修陈鼎胞兄所开,悍谬横肆,为患非小,能设法收回自开至妙","否则,我办一事,彼发一议,害政惑人,终无了时"。并告之,"此馆初办时挂日本牌,沪道询小田④,不认,即无外人保护,所以可封也"⑤。通过官方问询,得知日方不

---

① 曰:"改制同族,谓之革命;驱逐异族,谓之光复。今中国既亡于逆胡,所当谋者光复也,非革命云耳。容之署斯名,何哉? 谅以其所规划不仅驱逐异族而已矣;虽政教学术,礼俗材性,犹当革者焉,故大言之曰革命也。"参见汤仁泽《"革命言论之枢纽"——〈苏报〉》,《近代中国》(第十四辑),2004年8月。
② 参见方汉奇《中国新闻事业通史》第1卷,中国人民大学出版社1992年版,第491—495页。
③ 中国史学会编:《辛亥革命》(一),上海人民出版社1957年版,第408页。
④ 小田切万寿之助(1868—1935),日本米泽藩人,1896年派驻杭州任二等领事,次年代理日本驻上海总领事,1902年任总领事,1906年辞职回国。参见戴海斌《义和团事变中的日本在华外交官——以驻上海代理总领事小田切万寿之助为例》,《抗日战争研究》2012年第3期。
⑤ 中国史学会编:《辛亥革命》(一),上海人民出版社1957年版,第455页。

认之后，清政府的处置就更加急快了。6月29日，即《苏报》刊登《康有为与觉罗君之关系》一文的当天，上海道台袁树勋、南京候补道台俞明震向租界当局提出控告并开列了通缉人员名单。租界当局同意由工部局出面发出拘票，上写陈范、陈叔畴、陈吉甫、章炳麟、邹容、钱允生、龙积之等名字。拘票名单上，把程吉甫写成陈吉甫，把陈范（叔畴）混写成陈范与陈叔畴两人，"苏报案"主要角色章士钊与吴敬恒却没有列入，由兹可见清朝官吏之颠顸，亦可见清廷对《苏报》"购之甚急"的情况。6月29日，租界当局即派警探到报馆捕人，陈范机智走避，章太炎勇毅被捕，邹容次日投案。[①] 按清吏的预定计划，一是捕人，二是封馆，三是引渡。所以，到报馆捕人后，清廷即谋查封报馆。按照租界法律规定，被拘捕人须在会审公廨中由中外官员会审，确定有罪后才能执行法律制裁。《苏报》没有被当即查封，而是在清吏的多方努力下，得到当时领袖领事美国人古纳（J. Goodnow）的允许后[②]，才在7月7日被封禁。不过，各国对此仍有不同意见，七月九日泰晤士报即称"报馆当行封禁"须在"裁判定罪之后"，委婉批评驻沪美总领事与中国官员合谋行守旧之法，致《苏报》案未断而先封馆。[③] 捕人、封报之后，清吏便力图引渡章太炎、邹容等"《苏报》案"要犯，以予严惩，甚至不惜以出卖沪宁铁路的筑路权作为条件。美国驻沪总领事虽已同意将章、邹二人交华官治罪，但是英国政府从维护其统治租界之"绝对权威"出发没有答应，并在上议院进行过讨论。而恰在此时，北京发生沈荩惨遭清廷残酷杖毙事件，引发中外舆论对清廷的一致谴责，英政府遂坚决拒绝引渡。于是，这场以清政府为原告，以章太炎、邹容等为被告的官司，历时十个月、共开庭七次，

---

① 参见方汉奇《中国新闻事业通史》（第1卷），中国人民大学出版社1992年版，第495—496页。

② 起先允许捕人的也是古纳。

③ 原文曰："现在苏报馆之封禁，或则有恰好之原因，惟我等不能决言之，因此案未经裁判也；即使报馆当行封禁，亦必须在裁判定罪之后行之，今则未断案而先封馆，我等不知其合法否也。美国之国法，本极主张平等自由之权利，现在上海之美总领事乃与中国官员同行此守旧之办法，余等深为惋惜之也。"参见《苏报案始末》，载上海通社编《上海研究资料续集》，上海书店出版社1984年版，第71—83页。

先是在1903年12月24日由会审公廨的"额外公堂"做出判决：章、邹永远监禁，余人均予释放。但是，因民气激昂不服，上海领事团亦有不同看法，经与北京政府交涉后，清政府为免夜长梦多，答应采纳英使馆意见，从宽结案。1904年5月22日由会审公廨复审，当庭改判章太炎监禁三年，邹容监禁两年，自上年到案之日起算，期满后逐出租界。①

由陈范接办特别是与爱国学社合作后的《苏报》与"苏报案"所起作用之大，是很显见的。时人评价道，"上海各报素无宗旨，自《苏报》延革命党章炳麟、吴敬恒为主笔，大张挞伐，旬月之间，增报数千，内地思潮为之大变"②。此论，除了"上海各报素无宗旨"之言，余皆在理。而之后发生的"苏报案"，"对内地所起的打开风气的作用，自然是海外的日本与香港等地难以比拟的"。清政府本欲借"苏报案"扑灭当时国内方兴未艾的革命思潮，结果适得其反，不仅促进了革命思潮的传播，还使其成为万众瞩目的焦点。③ 诚如当时在日本所出《江苏》第四期一时评所生动描述的，在《苏报》案前，《苏报》与《革命军》之鼓吹革命，一般民众尚或不知，但案发之后，众人讨论，报何被禁，章、邹何以被拘，然后知为反满革命，而革命乃因满族荼毒而起，满族实汉族世仇。如此一而十、十而百直至千万……排满主义"遂深入亿万国民之脑中"④。

而从办报言之，此期《苏报》，虽未必为实在之"洋旗报"，即便生驹悦最初在日本驻沪领事馆之注册仍然成立，但在官方交往中，日方后来公然"不认"了。不过"洋旗"的光环，对《苏报》仍然发挥了庇护作

---

① 参见方汉奇《中国新闻事业通史》（第1卷），中国人民大学出版社1992年版，第497—498页。

② 胡汉民：《近年中国革命报之发达》，陈夏红选编，杨天石审订《辛亥革命实绩史料汇编（舆论卷）》，中国大百科全书出版社2011年版，第309页。

③ 参见金冲及《辛亥革命研究》，上海辞书出版社2011年版，第46页。

④ 原文曰："前日之《苏报》与《革命军》，议论虽激，然而阅此报与此书者几何人也？一般之国民固未尝知其所呼号者为何事，其鼓吹者为何事。今日《苏报》之被禁，章、邹之被锢，其势固已激荡于天下。然'《苏报》何以被禁，章、邹何以被锢'之一问题，出诸于一般国民者必多，则必应之曰：为逐满故。何为而逐满？则又必应之曰：为汉族受满族之荼毒已不胜其苦，满族实汉族之世仇故。以此而互相问答，一传十，十传百，百传千万。于是，排满之主义，遂深入于四万万国民之脑髓中。"参见季子《革命其可免乎》，《江苏》1903年第4期，社说。

用，即在其革命宣传初兴时，颇使清吏忌惮而不敢贸然封禁，直至通过官方问询，确知日方"不认"了后，才放手为之。此对后来革命派的办报无疑有着重要启示，所以之后的《国民日日报》及再后之"竖三民"报，都想到了挂"洋旗"办报的办法。而"苏报案"的交涉，使清政府颇觉棘手，虽然捕人、封报俱已实现，但是引渡"要犯"并加以重惩之图，即便出让利权、多耗劲劳神，终归是徒呼奈何，并由此留下后遗症。在《苏报》停刊三十二天后，上海又现《国民日日报》，且宗旨与《苏报》相同，规模则有过之，虽惹清吏注意，但因有前车之鉴，"竟然没有封禁拿人的勇气，只主张禁人买看"了。[①] 由兹可见，《苏报》及"苏报案"于当时报业之影响。

（二）《苏报》第二：《国民日日报》挂"洋旗"续志

"苏报案"虽使革命派在上海的宣传工作暂时受挫，但仅出一月，由《国民日日报》开始，一批革命派报刊陆续创办起来。而且，有了《苏报》的经验与教训，《国民日日报》等办报更加小心，也更讲究策略。

《国民日日报》（*The China National Gazette*，1903年8月—1903年12月），是上海革命党人在《苏报》被查封后创办起来的当时最重要的一份革命报刊，1903年8月7日创刊于上海，社址在上海英租界二马路中市。该报由留日学生、军国民教育会经理谢晓石集资创办，并以高茂尔（A. Gomoll）名义在英国领事馆注册，由英籍华人卢毅（和生）任发行人，章士钊主编，参加编撰工作的有张继、何梅士（靡施）、陈去病、金天翮（松岑）、高旭、刘师培、陈由己（陈独秀）、苏曼殊等。这些编撰人员来自两个方面，一是前中国教育会与爱国学社成员，如章士钊、张继、何梅士、陈去病、金天翮等，其中章、张、何都曾参加《苏报》笔政；二是回国不久的留日学生，如陈独秀、谢晓石、苏曼殊等，他们都是留日学生革命团体青年会成员。[②]《国民日日报》"主张与《苏报》同，而篇幅及取材则较《苏报》为新颖"，"发刊未久，风行一时，时人咸称

[①] 《苏报案始末》，载上海通社编《上海研究资料续集》，上海书店出版社1984年版，第71—83页。

[②] 参见方汉奇《中国近代报刊史》，山西教育出版社1981年版，第255页。

为《苏报》第二"①。

《国民日日报》继承了《苏报》宣传革命的宗旨，拒用清朝正朔，改用黄帝纪元。② 其由陈独秀、章士钊合撰的发刊词，③ 引述松本君平阐释的"第四种族"理论，大谈林肯为记者而后有释黑奴之战争，格兰斯顿为记者而后有爱尔兰自治案之通过，等等。④ 虽然不及《苏报》那般直露，但也反映出其为革命办报的指导纲领与编辑理念，也可见其继承《苏报》革命遗志与经验的同时，在当时环境下的一种奋进策略。

其办报策略，首先便是挂"洋旗"办报。从戈公振（1927）开始，历代学人都在中国新闻史著述中提出并肯定了《国民日日报》挂"洋旗"办报的策略，不过对于出面之"洋旗"，所见却略有不同。戈公振提出，《国民日日报》"为《苏报》中人所发起，由外人高茂尔（A. Gomoll）出面"。此说大体不错的，因为《国民日日报》从第一号到第七号，都在报头印有"Published by A. Gomoll at the Office of the China National Gazette"字样。而冯自由在《上海〈国民日日报〉与〈警钟报〉》中，则说"因虑易招清政府仇视，乃以广东东莞人卢和生为发行人"，"盖卢系英国海军工程毕业之老留学生，自幼生长香港，曾任《上海西报》记者有年，《国民日日报》可用其名在英领署注册，以避免清吏鱼肉也"。⑤ 陈万雄对冯说持疑，认其"以卢和生为发行人，似亦不确"，"卢和生与《国民日日报》曾起争端，卢致函该报称'贵报'，可见卢非该报社中人"。不过，陈又依有关记载称，"卢初或曾预《国民日日报》并办事，引起'私仇'，然其后则非报社中人"⑥。虽然陈之持疑有故，不过，恰从另一层面肯定了冯自由之说。即按陈说判断，卢和生曾参与该报事，是为不错的了。而

---

① 冯自由：《革命逸史·上》，金城出版社2014年版，第96页。
② 参见方汉奇《中国新闻事业编年史·上》，福建人民出版社2018年版，第131页。
③ 参见陈长松《〈国民日日报〉发刊词作者考》，《新闻春秋》2014年第3期。
④ 参见马光仁《上海新闻史（1850—1949）》，复旦大学出版社1996年版，第238页。
⑤ 冯自由：《革命逸史·上》，金城出版社2014年版，第96页。
⑥ 陈万雄：《新文化运动前的陈独秀：一八七九至一九一五》，香港中文大学出版社1982年版，第55页。

对戈公振与冯自由关于《国民日日报》"洋旗"之不同说法，方汉奇在《中国近代报刊史》中提出质疑，并说"高茂尔和卢和生是否即系一人，不清楚，并志于此"①。在之后著述中，如方汉奇主编的《中国新闻事业通史》中，则将两说并置，即认"卢和生担任发行人"，"为避免清政府干涉，以发行人高茂尔的名义在英国领事馆注册"；② 在《中国新闻事业编年史》中则提出，"聘请英人高茂尔（A. Gomoll）担任名义上的发行人"，卢和生则是担任编撰工作者之一。③ 两种主张相龃龉，前说认卢和生即高茂尔，后说则认作两人，在《国民日日报》中承担两角色。不过，这恰恰体现了方先生在《中国近代报刊史》中的质疑，卢、高"是否即系一人，不清楚，并志于此"。而马光仁《上海新闻史》中则只提到，由"原出面接盘《苏报》馆的英籍华人卢毅（和生）任经理"④，其文后之意，是否即认高茂尔（A. Gomoll）为卢？不甚确切。而刘家林《中国新闻史》中，则明白地将两者合二为一了，称《国民日日报》"由曾在英国留过学的卢和生用外国人'高茂尔'（A. Gomoll）的名义在英领署注册发行"⑤。可见，对《国民日日报》之"洋旗"看法，认识轨迹是，由最初的两说开始，到方汉奇之疑为同一人，至确认其为同一人。

从相关资料来看，卢、高为同一人之说是可成立的。戈公振等都认卢和生为《国民日日报》之发行人，而卢曾留学英国并加入英国籍。《江苏》曾撰文称："卢和生入英国籍而为本国之外国流氓者也"，"继其不安本国之外国流氓之地位，而欲为本国之维新志士，乃于今春来上海，《苏报》被禁时，彼谓人曰：'吾欲复之'，嗣诉情于驻沪英领事，英领事不之理，遂弃其初志"，"自是流寓海上，一无所事"，文中并称卢"与《国民日日报》有私仇"。⑥ 由该记述可以推知，《苏报》被禁之后，卢和生谋"欲复之"曾与英领事交涉，这自必引起原《苏报》人士的注意与认

---

① 方汉奇：《中国近代报刊史》，山西教育出版社1981年版，第272页。
② 方汉奇：《中国新闻事业通史》（第1卷），中国人民大学出版社1992年版，第501页。
③ 方汉奇：《中国新闻事业编年史·上》（第二版），福建人民出版社2018年版，第131页。
④ 马光仁：《上海新闻史（1850—1949）》，复旦大学出版社1996年版，第238页。
⑤ 刘家林：《中国新闻史》，武汉大学出版社2012年版，第276页。
⑥ 《鸣呼卢和生借异种欺同种》，《江苏》第6期。

同，同时可知，卢在急切地寻找机会。另外，当时"清政府仇视"革命报刊，新办报刊需要借助外力以逃避清政府的迫害。所以，在当时情况下，两者有合作的空间与可能。而为了增强说服力，在英驻沪领事馆注册时，特使用外国名字 A. Gomoll。[①] 而从最初七期《国民日日报》报头刊有"Published by A. Gomoll at the Office of the China National Gazette"信息，之后再没出现的情况来看，说明只是借用其亮明"洋旗身份"而已。而后来，卢和生与《国民日日报》有私仇，并分道扬镳。所以，如陈万雄所说，卢和生"初或曾预《国民日日报》"但后来"引起'私仇'"，然后"则非报社中人"了。报头短暂出现发行人英文信息情况，而没有长期刊登，说明该报仅以"英人为名义"发行人，卢和生在报馆中没有切实地位，未受重视，这也从另一角度说明卢与《国民日日报》"私仇"之来由。不过，再深究下去，卢和生之所以未受重视，恐怕与其"欲为本国之维新志士"有关，因《国民日日报》是以革命宣传为旨归的，一维新、一革命，主义不同，《国民日日报》自不会重视卢，而卢"流寓沪上，一无所事"，欲谋任事迫矣，热情参与《国民日日报》发刊而后竟未获切实地位，此隙必至"私仇"，直至后来卢成为"非报社中人"。

宣传策略上，《国民日日报》注意汲取《苏报》"仓促被封的经验教训，不'为爆炸性之一击'，不作孤注一掷的宣传"。自发刊词至社评论说，"论调之舒缓，即远较苏报之峻急有差"[②]。在宣传手法上，尽量采取冷静态度，避免采用明显的激烈文字，采用迂回曲折方式宣传革命。[③]"如何把原则的坚定性和策略的灵活性很好结合起来，这是处于反动统治下革命报纸应该解决的一个重要课题"，《国民日日报》"在这方面迈开了可贵的一步"。[④]

办报技巧上，《国民日日报》注意译载外报外论，借外国人之口与笔说话。《国民日日报》创刊之时，"苏报案"正在审理之中，而北京又发

---

① 参见祖艳《〈国民日日报〉研究》，硕士学位论文，山东师范大学，2008年。
② 章行严（士钊）：《苏报案始末记叙》，中国史学会主编《辛亥革命（一）》，上海人民出版社1957年版，第387页。
③ 参见刘家林《中国新闻史》，武汉大学出版社2012年版，第277—278页。
④ 余家宏、宁树藩、叶春华主编：《新闻学基础》，安徽人民出版社1985年版，第299页。

生了杖毙沈荩之事,所以该报用大量篇幅集中记述了这两大案件。相关报道文章后来收入《〈国民日日报〉汇编》中的共有 100 多篇,其中有关"沈荩案"的 30 余篇、关于"苏报案"的有 70 余篇,内容有消息报道、纪念诗文与轶闻逸事等,而且特别注意译载外报外论,"借外国人的口和笔,选载编者想说的话,不足之处就稍加一两句按语"。"这样的战斗艺术,显然比《苏报》时赤膊上阵的做法成熟了。"①

虽然注意策略,讲究刚柔相济,但《国民日日报》毫不隐讳其革命立场与勇毅精神。《国民日日报》在清政府加强言论控制,勾结上海租界当局对《苏报》与"苏报案"报人厉行迫害的时候问世,其创刊距《苏报》被封仅 32 天,距报人沈荩被害仅 7 天,而其时对章太炎与邹容等的审讯还在进行之中。在此险恶环境下毅然出版,足见其坚毅果敢,也表现了《国民日日报》同人的威武不屈、前仆后继的果敢献身精神。

《国民日日报》拒奉清皇正朔,改用黄帝纪元,称清朝统治者为"独夫民贼""北敌",指责清朝统治者维护的封建政体是"以民为畜类""任凭作弄"的"专制政体"。在发刊词中,《国民日日报》公开标榜其办报目的,是为"图国民之事业",是由于"当今狼豕纵横,主人失其故居,窃愿作彼公仆,为警钟木铎,日聒于我主人之侧,敢以附诸无忘越人之杀而父之义,更发狂呓,以此报出世之期,为国民重生之日"②。

《国民日日报》内容比《苏报》更丰富,设有"社说、讲坛、外论、中国警闻、政海、学风、实业、短批评、世界要事、地方新闻、新书评荐、南鸿北雁、世界之奇奇怪怪"及"谈苑、文苑、小说"等专栏。③ 创刊一个月,即发刊附张《黑暗世界》,请连横主持,以文艺笔墨揭露清廷劣迹和社会黑暗面。每期《黑暗世界》报头,都衬以漫画。如 1903 年 10 月 11 日刊出的讽刺漫画《两面人》,即是鞭笞原《湖北学生界》主编之一的留日学生王璟芳投靠端方被恩赏举人一事的。《黑暗世界》还就该画征诗,以扩大对变节者进行谴责的力度。《黑暗世界》还曾连载长篇小说

---

① 马光仁:《上海新闻史(1850—1949)》,复旦大学出版社 1996 年版,第 239 页。
② 王佩良:《江苏辛亥革命研究》,博士学位论文,湖南师范大学,2004 年。
③ 参见史和等编《中国近代报刊名录》,福建人民出版社 1991 年版,第 217 页。

《南渡录演义》，借宋人抗金的历史故事，进行反满宣传。

《国民日日报》以宣传民主、恢复民权、反对专制为宗旨。一是注意声援革命派报刊报人、革命者及其革命活动，控诉专制政府的迫害行径。对《苏报》被封的经过及"苏报案"审讯情况进行连续报道，并发表章士钊所撰之题为《苏报案》的长篇述评，控诉"野蛮腐败政府"对章、邹的迫害，借此积极声援《苏报》的斗争。而黄炎培在南汇发表反清演说被捕后，《国民日日报》极力支持黄的革命行动，抨击清政府地方当局摧残言论自由。黄经保释出狱后，《国民日日报》特发章士钊所写时评《南汇之风云》为之欢呼。"沈荩案"中，《国民日日报》详细报道沈荩被廷杖致死的惨况，并发表不少悼念诗文，借以揭露清廷之凶残，激起读者对"为国民之疫神"封建"专制政体"的仇恨。二是发表许多评论文章，根据大量史料，阐发"华夷之辨"和反满的种族思想，鼓吹"破坏"、"强盗主义"与"奴隶"解放，对封建的意识形态，包括封建神权、君权和伦理道德观念，展开批判。在《革天》《道统辨》《王船山史说申义》《箴奴隶》《中国古代限抑君权之法》等文中，响亮提出"人定胜天"的口号，谴责"使臣民柔顺屈从"的纲常名教，谴责充当封建君主"养育各项奴隶之乳妪"之程朱理学，向封建礼教发起冲击，表达了资产阶级革命派要求突破封建牢笼的迫切心情和对资产阶级自由民主的渴望。三是对改良派及其宣传活动进行讥评调侃，揭发保皇会在南洋、美洲一带招摇撞骗的丑行，宣布被门徒尊为"经师、策士、宗教家、教育家、文学家、政治家、全知全能之一大圣人"的康有为，不过是欺世盗名的"江湖运动家"；嘲讽戊戌时期以鼓吹改良而风靡一时之《盛世危言》，亦不过是"徒供江湖派谈洋务之资助"和"八股家作策论之材料"；告诫读者要警惕《新民丛报》"耸动一时人士之动听"的宣传，特别是关于"立宪"的宣传。[①]

《苏报》封禁不久、"苏报案"还未审结，《国民日日报》就公然承其血统面世，对此清政府甚是惊恐；而《国民日日报》创刊后，鼓吹革命，反对改良，不遗余力地抨击清廷，则使清廷忌恨之极。但鉴于"苏

---

① 参见方汉奇《中国近代报刊史》，山西教育出版社1981年版，第256—257页。

报案"办理之棘手,清政府不敢再贸然捕人封报。所以,两江总督魏光焘在《国民日日报》创刊不久所下之禁报令中,虽然咒骂其"妄肆蜚语,昌言无忌,实属执迷不悟,可恨已极",但也只能通知所属府州县厅,在长江一带严禁"寄售"与"买看"。北京的外务部,则行文总税务司,令之对《国民日日报》进行禁邮,要其"转知邮政局,毋得代寄",以"杜其销路,绝其来源"。外人把持的总税务司(其时中国邮政由总税务司代管)却答复道,已"通饬各口邮局,遇有皮面书明《国民日日报》交局,概不准其收寄",但"唯查如此禁寄防不胜防,实属不妥。查此项日报系在中国印行,前数月《苏报》馆既由中国官宪封闭,《国民日日报》似可一律由官宪查封,方为清源之法"。又将皮球踢回清政府,结果自是不了了之。①

《国民日日报》虽然未被扼杀于清吏之手,不久却因馆内的内讧而闭馆。据称,当时逃罪至澳门的广东某县县令斐景福,派人来沪嘱买各报作有利于他的宣传。《国民日日报》经理部主张接受,编辑部却反对,双方大起争执,卒致各向外国公堂提出诉讼。后来虽经调解各允消除芥蒂,但原投资人已心灰意冷不愿继续支持,报故难以为继。② 1903 年 12 月 4 日《国民日日报》刊《特别社告》称:"本报发行四月,颇蒙诸君之所欢迎。同人才力绵薄,知识简陋,内容之不齐,深负诸君子之望,良用疚心。今因特别事故,暂行停刊。"此时,"苏报案"尚未最后判决,《国民日日报》却因内讧而停刊了。

(三)《民吁日报》等挂"洋旗"刊行的革命进步报刊

此期革命派挂"洋旗"办报的,还有"竖三民"中的《民吁日报》(上海)、重庆的《重庆日报》及汉口的《楚报》,其中《民吁日报》影

---

① 参见马光仁《上海新闻史(1850—1949)》,复旦大学出版社 1996 年版,第 240 页。
② 参见马光仁《上海新闻史(1850—1949)》,复旦大学出版社 1996 年版,第 240—241 页。冯自由对这次内讧及其影响的记载是:"未几报中经理编辑两部,忽因权限问题,大起争执,卒致各向外国公堂提出诉讼,经在沪同志冯镜如、叶澜、连梦青、王慕陶诸人奔走调处,仍难收效。香港《中国日报》社长陈少白闻之,以同党内哄,有碍大局,特亲至上海设法和解,并设宴邀集沪上诸同志联络感情,卒由双方各允息事而止。然《国民日日报》经涉讼风潮,竟致停刊。和解后虽欲重整旗鼓,亦已大伤元气,更无复版之望矣。"参见冯自由《革命逸史·上》,金城出版社 2014 年版,第 96 页。

响最大。学人著述中还提到《神州日报》挂"日商"招牌办报的情况,①但殊为遗憾,仅仅是提到,没有详细信息可考。其实当时,或有更多挂"洋旗"办报的革命派报刊或倾向革命的报刊,只是因留存资料缺乏所限,故难以查考。

《民吁日报》(1909年10月3日—1909年11月19日),系于右任所办"竖三民"报中承前启后者,与《神州日报》《民呼日报》一脉相承,而在办报策略上又有开新。

1907年4月2日创刊的《神州日报》,是继《警钟日报》被查封后革命党人在上海创办的重要机关报。"但《神州日报》并没有以'党报'自许,它挂日商牌子。"② 于右任为总理,杨毓生(笃生)任总主笔。《神州日报》不奉清廷正朔,而以公元及干支纪年。于右任等人以"函三"为笔名合写的发刊词称,"挥政客之雄辩,陈志士之危言,澡雪国魂,昭苏群治,回易众听,纪纲民报,较之仰天独唱,众心不止者,厥用益宏焉",与"顾瞻周道,鞠茂昌以无时;惆怅新亭,庶横流之有托;此神州日报之所为作也"。但鉴于《苏报》及"苏报案"的经验教训,《神州日报》为了避免授人以柄,一是不公开标榜自己为革命派言论机关,二是所有时政批评,多用旁敲侧击手法,"以沉郁委宛见长",意内言外,不露锋芒。③ 不过,《神州日报》的革命倾向是明显的。一是报名隐含有反清的思想,二是不奉清帝正朔,三是在关键时刻能够挺身而出发表尖锐的意见。其新闻,则在"有闻必录"口号的掩护下,详细报道各地武装起义情况,给革命运动以舆论支持。④ 可惜,刊行仅37天即为隔壁"祥兴琴行"失火所殃及,遭受火灾,"除同人生命无恙外,所有一切悉数被火毁",停刊一日后,请商务印书馆代印,勉力维持至6月20日,于右任因无力恢复而退出。⑤

---

① 参见方汉奇《中国近代报刊史》,山西教育出版社1981年版,第602页。
② 马光仁:《上海新闻史(1850—1949)》,复旦大学出版社1996年版,第319页。
③ 参见方汉奇《中国新闻事业编年史·上》(第二版),福建人民出版社2018年版,第227页。
④ 参见方汉奇《中国近代报刊史》,山西教育出版社1981年版,第478—479页。
⑤ 参见方汉奇《中国新闻事业编年史·上》(第二版),福建人民出版社2018年版,第353页。

之后，经多方努力，历时十月余，于右任重新集资，募得股款六万元，于 1909 年 5 月 5 日在公共租界再创《民呼日报》，日出对开四大张，馆设山东路望平街 160 号，于右任自任社长，范光启、徐天复、吴宗慈、王无生、戴天仇、周锡三等协助编撰工作。《民呼日报》标榜以"大声疾呼为民请命"为宗旨，① 从创刊开始，即"集中力量，揭露当时的社会黑暗面，特别揭露清廷官吏的腐败"，"特别支持当时各地就路矿问题而发展成争主权的斗争"②。其带有副刊性质的"丛录"部分，还发表不少鼓吹民族革命的慷慨淋漓的旧体诗词。言论比《神州日报》更为激烈。《民呼日报》对时政的放言批评，对官吏腐败的抨击，对官场黑幕的揭批，招致了当权者的嫉恨。被其揭露侵吞救灾赈款的署理陕甘总督毛庆藩等，诬指在《民呼日报》办公的甘肃筹赈会有侵吞赈款嫌疑，向上海公共租界当局提出控告。接着，安徽铁路公司候补道朱云锦、已故上海道蔡钧家属、新军协统陈德龙等，也以"毁坏名誉"为由提出指控。③ 公共租界会审公廨予以受理，拘捕了于右任。经十四次研讯，查明侵吞赈款之说并无实据，但 9 月 8 日结案时仍蛮横地将于佑任"逐出租界"，并要求于具结：今后不得"借开报馆，不安本分"。8 月 14 日《民呼日报》出最后一期后，这份存世仅 92 天的报纸，就这样在中外反动势力的联合绞杀下停刊了。④

于右任为革命办报矢志不渝。《民呼日报》被迫停刊不久，刚被逐出公共租界、避居法租界一家法商旅馆的于右任，立即着手筹办《民吁日报》：办理《民吁日报》的登记和《民呼日报》的过盘手续。1909 年 9 月 27 日，于右任在上海各报刊登启事宣布，"《民呼日报》一切机器等物过盘转让给《民吁日报》，由《民吁日报》承接经理"⑤。这样，距《民呼日报》停刊不到两月，距会审公廨的非法宣判才二十来天，即 1909 年 10 月 3 日，《民吁日报》在上海创刊，社址仍设在山东路望平街 160 号，机器设备也都是《民呼日报》旧物。只是注册地点改在法国驻沪领事馆，

---

① 《民呼日报特别广告》，《申报》1909 年 5 月 5 日。
② 马光仁：《上海新闻史（1850—1949）》，复旦大学出版社 1996 年版，第 240—241 页。
③ 参见余衍玉、马亚丽《吹倒大清王朝的政论文风》，《文史精华》2003 年第 10 期。
④ 参见方汉奇《中国近代报刊史》，山西教育出版社 1981 年版，第 482 页。
⑤ 刘家林：《中国新闻史》，武汉大学出版社 2012 年版，第 290 页。

由法国人博仕律师出面在上海法总领事署注册,①托为"法商"报,并在上海的日本邮局登记发行,通过利用几个租界各自为政的空子,取得了合法出版的地位。

在筹办《民吁日报》时,于右任特地撰写了发刊《宣言书》。在《宣言书》中,于右任激动地写道,"予将手执斑管以经营八表兮,用求坠鼎而复我金瓯;彼邦人父老有以教予小子兮,同协尔力以力扼此横流",表达了其愿为民主革命事业继续挥笔战斗的决心。②但是,由于刚被租界当局驱逐,于右任不便立即公开出面,故委托朱少屏(葆康)、范光启、景耀月、王无生、周锡三、杨千里、谈善吾等代为主持,并以朱少屏担任名义上的发行人,范光启为社长,景耀月任总编辑。于右任则在《民吁日报》创刊不久,到日本为报纸筹募经费去了。③

《民吁日报》初出四大张,后增至五大张,新闻与广告各占一半,各版安排与《神州日报》《民呼日报》大体相近。创刊不久,即对日本帝国主义的贪婪野心与侵略行径进行揭露和谴责。创刊十八天即刊出《日工殴打学生之风潮》(10月21日)的报道,揭开反日宣传序幕,之后连续刊载《贼之头目均是日本人》(11月2日)④等新闻和评论,严正揭发日本在东北恣肆之种种暴行。⑤当年10月下旬,伊藤博文⑥在赴俄访问途中,到中国东北进行阴谋活动。《民吁日报》对其行踪严密注视,10月26日发表消息《伊藤满洲行之阴谋》,以引起国人注意与警惕。发文当天早晨,伊藤在哈尔滨火车站被朝鲜青年安重根击毙。这是当时轰动日本、亚洲与世界的大新闻,上海各报多不敢及时报道,《民吁日报》却在次日以整版报道这一惊人消息,并附伊藤画像,专门发表"社说"《闻伊藤公噩耗之杂感》,以揶

---

① 参见傅世杰《论"孤岛"时期上海"洋旗报"的历史作用》,《同济大学学报》(社会科学版)1998年第4期。
② 余衎玉、马亚丽:《吹倒大清王朝的政论文风》,《文史精华》2003年第10期。
③ 参见方汉奇《中国近代报刊史》,山西教育出版社1981年版,第483页。
④ 另有:《驳日本报之僻论》(11月6日)、《请看日本排中国货》(11月12日)、《日本人又不文明》(11月16日)等。
⑤ 参见方汉奇《中国近代报刊史》,山西教育出版社1981年版,第484页。
⑥ 日本前首相、策划甲午战争的战犯、侵略中国和朝鲜的元凶。

揶揄调写道:"吾更不能不深幸伊藤公之能得死所也","以伊藤公之耄荒淫佚,使其醇酒妇人、死于锦茵细毡之上,曷有于身后之令誉?""死贵能择地,若伊藤公者,可谓能择死所矣"①。后又连续发表二十多篇评论和报道,热烈赞扬爱国志士安重根的英勇行为,称其为"血性男儿","既坚且烈";而称伊藤被刺乃罪有应得,并以"大浑蛋""老怪杰""可怜儿""淫昏"的歌舞英雄等称之,进行辛辣的揶揄和嘲讽。围绕伊藤的中国之行及其被刺事件,《民吁日报》进行系列报道与评论,形成了反对日帝的一个宣传高潮。后又发表评论文章,②揭露、抨击日帝企图与沙俄攫夺我锦齐铁路路权的奸谋。从10月21日开始,至11月19日,持续近一个月里,累计发出62篇指责、声讨日帝的稿件,版面集中,很有声势。③

《民吁日报》这样的宣传报道,引起了日帝的恼怒与干涉。十一月初,日本驻沪总领事松冈即以"任意臆测、煽惑破坏、幸灾乐祸、有碍中日邦交"为词,照会上海道蔡乃煌,要求惩办《民吁日报》。蔡对之奉命唯谨,会同上海租界当局,于11月19日查封报纸,并拘讯社长范鸿仙。《民吁日报》被查封,在社会上引起强烈反响。被封当天,就有人贴出揭帖表示抗议。之后连续几天,都有人在报社门前贴出"吊词",拈香痛哭以示哀悼。江北旅沪学界高骧、周祥骏等200人曾联名致电清政府民政部,请准恢复出版。日本及中国香港等地读者也纷纷给清朝地方政府打来电报,以"炸药、手枪"相威胁,要求立即启封。④ 由此可见,该报社会影响之一斑。但是,清政府并不为之所动。后经几次审讯,由租界会审公廨判决:《民吁日报》"永远停止出版","机器不准作印刷报纸之用"⑤。就这样,

---

① 刘家林:《中国新闻史》,武汉大学出版社2012年版,第291—292页。
② 如《论中国之危机》《锦齐铁路与远东和平》等。
③ 参见方汉奇《中国近代报刊史》,山西教育出版社1981年版,第485—486页。
④ 参见明清档案馆藏清民政部档案,编号1509/519。
⑤ 参见1909年12月30日《时报》。此前,清政府上海道还发过以下牌示:"照得《民吁报》宗旨不正,所著论说类多臆断,挑动中日衅隙,损碍两国邦交,既为日本领事所持,故饬令封禁,实属咎由自取。该报本托法商出面挂号,交法国书信馆及日本邮便局递寄各埠销售,本未到道请领执照。初则乞怜外人,以图抵制中国,被封之后,又复百出其技,鼓动多人胁制本道启封。本道既恶其诳张,外人亦嫌其反复,弄巧成拙,何能照准。为此牌示诸色人等一体知之,特示"。参见1909年11月28日《时报》。转引自方汉奇《中国近代报刊史》,山西教育出版社1981年版,第497—498页。

《民吁日报》在出版48天后，被封禁停刊了。

因会审公廨判决机器设备不准作印刷报纸之用，于右任再想变相出版报纸也无可能了，只好忍痛将机器等物售与商务印书馆，另谋他法从头做起。后历时近一年，在上海中国区商会会长沈缦云等人①的襄助下，于右任集资10万，再接再厉，于1910年10月11日创办起《民立报》。从"民呼""民吁"到"民立"，三报皆以"民"字打头，表明其一脉相承的关系，而《民吁日报》于中承前启后，传承为革命办报之志。此后，《民立报》则吸取《民呼日报》《民吁日报》仓促被封的经验，在刚创刊时，即采取稳健办法，含蓄宣称其办报宗旨只是"唤起国民责任心"，"造成国民正当的言论"，锋芒内敛。不过，作为革命派的喉舌，其基本态度仍是革命的。

《重庆日报》，1904年10月17日创刊于重庆。为预防地方官的摧残起见，特邀日本人竹川藤太郎担任名义上的社长②，实际负责人是具有革命倾向的卞鼒（小吾），另有肖九垓、燕梓材、周拱极等参与报务，创办资金由卞小吾变卖家产而来，社址在重庆方家什字麦家院。1905年6月1日卞小吾被捕后，无人主持，报社自动歇业。③

创办人卞小吾（1872—1908），四川江津（现重庆渝西）人，出身封建大家庭，1888年中秀才，但不热衷科举，喜交流，追崇黄宗羲学说，读《明夷待访录》，为其爱国主义与朴素的民主主义思想所感动。1897年离江津到重庆，结识杨沧白、朱之洪与田心澄等人，组织"游想会"，议

---

① 其他还有庞青城、孙性廉、张人杰等，都是在上海的江浙资本家，但沈缦云的投资最多，他一人认股两万元，垫资三万元，成为《民立报》最大股东。据《沈缦云先生年谱》1910年条。

② 关于《重庆日报》资金有两说，中方资料说，是卞小吾变卖祖产充作资金，为避清政府迫害而请日人竹川藤太郎充任社长；日方资料则说，是竹川在德丸作藏领事援助下从中国人刘某处获得资金，召卞小吾任主笔。参见郑匡民《明治时期日本在中国经营的中文报刊》，《西方思想在近代中国》，中国社会科学院近代史研究所，2005年12月（中国会议论文集），第391页。当时情况，除了办《重庆日报》，卞小吾还出资办东华火柴厂、东文学堂、女工讲习所，其东华火柴厂亦请日人竹川昌信出面经营。而且在卞小吾被捕之后，《重庆日报》也就被迫停刊了。所以，《重庆日报》应为卞小吾所办。

③ 参见史和等编《中国近代报刊名录》，福建人民出版社1991年版，第263页。

论时政，探索救国之道。① 其时，革命处酝酿准备阶段，卞小吾接受杨、朱等好友劝嘱，赴省外各地观察形势，联络活动。② 1902 年赴京，见当道权贵"皆暮气已深"，"非木偶，即汉奸"，遂《致友人书》愤激浩叹，进而坚定革命救国之志。是年冬，由京赴沪，结识汪康年、马君武、谢无量、章士钊、冯自由等人，与之畅谈国是，并积极地参加蔡元培领导的爱国学社活动，每周张园集会必至，聆听革命人士反帝反清演说之后，大受激励。③ 而《苏报》馆主陈范，捐产办报，宣传革命，令其感奋不已，引为学习榜样。1903 年 6 月，"苏报案"发，章太炎、邹容被构陷下狱，全国舆论沸然。卞小吾深敬章、邹二人爱国精神，托友人引见，三次前往狱中探望，并与密商革命宏略。章、邹示意，西蜀边陲之地，中外反动势力薄弱，而当地民气甚高，反清灭洋运动此起彼伏，亟须宣传引导以壮革命声势，劝其早日返川谋划，必有可为。卞深以为然，于 1904 年春返渝。为传播革命思想，冒险将邹容《革命军》、陈天华《警世钟》及《苏报案纪实》等书籍购回数百册，在青年知识分子中传播；同时决效法陈范，办报宣传革命，并拟兴实业救国。因经费难筹，遂与兄长商定，将江津祖产变卖，获银 6000 余两，作为事业开办之费。

因清吏奉谕对革命党人严加防范，对报刊宣传尤甚。为避免官府阻扰与压制，卞小吾开办事业都身居幕后，而请日人出面。如其出资开办的东华火柴厂④，由竹川昌信出面负责；创办《重庆日报》，则请竹川藤太郎出面任社长，自己仅以报社记者身份活动，以掩人耳目，避免清政府找麻烦。

"洋旗"竹川藤太郎（1868—1911），18 岁时到东京一所私立学校任汉语教师，1888 年 4 月首次来华，游历长江一带，同年秋赴美，与友人创办《十九世纪新闻》与《远征》杂志，致力于宣扬、鼓吹殖民地事业。在美十年后回国，在榎本武扬支持下创立东洋烟草合资会社。1900 年，放弃烟草生意，以《日本》报的特派记者身份随军来到天津，此后又到

---

① 参见王绿萍《醒愚氓痴梦的〈重庆日报〉（上）》，《新闻研究导刊》2010 年 2 月下。
② 参见朱苏《广益丛报和重庆日报简介》，《新闻研究资料》1983 年第 5 期。
③ 参见朱苏《广益丛报和重庆日报简介》，《新闻研究资料》1983 年第 5 期。
④ 由卞小吾出资 2.8 万，在巴县开办。参见隗瀛涛等《四川近代史》，四川省社会科学院出版社 1985 年版，第 353 页。

天津从事贸易活动。1902年与弟竹川昌信同至上海,其在旧金山时之好友小田切万寿,时任日本驻沪总领事。当时上海有日侨2000多人,是日本在华的活动据点,却没有一份日文报刊,且日俄战争在即,一旦爆发需要报纸传递信息。小田切遂与竹川商定,于1903年12月26日创办日文周刊《上海新报》,并由竹川撰写了《发刊辞》。竹川还在《上海新报》第一期发表《大陆文学》。从其所撰《发刊辞》与《大陆文学》看,"竹川对日本在中国各方面的势力不如欧美列强而深感忧虑","他要用办刊物,提倡'大陆文学'的方式来号召国人,振奋精神,以与欧美列强试比高"。①

时在上海的卞小吾,"通过杨沧白等人介绍,认识竹川藤太郎,竹川对中国青年反满爱国活动,向表同情"②。卞小吾与竹川建立起了较密切的关系,在《上海新报》创刊时,卞小吾特作七律诗两首相贺,刊登在《上海新报》创刊号上。诗中表示,"他们相约要翻译东西洋实业诸书,共谋发展农工商业,并将日本的文明输入中国"③。可见二人有志同道合之处,所以后来发创《重庆日报》时,卞小吾即想到利用当时清吏大多畏惧洋人的心理,"特商请竹川出面担任《重庆日报》社长",除供给伙食外,还在社内专辟一室供其住宿,"借作掩护"。竹川也同意尽力相助,"承担对外责任"。故《重庆日报》创刊后,外界不明就里,还以为是日本人在渝所办。④

《重庆日报》每期四小张单面印刷,逢"礼拜一及日清两国大祭日休刊",从创刊号来看,报头上方有三种纪年法,即"大清光绪三十年九月初九日""大日本明治三十七年十月十七日""西历一千九百零四年十月十七日"。版面安排,一版上方报名居中,上书"THE CHUNGKING DAILY NEWS",报名及其英文均加花边。报名右方是报价,"每张售制钱12文",还有"预付价目""外埠定阅价目",并有"如购十份以上者九五折,三十份以上者九折,六十份以上者八五折,一百份以上者八折"的

---

① 王绿萍:《四川近代新闻史》,四川大学出版社2007年版,第215页。
② 朱苏:《广益丛报和重庆日报简介》,《新闻研究资料》1983年第5期。
③ 王绿萍:《四川近代新闻史》,四川大学出版社2007年版,第215页。
④ 参见朱苏《广益丛报和重庆日报简介》,《新闻研究资料》1983年第5期。

说明。报名左边是"广告预付价目",及"发行所四川省重庆府定远碑街重庆日报社主干竹川藤太郎"与"发卖所及账房重庆白象街东华公司内支局"字样。报头下方,整版是署名竹川的《发刊之辞》。二版是转一版之《发刊之辞》,中央是署名"蜀蜷"的《祝辞》,以及署名"蜕馀"与"黄族一青年"的《祝辞》,与关于日俄战争的一些报道。三版仍有日俄战争报道及中外新闻等。四版是"世界杂俎""本埠新闻"和副刊性的"隐语问答",以及类似读者来信的"天声人语"等栏目与广告。①

从发表的社说、评论、新闻报道文章等来看,《重庆日报》所关注的主要问题:一是关系四川人民生死安危的铁路问题②。此时,《重庆日报》已认识到铁路对川人的重要,以及英、法等帝国主义企图霸占路权的野心。在第3号的第二版,即发表《四川人快看》一文,提醒川人警惕英、法动态,希望川人积极行动,阻止帝国主义野心,争取修路权利。后又在第30、31、34号连续刊载《四川铁路的要紧》,再次强调要掌握铁路主动权,不能让与外人或借外款,指出其中利害关系。第42号登出《重庆铁路议会的意见》,指出商人对集股不热心的原因,呼吁他们打消顾虑。这些报道引发反响,第45、52号上刊出两位读者关注铁路问题的来信,等等。这些报道与宣传,对川人的保路斗争起了积极的作用。二是女性解放问题,从缠足、强迫婚姻、卖儿鬻女、女子教育等方面进行关注,对于开通社会风气、改变传统思想颇有裨益。三是发展商业。《辛丑条约》,四川摊派大量赔款,1903年开始,"每年摊派烟、酒捐银50万两,提取中饱银30万两";1906年,四川省通岁收酒税已达50万两。③加之洋货倾销,大商人已感维持困难,中小商人更是难熬,不少商店关门。《重庆日报》对这些情况予以关注,进行调查。四是报道日俄战争,这方面内容的突出,既是时势所然,也与竹川出面担任主干有关。五是大力提倡教育,鼓励留学。除了报上宣传,卞小吾还与竹川藤太郎共同发起开办了东文学堂(1905年3月6日),由竹川出面任总理,以及开办女工讲习所。

---

① 参见王绿萍《四川近代新闻史》,四川大学出版社2007年版,第215页。
② 围绕这一问题,四川人民后来展开大规模的保路运动,成为四川辛亥革命的导火索。
③ 参见《锡良遗稿 奏稿》第一册,中华书局1959年版,第499、617页。

这样，卞小吾通过竹川出面，一面办报，一面办工厂、办教育，与报纸宣传相配合，取得了很好的效果。①

《重庆日报》的宣传报道有一条主线，即"对清王朝的种种腐败政施，贪残秽行""列强的侵华野心与压迫"尽情揭露、抨击，对"广大人民的忧患疾苦，反抗斗争""大声疾呼，深表同情"，连续不断地刊登"苏报案"审理情况、章太炎与邹容的处境和动态等相关消息，进而宣传民主革命思想，被赞誉为"醒愚氓痴梦，播革命种子的当头棒喝"，是"重庆的《苏报》"。② 报纸的影响不断扩大，声誉也大增，发行数字由创刊时的500份递增至3000多份，被认为是"西南的一支革命劲旅"③。

《重庆日报》对清廷腐败的抨击与对民主革命的鼓吹，招致当地政府的忌恨。四川总督锡良对之早已不满，下令重庆府尹设法取缔。得是令后，时任川东道道台贺伦夔、重庆知府鄂芳，见《重庆日报》影响日盛，如芒在背，急欲去之而后快，只因社长为日本人，恐招致外交纠纷，便未下手。

1905年4月初，竹川离渝返日④，"洋旗"保护虽去，但卞小吾坚持将《重庆日报》照常出版，甚至言论比之前还要激烈些。如在4月12日、13日，《重庆日报》连载《中国的三权》，介绍孟德斯鸠的"三权"思想，认为中国不存在真正的三权，几千年来，只有种权、圣权、君权禁锢着国人思想，阻碍着社会的发展。⑤ 13日还转载上海《警钟日报》的《外国干涉言论权的警告》一文，该文就汉口《汉报》因报道俄国道胜银行处境困难，银行买办陈延庆便"纠集多人滋闹报馆"，"汉口俄领事则以该报败俄人之名誉，电致俄使欲向外部开说判彼"，封禁《汉报》、惩办主笔。文章认为"俄人无理"。"汉报馆者，中国之报馆也，有维持清

---

① 参见王绿萍《四川近代新闻史》，四川大学出版社2007年版，第220—228页。
② 朱苏：《广益丛报和重庆日报简介》，《新闻研究资料》1983年第5期。
③ 卞仲璠：《重庆日报创办人卞小吾事迹》，刊政协全国委员会文史资料研究委员会编《辛亥革命回忆录》第3册，中华书局1962年版，第336—338页。
④ 关于竹川返日原因有两说：一是竹川因罹患肺结核病重，回国治疗，参见王绿萍《四川近代新闻史》，四川大学出版社2007年版，第233页；一说是贺、鄂借日俄战事，撺掇日驻渝领事，让竹川回国服役，参见朱苏《广益丛报和重庆日报简介》，《新闻研究资料》1983年第5期。因资料所限，难以定论，不过竹川在卞小吾出事前就已离渝则是无疑的了。
⑤ 参见王绿萍《醒愚氓痴梦的〈重庆日报〉（下）》，《新闻研究导刊》2010年4月下。

议之天职","报馆有据事直录之实权,并政府且不能干涉,何有于外人?"说这是"干涉华人言论权",称其不仅在"中国夺其土地,占其路矿,杀戮其人民,今也并欲束缚其言论"。此应责备"不能保护报馆之中国"①。语气强硬,斥责帝国主义和软弱的清政府。4月29日,登出《剪发辫问答》的社说,公开讨论满人上台后强加给汉人的发型这一清王朝专制统治象征,并在文中呼吁人们行动起来,剪掉这有害无益的发辫。30日,在"中外汇报"栏发表消息,报道章太炎、邹容被判刑,邹容瘐死狱中的情况,并称"由某君派人收殓,髀肉尽消,惨不忍见"。消息虽短,却引起强烈反响。5月5日,《重庆日报》"中外汇报"栏刊出《禁止童谣》的消息,报道北京因一流行童谣中有"要得太平年,还得朱洪武",引起当局恐慌而下令禁唱。次日刊发论说《论禁遏言论自由之可畏》,矛头直指清政府。10日又发《可惜中国之民权》社说,指出中国的民权被深深压制,却无人意识到,实在令人痛惜。1905年5月21日晚,革命团体公强会在都邮街广益书局前举办由杨庶堪主持的街头宣讲会,卞小吾到会发表演讲,听者数百人。而且在演讲毕,卞小吾还拿出剪刀当场将发辫剪下。23日,《重庆日报》在"巴蜀大观"栏,进行简要报道。②

《重庆日报》的这些报道、言论与卞小吾的如此言行,当局格外关注,并且日益感到不安与愤怒,急谋去之,只是忌惮日人在内,不敢轻举妄动。后探知竹川已经离开,便在6月1日诱捕卞小吾,旋即将其解往成都省城监狱拘押,报纸被迫停刊。③卞小吾系狱三载,备受残虐,却威武不屈,而忧心国事坚持斗争如故,写下《救危血》《呻吟语》等文,内容皆"救亡图存之警钟"。在此期间,革命党多方营救未果,直至1908年6月13日夜,由川督赵尔丰、成都知府高增爵合谋,收买狱卒及亡命囚犯,在成都狱中将卞小吾乱刀捅死,遗体各部有刀伤七十余处,死状惨烈之至。④

---

① 王绿萍:《醒愚氓痴梦的〈重庆日报〉(下)》,《新闻研究导刊》2010年4月下。
② 参见王绿萍《四川近代新闻史》,四川大学出版社2007年版,第235—238页。
③ 参见方汉奇《中国近代报刊史》,山西教育出版社1981年版,第262页。
④ 参见朱苏《广益丛报和重庆日报简介》,《新闻研究资料》1983年第5期。

另一进步报刊,是在汉口出版的《楚报》。1905年四五月间,以汉口英文《楚报》中文版名义创办的,馆址设在汉口英租界。为防止清政府的干涉和迫害,事先以美商名义通过英国总领事在香港注册立案,并聘请英国人佶尼干任社长。初为对开1张,后改为对开2张。为富商刘歆生出资创办,冯特民任经理,著名小说家吴趼人任主笔。是年6月,爆发反美华工禁约运动,全国掀起抵制美货高潮,主笔吴趼人激于爱国义愤,辞职返沪。[①] 时吴致书上海反美运动领导人曾铸(少卿)说,"仆此次辞汉口《楚报》之席而归,亦为实行抵制起见。返沪后,调查各埠之踊跃情形,不胜感佩"。吴辞职后,革命党人张汉杰(庆恰)接任《楚报》主笔。[②] 张系日知会会员,《楚报》工作人员中亦有不少倾向革命的日知会会员。[③]

1905年秋,《楚报》揭载了张之洞与美国所签粤汉铁路借款合同密约全文,并且著文抨击,触怒当道,张之洞即饬夏口厅"严办",《楚报》遂被查封,张汉杰被引渡。在《冯特民传》中,时人欧阳瑞骅记述道:冯特民"办《楚报》,署民鲜民,纵论鄂省政治,不避嫌忌。总督张之洞,小英(美)人密订粤汉铁路借款合同,特民觅得全文,竟夜抄出,悉载报端,撰文掊击。张怒,派人往查,未值。异日社论诋益烈,同办报者陆费逵,约去沪暂避"。[④] 在《武汉新闻事业》一文中,管雪斋追忆道,

---

① 时人忆述,吴趼人离开《楚报》是因该报系美人实业(该报以美商名义注册)。如,李葭荣:《我佛山人传》说:"华工禁约之争,君方主汉报笔政,汉报实美人所营业,君念侨民颠沛,若婴焚溺,遽谢居停,遄归海上,与爱侨人士,共筹抵制。"【原载《天铎报》宣统二年(1910)十月,胡寄尘《虞初近志》(1913年8月,广益书局出版)转载】。胡寄尘:《同辈回忆录·二》说吴,"尝主汉报笔政,汉报美国人所办也。会华工禁约事起,东南人士奋起与争,君亦拂衣谢居停,去汉之沪"【原题《我佛山人遗事》,录自胡寄尘《黛痕剑影录》(1914年3月,上海广益书局出版)】。参见魏绍昌《吴趼人研究资料》,上海古籍出版社1980年版,第11、19页。

② 参见刘望龄《黑血·金鼓——辛亥革命前后湖北报刊史事长编(1866—1911)》,湖北教育出版社1991年版,第94页。

③ 参见唐惠虎、朱英《武汉近代新闻史》(上卷),武汉出版社2012年版,第210页。

④ 刘望龄:《黑血·金鼓——辛亥革命前后湖北报刊史事长编(1866—1911)》,湖北教育出版社1991年版,第94—95页。

张之洞"为修筑川粤汉铁路,向外商订立借款草纸,尚未签定,被《楚报》探得,将全文登载,并且附加按语,说他不应有这丧权辱国的行为。他认为泄漏机密,便札饬夏口厅严办","于是《楚报》封门了,主笔张汉杰被判处十年监禁"。① 1909年浙绍旅鄂绅商在《民呼日报》刊发公启为张汉杰鸣冤,呼吁当局"比附新定报律,酌量改拟"。文中提及:张汉杰"谠言伟论,于扬清激浊之中,遂不免触怒当事。既而粤汉铁路息借英款,与五大臣出洋被轰两问题继起。张就事论事,遂以言论获咎"②。因而史和等认为,《楚报》是因为揭载粤汉路借款密约及五大臣出洋遇刺事,被湖广总督张之洞扣上"鼓吹革命"的罪名,将报馆封禁。清政府并勾结英领事馆,将张汉杰引渡入狱,被判监禁十年。陆费逵潜逃到上海。③

三 《时报》等其他挂"洋旗"刊行的报刊

除了革命派挂"洋旗"办报,改良派也在国内挂"洋旗"办报,代表性报刊便是《时报》,此作重点讨论。此期也有商业性、消闲小报挂"洋旗"刊行的,此一并简要介绍。

《时报》(1904—1939),是近代颇有影响的全国性大型日报,在清末民初,《时报》曾与《申报》《新闻报》鼎足而立,对"报界革新"有过一定的影响。

《时报》1904年6月12日创刊于上海,社址在"在福州路巡捕房对面的广智书局的楼上"④。为了防备地方政府的干扰与迫害,创刊时悬挂日商招牌,请日本人宗方小太郎出面担任名义上的发行人,实际负责人是狄楚青,罗普(孝高)担任主笔,担任编辑工作的有冯挺之、陈冷(景韩)、雷奋(继兴)、包天笑等。该报是在康梁亲自指挥下创

---

① 管雪斋:《武汉新闻事业》,《武汉新闻史料》第5辑,长江日报新闻史志编辑室1985年版,第145页。
② 《前汉口〈楚报〉主笔张汉杰被祸逢赦之始末》,《民呼日报》1909年8月10日。
③ 参见史和等编《中国近代报刊名录》,福建人民出版社1991年版,第334页。
④ 包天笑:《钏影楼回忆录》,中国大百科全书出版社2009年版,第317页。

办起来的。①

"洋旗"宗方小太郎（1864—1923），系日本在华间谍、新闻人，日本熊本人，出身士族（藩士）。1884年10月随佐佐友房来华后，进入间谍训练启蒙学校藩士佐佐友房弟子上海东洋学馆（仅存年余）学习。求学期间扮成中国人"游历"北中国九省，并撰成长篇报告，获得日本高层关注，并由此开始其在华实地侦察历程。1887年加入荒尾精总负责的间谍组织汉口乐善堂，1890年助荒尾精在上海创设日清贸易研究所培养情报人才，任学生监督。② 甲午战争时担任日军翻译，因业绩卓著，得到日本天皇召见。1896年至1900年在汉口接办《汉报》，任社长，其间于1898年筹办《闽报》，发起东亚同文会并任汉口支部长。1901年出任东亚同文书院院长代理，1914年在上海创办东方通讯社，任社长。③ 1923年2月3日病逝于上海。宗方之于《时报》，充任"洋旗"的同时，并负有监督责任，还定期从《时报》得到报酬。④ 从1907年开始，《时报》以宗方名义在日本驻上海领事馆登记注册，据宗方1907年10月16日日记，当时"访永泷久吉（上海领事），呈告以予名义监督《时报》报道之事"。所谓借用名义，系指不涉及《时报》的实际经营，但对其报道负有监督之责任。而通过《时报》的社会关系，宗方还得以结交各方人士，扩大其活动范围。⑤ 《时报》挂"日商"招牌时间有十多年之久，直到

---

① 参见方汉奇《中国近代报刊史》，山西教育出版社1981年版，第274—278页。

② 参见阳美燕《论析〈汉报〉（1896—1900）馆主宗方小太郎的"中国经营论"》，《国际新闻界》2012年第9期。

③ 参见戴海斌《宗方小太郎与近代中国——上海社科院历史所藏宗方文书阅读札记》，《中山大学学报》（社会科学版）2013年第4期。

④ 参见冯正宝《宗方小太郎评传》（《评伝宗方小太郎：大陸浪人の役割》），熊本出版文化会馆1997年版，第154—155页。

⑤ 如其日记所记，1911年4月15日，宗方"偕中岛乘电车至清和坊情别墅，出席《时报》举办之宴会。东主为狄平、狄南士二人及记者叶寿昌、杨景森、瞿绍伊等"。6月26日，"至戾虹园，出席中国报纸记者之招待会。中国人有《时报》狄南士、《神州日报》经理张寅（号无尘，安徽人）、《民立报》朱葆康（号少屏）、《中外日报》总理兼总编辑章世保（号佩乙）、《中国商务日报》总理俞礼（号达夫）等"。参见戴海斌《宗方小太郎与近代中国——上海社科院历史所藏宗方文书阅读札记》，《中山大学学报》（社会科学版）2013年第4期。

1920年（大正9年），因当时"排日运动的发生，《时报》改为在法国领事馆注册登记"①。

主持人狄楚青（1873—1941），名葆贤，号平子，江苏溧阳人。戊戌变法时期拥护康、梁，是颇有文名的"新学家"。1900年参加自立军勤王活动事败后，避居日本。1904年春，奉康有为之命回国筹办《时报》，并主持报社工作17年之久。1906年在清廷"预备立宪"背景下，狄楚青加入"预备立宪公会，与江浙立宪派交往密切"。与梁启超等组建的立宪团体政闻社"奋起而谋政党之组织"为宗旨不同，预备立宪公会实以"宣传立宪与地方自治知识""维护民族工商业的发展"为重点，趋于"学理研究与宪政宣传的民间学术性团体"。自此，狄楚青与康梁在政治上已显现疏离态势。到1911年，狄楚青则转向同情革命，武昌首义第三天起，《时报》发表多篇时评，"抨击专制统治，讴歌革命的正当性"②。因晚年多病，好谈佛修静，又为《时报》长期亏损，狄楚青于1921年将报刊盘于黄伯惠，专心修为。

《时报》初创时期，曾得到康有为与梁启超等在人力物力上的多方支持，是改良派（保皇会）在国内的代表性报刊。1904年春，狄楚青由日返沪筹备《时报》时，当年4月梁启超亦由港来沪参与筹建，并手拟发刊《缘起》与体例，"其命名曰《时报》及发刊词与体例，皆任公所撰述"；而且"初办时所登论说，亦多系任公从横滨寄稿来者"。③ 经济上的资助亦多，筹备期间曾一次拨给七万元作为开办费，以后每月皆有接济，至1908年累计拨款十余万元。④ 创刊后，即由康门弟子罗孝高任总主笔，负言论之责，故初期《时报》一度成为康、梁在国内的重要喉舌。在政治上，主张君主立宪，提倡社会改良，抨击清政府的伪立宪，反对外国侵略。1904年力主收回粤汉路权，支持民办铁路运动；1905年积极宣传反

---

① 戴海斌：《宗方小太郎与近代中国——上海社科院历史所藏宗方文书阅读札记》，《中山大学学报》（社会科学版）2013年第4期。

② 喻频莲：《转型时代的游移——狄楚青办报思想演进的逻辑性》，《江汉论坛》2014年第6期。

③ 罗孝高：《任公轶事》，《梁启超年谱长编》，上海人民出版社1983年版，第337页。

④ 参见梁启超《与夫子大人书》，《梁启超年谱长编》，上海人民出版社1983年版，第432页。

美拒约、抵制美货，表现了热烈的爱国精神。① 1906年后，狄楚青在政治上与康梁已有疏离，对其保皇党事"种种不肯尽力"，故被徐勤等责为"叛党之人"。1908年1月，梁启超致信康有为说："吾党费十余万金以办此报，今欲扩张党势于内地，而此报至不能为我机关，则要来何用？"②此后，《时报》与康、梁关系渐远，经济上也渐剥离。辛亥革命后，即由狄楚青独资经营，政治上倾向进步党，反对同盟会组阁。后因袁世凯排斥进步党实行独裁，1914年起，《时报》批评袁政府"有共和之名，无共和之实"③，抵制洪宪帝制。

《时报》最有影响的是其"报界革新"，即其对报刊业务的改革。一是评论方面，除《论说》外，另辟《时评》栏，紧密配合当天重大新闻发表评论，属国内首创。《时评》篇幅短，时效性强，一日数篇，分版设置，各由专人负责撰写：《时评（一）》，由陈冷（景韩）负责，主评国内大事；《时评（二）》，由包天笑负责，主评各埠要闻；《时评（三）》，由雷奋负责，主评本埠新闻。二是新闻"以速为主，各处访事员，凡遇要事，必以电达"④，从各地发来要闻专电较多。在日俄战争期间，还"特派一观战访事员随时通信"⑤。三是另出"附张"辟《小说》专栏，以满足文学爱好者的需要。自创刊号起，每天登小说一二篇，并主张发小说既要有"味"又要有"益"，方是"开通风气之小说"⑥。四是版式、版面革新。《时报》打破成例，首创对开报纸，分1、2、3、4四个版，两面印刷，每版版面编排分栏设目，各内容固定版位，便于读者阅读；分别根据地方与国别，区分本国新闻与外国新闻；根据内容的紧要程

---

① 参见方汉奇《中国新闻事业通史》（第1卷），中国人民大学出版社1992年版，第519—520页。

② 梁启超：《与夫子大人书》，见《梁启超年谱长编》，上海人民出版社1983年版，第432页。

③ 《民心与国是》，《时报》1914年11月23日、24日。

④ 《〈时报〉发刊例"第六"》，转引自戈公振《中国报学史》，生活·读书·新知三联书店2011年版，第142页。

⑤ 《〈时报〉发刊例"第五"》，《〈时报〉发刊例"第六"》，转引自戈公振《中国报学史》，生活·读书·新知三联书店2011年版，第142页。

⑥ 《论小说与社会之关系》，刊《时报》1905年6月29日。

度，用不同字号及加各种圈点予以区分、突出，使重要新闻信息更为醒目。①

《时报》的这种版式、版面革新在当时具有引领作用，使老牌的《申报》《新闻报》等不得不相继改版，以适应其挑战。但辛亥革命之后不久，《时报》趋于保守落后，声望大不如前。再者，狄楚青晚年多病，无心经营，又先后被史量才挖走了台柱陈景韩、包天笑，元气大伤。由于亏损过甚，1921年将《时报》转让给黄伯惠。黄伯惠接办后，往商业报发展，注重抓体育新闻与社会新闻，新闻照片也是其特色。初时效果较好，经营亦有所起色，但后来在其他报的效法中，在日趋激烈的竞争环境中，逐渐势弱，且因重体育新闻与社会新闻，未免影响格调。1937年上海沦陷后，《时报》接受日本新闻检查，沦为与汉奸报纸为伍，在汪精卫到上海后，为免被其劫夺，于1939年9月终刊。②

《汉口日报》于1902年10月创刊，为宋炜臣、蔡永基等投资创办，经理沈习之、王华轩，主笔吴趼人，社址在汉口后花楼河街。日出一张半，最先采用报料纸（新闻纸），两面印刷，在技术上有所发展。《汉口日报》本系华商报纸，却以"日商"名义发行。

据1905年4月4日日本驻汉口总领事永泷久吉致外务大臣小村寿太郎的专题密函所载："去年，日本人发行的《汉口日报》，却被张宫保（之洞）全部买下了。"③对此，《中国新闻事业编年史》称，"该报以华商报纸为标榜，但有日商投资，言论受日方控制"。④刘望龄则称，"该报名义上由国人经营，还有宋炜臣、蔡永基等资本家参与投资，实际上系

---

① "如论说、谕旨、电报及紧要新闻，皆有一定之位置，使读者开卷即见，不劳探索。其记载本国新闻以地别之；外国新闻，以国别之。"字体"一号、二号、三号、四号、五号、六号字模及各种圈点符号，俱行置备。其最要紧之事则用大字，次者中字，寻常新闻用小字。用大字者，所以醒目也；用小字者，求内容之丰富也。论说批评中之主眼，新闻中之标题，皆加圈点以为识别。（《〈时报〉发刊例》第二十一、二十二）

② 参见袁义勤《上海〈时报〉》，《新闻研究资料》1990年第3期。

③ 刘望龄：《黑血·金鼓——辛亥革命前后湖北报刊史事长编（1866—1911）》，湖北教育出版社1991年版，第73—74页。

④ 参见方汉奇《中国新闻事业编年史·上》（第二版），福建人民出版社2018年版，第108页。

日本人主办"①。而《武汉近代新闻史》，则只提《汉口日报》是由"宋炜臣投资"的，以"汉口"命名的第一张民办报纸，未提及与日本人的关系。②皆各执一见。其实，按当时日人的操作手法，出资办报多以其名义刊行，如之前接办的汉口《汉报》；或多以日人出面挂名并不出资，而以"名义监督"新闻报道，为其在华利益服务，如前述之《时报》及正式转归日人之前挂"日商"招牌的《国闻报》。而是时，日本正在华扩张势力，正值日俄关系紧张，日俄战争爆发前夕，需要舆论工具。吴趼人在致武昌知府梁鼎芬书中，提到"今公之施于《汉口日报》之手段，不动声色，暗中运动，去其洋股，使就于势力范围之内，然后突如其来曰：从五月初一起当归官办"，又谓"夫汉口日报馆挹注未尝乏资，办事未尝乏人，何必他人横来干预，主者又并未召盘，更何必他人代为接办"③。《汉口日报》如果系日方所办，官方是不可能不动声色就能买下的。此前日人所办之《汉报》，张之洞不敢查封，只好设法禁其发行、购阅，至其"销行锐减，难以为继"，被张买下后才将之停刊了。而现在，按吴趼人说法，《楚报》"挹注未尝乏资，办事未尝乏人"，何以至此？所以，更大的可能，《楚报》乃中国人所办，但借日人"名义"发行，或托名"日商"入股，是打"日商"招牌刊行的国人自办报刊。

《汉口日报》"创刊之始，抨击时政甚烈"④，内容严正，文风意趣，广受称道，销路颇畅。主笔吴趼人"性强毅"，"负盛气"，"不苟合于流俗"，多次撰文讽刺针砭武昌知府梁鼎芬"德政"，致其妒恨。1903年4月，拒俄拒法爱国浪潮波及至武汉，梁鼎芬极力加以阻挠，《汉口日报》却载文抨击，终为其所不容，谋接收之，改为官办。⑤"刻已定于初九日

---

① 刘望龄：《黑血·金鼓——辛亥革命前后湖北报刊史事长编（1866—1911）》，湖北教育出版社1991年版，第73页。
② 参见唐惠虎、朱英《武汉近代新闻史》（上卷），武汉出版社2012年版，第207页。
③ 《已亡〈汉口日报〉之主笔吴沃尧致武昌知府梁鼎芬书》，《苏报》1903年6月21日"要件"栏。
④ 刘望龄：《黑血·金鼓——辛亥革命前后湖北报刊史事长编（1866—1911）》，湖北教育出版社1991年版，第73页。
⑤ 参见唐惠虎、朱英《武汉近代新闻史》（上卷），武汉出版社2012年版，第207页。

出报",《苏报》对此中经过曾有详实记叙。① 1904 年初,《汉口日报》由张之洞接收后,改为官办,委职官王元常为总办,黄佐臣经理。改官办后被揭经营腐败,销路不畅。②

《北京报》1904 年 8 月创刊于北京,以德国人名义创办,③ 实为朱淇④主办。1905 年 8 月 16 日改名《北京日报》,由朱淇主办,协助编辑工作的有张殿云、杨小欧等。日出一册,铅印,16 页,版面较 16 开略小。馆设崇文门内船板胡同,后迁琉璃厂西门路南。辛亥革命后仍继续出版。《北京日报》以政治新闻为主,分宫门抄、上谕、论说、代论、要紧新闻、本京新闻、各省新闻、各国新闻、译电、译报、专件、批折摘由、奏稿、文苑等栏目。⑤

《北洋商报》1904 年 6 月 14 日创刊于天津,社址在天津法租界万国铁桥西岸,以德商名义开办,杭辛斋主编。该报以"开商智、联商情、合商力,以期商业之扩张,导商界之进步"为宗旨,主要有"阁钞、论

---

① 据当年《苏报》披露:"本年四月十八日(5 月 14 日),因梁阻各学堂议俄约,该报力诋之,梁羞摘成怒,遂发电告张之洞(时为商务大臣),令托京英公使禁之,张复公使不允所请。梁不得已,乞怜于端方为之设法,端笑曰:'节安已成众矢之的矣,鄙人何能为之受过哉。'梁曰:'不必大人得罪人,但借重大人压力,饬令张废。'端曰:'任凭足下做去,告之张守,就说我的意思如此。'梁急往拜张,动之以利害。张本系常州钱店一伙计,缘赵凤昌在鄂充当厘局司事,舞弊获利,捐同知,保知府,平日识字不多,其开报馆也固非开民智,不过闻人云报馆觅钱最丰耳。及闻梁以万金购其资本,已乐不可支,且有端方之允命委优缺,更喜出望外,遂言于同股之黄、杨、庄、施、程诸君,而退其资本。于初一日停刊,且刊于报端,曰整顿,曰改章,以掩外人耳目。主笔吴君则拂然而去,沈仍蝉联。以后办法、宗旨务须和平,每日论说、新闻均先一日呈之武昌府裁定,然后登出:凡紧要新闻概不准录。"《苏报》1903 年 6 月 14 日。参见王立兴《吴趼人与〈汉口日报〉——对新发现的一组吴趼人材料的探讨》,《明清小说研究》1989 年第 3 期。
② 参见刘望龄《黑血·金鼓——辛亥革命前后湖北报刊史事长编(1866—1911)》,湖北教育出版社 1991 年版,第 80—81 页。
③ 史和等在《中国近代报刊名录》中,称其为德国人创办,改名后系北京的立宪派报纸;《中国新闻事业编年史》等中,则称为朱淇主办,实际可能是由朱淇主办,挂"德商"招牌的"洋旗报"。
④ 朱淇,字箓孙,广东南海人。早年参加过兴中会,因有告密嫌疑,为同志所不齿。曾经担任过广州《岭学报》《岭海日报》《通报》,青岛《胶州日报》主编。转来北京办报后,直至去世。
⑤ 参见史和等编《中国近代报刊名录》,福建人民出版社 1991 年版,第 129 页。

说、时评、纪事、商情、学说、译林、艺苑、浅说"等栏目。开办不久即于 8 月停刊，9 月 1 日改名《中外实报》出版。言论倾向德国政府，内容以政治新闻、经济新闻为主，广告较多。1917 年北京政府对德宣战后被封。①

《商务日报》1901 年 3 月 22 日由东亚译书会挂英商招牌创刊于上海，实为犹太人哈同（Silas Aaron Hardoon，早年加入英国籍）出资，由乌目山僧黄宗仰荐常熟人刘永昌主笔经营。②

《支那小报》（1902 年 7 月—　　），社址在上海四马路，白报纸印刷。自称"日商"报纸，实则挂日商招牌由中国人主办的文艺小报，支那周三郎主笔。《支那小报》每张售钱七文，内容分"译林、奇新、语林、谐林、花林、文林"等栏目，所刊多游戏文字，风格与《游戏报》《采风报》相近。③

《汉口小报》1904 年创刊于汉口，对外宣称由英商出资经营，1905 年尚出。仅见于 1905 年 5 月《大公报》连载之《报界最近调查表》。④

《汉口风月报》1905 年创刊于汉口，"是以英国人名义"刊行的"小版面汉文报纸"，"与上海的《繁华报》为同一种类，仅仅是评论艺妓、演员的报纸而已"，格调不高。另外，还有中文报《正言报》，也是"在英国人的名义下发行的，但发行到第 10 号，就停止了，原因是由于经费不足"⑤。根据日本领事的情报，刘望龄较肯定地说，1905 年"《正言报》、《汉口风月报》在汉口创刊。二报都以英国人名义注册出版"⑥。

---

① 参见史和等编《中国近代报刊名录》，福建人民出版社 1991 年版，第 112、78 页。
② 参见马光仁《上海新闻史（1850—1949）》，复旦大学出版社 1996 年版，第 220 页。
③ 参见方汉奇《中国新闻事业编年史·上》（第 2 版），福建人民出版社 2018 年版，第 106 页。
④ 参见史和等编《中国近代报刊名录》，福建人民出版社 1991 年版，第 129 页。
⑤ 据 1905 年 11 月 15 日，日本驻汉口新任总领事水野幸吉向日本外务大臣桂太郎呈报之《有关汉口的报纸情况》所述。刘望龄：《黑血·金鼓——辛亥革命前后湖北报刊史事长编（1866—1911）》，湖北教育出版社 1991 年版，第 96 页。
⑥ 据 1905 年 11 月 15 日，日本驻汉口新任总领事水野幸吉向日本外务大臣桂太郎呈报之《有关汉口的报纸情况》所述。刘望龄：《黑血·金鼓——辛亥革命前后湖北报刊史事长编（1866—1911）》，湖北教育出版社 1991 年版，第 97 页。

这一时期，革命派的"洋旗报"是主流，影响也最大，如《国民日日报》《神州日报》《民吁日报》等。改良派中挂"洋旗"刊行的报刊，影响较大者是《时报》。

此外，犹如前文所述，《时报》自创刊之日即挂"日商"招牌，一直到1920年，因当时排日运动的发生改在法国领事馆注册刊行，1939年方才停刊。由此可见，在民国初期仍然有"洋旗报"存在，甚至还有新挂"洋旗"刊行的报刊。如上海《申报》①，自1912年6月11日起至1913年6月1日止，托名外人马格里（R. Maigre）所办，报头下印有"R. Proprietor"等字样。② 只是在当时环境下，这些挂"洋旗"的报刊，表面上并不以"洋旗报"自居，也不刻意强调其"洋旗报"身份。这种情况，既给我们的研究带来辨析困难，又易使之为研究者所忽视。虽然由于上述原因，对这一时期"洋旗报"情况所知不多，但是可以肯定，在第二次办报高潮之后，"洋旗报"的历史仍在延续，直至"孤岛"时期被续接后发展至"洋旗报"的另一历史高潮。

---

① 1909年由美查公司转让于国人，由席子佩接办，但经营不善，1912年再次转让给史量才等人。此时，《申报》已成为国人自办报刊。

② 参见方汉奇主编《中国新闻事业编年史·上》（第2版），福建人民出版社2018年版，第334页。

第四章 "孤岛"时期的"洋旗报"

"孤岛"时期，由于美、英、法等西方列强在中日战争中宣布保持"中立"，其在华租界当局亦宣称保持"中立"，对中日双方权益平等视之，故得以保持两租界的"自由状态"。沦陷区"中立"之租界在日军四面包围之中，犹如"孤岛"。不过，从新闻传播、抗日宣传的角度来说，"孤岛"环境给爱国报人提供了开展抗日宣传的有利条件与一定的空间。利用当时的环境条件，"孤岛"上的各种进步、爱国人士创办起数十种"洋旗报"进行抗日宣传，成为沦陷区最集中、最典型的抗日宣传力量，为抗日战争的最终胜利，做出了重要而积极的贡献。

第一节 日伪挟制下的"孤岛"报刊环境

一 "孤岛"环境的形成及日伪对"孤岛"的挟制

"孤岛"是个复合的时空概念，时间上，系指从1937年11月12日中国军队在"八一三"淞沪会战后撤离上海开始，至"珍珠港事件"后太平洋战争爆发的1941年12月8日，前后共4年零27天。地理空间上，指的是在日军包围下的上海公共租界（不包括虹口、杨浦两区）与法租界，具体范围"东至黄浦江，西达法华路（今新华路）、大西路（今延安西路），南抵民国路（今人民路），北临苏州河"，概指苏州河以南。[①] 后来，太平洋战争爆发，两租界被日军占领之后，"孤岛"也就不复存在了。

---

① 参见刘惠吾《上海近代史》（下），华东师范大学出版社1987年版，第348页。

1937年11月12日，国民党军队在历经三个月"淞沪战役"的激烈战斗之后，全面撤退，上海随即沦陷于日军之手。之后，约在一个月的时间里，苏州、无锡、常州、镇江甚至国民党政府首府南京，也先后被日本侵略军所占领。

不过，在这个时期，日本侵略军还没有挑起太平洋战争，英、法等国对德、意、日等轴心国采取的是妥协、让步乃至纵容的政策。对于中日战争，英、美、法等国则宣告"保持中立"。所以，当中国军队刚从上海等地撤出，公共租界当局为了维护其在租界的特权与利益，就在11月13日宣称，工部局在中日战争中保持中立，对双方在租界内的权益一视同仁。[1] 因此，日军虽然占领了上海的南市、闸北等地区，并且在浦东，牵提汉奸苏锡文等成立了"上海大道市政府"，但上海公共租界与法租界仍然由工部局、公董局的英国人、美国人与法国人为主进行统治，保持"自由状态"。这块位于苏州河以南、居住着200多万中国民众的地区，便如"孤岛"一般，独以"自由"区域孑立于日占区包围之中。这就是"孤岛"的由来。虽然后来在日本侵略者的挤压下，"孤岛"的空间不断地缩小[2]，不过，由于其战时"自由状态"的吸引，人口却在不断增多，直增至400多万。

当时上海景象，苏州河以北的日占区戒备森严乃国人生存之魔窟，形同鬼城；苏州河以南的两租界却繁华如故，几成冒险家之乐园。日军在其所占领的南市、闸北、虹口、浦东、杨树浦等地处处设关置卡，沿苏州河的各桥口更是岗哨林立、戒备森严。行人过桥时，必须向派守日兵脱帽弯腰，并接受其搜查。而在日军辟为军事警戒区域的居民，则被全部赶走，房屋亦多被拆毁，取而代之的是大批兵营、伤兵医院、机场和操练场。在两租界的"孤岛"上，则是别样景象。11月13日，上海公共租界工部局总裁费信惇宣称："工部局保持中立态度，行政权在政治法律方面均与前无异。"[3] 公

---

[1] 参见文汇年刊编委会《抗战以来中外大事记》，《文汇年刊》，文汇有限公司出版部1939年版，第18页。

[2] 经日军侵占之后，两租界合计面积减至29.08平方公里，不及原来的一半。参见殿木圭一《上海》，岩波书店1942年版，第148页。

[3] 《抗战以来中外大事记》第18页，文汇年刊编辑委员会编《文汇年刊》，文汇有限公司出版部1939年版。

共租界和法租界，因为有英、美、法等国在中日战争中的"中立"地位而没被日军占领。加之，在"淞沪会战"期间，为了保护租界当局与外侨的利益，英、美、法、意等国军队还在租界区域边沿安装起铁门或铁丝网，修筑了工事，从而在上海沦陷区中，暂时留下一方"宁馨"的安乐土。上海沦陷之后，两租界就成为人们涌入避难的"诺亚方舟"，不管是穷人还是富商，都潮涌而至，致其人口从"战前的 167 万猛增至 400 多万"①，沦为"孤岛"的两租界竟然繁华热闹依然，中外冒险家在此投机取巧、寻欢作乐如故，俨然乐园。

不过，租界的这种"安乐"与"繁华"只是表面现象，"孤岛"一时"独立"于"沦陷"区中也只是租界当局的一厢情愿而已。因为逐步地排挤列强在华利益进而完全并吞中国，是日帝的既定方略。在日本侵略者眼中，租界犹如"囊中之物"，此时不加占领，"一是总体战略需要，暂时还不能与列强翻脸；二是作为与列强进行讨价还价的砝码"。但是，日军对租界暂时不在军事上加以占领，并不等于在政治、经济、文化等方面不予渗透和控制。租界毕竟是中国沦陷区的土地，覆巢之下焉有完卵！所以，租界不是"世外桃源"，不可能让租界当局完全掌控。② 随着日军在华侵略步伐的日渐深入，日本侵略者对租界的控制不断强化，租界的形势日趋紧张起来，其"独立"的地位也摇摇欲坠了。

"淞沪会战"后，日军一占领上海，即狂妄地宣称其为上海主人，可对租界采取任何行动，并向租界当局提出"取缔一切反日机关、禁止反日宣传品"，禁止中方的"邮电检查、新闻检查及未经许可的无线电通讯机构"等五项要求。③ 这些要求完全不顾及租界的"中立"地位，

---

① 熊月之等主编：《上海通史》（第八卷），上海人民出版社 1999 年版，第 362 页。
② 参见周立华《"孤岛"时期的〈文汇报〉研究》，博士学位论文，厦门大学，2007 年。
③ 其华中方面军司令松井石根即发表讲话，狂妄宣称，"日军已成为上海的主人，必要时可对租界采取任何行动"。同时，派日本驻沪总领事冈本季正向租界当局提出五条要求："一、取缔一切反日机关，禁止一切反日性质的宣传品；二、驱逐中国政府机关及代表；三、禁止中国政府的邮电检查；四、禁止中国方面的新闻检查；五、禁止未经许可的中国无线电通讯机构"。参见刘惠吾主编《上海近代史（下）》，华东师范大学出版社 1987 年版，第 349 页。

显然是列强们所不能接受的。只是，它们无力也不敢直接顶撞骄横的日本人，结果是，工部局只好忍气吞声地表示，将于可能的范围内尽力满足日人要求，将请租界内的某些人物离境，日方不必采取单独行动。①

除了通过外交途径施压，日军还决定在租界进行"祝捷游行"，武装示威，对英、美施压。12月3日上午，5000名日军携带野炮、机枪，整队整队地通过公共租界。工部局不但不敢拦阻，而且还得派出大批巡捕在日军经过的区域布岗，并断绝交通、禁止路旁高层建筑打开窗户，南京路上的数百家商店被迫关门停业。当日军趾高气扬地开至大世界时，青年工人杨剑萍正在对面铁架上修钟，见日军如此横行，愤恨之极，高呼"中华民国万岁"，堕身殉国。当日军进至南京路广西路口时，一名爱国青年愤而投弹，炸伤日兵三人，自身则被巡警当场枪杀。②日军当即封锁出事地点、搜查过往行人，事后又借此口实，向工部局提出新要求，具体如下："一、今后日军通过公共租界毋须事先通知；二、今后工部局须充分努力杜绝类似事件；三、如再有此类事件发生，日军将单独采取有效措施；四、为援助工部局维护治安，日军认为必要时可在界内采取检查嫌疑分子等措施。"工部局遂发告示称，凡伤害武装军队之人，"都要移交给被伤害军队，工部局决不加以保护"③。次日，日军又分乘五辆卡车，在法租界示威游行，租界当局公董局竟派巡捕护送。

日军的这些挑衅性示威，是其将英、美等国势力完全逐出既而独占沪上企图之端倪。从两租界的软弱可欺之态，足见其在日军强势威胁下已步步退缩。因之，日本侵略者越发肆行无忌，不断夺取英、美等国在沪上与长江下游的权益。

1937年11月底，日军司令部就宣布，不许英国侨民视察其租界之外

---

① 《中国全面抗战大事记》，上海美商华美出版公司1938年版，第36、38页，转引自刘惠吾主编《上海近代史（下）》，华东师范大学出版社1987年版，第349页。

② 《上海敌军游行示威目击记》，天行《沦陷后的上海》，华中图书公司1938年版；参见小渠《祝捷游行》，朱作同、梅益主编《上海一日》第3部，《民国丛书第三编·93》，上海书店1991年影印版，第119页。

③ 刘惠吾：《上海近代史（下）》，华东师范大学出版社1987年版，第350页。

的企业。不久，海军也宣布，不许外国船只沿长江行驶①。11月26日以后，日军夺取了上海海关对外滩沿江码头管理权，并始监视海关税收部日常工作。次年2月，日本外交部与英国大使在东京就上海海关举行谈判，5月3日迫使英国与之签订协定，将日占区内中国海关收入存放横滨正金银行，不再存于汇丰银行。6月，日军占领安庆，之后公然宣布封锁长江，由日本另组扬子江轮船公司负责长江航运，各国轮船不许通航，完全垄断了长江航运权。"在长江航业具有特殊地位的英国政府，要求开放长江，日方置之不理。"②

另外，日军侮辱甚至杀害英、美等国侨民之事也越发增多。如1937年11月30日，日军将黄浦江上一美国商船洗劫一空，将星条旗扯下扔入江中。次年1月，前往日驻沪海军参谋部公干的两名工部局美籍巡捕，竟遭毒打。两名英籍警员也在白利南路（今长宁路）遭到日兵的侮辱。美商米尔士在虹口搬家，被日兵毒打之后还坐了十二小时的东洋牢房。《密勒氏评论报》主笔鲍威尔则在四川路广东路遭到炸弹的袭击。1940年1月，工部局总裁费利浦在丁香花园附近被日伪特务袭击，险丧性命。12月16日，公董局政务督办杜洛被狙击身亡，成租界外籍官员遇害第一人。1941年1月23日，日侨民会会长林雄吉等甚至闯进公共租界纳税外人会会场，开枪打伤总董恺自威。③但是，对"以上种种暴行，英美两国政府都采取了大事化小、唾面自干的态度"，或空言抗议。如至1939年10月，仅美国政府为美侨受辱向日本提出的抗议即达594次。④刚开始时，日政府对美、英抗议还有所回应或略表歉意，后来干脆就不加理会了。

英、美等列强对其在华利益与侨民保护尚且如此，更不用说中国民众了。所以，在日方的强势压力下，租界当局虽反复宣称保持"中

---

① 《读卖新闻》1938年1月18日，转引自刘惠吾《上海近代史（下）》，华东师范大学出版社1987年版，第350页。

② 陶菊隐：《孤岛见闻——抗战时期的上海》，上海人民出版社1979年版，第29页。

③ 参见刘惠吾《上海近代史》（下），华东师范大学出版社1987年版，第351页；李峻《1937—1945：日伪与上海"第三国"势力》，《史学集刊》2003年第3期。

④ 参见陶菊隐《孤岛见闻——抗战时期的上海》，上海人民出版社1979年版，第29页。

立"，实际只是向日本侵略者一再屈服，进而协助镇压租界内中国人民的抗日斗争。

而为彻底消灭界内抗日力量、排斥英美等国势力，日本侵略者一开始就图谋力夺租界警权与行政权。1938年1月，日本驻沪总领事三浦义秋要求工部局总董樊克令大量增加日籍警员，工部局先后将两名日人提任督察长，日人赤木亲之被任命为警备处特别副处长，承诺等欧美籍高级警官退职时再以日人替之，并且表示："欢迎日本警察宪兵合作，保卫租界。"① 一边是租界当局的低三下四、软弱退让，一边是日军的步步为营、制造事端、伺机夺权。

1938年5月1日，南京路发生爆炸，大批日军即刻冲进租界，封锁出事地点，大肆搜查，次日占领了老闸捕房。日军公然破坏租界警权的这一行动，让租界当局按捺不住，出动英军在老闸区警戒，一时间形势紧张起来。不过租界当局到底是外强中干，当天即派人前往新亚酒楼与日军谈判，答应采取措施取缔界内恐怖事件，日军这才撤出。当月13日，四川路与南京路等地，接连发生六起爆炸，经审讯获知，投弹者竟是日本人。日军故意制造"租界治安不严"口实，贼喊捉贼，以便趁机插手。即便是这样，租界当局还是一味地向日军献媚，甚至派捕探缉拿"恐怖分子"，并将所捕数名爱国人士移送日军，称为"必要措施"。此等丑恶行径激起上海人民强烈愤慨，《密勒氏评论报》也指责道："这是工部局对日军的屈服，把警权和执行权拱手让之日军，把日本宪兵当作最高法官和主刑官。"② 1939年3月，工部局还与日军订立所谓《上海公共租界维持治安详细协定》，规定日本宪兵可以常驻租界，与工部局协力维持租界治安。日本宪兵便在公共租界设立机关，以随时捕捉抗日分子。当年底，工部局还为日军压力所迫，废撤警务特别政治处，改为设立日本处。③ 到次年12月，工部局日籍警官达277名。而且，日军还借口巡捕房警力不足，

---

① 野口谨次郎等：《上海共同租界と工部局》，东京日光书院昭和十四年（1939）版，第137页。
② 陶菊隐：《孤岛见闻——抗战时期的上海》，上海人民出版社1979年版，第33—34页。
③ 参见羽根田市治《上海县城の记》，东京龙溪书舍昭和五十四年（1979）版，第309、312页。

需要由日警主持，强行委派日本特务五岛、梅本、小林接管巡捕房的各个要害部门。①

在加紧控制租界警务权的同时，日军还通过占据沪西越界筑路地段，压缩租界的势力范围。最初日军令伪维新政府上海特别市政府出面，要求取得沪西越界筑路地段警权。因工部局不承认伪维新政府，未予置理，日军便指使伪警察与特务挑衅。1939年8月，伪警察与巡捕在极司菲尔路（今万航渡路）忻康里口发生枪战，对峙三小时之久。9月欧战爆发后，日军气焰更盛，公开在沪西驱逐巡捕；伪警察局贴出告示接收沪西警权。1940年1月，工部局被迫与伪政府签订协定，成立沪西特别警察总署，名为"共同管理"，实际上重要职务都由日伪人员担任，沪西越界筑路地段便与沦陷区无异。

除了劫夺警权，日军还大力向租界管理机构渗透，攫取租界行政权。先是借口工部局取缔界内抗日活动不力，要求改推日人为总董。经交涉，工部局被迫推举日人冈琦任副总董、渡正监任副总裁。因有日军武力做后盾，两人权势远远大于正职。欧战爆发特别是1940年5月意大利参战后，上海英、美、法侨民与意侨民断绝往来，驻军互相戒备气氛紧张。日驻沪海军司令趁机向各国海军司令建议，租界一切责任由第三国，即宣称对欧战保持"中立"的日本代管，被英、美、法等国拒绝。阴谋虽未得逞，但日军在租界的势力进一步增加，以至租界当局对它几乎不能不百依百顺。1940年7月5日，工部局总办将国民党市政府寄存的312箱档案全部移交给伪市府；8月1日公董局同意日方在马斯南路（今思南路）邮局检查邮件；11月8日公董局又将第二特区法院移交给伪政府。至此，租界与周围陷区几无二致，其所谓的"中立"，犹如傀儡政权之"独立"一样可笑。② 所以巴金说，"有人把这里称作孤岛，但我说，它更像一个狭的囚笼"③。

---

① 参见刘惠吾《上海近代史（下）》，华东师范大学出版社1987年版，第350页。
② 参见刘惠吾《上海近代史（下）》，华东师范大学出版社1987年版，第354—355页。
③ 巴金：《一点感想》，转引自张一望《沦陷前后的上海》，战时读物编译社1938年版，第62页。

二 "孤岛"媒介环境

在"淞沪会战"结束前后,及后来日军侵华战争的推进,日伪势力不断地在"孤岛"渗透,其控制力也在不断加强,租界当局日益势弱,在一定程度上还成为其统制两租界的工具。因此,自上海沦陷,"孤岛"的媒介环境便变得相当恶劣,而且随着日伪控制的加强而日趋恶化。

"淞沪会战"是中日两国全面战争的开始,是抗日战争中的第一场大型会战。而同时,另一战场——舆论战、宣传战也在展开。在成为"孤岛"的前夕,各种背景、观点不同的报刊集合在抗战大旗下,在上海租界结成一个强大的报刊宣传阵营,使上海成为全国抗日宣传的中心。对此,日本侵略者当然不能容忍,所以在上海沦陷之际,急图扼杀。1937年11月9日,即蒋介石下令驻沪部队撤退的当日,日军就向租界当局提出取缔一切抗日宣传活动的要求。① 11月20日,日本驻华大使馆武官原田少将,亲至工部局会晤总裁费信惇(S. Fesenden)等高级官员,强烈要求工部局采取措施,禁止租界内一切抗日宣传活动,并恐吓说,如果租界当局处置不力,日本军队将"保留它们认为必要时采取行动的权力"②。与此同时,日驻上海总领事冈本还向租界当局提出了五点要求,内容包括禁止反日活动与一切形式的反日宣传活动,驱逐中方机关与代表,禁止中方检查交通通信与新闻机构等。③

---

① 日驻沪总领事冈本给上海工部局总董樊克令(C. S. Franklin)去信说,"请贵当局注意近来租界内的骚乱活动","这些骚乱活动包括在某些闹市区内散发反日小册子,传单和各种印刷品","强烈地煽动起中国民众的反日情绪","促使中国民众起来反抗他们的'敌人'","我请求贵当局立即采取适当措施,以有效地禁止与根除这些骚乱因素与活动"。转引自上海公共租界工部局、上海市档案馆藏、马光仁《上海新闻史》(1850—1949),复旦大学出版社1996年版,第823页。
② 英文《字林西报》1937年11月21日。
③ 五点要求分别是:(1)禁止反日活动以及其他颠覆性活动;取缔包括国民党机关在内的一切反日机关;禁止张贴反日标语和散发反日印刷品;禁演反日戏剧、电影等;禁止反日无线电广播;禁止中国特工活动和捕捉"汉奸"活动。(2)驱逐一切中国政府机关及其代表,不论其为中央性质或地方性质,切实监视中国政府、政党领导人的活动。(3)禁止中国政府检查邮电、交通。(4)禁止中国政府检查报社和新闻通讯社。(5)禁止中国人从事非法的无线电通讯。转引自马光仁《上海新闻史》(1850—1949),复旦大学出版社1996年版,第823页。

鉴于当时情势，租界当局在日本侵略者的威压之下，为了维护其自身利益，借口维护租界秩序，采取一系列限制或取缔抗日宣传活动的措施，比如：警告各报不得用过激字眼，实行报刊登记，"劝"界内抗日报刊停刊或改变态度等。①

在不断向租界施压、借租界当局之手扼制抗日报刊的同时，为了根除租界内抗日新闻宣传，日军还直接将魔爪伸入租界，强占国民党中宣部设在租界的上海新闻检查所，并随即通知上海报刊，由日本军事当局接管原中国政府的报刊监管权力。② 12月13日，日军占领南京的当晚，即以上海新闻检查所的名义发出通知，强令各报自12月14日起接受检查，"须将稿件小样送到检查所检查，未经检查的新闻报道一概不得刊载"③。这既断了租界内抗日报刊生路，也侵犯了西方列强在华利益。

但是为形势所迫，也为自身利益所系，租界当局在日军这种咄咄逼人的架势下，虽然宣称奉行"中立"的新闻政策，实则秉持与日人合作的态度，限制抗日新闻宣传，以维护自己在华利益。正如租界当局所称，"华军之自上海撤退"，"本局一面维护中立，一面经与日本当局合作，以

---

① 具体为：一警告各报不得采用过于激烈或引起日人不满的字眼，如称日人为"敌人"等；二、实行报刊登记制度，任何报纸、刊物或小册子未经登记不得在公共租界刊行、印刷或者分送；三、"劝告"租界内的抗日报刊停止出版或改变抗日态度。参见方汉奇《中国新闻事业编年史·上》第二版，福建人民出版社2018年版，第708页。

② 即于1937年11月28日通知上海的12家报社："日本军事当局宣布，自11月28日下午3时起，原中国当局行使的报刊监督、检查的权力由日本军事当局接管。"并恐吓说"日本军事当局在原则上愿尊重报纸和其他印刷物等文化事业。只要这些报刊不再损害日本利益，日本军事当局可以既往不咎"，不过"报纸和其他印刷物如果无视或反对日本军事当局可以行使上述权力，则一切后果由自己负责"。转引自马光仁《上海新闻史》（1850—1949），复旦大学出版社1996年版，第824页。

③ 即于1937年11月28日通知上海的12家报社："日本军事当局宣布，自11月28日下午3时起，原中国当局行使的报刊监督、检查的权力由日本军事当局接管。"并恐吓说"日本军事当局在原则上愿尊重报纸和其他印刷物等文化事业。只要这些报刊不再损害日本利益，日本军事当局可以既往不咎"，不过"报纸和其他印刷物如果无视或反对日本军事当局可以行使上述权力，则一切后果由自己负责"。转引自马光仁《上海新闻史》（1850—1949），复旦大学出版社1996年版，第824页。

应付变迁之情势"①。在租界沦为"孤岛"的当天，公共租界工部局总裁费信惇就公开表示："对过激之团体，尤其关于散发张贴反日传单等活动，当尽力使之纳于正轨。"② 11月13日，工部局总董樊克令在回复日本驻沪总领事信中，答应与日人合作，解决租界内的抗日新闻宣传活动问题。声称，"工部局已经开始不断地对散布那些旨在扰乱租界和平与秩序、反对某方人（指日本人）的印刷品和从事这类宣传活动的中国团体施以越来越大的压力……对于令人讨厌的报纸，工部局也已采取了相似的措施"，并且保证，"只要目前的骚乱状态还存在，工部局警务处决不松懈已经采取的必要措施"③。总体来说，法租界公董局在这一时期，事事跟随公共租界当局，采取与其基本一致的立场与措施。

当然，为了保持与日军讨价还价的筹码，也为了维护其"中立"之地位，租界当局在执行这一新闻政策时，一般都会有所保留或保持节制的态度，一是避免采取过于激烈的制裁措施。如11月12日，工部局总裁费信惇接受《上海泰晤士报》记者采访时，针对工部局是否实行新闻检查的问题回答道，"目前尚未实行，惟或将被迫出此，最好各报能表现更广大的自制态度"④。次日，工部局总董在回复日本驻沪总领的信中也表达同样立场，"中国人的情绪是不可能完全抵制住的"，"过于极端的措施的采用，可能会引起动乱"⑤。二是对抗日报刊执行各项具体限制措施时，往往也会网开一面。比如，进行报刊登记时，租界当局对一般具有抗日倾向的报刊甚至国民党当局主办的报刊，也一律颁发登记执照。在法租界，中国国民党中央通讯社上海分社转入"地下"秘密发稿，公

---

① 即于1937年11月28日通知上海的12家报社："日本军事当局宣布，自11月28日下午3时起，原中国当局行使的报刊监督、检查的权力由日本军事当局接管。"并恐吓说"日本军事当局在原则上愿尊重报纸和其他印刷物等文化事业。只要这些报刊不再损害日本利益，日本军事当局可以既往不咎"，不过"报纸和其他印刷物如果无视或反对日本军事当局可以行使上述权力，则一切后果由自己负责"。转引自马光仁《上海新闻史》（1850—1949），复旦大学出版社1996年版，第824页。

② 《费信惇对外报记者谈 日无干涉租界行政理由》，《新闻报》1937年11月14日。

③ 转引自马光仁《上海新闻史》（1850—1949），复旦大学出版社1996年版，第825页。

④ 《费信惇对外报记者谈，日无干涉租界行政理由》，《新闻报》1937年11月14日。

⑤ 转引自马光仁《上海新闻史》（1850—1949），复旦大学出版社1996年版，第824—825页。

董局也采取视而不见的态度。而对外国人在租界内出版的报刊,则采取一体保护的政策。可见,虽然处于日趋严厉的日伪挟制之下,但是对日伪施加于"孤岛"抗日新闻传媒的压力,租界当局在一定程度上还是起了缓冲的作用。这便是"孤岛"抗日新闻传媒得以生存与赖以发展的空间。

虽然在"孤岛"时期,日伪对"孤岛"抗日新闻传媒的控制自始至终都是存在的,但是与时局发展紧密相关,其在各阶段的控制程度都有所不同。

一开始比较严厉。因为日军刚占领上海,试图有效地控制占领区的所有势力。两租界虽然属于"中立"性区域,但是处在沦陷区域中,必然是其侵略野心所觊觎之地。所以上海沦陷之初,日军对抗日宣传活动控制相当严厉。

进入 1938 年之后,由于战线越拉越长,战事中心开始远离上海而去,租界的局势便逐渐地趋向缓和。而且经过几个月的观察、掂量,租界当局发现,日军暂时不敢采取过激措施贸然同英、美、法等西方国家为敌,因而对日人的态度开始强硬起来,在其奉行"中立"政策时就采取新的策略,一面通过"镇压抗日运动以向日帝讨好,同时又利用救亡运动向日帝讨价还价",即在"反对救亡运动中,又不过分干涉救亡运动"。[①] 如 1938 年 2 月 2 日,日本控制的上海新闻检查所致函工部局警务处处长杰拉德(Gerrard),要求对挂外商招牌的抗日报刊采取制裁措施,杰拉德 2 月 7 日回信断然拒绝这一要求,指出工部局无权处理在华享有领事裁判权国家的侨民事务,"在这种情势下,我建议你与有关国家的领事去直接交涉"[②]。所以这时,一方面,日伪对"孤岛"的新闻控制出现了一定程度的缓和;另一方面,租界当局对日态度相对强硬一些,租界情势出现了有利于抗日新闻宣传活动的契机。《每日译报》《文汇报》等抗日宣传的中坚报纸,便在这一时期创办、发展起来。

[①] 刘晓:《略谈上海地下党的工作》,《党史资料丛刊》(第一辑),上海人民出版社 1981 年版,第 7 页。

[②] 转引自马光仁《上海新闻史》(1850—1949),复旦大学出版社 1996 年版,第 831 页。

可惜好景不长，自1938年下半年开始，鉴于欧洲局势的日趋紧张，为对付德国、意大利等法西斯国家的侵略活动，美、英、法等西方列强开始将战略重点转向欧洲，[①]改行"先欧后亚"的原则。它们在远东问题上，对日本实行绥靖政策，竭力避免与日本开战，为保全其殖民地区的"中立"地位，甚至不惜牺牲远东各国人民的利益。与此同时，自1938年10月之后，日本侵略军的作战力量也开始削弱，其侵华步伐推进压力越来越大，不得不提出"建立东亚新秩序"与"以战养战"的新的侵略方针，将战略重心转向后方，故加强了对占领区的控制。如此一来，一面是美、英、法等国的势弱，一面是日方的加强控制。这种一弱一强的转变，显然对"孤岛"的"自由环境"颇为不利。所以，1939年3月以后，日本侵略者不断加强压制政策，在租界内外制造紧张气氛。而为保全租界"中立"地位，租界当局进一步妥协，对租界内的抗日宣传活动采取了新的钳制措施。1939年5月，租界当局甚至发布公告，明令取缔租界内所有政治团体及其宣传活动，宣称说："此后无论何人，凡直接或间接参预是项团体，两租界均将不予保护，或并驱逐出境。"[②] 并对抗日立场坚定的报刊施加吊销营业执照、停止出版等严厉手段。[③] 自此，抗日报刊开始了被扼杀的命运，仅在1939年5月至7月的三个月中，《每日译报》《文汇报》《华美晨报》《导报》《国际日报》《儿童日报》等六七家"洋旗报"相继被迫停刊，"中国共产党直接领导的'洋旗报'全部遭此劫难"……[④]

在其所占领的中国沦陷区，日本侵略者实行严厉的新闻统制政策，将

[①] 1938年2月，美国撤走其驻沪陆战队六个团，1940年8月，驻沪英军也始撤走，租界实力越发虚弱，地位日益下降。参见刘惠吾《上海近代史（下）》，华东师范大学出版社1987年版，第351页。

[②] 1939年5月24日《上海公共租界工部局公报》，转引自马光仁《上海新闻史》（1850—1949），复旦大学出版社1996年版，第853页。

[③] 据统计，在1939年至1940年两年内，共有31种报刊遭到处罚，被迫停刊数日至数星期不等。参见方汉奇《中国新闻事业通史》（第2卷），中国人民大学出版社1996年版，第609页。

[④] 马光仁：《上海新闻史》（1850—1949），复旦大学出版社1996年版，第858页。

所有新闻事业置于其法西斯军事管制之下。① 对"孤岛"上的新闻事业，日本侵略者也企图如此。概括来说，日伪对"孤岛"新闻传播媒介的具体控制措施主要有三。

一是实行新闻检查，迫使大部分中文报刊停刊。

上海开埠后，商贸发达，信息交往频繁，自19世纪60年代之后，发展成为中国报业最发达的城市后，其新闻事业向来发达，据统计，在淞沪战事前夕，上海有报纸五十二家，通讯社二十八家。② 自中国军队西撤，上海开始了它不幸的"孤岛"时期，一时之间，报纸杂志纷纷自动内迁或宣告停刊。而在日伪新闻钳制政策之下，又有大量抗日报刊被迫停刊。③

1937年11月22日，《救亡日报》出"沪版终刊号"；24日，《立报》与《民报》发表停刊启事；11月27日《时事新报》、11月29日《中华日报》、12月1日《神州日报》、12月11日《战时日报》④ 等先后相继停刊……而苦苦撑持，为"上海的三百万同胞服务一天算一天，一直尽了我们最后的力量为止"的《大公报》（沪版）和《申报》等，坚守着"我们是中国人，办的是中国报，一不投降，二不受辱"的信条，在日伪的新闻检查面前，也于12月14日毅然决然地宣布从次日起停刊。⑤ 上海日报公会，也因会员报馆相继停刊，被迫于12月31日宣告停止活动。此外，《新闻报》12月16日至23日停刊一星期，于24日复刊后则与《时报》一样接受新闻检查。前者委曲求全，对抗日信息传播"噤若寒蝉"；后者则俨然成为一份汉奸报。这样，"上海强大的抗日报刊阵营遭到了毁灭性的摧残，上海的抗日宣传也近于一片空白……"⑥

二是威逼利诱，禁止抗日宣传。

---

① 具体措施："一是扼杀中国人民的抗日爱国宣传，实行新闻封锁；二是强化日本在华的新闻宣传势力，建立日人在华新闻宣传阵线；三是建立法西斯新闻统制机构；四是全面垄断新闻通讯与广播事业"。[见方汉奇《中国新闻事业通史》（第2卷），中国人民大学出版社1996年版，第609页。]

② 参见程其恒《战时中国报业》，铭真出版社1944年版，第17页。

③ 据1937年版《上海公共租界工部局年报》统计，自11月中国军队退出上海后，出版物停刊30种，通讯社停闭4家，包括国民党的中央通讯社上海分社，该社于11月24日停止发稿。

④ 由十家小报联合出版，1937年10月5日创刊，以抗日救国为宗旨。

⑤ 参见《本报沪版今起停刊 申报同时停刊》，《大公报》（汉口）1937年12月15日第2版。

⑥ 周立华：《"孤岛"时期的〈文汇报〉研究》，江西人民出版社2009年版，第29页。

上海沦为"孤岛"之初，在日伪的强制检查与迫令停刊政策下，上海的抗日宣传一度呈现出"万马齐喑"的局面。但是过不多久，中国共产党与其他抗日爱国党派留下的宣传力量，以及上海的爱国报人，或是转入地下进行抗日宣传；或是利用两租界的"孤岛"环境，挂"洋旗"办报，依然进行抗日报道、发表抗日言论。1938年，以"洋旗报"为代表的抗日报刊大批出现，使上海的抗日宣传活动再度活跃起来。

对此，日本侵略军一是不断地向租界当局抗议、施压，促使其出面钳制抗日宣传活动；二是利用汉奸、流氓，对抗日报馆与报人进行威逼利诱，妄图彻彻底底地扼杀"孤岛"上的抗日宣传力量。据程其恒在《战时中国报业》一书中披露，对于"孤岛"上"宣扬正义、报道正确消息"的报刊，日伪实施的摧残手段，计有"诱买""劝告""荐买""恐吓""抢劫""袭劫""罢工""封锁""停刊""放火""绑架""通缉""暗杀""驱逐""殴辱""压迫""检查"等十七种之多。① 而其扼制"孤岛"抗日报刊的途径主要是三种：一是不许出版，堵源头；二是不许发行，堵渠道；三是不许阅看，堵受众。而其实施伎俩，则不外"威逼利诱"四个字。此即"孤岛"时期的媒介环境。

譬如1938年初，日本特务机关"兴亚会"，将一批落水流氓与地痞组织起来，建立名为"黄道会"的恐怖组织，以常玉清为头子、日本浪人小林为顾问，以抗日报馆与报人为其主要攻击对象。

"黄道会"一建立，这伙流氓、地痞即开始向抗日报馆寄送恐吓信、投掷炸弹，制造恐怖局面，企图以此吓倒抗日的报人、搞垮抗日的报馆。

首遭劫难的是《华美晚报》馆。1938年1月16日，《华美晚报》被暴徒投弹袭击，致使报馆设备受损，三名工作人员受伤。自此开始至当年5月，这种投弹袭击破坏事件一共发生过八起，其中三起发生在《华美晚报》馆，其余五起分别发生在《大美晚报》《文汇报》等报馆和抗日报人的寓所。寄送恐吓信函威胁就更多了，可以说是不胜枚举，仅《每日译报》一家报馆就收到十余次。② 但是，爱国的报人与报馆皆不为所惧，

---

① 参见程其恒《战时中国报业》，铭真出版社1944年版，第17—50页。
② 参见马光仁《上海新闻史》(1850—1949)，复旦大学出版社1996年版，第866页。

仍然坚持既有的立场和宗旨，进行抗日宣传。

日伪特务见恐吓信与手榴弹未能吓倒爱国报人，亦不能搞垮"洋旗报"等抗日报馆，便继之以送死人手臂、杀人悬首等更为残忍的恐吓威胁手段。

1938年2月6日，《社会晚报》的经理蔡钧徒，在虹口新亚酒店内被日伪暴徒杀害后，还将其人头悬挂在法租界薛华立路（现建国西路）总巡捕房对面的电线杆上。蔡氏首级被悬不久，日伪暴徒又接连抛出三颗人头来。而且，人头案尚无眉目，人手案继之又起。①

第一只手装在纸盒内，放在《华美晚报》总经理朱作同的家门。盒上署"朱作同收"，盒内附用中文打字机打就的纸条一张，上书"请先收此，如不更变抗日态度，当再以新物奉上"②。3月1日，巡捕在公共租界又搜得人手两只，都是藏在纸盒中，并均附有警告抗日分子的字条。一只是送给《文汇报》的，另一只是送给中文《大美晚报》的。

阅读此时的报纸，真是叫人触目惊心。从1938年2月8日到3月3日，不及一月，在《文汇报》上，以"人头、人手"为题的报道就多达十次。而2月12日《文汇报》的本市讯《头、头、头 法租界第三次发现人头》，一题之中，竟出现四个人"头"，既让人尽睹日伪暴徒的凶残，又让人对身处如此险恶环境下坚持抗日宣传的报馆、报人钦敬有加。

虽然日伪暴徒凶狠残忍，但是抗日报人并没有为之却步。所以，在1938年下半年后，日伪特务除了继续制造恐怖事件外，还采用造谣、栽赃、收买等多种手段，直欲置抗日报刊与报人于死地而后快。

比如1938年10月，日军主办的《新申报》，公然诬陷《每日译报》"借节约储金一事，吞没大宗公款"③。《每日译报》即刻反驳，用客观事

---

① 《文汇报》1938年2月12日头版"本埠消息"《萨坡赛路又发现人头》，第三版"本市讯"《头、头、头 法租界第三次发现人头》。

② 朱梦华：《日本军国主义者在上海的暴行》，上海市文史馆、上海市政府参事室文史资料工作委员会编《上海地方史资料》（一），上海社会科学院出版社1982年版，第152页。

③ 方之：《蠢笨的造谣》，《每日译报》1938年10月20日。

实揭穿谣言。当大汉奸汪精卫《举一个例》① 一文发表之后，日伪特务将这篇文章装入伪制的《每日译报》馆信封，到处寄发，企图损害这份抗日报纸在读者心目中的形象。对此，《文汇报》在 1939 年 5 月 9 日，发表《无耻无聊 伪造译报信封寄发"举一个例"可见汪精卫的例是捏造》一文，予以无情揭发。

造谣、栽赃陷害不成，日伪便进行收买。他们用金钱做诱饵，派人到各家报社去接洽，企图改变这些报刊的抗日立场。比如，1939 年 3 月，日伪特务由《时报》经理王季鲁转告严宝礼，说愿意给《文汇报》投资五十万元，条件便是《文汇报》必须改变抗日立场、配合主张和议的汉奸言论，被严宝礼等《文汇报》同人断然拒绝。②

日伪就是这样，一面对报馆与报人进行威逼利诱，欲使其放弃抗日宣传，在抗日宣传的源头上做文章；一面在流通发行与传播渠道上想办法，在沦陷区直接禁止售卖和阅读各种华文报纸，在租界则是通过"抢报"、威胁甚至杀害报贩与读者，以阻碍抗日报刊的发行、阻扼抗日宣传。

在 1938 年初，驻扎上海四郊的日军及"大道警察"，即对各种华文报纸，一律禁止带入贩卖与阅看。在浦东南市沪西各个入口，一经警察查获，即行没收，若欲与之争论，则须处以一星期以下拘役。因此，沪市四郊只有日本人所办的《新申报》，其他各种报纸几乎绝迹。③

以前，上海的报贩可以随意把新闻内容喊出来，现在"孤岛"上海却不行了，即便要喊也不能用刺激的字句。④ 不仅如此，报贩受到的威胁很大，在马路上他们随时会遭遇日本巡捕的干涉，巡捕随时可以将报纸没收或抢走，更甚者还有生命危险。据《战时中国报业》一书中记载，被汉奸抓去交给日军，或者被日军直接捉去后被杀害的报贩，不下数十人。⑤

---

① 《文汇报》1939 年 4 月 11 日第 3 版发电讯《吴稚晖一篇妙文 斥责汪兆铭之荒谬主张》和短评《斥汪妙文》对该文予以严正驳斥。

② 参见杨秉衡《从上海几家报纸说起》，《战时记者》1939 年第 11 期，转引自马光仁《上海新闻史》（1850—1949），复旦大学出版社 1996 年版，第 868 页。

③ 参见《沪郊禁阅报纸 消息由新申报传播》，《文汇报》1938 年 4 月 27 日第 7 版。

④ 参见程其恒《战时中国报业》，铭真出版社 1944 年版，第 50 页。

⑤ 参见程其恒《战时中国报业》，铭真出版社 1944 年版，第 49—50 页。

台儿庄战役胜利之际,"孤岛"抗日报刊想要用最快捷的方式将这一消息报告给"孤岛"上的国人。日伪却设法从报贩手中抢走报纸,意欲瞒天过海,让这个激奋人心的喜讯到不了中国民众耳中。据署名夸父的《抢报》一文所记,1938年4月9日晚,日伪仅在一个报贩处就抢走夜报百数十份。① 但是,机灵的报贩们,最后还是将当天的报纸传遍了整个上海。日伪见抢报没有奏效,就胁迫租界当局,让巡捕干涉报贩,不准在街头设摊售报,企图堵死抗日报刊发行渠道。② 更有甚者,便是残害报贩。比如:1939年3月21日晚,给《文汇报》送晚刊的吴桂生,被日伪暴徒砍成重伤;③ 4月18日(实17日晚),《大美晚报》总报贩赵国栋乘车回家之时,在寓所附近(大沽路468弄口)被乘坐黑牌汽车的凶手枪击而殒命。④

日伪在处于"中立"地位的租界,尚且公然抢报、残害报贩,在沦陷区自是更不容售卖抗日报刊的报贩立足了。在上海四郊,除了《新申报》之外,各种华文报纸一律禁止售卖或阅读。但是,《新申报》那样的傀儡报没人看,当然没有销路。不过,在当时环境下,人们又需要看报,以了解时局的发展与生存环境的安危。于是,为了回应读者的需要也为了谋利,也不时有报贩在暗中售卖外商华文报纸。但那是非常危险的,一旦被发现,随时都有生命危险。比如,1938年8月3日,有个报贩在浦东欲暗售某外商华文报纸,被伪"警察"发现并捉住,交与日兵之后被刺死了;⑤ 1939年1月12日,日军在无锡火车站,查出四个暗中偷售《文汇报》的《新申报》报贩,将四人一起绑赴"月台"枪杀示众。⑥

虽然与报贩相比,读报人所受的威胁要小一点,但也是时刻处于危险之中,有时甚至还有性命之虞。比如,1938年4月27日下午,浦东洋泾

---

① 参见朱作同、梅益主编《上海一日》第三部,华美出版公司1938年版,第3、140页;参见《民国丛书第三编》(93),上海书店1991年影印版。

② 参见《本市报贩函纳税会 请转呈工部局董事会 勿干涉街头摆报摊》,《文汇报》1939年5月6日第7版。

③ 参见《报贩遇暴——腿部受创凶手逃逸》,《文汇报》1939年3月22日第7版。

④ 参见程其恒《战时中国报业》,铭真出版社1944年版,第40页。

⑤ 参见《浦东日驻军 枪杀报贩 秘售沪报为取死之道》,《文汇报》1938年8月4日第6版。

⑥ 参见《报贩惨遭毒手 荡口镇日军枭首》,《文汇报》1939年1月17日第6版。

西镇一杂货店伙计在店内阅读《文汇报》的时候，不小心被三名日本海军陆战队队员看见，即被拖出去殴打致重伤；① 5月30日早晨，在西区大西路惇信路口，还发现一名手持《文汇报》的男青年被枪杀。② 即使因为不小心，用"抗日"的旧报纸包东西，而且是住在虹口或沪西曹家渡一带，或者是拿这种旧报纸包的东西去搭日本船，被检查出来，也有可能会因此丢掉性命。

三是出版反动刊物混淆视听。

尽管日伪暴徒无所不用其极，从出版、发行、读报等各个方面扼杀抗日报刊、爱国报人、读者乃至报贩还是坚持将抗日宣传进行到底。在当时情势下，日本侵略者也认识到，强制压迫并不能完全实现其新闻统制的目的。于是，在压制、扼杀抗日宣传的同时，日本侵略者还注意强化其在华新闻宣传势力，建立日本人在华的新闻宣传阵线。所以，在抗日报刊日益兴旺时，日伪也兴办起各种反动刊物，通过反动宣传对抗日宣传进行干扰。

日帝一发动侵华战争，即派遣大批新闻工作者前来开展侵略性新闻宣传活动，或者随军担任战地宣传报道工作，或者在沦陷区从事办报与宣传活动。③ 同时，日本政府还指示其国内重要的新闻机构来华设立分社与出版报刊。

就上海来说，在"八一三"事变之前，日本在华新闻的宣传工具只有日本同盟社华中总分社和三家日文报纸④，影响有限。但在上海抗战爆发之后，为了加强对中国人民的欺骗性宣传，1937年10月1日，日本侵华军部报道部就在上海虹口创办大型中文日报《新申报》，打着"中日亲善""共存共荣"的幌子，大肆进行军事宣传、政治欺骗与奴化教育，企图混淆视听，消磨陷区人民的抗日斗志。《新申报》一直是日本侵略者在沪宣传大本营，除了要在虹口设馆外，还在公共租界设有分局，全部工作人员约有

---

① 参见《阅报被殴 日军新刑罚》，《文汇报》1938年4月28日第7版。
② 参见《枪杀男尸 手持文汇报》，《文汇报》1938年5月31日第7版。
③ 据1941年的《日本新闻年鉴》记载，仅从"七七"事变到1938年10月武汉陷落这一年余，受日本政府派遣来华的新闻工作者即达1000人。参见李瞻编《世界新闻史》，台湾"国立"政治大学新闻研究所1966年版，第840页。
④ 即《上海日报》《上海日日新闻》《上海每日新闻》。

30人，日出两大张，周一和例假日改出一大张。该报的发行，主要依靠强推强销，在占领区内的商号或住户中强卖强送，发行量最高时约两万份。①

上海一沦陷，日军立即着手强化其在沪新闻宣传。这时，租界内外出现一大批日伪报刊，其中绝大多数是汉奸报刊。

其时，日军嫌由日商个人经营的《上海日报》等日文报纸不够听话，因此在"八一三"后，强行将《上海日报》、《上海日日新闻》与《上海每日新闻》合并，改为出版《上海合同新闻》，但是不久，因三报的极力抗争而未成。只好在1939年1月1日，在上海创办日文的《大陆新闻》，4月29日将《新申报》改组成《大陆新报》的中文报，试图将其建设成"大陆中部唯一的国策报纸"，以实现其控制舆论的企图。

日本侵略者在强化其主办报刊的同时，还注意收买并扶持汉奸出版的报刊。首先是落水文人与报人主办的报刊。这类报刊大都采用小型报形式，在经济上以接受日本侵略者津贴为生，在宣传上不敢露骨地反对抗战，往往以悲悯语气，唱着"反对无谓牺牲"的调子，闪烁其词地倡导"和平"与"共存共荣"等投降论调，充当日本侵略者的应声虫。其中，较有影响的是《生活日报》②、《晶报》③ 与《新青年日报》④ 等。1938年3月，在上海建立以梁鸿志为首的伪"中华民国维新政府"之后，还出现了一批由该傀儡政权主办的报刊。主要有《实业新报》⑤、《总汇报》⑥ 与《中国

---

① 参见马光仁《上海新闻史》(1850—1949)，复旦大学出版社1996年版，第877页。

② 原是租界内老字号小报，战前已停刊。1938年1月18日复刊，由徐朗西任社长。表面上对抗战中立，实则时刻不忘做侵略者的应声虫，大肆散布对抗战不利的报道和言论。

③ 原为上海租界著名小报，1919年3月3日由余洵（大雄）创办，曾几度停刊。上海沦陷后，余大雄落水当了汉奸，于1938年1月29日恢复出版《晶报》，不久即由另一落水文人钱芥尘接办。"洋旗报"兴起后，也请美国人特奥多罗（A. L. Teodro）担任发行人，关启宇任编辑人。在宣传上除为日本人张目外，还大量刊载色情文字，麻醉上海人民。

④ 1938年5月10日创刊，由汉奸团体青年联盟主办，钱九咸主编，在宣传上，用中国人的口吻为日本侵略活动辩解。

⑤ 1938年4月创刊，由伪"维新政府"实业部主办，日出对开一张，大部分篇幅登日商广告，在宣传上为敌作伥。后迁南京出版。

⑥ 1938年12月1日创刊，名义上由美国人基恩（A. M. Kiehn）任董事长，实际上是伪"维新政府"机关报。教育界落水人士徐蕴和（徐晋）任主编。1940年梁鸿志倒台后停刊。

商报》①等。这些报刊，虽然名义上是由伪"维新政府"的宣传部管辖，实际上都是操纵在日军的特务机关手中。

三 "孤岛"报刊的构成及其力量的消长

在"孤岛"时期，由于在政治、经济、文化等各个方面都与日占区、国统区、华中抗日民主根据地以及世界各国有着千丝万缕的联系，各种政治势力无不隐伏在上海租界这块弹丸之地活动，因而其新闻界形势非常复杂，呈现出光明与黑暗、和平与恐怖、正义与无耻等错综复杂的奇特景象。不过，影响"孤岛"新闻宣传与报刊发展变化的因素或力量主要是来自三个方面：一是日本侵略者，二是"租界"当局，三是坚持抗日的中国报人。从这三种力量来看：日本侵略者，一边扼制抗日新闻宣传，一边强化日伪新闻宣传；"租界"当局，既与日伪妥协，帮助扼制抗日宣传，又极力为维持"中立"地位、维护自身利益而做有限度的抗争，如保护外国人在租界内出版的报刊等；抗日的中国报人，则不论是来自共产党阵营、国民党阵营还是民间的爱国人士，都利用"孤岛"形势适应环境发展，为壮大抗日宣传力量而努力抗争。因为各自的立场与利益不同，三种力量之间又形成三种主要矛盾，即抗日的中国报人分别与日本侵略者、"租界"当局的矛盾，以及日本侵略者与"租界"当局之间的矛盾。其中，抗日的中国报人与日本侵略者之间的矛盾是主要矛盾，也最为显著。在这三对矛盾的作用下，"孤岛"的报刊，便主要由以"洋旗报"为主的抗日报刊、日伪报刊与外文报刊构成。此外，便是在日军控制下苟且生存与发展的资产阶级商业性报刊和消闲性小报。②

由于国际国内形势发展变化的影响，"孤岛"上这三对矛盾时刻在发生变化，"孤岛"媒介生态系统中各类报刊的力量也在不断发生强弱对比的变化。

从当时形势变化与报刊发展情况来看，四年又二十七天的"孤岛"

---

① 1939年创刊，由上海"苏浙皖税务总局"主办，邵式军任董事长，沈一果任总编辑，秦云汀任主笔。日出一张半，以报道商情与税则为主，不涉及国内政治。

② 参见周立华《"孤岛"时期的〈文汇报〉研究》，博士学位论文，厦门大学，2007年。

时期，大致可以分为三个阶段：第一阶段，从1937年11月12日上海沦陷到当年年底；第二阶段，从1938年1月至1939年4月；第三阶段，从1939年5月至1941年12月。在这三个阶段，三种主要力量不断变化，受此影响的报刊格局也在不断变化。

第一阶段，中国军队撤离后，日军强势控制，租界当局掂量局势、小心行事，抗日报人蛰伏等待时机。因而，抗日报刊大部被迫停刊，几致消失殆尽，日伪报刊居于明显优势。第二阶段，日军因战略需要，对租界控制有所缓和，租界当局的态度则有所强硬，往往便中取事，给抗日报人开展活动提供了条件。这一时期的"孤岛"环境，对抗日报刊相对宽松，所以，打着外商旗号的"洋旗报"渐次产生，抗日报刊阵营得以重新建立并且具有相当声势。但是，这一阶段的后期，即进入1939年之后，形势又开始紧张，为后面的危机埋下伏笔。只是从"洋旗报"的发展来说，还没有到动摇其根基的地步，"洋旗报"阵营还维持在较强的态势。第三阶段，在西方列强先欧后亚、日本强化占领区的政策下，日军控制力再度强化，"孤岛"环境趋于紧张，从1939年的"五月"危机开始，大批抗日"洋旗报"特别是中国共产党直接领导的报纸又遭扼杀，抗日报刊阵营被严重削弱，至太平洋战争爆发，抗日"洋旗报"全被扼杀，只留下个别挂"苏商"旗号的期刊在坚持活动。

归结起来，从1937年11月12日上海"沦陷"到1941年12月8日太平洋战争爆发，"孤岛"的媒介生态与报刊发展变化特点，是"一条主线和两条辅线交缠发展"，"一条主线即抗日报刊阵营由弱到强到被再次削弱，而两条辅线即日伪报刊和外国人报刊的变化并不特别明显"。[①] 为了更深入地理解这一变化特点，更好地把握"洋旗报"生存发展的"孤岛"报刊环境，我们可以对"孤岛"媒介生态系统，即各种报刊构成格局与力量的消长做更具体的论述。

除"洋旗报"外，"孤岛"上的报纸主要是以下四种。

一是外文报纸。在当时的"孤岛"上海，存在许多具有"合法"

---

① 周立华：《"孤岛"时期的〈文汇报〉研究》，博士学位论文，厦门大学，2007年。

地位的外文报刊，其中报纸就有十几种，如英文的《字林西报》《上海泰晤士报》《大美晚报》《大陆报》《密勒氏评论报》等，俄文的《俄文日报》《柴拉早报》《柴拉夜报》《斯罗沃报》等，法文的《上海日报》《远东新闻》等，德文的《远东日报》和日文的《上海日报》《上海日日新闻》《上海每日新闻》《大陆新报》等。[①] 另外，还有出版于其本国的外文报纸在此发行，如苏联的《真理报》《消息报》等。而由于受德国法西斯的迫害，欧洲大批难民逃往远东，到1939年上海就有犹太难民三万多人，他们分别用德、英、波兰文等语言先后出版《上海犹太纪事报》、《黄报》、《八点钟晚报》与《上海战争难民新闻》等外文报。

总的来说，除了为日本侵略者张目的日文报纸之外，"孤岛"上的这些外文报刊大都能站在"中立"立场，对中国的抗战或多或少地持有同情或者支持的态度，如《密勒氏评论报》等。有的甚至还创办起具有明显抗日倾向的中文版，比如《大美晚报》等。这些外文报刊与其他外国新闻机构，关于中国人民的抗日战争，有大量客观报道中日双方正面军事消息，其重点报道内容，或是"揭露日寇的残暴手段与罪行，批驳侵略谬论"；或是"报道日本侵华战争的种种困难，指出战争前途，是日本必败，中国必胜"。[②] 在这些外文报刊上，有关中国抗战的消息、评论、资料丰富，为"孤岛"上的中国民众提供了相当的精神食粮。但是，这与"孤岛"几百万中国民众的精神需求相比，则相差甚远。

二是日伪报纸。除了《上海日报》《上海日日新闻》《上海每日新闻》《大陆新报》等日文报纸，还有日军创办的《新申报》和被其收买或扶持的汉奸报纸，如《生活日报》《新青年日报》《实业新报》《总汇报》《中国商报》等。在日伪报纸中，也有挂"洋旗"试图混淆视听

[①] 参见黄瑚《上海"孤岛"时期抗日报刊述评》，《新闻研究资料》第39辑第98页；王季深《记〈译报〉、〈每日译报〉》，《上海地方史资料（五）》，上海社会科学院出版社1986年版，第93页。

[②] 马光仁：《上海新闻史》（1850—1949），复旦大学出版社1996年版，第902—907页。

的报纸。如《总汇报》，1938年12月1日在上海创刊，由美国人基恩（A. M. Kieh）任董事长，名义上是美商报纸，实际是伪"维新政府"的机关报，由落水的教育界人士徐韫和（徐晋博士）主编，1940年梁鸿志为汪派倾轧倒台后停刊。另一份是《晶报》。《晶报》原为上海租界上的著名小报，1919年3月3日由余洵（大雄）所办，后几度停刊。在上海沦陷余沦为汉奸后，于1938年1月29日恢复出版《晶报》，不久又由曾任《中央日报》庐山版主编的落水文人钱芥尘接办，由落水报人《中央日报》庐山版驻沪记者朱虚白任总编辑。在"洋旗报"兴起潮中，《晶报》也请美国人奥多罗（A. L. Teooro）担任发行人，关启宇任编辑人，俨然美商报纸，然则只是挂羊头卖狗肉。该报在宣传上除了为日本人张目之外，还连篇累牍地刊载色情文字，麻醉上海人民。不管怎样，这些日伪报刊都是直接为日本侵略者服务的，因而为"孤岛"民众所唾弃。

三是在日军控制下苟且偷安地生存与发展的资产阶级商业报纸。这类报纸，主要有接受日伪新闻检查的《时报》和改挂"洋旗"刊行前的《新闻报》与《大晚报》。在国难当头，全面抗战的时候，单纯追求商业利润的报刊是很难有生存、发展空间的，其发展必然是两途，或者是回到抗日阵营有尊严地活着，或者是自甘堕落走向消亡。如，接受日军新闻检查的《时报》，后来沦落为形同汉奸报纸；《新闻报》与《大晚报》在挂"洋旗"之前，则对抗日宣传"噤若寒蝉"，唯恐犯禁。故这类报纸没有市场，逐渐被民众冷落。如曾为上海名列前茅的著名大报《新闻报》，因接受日军检查，小心唯谨地苟活于"孤岛"，内容没有影响力，为民众所弃，发行一落千丈。所以后来，在"洋旗报"兴起的时候，《新闻报》和《大晚报》先后挂起了"洋旗"，重新回到抗日报刊阵营，才重又赢得了民众的欢迎。而《时报》则因经济日见紧绌，最终于1939年9月被迫停刊了。

四是消闲性小报。"八一三"上海抗战爆发后，因战事紧张、民众无心消闲，上海消闲性小报大部停刊，少数留下来的也有所改变，中有十家小报联合出版了以抗日宣传为主旨的《战时日报》。1937年11月，中国军队西撤，上海沦为"孤岛"，消闲性小报才又陆续出现。其中，有的是旧报复刊，较著名的如《上海日报》①《社会日报》②《东方日报》③《小说日报》《罗宾汉》《戏世界》《戏报》等；有的是新创，如《力报》，1937年12月10日创刊，由胡力更创办并任经理，金小春任主编，日出一小张。《力报》在编排、营业上有革新，内容也较充实，内载漫言、随笔、小品等文字，采取增大报纸容量、薄利多销等措施。是受读者欢迎的小报，发行后来居上，高达3000份，位居租界小报第二。

1939年下半年后，"孤岛"上的小报出现畸形发展势头，数量剧增，最高时达50多种。地方性小报和娱乐行业性小报大量出现，是此期小报发展的重要现象。从整体来说，这些小报有三个特点：一是"在宣传报道上以消闲文字为主，且日趋颓废"；二是"经济极为拮据"；三是"一味迎合读者口味"④。小报格调是分化的，有的借小报对敌伪进行冷嘲热讽，有的则甘心投敌、附敌，或散播色情腐化、醉生梦死的情调。总体而言，小报的格调都较低下，在民众中的影响颇微。⑤

第二节 "洋旗报"系的形成与发展

上海"沦陷"初期，日本侵略者对"孤岛"新闻事业实行强势控制。在日军的强大压力下，租界当局虽自称奉行"中立"的新闻政策，实则持与日本人合作的态度，对抗日新闻宣传活动予以限制，"以维护其在华

---

① 1938年2月重新出版，经理周剑寒，主编王雪尘，由上海联合出版公司发行，日出一小张，发行量3500份，在租界小报中居首位。由于与金融业有关，内容注重金融情况，与其他小报略有所别。

② 1937年10月复刊，经理陈听潮，蒋叔良任编辑，日出一小张，发行量3000份，内容注重社会新闻及文艺小品，曾接受过国民党方面的津贴。

③ 1938年后复刊，经理郑荫光，主编唐大郎，日出一小张，内容以社会新闻及文艺小品居多，发行3000余份。

④ 马光仁：《上海新闻史》（1850—1949），复旦大学出版社1996年版，第897—900页。

⑤ 参见平襟亚《上海小报史料》，上海市文史馆、上海市政府参事室文史资料工作委员会《上海地方史资料（五）》，上海社会科学院出版社1986年版，第81—83页。

的根本利益"①。在日军和租界当局的双重压力之下,"孤岛"上的抗日宣传曾一度陷入沉寂。不过,由于中国共产党、国民党与其他民间的爱国力量不断冲破日伪挟制,寻求抗日宣传道路,从而使抗日报刊始终存在于"孤岛"之上,而且一有机会就活跃起来。所以,上海"沦陷"之后没过多久,以抗日宣传为旨归的报刊又重新出现,而且进入1938年之后,还形成了一个阵容可观、战斗力强大的"洋旗报"系,以之为中心,使抗日宣传阵营得以重建。但是好景不长,从1938年10月之后,日军复又加强对占领区的统制,特别是在1939年春以后,形势更为严峻,并在春后,爆发"五月危机",一大批"洋旗报"被迫退出抗日宣传战线。爱国报人在当时环境下,进行及时调整,在中国共产党、国民党及民间爱国报人努力下,始终有十来种"洋旗报"在坚持斗争,一直到太平洋战争爆发后,"孤岛"为日本侵略军所占领,这些"洋旗报"才退出抗日阵营。但仍有中国共产党姜椿芳负责的"苏商"《时代》杂志中文版在刊行,并坚持到抗战胜利。

一 "洋旗报"系形成,上海抗日宣传阵营得到重建

在上海租界内,当时有美商《大美晚报》与《华美晚报》两家外商中文报纸,两报都是"孤岛"上"洋旗报"的先行者。

中文《大美晚报》1933年1月16日创刊,系英文《大美晚报》所办的中文版。由宋子文出资经营,用美商大晚报公司名义出版,张似旭担任总经理兼总主笔。新闻多由英文《大美晚报》上翻译而来,言论则主要从上海的中外报章选刊或选译。②内容上,注意宣传抗日救亡,不仅为中国人民提供大量真实的抗战消息,还刊载不少宣传正确抗战主张的文章。《华美晚报》,则于1936年8月18日创刊,由英文《大美晚报》部分职工脱离该报之后所创办。名义上由美商华美出版公司发行,实则由中国人朱作同主持。该报在美国特拉华州(Delaware State)注册登记,由美国人

---

① 马光仁:《上海新闻史》(1850—1949),复旦大学出版社1996年版,第824页。
② 参见方汉奇《中国新闻事业编年史·上》(第二版),福建人民出版社2018年版,第637页。

密尔士（H. P. Mills）担任董事会主席兼发行人，朱作同任总经理，石招泰任总主笔。在抗战爆发后，《大美晚报》站在中国人民的立场，积极宣传抗日救国。

上海沦陷后，由于租界当局对外商报刊奉行一体保护的方针，因而日本方面暂时无法干涉这两家报馆。于是，留守"孤岛"的爱国人士就打算在这两家报纸上做文章。

当时，朱作同等想要利用"孤岛"这个特殊环境去干一番事业，正好"第三党"人士杨清源等也有此想法，他们通过华美出版公司董事蔡晓堤牵线，与朱作同达成协议，"以该公司的名义创办一份新的抗日报纸"[①]，这就是1937年11月25日创刊的《华美晚报晨刊》。该报以美商华美出版公司名义发行，美国人密尔士担任发行人，蔡晓堤任经理，石招泰任编辑人，共产党员恽逸群主持评论工作。《华美晚报晨刊》工作地点设在《华美报馆》内，报纸编印业务由《华美晚报》馆承担，但经济上独立核算、自负盈亏。12月1日，《华美晚报晨刊》创刊不到一周，张似旭等又新创了《大美晚报晨刊》，用美商大美出版公司出版，分别由美国人史带（C. V. Star）和高尔德（R. Gold）担任发行人与总编辑，实际由张似旭、张志韩、吴中一等爱国报人主持编务，刚停刊的进步报刊《立报》的编辑人员几乎原班人员转移到这个新创抗日宣传阵地。[②]

1937年12月13日南京沦陷的当晚，日本侵略者就发出了对租界内所有华文报纸进行新闻检查的通知，抗日报刊被迫停刊或外迁出版，"孤岛"抗日宣传一时近乎沉寂。在此关头，希望再现。12月16日，美商《大美晚报》发行人史带发表启事，声明：《大美晚报》华文版与英文版同属一家，皆"服膺报纸言论自由之精义"，绝不接受"任何方面的检查"。这一声明表明，"外商报纸不用接受日伪的新闻检查"。这对"孤岛"上的中国报人来说，无疑是一种深刻的提醒，也提供了一个绝处逢生的机会。

按照媒介生态学理论，在媒介组织的消长中，存在"心理—社会的"选择。传媒产业中的选择，则是消费者挑选、广告分配、政策或管制等人

---

① 马光仁：《上海新闻史》（1850—1949），复旦大学出版社1996年版，第829页。
② 参见黄瑚《上海"孤岛"时期抗日报刊述评》，《新闻研究资料》1987年第3期。

为因素的结果。此中可以看到的"心理—社会"选择过程，其中一种便是"变化的扩散"，这就是：被认为是成功的组织形式或组织特征被模仿，其结果就是新组织的出现及其种群的增长。① 从当时"洋旗报"生存、发展来说即是，自从获知悬挂外商招牌的华文报纸可以不接受日方检查后，《大美晚报》这种"成功的组织形式或组织特征"即被大量模仿。一时之间，"孤岛"上抗日的中国报人利用外商名义创办起一系列"洋旗报"，从而使"孤岛"抗日报刊得到一个大的发展，抗日宣传的强大阵营也借此机会重新建立起来。

"上海新创外商报的第一燕"是《每日译报》。该报1938年1月21日创刊，由英商中华大学图书公司主持人孙特司·裴士（J. A. E. Sanders-Bates）、拿门·鲍纳（N. E. Bonner）出面发行，② 实际由中共领导与主持，梅益、王任叔、杨帆等负责编辑工作。《每日译报》创刊之后，"洋旗报"如雨后春笋般破土而出。

1月25日，《每日译报》创刊仅四天，《文汇报》创刊，聘请英国人克明（H. M. Cumine）担任发行人，实际由中国人严宝礼等创办；2月，《国际夜报》也挂"英商"招牌创刊，请来英籍印度人克兰佩（Kelambi）任发行人与社长，褚保衡任总编辑；4月2日，《导报》创刊，由英商中华大学图书公司发行，由英国人孙特司·裴士担任编辑人，实际由中国人蒋光堂主持，蒋任经理，刘述笙、胡山源先后担任总编辑，共产党人恽逸群担任主笔；4月11日，《通报》创刊，挂英商招牌，实际由胡道静等人主持③；7月4日《大英夜报》创刊、7月24日《循环报》（日报）创刊，都挂英商招牌，国民党人主办④。此外，在1938年4月19日，《华

---

① 参见支庭荣《大众传播生态学》，浙江大学出版社2004年版，第18页。
② 参见梅丽红《"孤岛"时期上海的"洋旗报"》，《档案与史学》1996年第5期。
③ 上海市通志馆同人主办的《通报》创刊，聘请英国人威廉·韦特（H. T. W. Wade）担任发行人，欧孝（D. O. Shea）担任总编辑，实际由胡道静等人主持编务。
④ 《大英夜报》由英商中华大学图书公司发行，创办人为国民党CC系骨干翁率平，褚保衡任总编辑；《循环报》由在香港注册的英商中英出版公司发行，实际编务由国民党人耿嘉基主持。《大英夜报》和《循环报》的创刊日，系笔者据一手资料订正。参见周立华《"孤岛"时期〈文汇报〉上发刊广告的史料价值》，《新闻记者》2007年第7期。

美晚报晨刊》更名为《华美晨报》，当年年底，由于原主持人在经济上已无力维持，进行了大规模改组，经八路军驻沪办事处秘密派人接办之后，改由中国共产党直接领导；《大美晚报晨刊》则于5月1日改名《大美报》，并且在事业上也比以前更有发展。这样，半年之内创办"洋旗报"7家，两家"洋旗报"改名发展，揭开了"孤岛""洋旗报"的良好发展势头。

上海"洋旗报"的兴起，对当时报界是一种极大的鼓舞，一些拒绝日军新闻检查的外迁商业报刊跃跃欲试，拟回"孤岛"挂"洋旗"刊行。同时，与"洋旗报"受到热情欢迎的际遇形成鲜明对比，一些接受日军检查的商业报纸备受"孤岛"民众厌弃，经营与声誉江河日下。所以在此情势下，也有一些商业报纸改挂"洋旗"拒检刊行。此外，还不断有新创刊的"洋旗报"出现。所以，在1938年9月以后，又有一批新报刊加入"洋旗报"的阵营。

9月1日，《新闻报》及其晚刊《新闻夜报》称由美商太平洋出版公司发行，请其原来的主持人美国人福开森（J. C. Ferguson）回来担任监督，请另一美国人包德担任总经理，不再接受日伪新闻检查，重新回到抗日报刊阵营中来。10月10日，《申报》挂"洋旗"迁回上海。① 11月1日，国民党中央创办《中美日报》，用美商罗斯福出版公司名义发行。② 11月21日，《大晚报》改由英国人弗利特（B. H. Fleet）主持的英商独立出版公司发行，③挂上"英商"招牌，拒绝日伪的新闻检查，加入抗日报刊的队伍。12月1日，由文汇报社出版的《文汇报晚刊》创刊。1939年2月2日，英商《国际日报》复刊。到此时，"洋旗报"发展至最多，达18种，如下表所示。

---

① 以美商哥伦比亚出版公司的名义出版，由美国人安德森（P. M. Anderson）出面担任董事长，由董事阿乐满（N. F. Allman）出面兼任总主笔。
② 由美商施德高（H. M. Stuckgold）任董事长、发行人，国民党人实际主持，吴任沧任社长、骆美中任总经理、杨勋民等先后任总编辑或总主笔。
③ 参见梅丽红《"孤岛"时期上海的"洋旗报"》，《档案与史学》1996年第5期。

序号	报名	创刊/挂"洋旗"时间	创办人	洋旗	备注
1	大美晚报	1933.1.16	张似旭	美商	
2	华美晚报	1936.8.18	朱作同	美商	
3	华美晚报晨刊	1937.11.25	蔡晓堤	美商	1938.4.19 改名华美晨报
4	大美晚报晨刊	1937.12.1	张似旭等	美商	1938.5.1 改名大美报
5	每日译报	1938.1.21	梅益等	英商	
6	文汇报	1938.1.25	严宝礼等	英商	
7	国际夜报	1938.2		英商	
8	导报	1938.4.2	蒋光堂	英商	
9	通报	1938.4.11	通志馆	英商	
10	大英夜报	1938.7.4	翁率平	英商	
11	循环报	1938.7.23	耿嘉基	英商	
12	新闻报	1938.9.1		美商	
13	新闻夜报	1938.9.1		美商	
14	申报	1938.10.10		美商	
15	中美日报	1938.11.1	吴任沧	美商	
16	大晚报	1938.11.21		英商	
17	文汇报晚刊	1938.12.1	严宝礼等	英商	
18	国际日报	1939.2.2		英商	

资料来源：据马光仁《上海新闻史（1850—1949）》、方汉奇《中国新闻事业编年史》整理。

除了成批"洋旗报"的创刊，还出现不少的"洋旗刊物"，这些刊物大多为"洋旗报"所出，主要有《华美》周刊、《公论丛刊》《文献》月刊、《译报周刊》《职业生活》《导报增刊》与《良友》画报等。这些刊物与"洋旗报"密切配合，在抗日宣传斗争中，"担负侧面出击的战斗任务"[①]。

这些新创刊的"洋旗报""洋旗刊物"，与"华美""大美"两报的晨晚刊一起，在"孤岛"上形成一个声势巨大的报刊阵营，成为"孤岛"

---

① 马光仁：《上海新闻史》（1850—1949），复旦大学出版社 1996 年版，第 848 页。

抗日宣传的主力军。①

　　以"洋旗报"为主体的抗日报刊，之所以能够在这个时期得到较大的发展，除了西方国家在中日战争的"中立"地位、对外商报刊的一体保护之外，主要是三个方面的原因。一是随着日本对华侵略的深入，越来越多地伤害到西方国家的在华利益，英、美、法等西方国家与日本的矛盾日益尖锐。租界当局对日本侵略者的态度也比以前更为强硬，对待日帝的方式也更灵活，他们既镇压抗日运动向日本讨好，同时又注意利用抗日救亡运动向日本讨价还价。租界当局的这种态度，无疑给中国抗日报刊发展提供了有利空间。二是中国共产党实施与环境紧密配合的文化宣传方略的有效，以及国民党对抗日宣传工作的逐渐加强。三是人民群众对抗日报刊的热情订阅与大力支持。②

　　但当进入1938年的下半年，特别是在十月份之后，"孤岛"形势重新变得紧张起来。其主要原因：一方面，是日本侵华战略的调整，使其加强了对"孤岛"的控制。因为武汉会战结束后，中日战争进入战略相持阶段，日军侵华战争推进所面临的压力越来越大，迫使其战略重心转向后方，故而提出了"建立东亚新秩序"与"以战养战"等新的侵略方针，因此加强了对占领区的控制。另一方面，是列强对日本侵略者采取了更加妥协退让的态度。因为欧战爆发之后，西方国家改采"先欧后亚"的原则。在远东问题上，它们推行绥靖政策，竭力避免与日本开战，甚至为了保全其殖民地区的"中立"地位与在华利益，不惜牺牲远东各国（包括中国）人民的利益。在此政策影响下，它们撤走了部分在华力量，其远东势力弱化。由于缺乏有力的支撑，上海租界当局对日本的态度也更趋软弱。最终结果，便是租界当局在日伪要挟下，采取步步退让的妥协政策，对抗日宣传也就不断地加强控制。

　　1938年7月，英国驻沪总领事馆通知各英商报纸发行人，不得在

---

①　参见黄瑚《上海"孤岛"时期抗日报刊述评》，《新闻研究资料》1987年总第39辑，第102页。

②　参见黄瑚《上海"孤岛"时期抗日报刊述评》，《新闻研究资料》1987年总第39辑，第109—110页。

"八一三"上海抗战一周年前后,发表任何纪念文章和刊登有关纪念活动消息。对此无理指令,《文汇报》《每日译报》《导报》《大英夜报》《循环报》等五家英商"洋旗报",8月12日宣布停刊一天(8月13日不出报),表示抗议。此后,租界内的"洋旗报"经常接到类似通知与指令。而大不妙者,是上海英国总领署1938年12月20日还发布告,公布了《新闻纸领照条例》,规定"凡英国人民或公司,非先得英国驻华大使之书面允准,不得印刷或发行非英国文之任何报纸、小册或其他出版物,或使之印刷发行,或与其印刷发行有任何关系",如有违犯,"不论个人或公司及公司中之董事经理秘书职员等,皆可认为犯罪而判处五十镑以下之罚金,或三个月以下之有期徒刑(服劳役或不服劳役),或两者并科"。[①]该规定出台后,既使中国人失去利用英商名义创办抗日报刊的可能,又激发了日伪想要扼杀上海租界英商华文报纸的念头,从而为次年"五月危机"的爆发埋下了伏笔。

在日军加强对租界的势力渗透与控制的背景下,租界当局迫于日方压力,强化了对抗日报刊的管理,特别是出台了《新闻纸领照条例》这样堵死利用外商名义创办抗日报刊路径的条规,对"洋旗报"发展极其不利。所以,"洋旗报"在1938年10月向高潮发展、至1939年2月2日《国际日报》复刊达到最高峰之后,在量上就没有再增加了。而且在日方越来越强势的胁迫下,租界当局的措置也越来越严厉,"洋旗报"的处境日益不利。不过基于中国报人的抗议,更主要地也是为了其自身利益,租界当局在这样处置时还是注意有所保留的。所以直到1939年春,租界当局虽然在日伪的步步紧逼之下,被迫不断推出限制抗日宣传的措施,但是这些措施,实际上仍是遵循其以前对中文报纸进行警告的方针,并未置抗日报刊于死地。所以在"五月危机"爆发之前,"洋旗报"在数量上虽然没有再增加,但是也没有减少,还维持着一种相对稳定的状态。

---

① 《英总领署发表新闻纸领照条例　凡未经英大使馆核准者　不得发行非英文出版物》,《文汇报》1938年12月22日第6版。

二　"五月危机"爆发，"洋旗报"阵营缩小与改组

上海"沦陷"后，因为两租界"中立"的缘故，"孤岛"上中国民众还有点最低限度的活动空间，也才会有"洋旗报"的兴盛与风行一时。但是，租界这把保护伞是脆弱的，其自身就受着日本侵略军强大武装的包围与威胁，而且租界当局要保护的，首先是其自身利益而非中国民众的利益。① 所以后来，在日本侵略者的挟制下，租界当局对"洋旗报"的政策越发严厉，使其面临着被扼杀的命运。

1939年春后，因为对租界当局有保留地限制抗日报刊措施深为不满，日本侵略者不断加紧交涉、施加压力。1939年3月以后，开始发起对租界新的攻势，也就是不断地制造紧张局势，逼迫租界当局取缔界内一切抗日活动。在此情况下，租界当局被迫采取了更为强硬的措施，使"洋旗报"等租界内的抗日报刊处境更加艰难。

4月12日下午，日本驻沪总领三浦义秋率寺崎等领事前往工部局，访晤工部局总董樊克令、面递备忘录，表露其对抗日宣传活动的恐惧"日本军事当局对此十分担心，因为上海工部局若不采取措施，不仅将影响租界内的和平与安定，还将影响租界外日占区的和平与安定"②，因此，"要求采取严峻措施管理租界内之反日报纸及杂志"③。三浦接着又访晤英美驻沪总领，提出同样要求。日文《上海日日新闻》也刊文鼓噪助威，该报于次日发表《消灭抗日支那报》社评说，自从各报挂"洋旗"以来不接受检查，使日军新闻检查有名无实。15家主要的抗日报刊规模大、读者众多，使上海成为全国抗日言论中枢，如把它们溃灭，"等于把全中国抗日言论封锁了"④。

---

① 周立华：《"孤岛"时期的〈文汇报〉研究》，博士学位论文，厦门大学，2007年。

② 转引自马光仁《上海新闻史》(1850—1949)，复旦大学出版社1996年版，第849页。

③ 《要求取缔报纸　日方绝无理由　沪日人报纸工部局从未干涉　大陆报著论痛加驳斥》，《文汇报》1939年4月15日第3版。

④ 原文内容：自从各家抗日报纸以第三国名义经营以后，都已"逃避"检查，所以事实上我们的新闻检查工作变得有名无实了。上海的15家（抗日报纸）是在日本的占领区内，并且以报馆规模的大、发行人数的多，以及其他诸点说来，都是不能忽视的问题。说上海占着全中国抗日言论的中枢地位，也非过言。所以上海的抗日报纸，如果能把它们溃灭，就等于把全中国抗日言论封锁了一样。参见詹世骅《上海的所谓"反日"报纸》，《战时记者》1939年第11期。

在当时情势下，租界当局对此不敢漠视。所以，在4月12日与三浦义秋会谈时，樊克令当场表示同意日方观点，答应采取措施钳制抗日报刊。17日，樊克令致函英国驻沪总领事菲利浦（Herbert Phillips）称："在目前的困难时期，禁止报纸刊登任何旨在鼓动暴力活动的文章或报道，于维护法律与秩序甚重要。"① 18日，工部局专门派员前往英、美驻上海领事馆，与之共商对策，最后议决在更大程度上与日方合作。22日，英国驻沪总领事召见各英商报纸的负责人，对挂英商招牌的报纸提出了六条要求：（1）禁止使用"敌人""汉奸""傀儡""伪"等字眼；（2）禁止使用"鬼子"这一字眼暗示日本人；（3）禁止使用"××"代替"日本"；（4）禁止刊载国民党及类似团体的文告消息和抗日宣言、通电，对上述内容也不得引用；（5）禁止刊载日本国内或在华日军或平民的反战消息和反战活动；（6）禁止刊载一切抗日文字以及足以刺激感情与妨害治安的文字。26日、27日，工部局警务处分别向《大美晚报》《华美晨报》等9家美商报纸②发出警告：不得刊载任何抗日文字。

就这样，一边是租界当局步步妥协、不断加强对抗日报刊的控制，一边是日本侵略者的步步紧逼，不断加大压力。4月26日，日本驻沪总领馆再次向租界当局递交备忘录称：租界报刊特别是以外商名义发行的报刊，并没改变态度。同时提出一系列取缔措施，要求租界当局：（1）发表布告，明确宣布凡刊载破坏和平安定的文字的报刊一律予以取缔；（2）禁止国民党在上海租界内出版报刊和控制报业；（3）逮捕从事抗日宣传活动的报人；（4）没收、禁售抗日报刊，上述报刊不得在租界内外传递；（5）租界警务部门定期或在必要时进行搜检，搜查时须有日本警务人员参加；（6）租界警务部门必须建立专职的督察报刊工作的机构。③ 4月29日，租界当局答应以工部局名义发出布告，禁止抗日宣传，并采取一切力所能及的措施，控制界内报刊活动，从而引发了当时上海新闻界的"五月

---

① 转引自马光仁《上海新闻史》（1850—1949），复旦大学出版社1996年版，第850页。
② 还有如：《华美晚报》《中美日报》《新闻报》《新闻夜报》《申报》《儿童日报》。
③ 转引自马光仁《上海新闻史》（1850—1949），复旦大学出版社1996年版，第851页。

危机"①。

从5月1日起,租界当局屈从日本侵略者旨意,不断推出扼制抗日报刊的新举措,抗日的"洋旗报"开始了被扼杀的命运。加之当时,汪精卫的汉奸集团也开始在沪活动,汪逆与日帝沆瀣一气,合谋扼杀抗日报纸,使情势愈加严峻。

租界当局的扼制措施,一是"发布公告、明令取缔租界内一切政治团体与政治宣传活动";二是征得各国驻沪领事同意,动用"勒令停刊"的手段惩处抗日报刊;三是"试图实行新闻检查制度"。②

1939年5月1日,工部局发布告宣称:"近有若干人士业已或现正图在公共租界内组织团体,以进行意在散布政治宣传之运动","本局兹特行使所有警权,禁止并解散此种组织,并禁阻此种运动之进行"③。次日,《中美日报》全文刊载国民党最高当局蒋介石在重庆发展的为实行全国精神总动员演讲,《申报》与《新闻报》等则予摘要式报道。对此,租界当局也视为须予取缔的政治宣传活动,即由英驻沪总领馆通知英商报纸、工部局通知其他报纸,禁止续载蒋之演讲及有关报道。对这种无理做法,《每日译报》《导报》决定在5月3日自动停刊一天,以示抗议。《文汇报》则大胆冲破禁令,在"小评"中加以引用。5月11日,公共租界工部局与法租界公董局会衔发布告示,重申取缔抗日报刊及其宣传活动的立场,指说,"有政治性质之活动,虽在参与之人,视为爱国之举,但中立区域之被尊重,纯因系由外国当局管理,前项活动,依法自不能在各该区域内进行",进而宣称,"此后无论何人,凡直接或间接参预是项团体,两租界将不予保护或并驱逐出境"。④

"孤岛"报刊中受"勒令停刊"手段惩处的,美商《华美晨报》是第一家。《华美晨报》被勒令停刊的理由,是其于4月28日在副刊发表

---

① 1939年5月,上海租界当局对"孤岛"抗日报刊宣传活动的扼制加剧,不断有报纸被勒令停刊,而5月18日,更有《每日译报》《文汇报》等四家"洋旗报"被勒令停刊两周。此间,日伪又通过收买发行人,使《每日译报》和《文汇报》等报在停刊期满后无法复刊。史称"五月危机"。
② 马光仁:《上海新闻史》(1850—1949),复旦大学出版社1996年版,第852—854页。
③ 《上海公共租界工部局公报》1939年第10期第19册。
④ 《上海公共租界工部局公报》1939年第10期第21册。

《读褚民谊启事》，文中有主张锄杀汉奸的文字，认为有碍租界治安。所以，5月3日被勒令停刊一日，给"洋旗报"敲响了警钟。5月10日，工部局总董樊克令再次召集外商华文报负责人，"说明局势之严重性"①。11日，工部局与公董局两局联合发布告称，凡参与爱国之举的政治团体，"两租界均不予保护，并驱逐出境"②。至此，形势急剧恶化，5月16日、17日，《每日译报》《文汇报》《中美日报》《大美报》等"孤岛"上影响最大的四家"洋旗报"，刊登蒋介石在全国生产会议上的演讲，被勒令自5月18日起停刊两周。③ 此后，勒令停刊成为租界当局迫害抗日报刊的惯用手段。据统计，工部局对抗日报纸做出勒令停刊的处罚，1939年有18次、1940年有13次。其中，《中美日报》先后被勒令停刊3次。④《华美晚报》等也多次遭停刊处罚。

在《文汇报》等"洋旗报"被勒令停刊期间，汪伪特务又通过收买手段，使其被迫停刊，或在停刊期满后无法复刊。汪伪先是通过汉奸董俞用15万元⑤收买了《文汇报》发行人克明，为避免被出卖，《文汇报》

---

① 《刊载反日文字问题　工部局召开会议　邀请各外商华文报负责人　说明局势之严重性》，《文汇报晚刊》1939年5月10日第2版。

② 文汇报报史研究室编：《文汇报史略》（1938.1—1939.5、1945.8—1947.5），文汇出版社1988年版，第70页。

③ 参见文汇报报史研究室编《文汇报大事记》（1938.1—1939.5、1945.8—1947.5），文汇出版社1986年版，第47页。

④ 第一次是在"五月危机"中；第二次是在1939年八九月间，因刊登《上海教育界总清算》一文，将落水的学校及其负责人姓名全部揭诸报端，被工部局勒令停刊一周；第三次在1940年一二月间，当时日、汪正签密约，《中美日报》按中央通讯社电讯内容，以本报香港特派员名义报道了该阴谋活动，并将日汪密约全文在第一版显要位置刊登，后又将密约影印本图影制成锌版在报上连载，事后工部局应日、汪要求，勒令《中美日报》自1月31日起停刊三周。

⑤ 关于收买费有两种说法：一种是15万元说，《文汇报史略》（1938.1—1939.5；1945.8—1947.5，文汇出版社1988年版，第72页）说，克明"打算从所收受的十五万元贿金中，拿出一部分凑合一个排印工场"，李秋生也说"他（克明）从汪伪方面所获贿金其实是十五万元"，参见李秋生《上海孤岛报业奋斗史（七）》，台湾《传记文学》第64卷第3期。另一种是10万元说，徐铸成回忆说，"克明确已被收买了，代价不是五万而是十万"。参见徐铸成《文汇报第一次被迫停刊》，《报海旧闻》第296页。《上海新闻史》（1850—1949）在第858页中说，汪伪"通过汉奸董俞用10万元巨款收买了爱钱如命的《文汇报》发行人克明"。本书采用15万元说，因为徐铸成是《文汇报史略》主编者之一，史略主张15万元说，说明徐否定了自己的10万元说。

"宁为玉碎不为瓦全"毅然停刊。然后，汪伪又通过克明用4万元收买了《每日译报》《导报》的发行人裴士和鲍纳，致使《每日译报》停刊期满后无法复刊；《导报》则于7月1日自行停刊。此外，还用2万元收买了《国际日报》与《国际夜报》的发行人克兰佩，致使两报于6月1日自行停刊。在当时紧张局势下，美商《华美晨报》与《儿童日报》等也因经济困难而被迫停刊了。①

就这样，从1939年5月到7月，短短两三个月内，《每日译报》《文汇报》《文汇报晚刊》《华美晨报》《导报》《国际日报》《儿童日报》等"洋旗报"相继被迫停刊。在此次危机中，中国共产党直接领导的"洋旗报"首当其冲，全部遭此劫难。

自此之后，虽然"洋旗报"仍是"孤岛"上重要的抗日宣传力量，但是其规模已大为缩小，其影响也大为弱化。而且在1940年8月后，工部局还强行实施新闻检查制度，这对当时的"洋旗报"来说，真可谓雪上加霜。

早在上年5月5日，工部局警务处就向各家"洋旗报"发函，要求其"自即日起，有关目前战争政治活动及政治团体之任何来源所发的演说及宣言，或含有教唆暴行之文件"，"如欲转载，事先须向中央捕房政治部获得许可"，若"未经许可而径行登载，则将贵报之登记证撤销，并将依工部局命令而对贵报采取相似之其他动作"。② 这一试图对报纸实行事先检查的计划，因为遭到"洋旗报"馆的一致反对而暂告破产。但在"五月危机"，"洋旗报"惨遭扼杀、实力大伤之后，工部局又强行重启新闻检查计划。1940年8月6日，工部局警务处设立专职的新闻检查部，"检查出版前之各著名华文日报及晚报"③。8日，新闻检查部开始工作，由英籍、华籍职员各一名组成检查小组，每晚分赴各报编辑部执行检查。警务处还制订新闻禁例，以便于检查，为适合形势需要还曾多次修订。如1941年8月8日发布经修正的"新闻禁例"，规定报刊不得刊载内容有18

---

① 参见马光仁《上海新闻史》(1850—1949)，复旦大学出版社1996年版，第858—859页。
② 《每日译报》1939年5月6日。
③ 《上海公共租界工部局公报》1940年，第284页。

项之多。①

在"五月危机"爆发期间及劫后,在日伪与租界当局合力绞杀的情势下,"洋旗报"阵营缩小,且面临着严厉的新闻检查,但是通过战略调整与改组,"洋旗报"仍然在"孤岛"的惊涛骇浪之中坚持战斗,始终没有被日伪势力与租界当局所摧毁。直至1941年12月上旬太平洋战争爆发,在日军进占租界之前,始终有近十种"洋旗报"在"孤岛"上生存、发展与坚持斗争。

1939年5月17日,在"孤岛"抗日报刊活动经受"五月危机"考验之时,中共中央就从战略调整的角度考虑,发出《关于宣传教育工作的指示》。在指示中,分析了"抗战形势随着国际关系的日趋复杂而更为艰难的历史特点,提出党在敌后地区坚持抗日办报活动的新方针"②,即"应以力求持久,不以一时的痛快为基本方针"③。

"五月危机"后,根据党中央指示,中国共产党地下组织分析了上海租界内抗日办报活动所处情形,决定将抗日报刊向纵深发展,把重心从

---

① 有:(1)伪、傀儡、宝贝等字眼;(2)抗战(指既定的政策或运动者不在内,如云抗战国策);(3)日本侵略中国、日本之侵略政策、侵略者(指日本)等语词,但路透社及其外国通讯社所发电讯除外;(4)有关日军信誉者,溃退,奔窜滥炸,全部覆灭,乱烧华人房屋,虐待中国平民,日军内部厌战,使用毒气,尸骸遍野,强奸中国妇女,歼灭残余日军;(5)侮辱日本天皇的词句;(6)东洋矮子、日本鬼子等;(7)捐助前线将士、购买飞机、有关国防或反侵略等的捐款及献金的文字消息;(8)以孤军营口气发表的政治性质的或述及有关抗战献金的宣言或声明;(9)强烈攻击之标语,如打倒……(10)足以使本市情形恶化或妨害治安秩序的消息或词句;(11)鼓励工潮,激起劳资间恶感,或意图使劳工情形更趋恶化的宣传;(12)有害公众的恶劣广告或广告中的不妥字句;(13)日军死伤数字(应该用"许多"一词代替);(14)外国报刊中有损日本体面的消息或文字(须先送工部局政治部审查);(15)演说、宣言、文告及其他政治性质的宣传(须先送工部局政治部审查),但准许刊载新闻数行;(16)巡捕罢岗或提要求的事件;(17)慰劳军士运动的消息;(18)关于日军强征华人服役一类消息有损日方体面的语句。

② 马光仁:《上海新闻史》(1850—1949),复旦大学出版社1996年版,第861页。

③ 要求各地党组织"应设法经过自己的同志与同情者,以很大的坚持性争取对于某种公开刊物与出版发行机关的影响,对于同志与同情者领导下或影响下的公开刊物与出版机关,应给以经常的帮助","同时,应推动社会上有声望地位的人出版一定的刊物,由我们从旁给予人力和材料的帮助"。参见《中国共产党新闻工作文件汇编》上卷(内部发行),新华出版社1980年版,第90页。

"洋旗报"转移到各类抗日期刊与丛刊，开辟了一条新的抗日宣传战线，重建了一个由中国共产党领导的抗日宣传新阵营。这样，"洋旗报"与抗日刊物两大阵营并立，使上海租界出现两条抗日宣传战线。从 1939 年下半年起，中国共产党上海地下组织除继续加强与巩固挂"洋旗"刊行的《职业生活》《时论丛刊》等原有抗日刊物外，还积极开辟新的宣传阵地，如挂"英商"招牌创办《上海周报》（1939 年 11 月），挂"苏商"招牌创刊《时代》杂志（1940 年 8 月），新办《学习》《简报》《大陆》《知识与生活》等一大批抗日期刊与丛刊。对那些已引起日伪和租界当局注意的抗日刊物，则予以及时隐蔽或转移，不贪图一时影响而造成无谓牺牲。当时，党的基本原则是"办报宣传与群众斗争相结合"。截至 1941 年 12 月上旬日军进占租界之前，中国共产党领导出版的抗日期刊与丛刊先后有数十种之多，成为上海租界内抗日宣传的中坚力量。这个时期，虽然中国共产党挂"洋旗"办的报刊少，但是一直存在，而且在太平洋战争爆发后仍然存在，在抗日宣传中发挥了重要作用。

这一时期，还有几种国民党人所办的"洋旗报"。这些"洋旗报"能坚持抗日宣传，同国民党人的努力是分不开的。在当时的险恶环境下，国民党人不仅继续出版其中央直辖党报《中美日报》，还新创一份党报《正言报》。《正言报》1940 年 10 月 20 日创刊[①]，亦以美商名义出版，实由国民党上海市党部主任兼三青团上海支团主任吴绍澍直接领导。在宣传内容上，《正言报》与《中美日报》略有不同。与此同时，国民党还积极支持、扶助其他"洋旗报"，使其继续留在抗日报纸的阵营内。1939 年 12 月，原《导报》主持人蒋光堂借用美商名义，将具有悠久历史的《神州日报》复刊。该报恢复出版后，国民党立刻予以经济资助。此外，《大美晚报》《大美报》[②]《华美晚报》《申报》《新闻报》《大晚报》等也都不同程度地得到过国民党在政治、经济等方面的支持与扶助。这一时期还新

[①] 参见方汉奇《中国新闻事业编年史·中》，福建人民出版社 2018 年版，第 744 页。另说是 1939 年 9 月 20 日，参见马光仁《上海新闻史》（1850—1949），复旦大学出版社 1996 年版，第 859 页。

[②] 《大美报》1940 年 7 月底停刊。

创办了几家"洋旗报",如《大美晚报午刊》,约在 1940 年间出版,由《大美晚报》馆出面发行;《华报》1939 年 6 月 1 日创刊,由《华美晚报》馆发行,石招泰任编辑人。[①]

在宣传上,"洋旗报"在鼓舞敌后人民、坚持抗战反对投降等方面,做出了不少有益的贡献。中国共产党地下组织也通过各种关系,派党员和党外进步人士为"洋旗报"写社论、编副刊,如王任叔、林淡秋、孙冶方等曾为《神州日报》等写过社论,柯灵曾编过《大美报》副刊《浅草》、《正言报》副刊《草原》等,在这些社论与副刊中迂回曲折地传达中国共产党的声音。在中国共产党的政治影响下,大部分"洋旗报"能够在当时极为复杂的国内政治生活中不随风转变。

这一时期,之所以还能有这么些"洋旗报"存在,甚至还新办了几种,继续发挥着抗日宣传的作用,跟中国共产党、国民党的战略调整与不断努力是分不开的。当然,还有一方面的因素,就是租界当局在配合日本侵略者加紧迫害抗日报纸之时,还不敢把事情做绝,甚至留有一点余地,使抗日报纸尚能艰难地生存与发展。如在《中美日报》第三次停刊时,汪伪国民党中央社会部长丁默村,曾致函工部局各外籍董事,要求他们给《中美日报》以永久停刊的惩罚,但租界当局未加考虑,让这份国民党直接主持的抗日报纸,得以在"孤岛"上继续出版。[②]

就这样,经过"五月危机"后的一番调整,"孤岛"上的各种爱国人士,不但坚持出版留存下来的"洋旗报"、互相支持,而且利用条件创办新的"洋旗报",以保持"洋旗报"一定的战斗力。同时,对于租界当局的新闻检查活动,"洋旗报"等抗日报纸还采取了"开天窗"等各种抵制与斗争的手段。如 1940 年 8 月 13 日,即"八一三"抗战三周年纪念日,《中美日报》首次大开"天窗",将被检扣、被删除的版面全部留白。第一版除报头外,稿件全被检扣;第二版社论《伟大纪念日的几句平凡语》多处被删;第五版专栏文章仅留下题目《八·一三述感》,整个版面三分之一为空白;第八版《集纳》副刊有一半版面空白,《骆驼行》一诗也只

---

① 参见马光仁《上海新闻史》(1850—1949),复旦大学出版社 1996 年版,第 860 页。
② 马光仁:《上海新闻史》(1850—1949),复旦大学出版社 1996 年版,第 857 页。

剩下标题。开天窗的当天,还发表《小言》一篇,愤怒地控诉,"读者今天翻开本报,但见空白满眼,一定会发生一种异样的感觉。所以然的缘故,明白人不必细说,大家心里有数",新闻事先检查制度"竟加于受民主之国法律保护而恪守正义立场的报纸上,实为一桩异常可憾的事"。[1]

而为了发表一些重要新闻,或为使抗日宣传不至被中断,抗日的"洋旗报"还采取了其他灵活手段。如在第二次被迫停刊期间,《中美日报》创办了《中美周刊》;在第三次停刊期间,利用《中美周刊》的发行夹带载有重要新闻的小型报纸。而且为防不测,《中美日报》馆还用美商罗斯福出版公司名义,向工部局申请到一个《中美晚报》的营业执照,以资备用。租界当局不准刊载蒋介石的文告,《中美日报》便将以社论形式刊出文告内容,并在新闻中附注"请读者特别注意本报社论"[2],提醒读者留意阅读,等等。

但是到1941年12月8日,太平洋战争爆发,日军进占上海租界。当天上午,日军即查封了《申报》《新闻报》《大美晚报》《中美日报》《正言报》《大美周报》《大晚报》《大英夜报》《华美晚报》等外商新闻机构。12月15日,命令《申报》《新闻报》仍以美商名义恢复出版,以欺骗读者。[3]

第三节 "洋旗报"类型与代表性报刊

"孤岛"时期,"洋旗报"的办报力量有多种,"洋旗报"的类型也多样,单从办报力量来看,大致可分为四类[4]:一是中国共产党领导、共

---

[1] 马光仁:《上海新闻史》(1850—1949),复旦大学出版社1996年版,第857页。
[2] 梅丽红:《"孤岛"时期上海的"洋旗报"》,《档案与史学》1996年第5期。
[3] 参见方汉奇《中国新闻事业编年史·中》,福建人民出版社2018年版,第754页。
[4] 刘家林先生在讨论"孤岛"时期上海的抗日报刊时,亦大致将其分为这四种类型,参见刘家林《中国新闻通史》,武汉大学出版社2012年版,第671页;笔者在申报2012年的国家社科项目"'孤岛'时期上海'洋旗报'的社会动员研究"时,将"洋旗报"社会动员主体分为:共产党人主办的"洋旗报"、爱国民主人士主办的"洋旗报"、国民党人主办的"洋旗报"、挂"洋旗"的商业报纸等四种。

产党人主持的"洋旗报",如《每日译报》《导报》等;二是进步、爱国人士创办的"洋旗报",如《文汇报》等;三是中国国民党创办、国民党人主持的"洋旗报",如《中美日报》《正言报》等;四是资产阶级商办的"洋旗报",如《申报》《新闻报》等。这些"洋旗报"中,代表性报刊有《每日译报》《文汇报》《中美日报》《申报》等。

一 中国共产党领导、共产党人主持的"洋旗报"

中国共产党是"孤岛"抗日报刊的引领者,共产党人通过创办"洋旗报"、支持或影响爱国的"洋旗报",加强抗日宣传,引导抗日舆论的正确方向。在"孤岛"时期的"洋旗报"中,由中国共产党领导、共产党人主办的"洋旗报",出现最早,持续时间最长,策略最灵活,数量也比较多。

上海沦陷之初,中国共产党人以"译报"为手段,续接抗战宣传事业,并在此基础上,开创了"洋旗报"发展格局。上海沦陷后,由于日军实行严厉的新闻检查,坚持抗日的报刊被迫迁往外地出版或直接停刊。为继续传播抗战消息、发出抗战声音,中国共产党地下党组织采他山之石攻玉,利用上海租界外文报刊较多且载有许多抗战消息、资料与评论的条件,创办翻译性报刊,有目的、有选择地从外报译载抗战材料,"既为我所用,又使租界当局难以找到干涉的借口"[①]。其中代表便是创刊于1937年12月9日的《译报》。该报由中共江苏省文委直接领导,夏衍等主持编务。日出四开一张,精心选译于我抗战有利的材料,向上海人民报道抗战局势,分析抗战必胜的前途,宣传中国共产党有关抗战的正确主张。但是,没出几天便因其抗日气息为日伪察觉,一天之内即接到三道恫吓命令和三通恫吓电话,迫令接受日伪新闻检查。[②] 同时租界当局也畏其斗争锋芒过利,便以"未经登记"为由责令停刊。因此,当年12月20日,《译报》仅发行12期后即告夭折。《译报》的刊行,打破了"孤岛"抗日宣传的沉寂,而其"译而不作"的特点,则给后来"孤岛""洋旗报"等

[①] 马光仁:《上海新闻史》(1850—1949),复旦大学出版社1996年版,第829页。
[②] 参见黄瑚《论上海"孤岛"时期抗日报刊》,硕士学位论文,复旦大学,1986年。

的抗日宣传开创了一种话语抗争与传播策略。中国共产党所办的第一份"洋旗报",就是《每日译报》。

《每日译报》是在日军开展新闻检查后,中国共产党人率先利用当时租界的中立地位与"洋商"报不接受日军检查的有利环境创办起来的第一份"洋旗报",是上海"洋旗报"的"报春燕"。《每日译报》创刊后,"洋旗报"便如雨后春笋般地出现,并迅速达到"洋旗报"的创办高峰。

1938年1月21日,《每日译报》以英商名义创刊,由江苏省文委派梅益、韦悫、张宗麟、王纪华等负责筹备,经英国留学生赵邦镕联系,找到在香港注册的英商大学图书公司主持人孙特司·裴士(J. A. E. Sanders-Bates)、拿门·鲍纳(N. E. Bonner)出面任发行人。裴士与鲍纳仅为名义任事、不干涉报社内政,各人每月领取200美金。① 该报由中共领导与实际主持,以统一战线面貌出现,请各界知名人士组成董事会,由张宗麟任董事长,王纪华任经理,原《申报》编辑钱纳水任主笔兼总编辑,编辑部同人大多系中共党员,如有梅益、姜椿芳、王任叔、恽逸群、林淡秋、杨帆、于伶等。

《每日译报》抓住当时"孤岛"民众的需求,利用环境条件,既讲策略又坚持斗争,灵活地传播抗战信息、强化抗日宣传,不断充实内容,扩展版面。《每日译报》创刊时为四开四版,一版为要闻,二、三版刊载评论、报道、书评、漫画、插图等,第四版为副刊,内容均译自外文报刊。2月20日起增设"综合报道"栏,综合各方电讯,报道中日战事新闻。5月1日起扩为一张半六版,增加"社会动态""新闻钥"等新闻与评论栏目,以及副刊《爝火》与每周一期的专刊《星期评论》《时代妇女》《职工生活》《书报评论》《社会学讲座》《青年园地》《戏剧电影》等,这些专刊针对不同受众群体,宣传内容各有特色;开始转载《新华日报》《救亡日报》等报刊文章,改变了原来纯翻译报纸的面目,内容更充实,战斗性也更强。6月起扩为日出两张八版,一张为

---

① 参见郝英杰《苏俄文学的出版和传播:1940年代到1950年代——以"时代出版社"为中心的考察》,硕士学位论文,温州大学,2017年。

"新闻",刊载社论与特写等内容,另一张刊登译文与副刊。6月28日起,改出对开一张半,增加新闻篇幅,并辟副刊《大家谈》等;9月增辟《每周论坛》;10月设立"文选"栏,刊载各地特约通讯和国内各报重要论文。因为抓住了"孤岛"民众的心声,《每日译报》半年内即发展至高峰。但是当年10月以来,"孤岛"形势趋紧,直接影响"洋旗报"的发展。所以从11月26日起,《每日译报》因为经济拮据减为对开一张。不过,虽然篇幅缩减,但是注意精编、充实内容,仍然保持良好的发展状态。①《每日译报》由于内容、风格为"孤岛"民众所欢迎,版面不断扩充的同时,发行也不断上升,最高时达到3万多份。一直到1939年5月18日,因为刊登蒋介石在全国生产会议上的演讲新闻被勒令停刊两周。停刊后,汪伪特务趁机收买其英籍发行人,致使停刊期满后未能复刊。

《导报》是中国共产党领导创办的第二份"洋旗报",于1938年4月2日创刊,亦以英商中华大学图书公司的名义发行,由孙特司·裴士担任编辑人,实际由中国人蒋光堂主持,刘述笙、胡山源先后担任总编辑,共产党人恽逸群担任主笔。《导报》打着"洋商"招牌,积极宣传抗日救国,揭露日伪暴行,"其影响仅次于《每日译报》与《文汇报》"②。在刊行过程中,《导报》不断遭到日伪迫害。1939年6月17日,遭汪伪特务的武装袭击后,于7月1日被迫停刊。

《华美晨报》原为《华美晚报晨刊》,1937年11月25日创刊,名义上为美商华美出版公司发行,美国人密尔士担任发行人,蔡晓堤任经理,石招泰任编辑人,共产党员恽逸群主持评论工作。1938年4月19日改为《华美晨报》。1938年12月,因原主持人在经济上无力维持,进行大规模改组,八路军驻沪办事处秘密派人接办,成为中国共产党直接领导的"洋旗报"。③

---

① 参见方汉奇《中国新闻事业通史》(第2卷),中国人民大学出版社1996年版,第642—643页。
② 方汉奇:《中国新闻事业通史》(第2卷),中国人民大学出版社1996年版,第647页。
③ 参见黄瑚《上海"孤岛"时期抗日报刊述评》,《新闻研究资料》1987年第3期。

《儿童日报》早在1935年9月1日,由何公超①与黄一德在上海创办②。抗战开始后曾一度停刊,1939年2月挂"美商"招牌复刊。内容安排,第一、第二版分别为"国内新闻"与"国外新闻",将国内国际大事用通俗语言撰写,并辅以漫画说明,告诉儿童们"关心国内大事,才是爱国儿童","能明了世界大势,才是个现代儿童",而且刊登不少世界各国反侵略的报道;第三版"儿童公园",通过讲故事、画漫画,让儿童"天天游儿童公园,天天长见识";第四版"儿童创作",发表儿童作文,告诉儿童"常常投稿创作,作文就会进步"。当年4月12日,《儿童日报》在头版刊登周恩来的大幅照片,报导"新四军在东战场有二十多万人积极准备反攻"的消息。当年秋停刊。③

在"五月危机"前,中国共产党或共产党人所办"洋旗报"主要是《每日译报》《导报》《华美晨报》《儿童日报》,此外,《国际日报》与《国际夜报》或为共产党人士创办或主持或受其影响,可惜资料有限,只知"洋旗"的基本信息,而无更多翔实内容可考。其中,《国际夜报》是1938年2月新创报刊,请英籍印度人克兰佩(D. W. S. Kelambi)任发行人与社长,褚保衡任总编辑。《国际日报》则是1939年2月2日挂"英商"招牌复刊的报刊,亦请英商克兰佩(Kelambi)出面任发行人。两者都坚持抗日宣传,都在"五月危机"中,因汪伪特务用两万元收买了其发行人克兰佩,《国际日报》编辑部同人为抗议克兰佩的背叛行为,发表启事称"同人等鉴于事势,不愿再与合作,忍痛于6月1日起全部脱离,今后国际日报一切概与同人无关"。致使两报于6月1日起自行停刊。④

---

① 何公超(1905—1986),儿童文学家。1925年受党组织派遣,与张太雷在上海《民国日报》编《杭育》副刊。参加"五卅运动",调《热血日报》任编辑,与瞿秋白一起从事宣传工作。后又任国民通讯社主任。1926年任上海总工会宣传部主任,参加上海工人三次武装起义。1935年,与黄一德创办《儿童日报》与《儿童创造》月刊,次年任《儿童日报》总编辑。抗日战争时期去重庆,编辑出版《小国民》杂志等,编写《拆穿日本纸老虎》《抗战国语》等抗日书籍。1944年,创办儿童世界社,先后在重庆、上海任《儿童世界》主编。1952年,建立少年儿童出版社后,先后担任编辑部副主任、副总编辑。

② 发行兼主笔为黄一德,何公超任总编辑。

③ 参见盛巽昌《我国早期的儿童报纸及其他》,《图书馆杂志》1982年第2期。

④ 参见马光仁《上海新闻史》(1850—1949),复旦大学出版社1996年版,第859页。

后《国际夜报》虽曾一度复刊，但颜色已变，不复为用。

在"五月危机"后，中国共产党领导、共产党人主办或主持的"洋旗报"全遭劫难：《每日译报》被勒令停刊期间，"洋旗"被收买，被迫停刊；《导报》在"洋旗"被收买后迭遭日伪特务捣毁，被迫停刊；《华美晨报》《儿童日报》因日伪扼制，致使经济困难而停刊；《国际日报》《国际夜报》因"洋旗"被收买，为编辑部同人所抗议，自行停刊。此后，中国共产党在"孤岛"环境下，"不求一时之痛快"，进行战略调整，主要转向抗日刊物的发展方向。所以，在"孤岛"的后半期，其抗日宣传力量，主要是"洋旗刊物"，其所办"洋旗报"可说是"绝无仅有"，只《上海周报》一家。

《上海周报》1939年11月1日创刊，名义上由英商独立出版公司发行，英国人佛利特（Fleet）任编辑人，实际上是中共上海地下党组织的机关刊物，① 张宗麟、吴景崧（任总编辑）、王任叔等主持编辑与出版工作，每期发行8000至1万份。根据隐蔽的原则，在创刊词《我们的立场》中，纯然用英商的口吻宣称："《上海周报》是合乎英国法令的英商独立出版公司所发行的刊物，我们是中国的朋友，完全同情于中国为独立、自由与平等而抗战。"②《上海周报》为综合性刊物，内容主要有一周简述与短评，国际时事论著、国内动态等，还曾出版过"上海问题特大号"，对上海的系列现实问题进行了有益的探讨。

中国共产党领导、共产党人主办或主持的"洋旗报"，除《华美晨报》《儿童日报》挂"美商"招牌外，其余都挂"英商"招牌。因为1938年12月2日，英国大使馆颁行的《报纸条例》称，"非经大使书面批准，英国公民或团体不得印行，或促使印行，或以某种方式参与印行非英语报纸、小册子或其他出版物"，从而使中国人民失去了利用英商名义创办抗日中文报的可能，同时也为日伪特务迫害、扼杀挂"英商"招牌的"洋旗报"提供了条件。因此，在"五月危机"后，共产党人所办"洋旗报"全部赴难停刊了。

---

① 参见方汉奇《中国新闻事业通史》（第2卷），中国人民大学出版社1996年版，第649页。
② 《我们的立场》，《上海周报》1939年第1卷第1期。

与其他类型的"洋旗报"相比,中国共产党领导、共产党人主持的"洋旗报"有着以下鲜明特色。

一是重视宣传全民抗战、阐释中共抗战主张与统一战线政策,这是其与其他类型"洋旗报"相比最鲜明的特点。作为中国共产党所办报刊,《每日译报》的主要内容,除了通过大量报道、评论揭露抨击日军侵华暴行与汉奸投降卖国活动之外,便是宣传全民抗战,阐释中国共产党的抗战主张和统一战线政策。《每日译报》通过直接刊载、译载外报等形式,对中共中央的重要文件与中共领袖毛泽东、朱德、周恩来等人的演讲、文章,都予以及时发表,以之指导、鼓舞上海人民的抗日斗争。① 比如,从1938年8月23日起,《每日译报》连续12天全文刊载毛泽东的《论持久战》;11月27日,译载中共六届六中全会的《告全国同胞书》,阐述游击战争的重要意义,号召人们抗战到底。还经常用"特讯""专电"形式,给"孤岛"上的广大人民群众提供其所关心而其他报刊很少刊载的中国共产党领导下的八路军、新四军的战况与捷报。如1938年6月以"本报特讯"形式,即时报道新四军向南京、芜湖等地挺进建立以茅山为中心的苏南抗日根据地的消息;先后译载斯诺《在日军后方的八路军》《东战场上的新四军》等,报道八路军、新四军挺进敌后,英勇善战,在敌占区建立抗日民主根据地等方面的情况。所以,总体来说,《每日译报》内容上更为侧重宣传中国共产党的路线、方针、政策,报道其敌后抗战业绩。②

二是讲究策略,形式灵活,开创抗日宣传的传播策略。因在"孤岛"环境下办报,《每日译报》很讲究斗争策略。一则采用"里红外灰"的策略,避免引起日伪注意、减少宣传中的麻烦。如其发刊词,由外籍发行人署名,以外商口气说话,"一张好的新闻纸,应该使人发生好奇的心理",表明其主要宗旨,除"提供当天的新闻中一种正确而且又及时的精粹外","还尽量译述各国报纸中的权威作品,尤注意中国及远东的事件","对所有提供的题材,毫无特殊的偏见,更无偏重的成见",而是"尽量

---

① 参见马光仁《上海新闻史》(1850—1949),复旦大学出版社1996年版,第833页。
② 参见付云鹏《〈每日译报〉研究》,硕士学位论文,上海师范大学,2009年。

地要大公无私地来选择"。① 直到创刊五个月后，才较明确地提出其办报的根本准则，是"维护中华民族的独立、自由、平等"与"建立世界和平"等。② 二则"译而不作"，侧重转载和评论外国报刊上对我党抗战有利的文章。如日本外相宇垣玩弄和议阴谋时，《每日译报》转载美国 Times 杂志记者 Hellet·Abent 文章犀利地指出，"宇垣的论调为混淆视听之烟雾弹，是妄图破坏抗战同盟之招数，是企图瓦解民众抗日斗志的手段。日本为霸占整个中国早已经孤注一掷并犯下滔天大罪，中国民众正以血战到底之精神为实现民族完全独立而奋起反抗，二者根本没有调和的可能"，"英、美等国依然静观其变，一时还不愿介入中日之战"。③ 这些策略，在后面兴办的"洋旗报"的刊行中，也得到比较广泛的运用。

三是两条战线同时推进，"洋旗报"与"洋旗刊物"并举、挂"洋旗"办报与一般抗日刊物同行。

在上海沦为"孤岛"的前期，中国共产党与共产党人在当时情势下，根据报与刊的时效要求、内容倾向与容量不同，在刊行"洋旗报"的同时，还创办了"洋旗刊物"④，这些刊物与"洋旗报"在抗日宣传报道中密切配合，担负侧面出击的任务。这些"洋旗刊物"，都以其"洋旗报"馆名义开办，数量上超过其所办"洋旗报"数，光《每日译报》社就出版发行了《译报周刊》《公论丛书》《译报时论丛书》《译报丛书》等数种书刊。这时期的"洋旗刊物"，主要有《华美》周刊、《公论丛刊》、《文献》月刊、《导报增刊》、《职业生活》等数刊。

《华美》周刊是共产党人所办的第一个"洋旗刊物"，1938 年 4 月创刊，以美商华美出版公司名义发行，是中国共产党直接领导的时事政治类

---

① 《每日译报》1938 年 1 月 21 日第 1 版。

② 即六项主张：一是维护中华民族的独立、自由、平等，二是拥护民主政治，三是和睦民主集团间的邦交，四是巩固集体安全，五是主张国际主义，六是建立世界和平。其中一、六两条是最主要的。参见《本报宗旨》，《每日译报》1938 年 6 月 26 日。

③ 《日本能征服中国吗?》，《每日译报》1938 年 6 月 22 日第 1 版。

④ 据统计，"孤岛"时期的上海，先后出有各种报刊 50 余种，各种刊物二三百种。其中，中共上海地下党领导下创办的报刊有十多种（大部分为"洋旗报刊"）。参见朱敏彦、齐卫平《上海抗战文化的发展与抗争》，刊《上海纪念抗日战争胜利六十周年研讨会论文集》，上海人民出版社 2005 年版，第 137 页。

综合性刊物，由梅益、王任叔等主持编务，被誉为"最精彩、最富战斗力的一个周刊"①。

《公论丛刊》是综合性丛刊，由每日译报社出版，亦挂"英商"招牌于1938年9月创刊，由王任叔主编，每月一册，专门刊载中国共产党中央在延安公开发表的社论和重要文献。② 1938年10月10日创刊的《文献》月刊，则是中国共产党领导创刊的一个以刊载抗战文献为主要内容的月刊，由英商中华大学图书公司发行，风雨书屋出版，阿英主编，共出版8期，1939年5月10日被日本宪兵会同工部局巡捕房查封。与《文献》月刊同日创刊的《译报周刊》，则是每日译报社出版的时事政治周刊，由冯宾符、梅益等主持编务。其发行在当时"孤岛"位居首位，达两万多份。1939年6月22日，出版第2卷第11期后被迫停刊。

另外，在"五月危机"前夕，中国共产党还创刊了《导报增刊》与《职业生活》等两份"洋旗刊物"。《导报增刊》于1939年4月创刊，是由英商《导报》社出版的时事政治性周刊，由恽逸群主持编务。1939年6月出版第13期后，与《导报》同时被迫停刊。《职业生活》1939年4月15日创刊，以英商《国际日报》增刊名义出版，何持中任发行人，汪之行任编辑人，实际为中共江苏省委职委领导下的上海职业救亡协会的机关刊物。在"孤岛""五月危机"期间，因《国际日报》发行人被汪伪收买，立刻宣布脱离，改为独立出版。

在"五月危机"中，《华美》周刊、《公论丛刊》、《文献》月刊、《导报增刊》等"洋旗刊物"随《每日译报》《导报》《华美晨报》等"洋旗报"一起停刊了。《职业生活》则脱离《国际日报》独立出版。至此，共产党所办的"洋旗报"与"洋旗刊物"皆遭劫难停刊了。根据当时局势，中国共产党及时调整策略，不求一时之痛快，而图长远之计。这也可以说是当时环境下，宣传文化系统的"持久战"思想的另一种贯彻。

---

① 杨真：《一年来的上海出版界》，《译报周刊》1939年第1卷第12、13期合刊；参见梅丽红《"孤岛"时期上海的"洋旗报"》，《档案与史学》1996年第5期。

② 参见方汉奇《中国新闻事业编年史·上》，福建人民出版社2018年版，第722页。

当时具体策略，即是挂"洋旗"办报与其他抗日刊物并行，以续抗日宣传之势。故在"孤岛"之后半期，仍有"洋旗报"与"洋旗刊物"刊行。挂"洋旗"所办报刊，虽数量已远不及前半期，但因有更多其他抗日刊物的刊行，故也形成可观之势。

当时"洋旗报刊"，主要是前面提及的《上海周报》与后面的《时代》周刊。当时党的宣传转移战略，从《职业生活》与《时论丛刊》的发展转移可见其一斑。《职业生活》因《国际日报》发行人被收买而独立刊行。该刊有坚实群众基础，其最大特点是全面贯彻全党办报、群众办报的方针，上自中共江苏省委职委的领导干部，下至职业界各行各业的广大群众，都积极撰写稿件、推销刊物，该刊编辑部收到的来信，平均每天有10—20篇之多。[①] 当时，为了防止敌伪的破坏，该刊不设固定的办公地点，编辑与发行两项业务严格分开，编辑人员一般都另有公开职业以为掩护，发行工作则由职委指定专人负责。直到一年后，于1940年4月18日被工部局下令限期停刊。中共地下组织乃决定立即停办该刊，并在此基础上另发新刊，此即后来的《人人周刊》，从而使党在职业界的宣传阵地得到及时转移。[②] 另有《时论丛刊》，则是八路军驻沪办事处领导出版的刊物，主要刊载中共重要文件和延安等抗日民主根据地报刊上的重要文章。因为这些文章不便在公开的印刷所印刷，因而党的工作者常常采取在别处印刷好、装订时再设法插入的办法。[③] 1940年三四月间，党组织鉴于"孤岛"形势险恶，设法及时转移阵地，在当年八月将《时论丛刊》改组成《求知文丛》，由王任叔等主持，内容也由直接转载延安等地报刊文章原文，改为经过改写的时论。而且为了策略起见，该刊还专门设立一个工作机构，对外称作祥泰纸号，以为掩护。[④]

[①] 参见张承宗《记〈职业生活〉周刊》，中国人民政治协商会议上海市委员会文史资料工作委员会编《文史资料选辑》，1980年第六辑，上海人民出版社1981年版，第39页。

[②] 参见谢胥浦《记〈职业生活〉纪要》，中国人民政治协商会议上海市委员会文史资料工作委员会编《文史资料选辑》，1980年第六辑，上海人民出版社1981年版，第55页。

[③] 参见张纪恩《周恩来在上海革命活动片断及其他》，《党史资料》丛刊1979年第1期，上海人民出版社1979年版，第29页。

[④] 参见马光仁《上海新闻史》（1850—1949），复旦大学出版社1996年版，第863页。

当时情势，一则在日伪逼迫下，租界当局加强了新闻管控并实行新闻检查，抗日报刊活动空间越发促狭，加上汪伪特务的暴行、威胁、收买，幸存的"洋旗报"越发艰难；二则因1938年12月2日英国大使馆颁行的《报纸条例》，使爱国报人挂英商"招牌"办报已无可能，所以新办"洋旗报刊"更为少见，生存也更为困难。所以，共产党人此期所办"洋旗报刊"仅有《上海周报》与《时代》周刊两种而已。

　　《上海周报》挂"英商"招牌刊行，但到1941年年中，《上海周报》也不能出了。至此，共产党公开出版的抗日报刊已全体遭禁，而在当时环境下，不打外商招牌根本无法生存，所以，共产党急需寻找新的发行人以打开局面①。在当时情况下，找"英商"办报已无可能，找其他洋商亦非易事。最后，才以"苏商"名义创办了《时代》周刊，并得以维持至抗战胜利。

　　"孤岛"沦陷后，当时苏联虽与英、美等西方国家一般，在中日战争中保持中立，但是租界上的英、美等国人士皆以苏联人是"宣传鼓动赤化的赤化分子"为由，对苏联人办报予以限制，故苏联人在租界少有话语权，其时也无挂"苏商"招牌之"洋旗报"。但是到1941年6月22日，由于希特勒向苏联进攻，苏德战争爆发，苏联改变了原来的中立立场。7月3日，斯大林通过广播发表演说，呼吁联合英、美反对德国，从而形成反法西斯国际统一战线。此后，上海租界形势因之改变，苏联在租界也有了发言权，其办报便不再受限。另外，苏联在1941年4月与日本签订《苏日中立条约》，其中认定，当其中一方与第三国交战时，另一方得保持中立。所以，在太平洋战争爆发、"孤岛"完全沦陷后，原孤岛内出版的英、美报刊除个别投日外，几乎都停止了活动。不过，因苏日订约，"苏商"报刊仍得以保留、维持。

　　因了这个便利，1941年8月20日②，中国共产党便以苏商"时代出

---

　　① 参见姜椿芳《姜椿芳文集　第9卷　随笔三·怀念·忆旧》，中央编译出版社2014年版，第308页。

　　② 另说是1940年8月20日创刊，应为误记。参见方汉奇《中国新闻事业通史》（第2卷），中国人民大学出版社1996年版，第649页。

版社"的名义创办了《时代》周刊。该刊为时事政治性刊物,由姜椿芳主持编务,在宣传上,除大量报道苏联卫国战争情况外,"布尔什维克党""社会主义""列宁""工农苏维埃政权"等新名词也可以公开地载诸报端。在太平洋战争爆发、日军进占租界之后,因苏、日签有条约,《时代》周刊仍得以继续出版①,一枝独秀,继续发挥抗日宣传的作用。②也因为这一缘故,共产党人所办"洋旗报"也是唯一在"孤岛"完全沦陷后继续出版、坚持抗日的"洋旗报"。

二 进步、爱国人士主办的"洋旗报"

进步、爱国人士在"孤岛"创办"洋旗报"最早。在上海沦陷、日军实行新闻检查之前,以爱国报人为代表,即已办起了四份"洋旗报",为当时抗日报刊的发展开创了新路径。进步、爱国人士所办报刊也比较多,先后有《大美晚报》《华美晚报》《华美晨报》《大美报》《文汇报》《通报》《文汇报晚刊》等七种。进步爱国人士所办"洋旗报"影响也比较大,特别是其中的《文汇报》。

中文《大美晚报》(1933)与《华美晚报》(1936)都是在上海沦陷前创办的。《大美晚报》以美商大晚报公司名义创办,实由宋子文出资经营、由张似旭主持,新闻多译自英文《大美晚报》,言论则从在沪中外报章中选登或翻译。《华美晚报》则由部分脱离英文《大美晚报》的职工用美商华美出版公司名义创办,由朱作同主持。两报在抗战爆发后,都能积极宣传抗日救国,提供了大量真实的抗战消息,刊登了许多宣传抗战正确主张的文章。在上海沦陷后、日军实行新闻检查前,朱作同、张似旭等又利用原有合作关系的外商公司条件,创办了《华美晚报晨刊》(1937年11月25日)与《大美晚报晨刊》(1937年12月1日)两份"洋旗报"。这些报纸在"孤岛"时期的"洋旗报"发展中,可以说是开风气之先,

---

① 1941年末太平洋战争爆发后曾短暂停刊,次年元旦复刊后改为半月刊。1944年2月,因汪伪政权借口外国人不能在中国出版本国文字以外的报刊,被迫停刊。1945年5月1日,在苏军攻入柏林的形势下,自行复刊。解放战争时期坚持出版,至1951年8月停刊。参见方汉奇《中国新闻事业编年史(中)》,福建人民出版社2018年第2版,第751页。

② 参见马光仁《上海新闻史》(1850—1949),复旦大学出版社1996年版,第865页。

开辟了抗日宣传报道的新战线。同时，也在当时的环境下，转移了进步的报人。如《立报》停刊后，其原班人马几乎都转移到《大美晚报晨刊》这个新的抗日宣传阵地来了。后来，在日军实行新闻检查、《大美晚报》发行人史带发表外商报纸不接受日军检查的声明之后，两报都由"刊"改为"报"，分别改名《华美晨报》（1938年4月19日）、《大美报》（1938年5月1日）。《华美晨报》后在1938年12由共产党人接办，成为中国共产党上海地下党组织直接领导的报纸。

《文汇报》是于日军在"孤岛"上开始实行新闻检查、《大美晚报》发行人史带发表不接受日军检查之后，紧随《每日译报》创刊的"洋旗报"。《文汇报》的创刊，壮大了"洋旗报"队伍，给抗日报刊增添了一支生力军。

1938年1月25日，《文汇报》由严宝礼等爱国人士集资创办。在"孤岛"亟须抗日报刊的当儿，原两路局财务稽核严宝礼、《新闻报》严独鹤与徐耻痕、《社会日报》胡雄飞、佛学书局沈彬翰等，集资开办费一万元，[①] 准备应时代需要办一份坚持抗日宣传的报纸。

为了避免日方新闻检查，由方伯奋联系了跑马厅的英国投机商人克明（H. M. Cumine），请其出面担任发行人。克明答应出任的条件是，"他要兼任董事长职，每月薪金300元；他的儿子小克明任董事会秘书，月薪100元。设董事会，中、英董事各5名，英籍董事都要由他介绍，每人每月各送车马费百元"。[②] 虽然条件有点苛刻，但为时势所限，严宝礼等只好迁就他。克明曾在英文夜报《文汇报》（Mercury）工作过，他说该报转

[①] 参见《文汇报史略》（1938.1—1939.5，1945.8—1947.5），文汇出版社1988年版，第5页。另徐铸成认为，严宝礼等集资一万元，准备做大米生意。计划落空后，准备用这些钱办报，但入股人中有胆小的或认为是冒险而无利可图，借口退出，故实际集资约7000元。徐铸成《文汇报的诞生》，文汇报史研究室《从风雨中走来》（文汇报回忆录·1），文汇出版社1993年版，第8页。储玉坤说，因个别发起人无力认股，无法达到集资1万元的目标，实际只收到7000元，但仍号称资本1万元。储玉坤《克明其人其事》，《从风雨中走来》（文汇报回忆录·1），文汇出版社1993年版，第66页。

[②] 徐铸成：《〈文汇报〉的摇篮》，《报海旧闻》，上海人民出版社1981年版，第281页；周立华：《"孤岛"时期〈文汇报〉的"洋旗"及其作用》，《江西财经大学学报》2008年第4期。

卖给《大美晚报》时（1930）保留了"文汇报"华文报名所有权。因而商定，设立英商文汇有限公司，成立董事会，并根据英国公司法，以"文汇报"（The Standard）名称，向上海英国总领事馆注册立案。根据约定，公司董事，中、英各五人。股款全为中国人集资凑成的，但根据英国公司法，英商企业要51%以上的股份属于英国人。因此登记时，严宝礼等只得将51%的股款划归5位英国董事，再由这些英董签写"让渡书"给真正的股东。所以，这5名英籍董事只是挂名，不入股金，也非股东，只拿"车马费"。

董事会成员，中方有严宝礼、胡雄飞、沈彬翰、徐耻痕、方伯奋①5人，英方则是克明②及其儿子小克明、洛特、劳合·乔治、萨埃门。5名英籍董事中，小克明是骑师，乔治和萨埃门是商人，只有洛特与克明有过新闻工作的经验，而克明当时只是个投机商人。在《文汇报》的发展中，唯克明对《文汇报》影响最大，其他4位洋董事只是挂名并不涉及报馆事务的。③

克明是苏格兰人，从小在上海生活，除了青年时在《文汇报》的工作，大多系"投机"生意。《文汇报》创刊时，克明在华生活已近50年，当时在跑马厅做经纪。克明在当时环境下与《文汇报》合作，只是其"投机"之一种，逐利是其在《文汇报》的最大目标。④《文汇报》创刊之初，克明与儿子小克明每月在《文汇报》领取400元，两个月后增至1300元，甚至连其跑马厅"办公室"房租200元也由《文汇报》负责支付。⑤而且，为谋取更大利益，克明曾试图将《文汇报》办成中文字林西报，只因徐铸成等编辑部同人反对才未得逞。在闹翻后，为保既得利益，克明与《文汇报》勉强维持，直至在"五月危机"中，为了更大的利益

---

① 方伯奋没入股，只是因举荐克明有功而被推为中方董事之一。
② 谢蔚明：《严宝礼与抗战中的〈文汇报〉》，《世纪》2000年第3期。
③ 参见周立华《"孤岛"时期〈文汇报〉的"洋旗"及其作用》，《江西财经大学学报》2008年第4期。
④ 参见周立华《"孤岛"时期的〈文汇报〉研究》，博士学位论文，厦门大学，2007年。
⑤ 其他4位洋董事的车马费，每月百元一直未变，只有劳合·乔治后来在克明与《文汇报》闹翻后改任董事长，才升至400元，而克明每月1300百元却一直未减。

最后被日伪收买，出卖了《文汇报》。①

　　克明与《文汇报》的关系是《文汇报》发展的另一面相，是随克明在《文汇报》发展过程中野心流露及其与文汇报同人的博弈而发展的，具体可分三个时期来看：一是密切合作期，从创刊到当年3月。创刊时，《文汇报》以克明为发行人兼总主笔，当时在报头的报名左侧标明"发行人兼总主笔克明 H. M. Cumine"，报名写"英国政府注册"。1938年3月20日发行人信息变更，即将报名左侧的"发行人兼总主笔克明 H. M. Cumine"改为"发行人英商文汇有限公司"，将"英国政府注册"改为"总主笔 H. M. Cumine"。这一时期，《文汇报》还发表6篇署名克明的文章，一为发刊词《为本报创刊告读者》，表明《文汇报》创刊旨趣，明确提出，"本报本着言论自由的最高原则，绝不受任何方面有形与无形的控制"，甚至说"如不幸遭受外界的阻力，余必负责设法消除之"②。既声明报纸不接受日军检查，同时亮明克明的保镖身份。一为1938年3月22日的《悼本报同人陈桐轩先生》③，重申《文汇报》宗旨及信条，严正宣告，"本报始终抱定一贯之政策，不受任何方面之威胁与恐吓"。另有4篇翻译文章，内容倾向于表明其与《文汇报》之关系，加重报纸的英商色彩；以及他对日本侵华战争的反感与反对，迎得中国人民的欢迎。这一时期，克明的文章不多，但是其态度和立场鲜明，值得肯定，不管初衷如何，对《文汇报》的发展无疑起到了极大的促进和推动作用。

　　二是冲突斗争期，从1938年4月至8月。在三个月之后，随着《文汇报》发展势头的一路飙升，虽给"洋旗"克明带来了更多的利益，④但与此同时，其抗日宣传也引起了日伪、租界的不满，招致的恐吓、威胁日多，在报社员工陈桐轩被炸身死后，克明担心《文汇报》抗日色彩过浓被封断了财路，出面干涉。克明先是压迫报馆解雇采写抗日报道、揭批

---

① 参见徐铸成《"孤岛"时期的文汇报》，《从风雨中走来》（文汇报回忆录·1），文汇出版社1993年版，第24—25页；参见储玉坤《克明其人其事》，《从风雨中走来》（文汇报回忆录·1），文汇出版社1993年版，第70—71页。
② 《为本报创刊告读者》，《文汇报》1938年1月25日头版。
③ 这是《文汇报》职员陈桐轩被敌伪投弹受伤死后，编辑部以克明的名义发的另一文章。
④ 车马费已涨至每月1300元。

"孤岛"魔窟的记者邵伯南,继而在"八一三"周年纪念前夕试图以"总主笔"名义删改社论与重要新闻,遭到编辑部同人激烈反对,双方矛盾激化,最后克明被迫辞去"董事长兼总主笔"职务,只保留常务董事之职。故从8月14日起,《文汇报》报头"总主笔H. M. Cumine"字样消失了。在这一时期,具体讲是从1938年4月至10月,《文汇报》上也没有署名克明的文章发表,即与当时的这种冲突斗争相关。

三是勉强维持期,自8月14日之后到报纸停刊。这个时期,一则,《文汇报》仍处于事业上升期,而"孤岛"气氛开始变得紧张起来,需要"洋旗"继续支持,另4位洋董事是由克明所联系的,故断了关系。二则,从克明来讲,利益还在,每月仍能以常务董事名义照拿1300元干利,比当时名为董事长的劳合·乔治的400元多很多。其地位、影响仍在,且不是乔治所能比的。所以当时双方关系还维系着。这个时期,《文汇报》还发表了署名克明的文章29篇,多为《大不列颠鳞爪》(25篇)一类与中国抗日宣传无关的介绍英国文教、交通运输等情况的文章。克明发表这些文章,无非"是要冲淡报纸的抗日色彩,以求自保",同时也"强化《文汇报》英商色彩以防日伪断然令之停刊"。这般做法,"与其逐利目标一致",因为"《文汇报》存在一天,就有克明一天的利益"。[1]

《文汇报》的创办、发展,还与《大公报》的支持分不开,主要是人才支持与资金设备支持。在上海沦为"孤岛"后,因拒绝日军新闻检查,《大公报》迁汉口等地出版后,原上海《大公报》编辑、记者都遣散了,但设备、办公场所还维护着。《文汇报》创刊后就由其代印,场所也都租给使用,徐铸成与杨历樵这两个被遣散的干将则负责社论写作。不出一月,严宝礼与李子宽[2]谈妥,合作办报,由《大公报》投资一万元,在代印的劳务费与垫的白报纸中扣除。《文汇报》原有股份升为两万元,仍占主导。原大公报人员徐铸成正式参加担任主笔,主持编辑部事务,采访则由大公报人王文彬负责。这两员干将的加入,使《文汇报》如虎

---

[1] 周立华:《"孤岛"时期的〈文汇报〉研究》,博士学位论文,厦门大学,2007年。
[2] 原上海《大公报》经理,当时负责《大公报》在上海的相关事务。

添翼。

　　《文汇报》创刊后，旗帜鲜明，发刊词中明确提出，"本着言论自由的最高原则，绝不受任何方面有形与无形的控制"，并说报纸"所负的使命，一则为灌输现代知识，另则为报道消息，是以报纸的生命，在其独立的报格，不偏不倚，消息力求其正确翔实，言论更须求其大公无私，揭穿黑幕，消除谣言，打破有闻必录之传统观念。所以本报同人必遵行此记者纪律，始终不渝，以建树本报高尚之报格"。① 之后，又在报社同人被日本特务炸死后发表悼念文章，重申《文汇报》的宗旨与信条，严正宣告，"本报始终抱定一贯之政策，不受任何方面之威胁与恐吓，以尽报人之天职，决不因陈君之死，而变更本报之宗旨及信条；更不因陈君之死，而本报同人气为之馁。进一步言之，陈君之死，更足坚励本报全体同人之为正谊而奋斗之勇气"②。

　　在《文汇报》刊行的一年又四个月中，文汇报人不为利诱、不畏威胁，坚持"以团结抗日为宗旨，以'孤岛'民众为依归，以传播抗战信息、积极进行爱国主义宣传教育为主题，激励和鼓舞'孤岛'民众，诋斥汉奸丑类，坚持抗战必胜、反对妥协后退"，全面宣传中国的抗战，新闻充实，言论有力，赢得了"孤岛"民众的欢迎，事业发展也是蒸蒸日上。

　　首先，在版面发展上，创刊不到半年（计174天），共扩版五次，平均约35天扩版一次。版面篇幅由对开一大张扩展为对开四大张，增了三倍。创刊时为对开一大张四版，版面依次为：要闻、国际新闻、上海及邻近地区新闻、副刊《文会》（2月11日改为《世纪风》）。甫一创刊，即成为当时抗日报纸中唯一的大型日报，而且直到《每日译报》扩展为对开一大张，长期保持这种地位。3月5日，即创刊的第40天，由对开一大张改出两大张，分别增加了要闻和国际新闻版面，并新增经济新闻版，内容更为充实。4月7日第二次扩版，改出两张半。这次是因广告大增而扩版，广告篇幅增加，其他篇幅未变，版面序次略有调整。4月14日第

---

① 《为本报创刊告读者》，《文汇报》1938年1月25日头版。
② 《悼本报同人陈桐轩先生》，《文汇报》1938年3月22日第3版。

三次扩版，改出三大张十二版，主要增加要闻版篇幅，并增设教育与体育新闻、各地乡讯、社会服务三版。版面安排：一版要闻，二版社论及要闻，三版要闻及通讯，四、五版国际新闻，六、七版本市新闻，八版教育与体育，九版经济新闻，十版各地乡讯，十一版社会服务，十二版副刊《世纪风》。7月1日第四次扩版，改出三大张半。这次扩版，一是扩充经济版，经济新闻增加"经济特载"栏，刊登重要经济分析文章；二是增设时论栏，与通讯放一版；三是增设副刊《灯塔》，放十一版。7月17日第五次扩版，增为四大张十六版。版面安排：一、二版要闻，三版社论，四、五版国际新闻，六、七、八版本地新闻，九版经济新闻，十版教育与体育，十一版副刊《灯塔》，十二版法讯，十三版重要通讯、通信和时论，十四版各地乡讯，十五版社会服务，十六版副刊《世纪风》。这种发展速度相当惊人，如先行四天创刊的《每日译报》，一直为四开报纸，6月28日才改出对开一大张。这使《文汇报》的规格，从版面来说，直到《新闻报》9月1日改挂"洋旗"、《申报》10月10日重回上海以"洋旗报"面世前，一直是沪上版面最多的大型抗日报纸。[①]

其次，广告增长迅速，为报纸发展提供了强劲的经济支撑。初创时，《文汇报》广告量少，创刊半个月打开局面后，即稳步地快速上升，至第7个月广告绝对量增长到最高，达到平均每天8.473版，是第一个月的915%，半年时间增加八倍多，平均一个月增加一倍多。广告相对量到第5个月增加到最高，达到61.9%，是第一个月的267.4%，不到半年增加近两倍。到第5个月后，即1938年7月开始，其内容充实，增长更快。总的来说，在前7个月，《文汇报》广告量快速增长，到第7个月即1938年8月达到顶峰。[②]

最后，发行一路飙升，一度成为"孤岛"发行量最大的报纸。由于其严正的抗日立场与昂扬的斗志，《文汇报》一刊行即大受欢迎。虽然嫉恨交加的日伪特务，不择手段或明或暗地施压、恐吓，限制读者阅读、不让报贩贩卖，也阻止不了其一纸风行。创刊不出几天，发行即逾万份；20

---

① 参见周立华《"孤岛"时期的〈文汇报〉研究》，博士学位论文，厦门大学，2007年。
② 参见周立华《"孤岛"时期的〈文汇报〉研究》，博士学位论文，厦门大学，2007年。

天时，平均日销更达 2 万份；到创刊的第四五个月时，日销超过 5 万份，成为当时"孤岛"上海销量最大的报纸。之后随着报纸的继续发展，发行与广告、版面等都不同程度地持续增长，最高时达到六七万份也是完全可能的。①

所以，综合来说，在日军 1938 年下半年对"孤岛"加强控制、形势恶化之前，从发行、版面、广告等诸方面的发展指标来看，《文汇报》在当时都是一枝独秀的，这充分地反映其受"孤岛"民众欢迎的程度。

此外，为扩大宣传阵地，《文汇报》除了广办副刊、专刊之外，还创办晚刊、年刊等出版物，以配合巩固其抗日宣传阵营。先在 1938 年 6 月，因"迩来屡接读者惠函，以日刊为时间篇幅所限，势难多载长篇而有系统之译著；上海自沦陷为孤岛后，精神食粮，最为恐慌，对本公司多所期盼"②，《文汇报》紧张筹备，拟于 6 月 17 日出版《文汇周刊》，可惜因故未成③。不过，文汇报人并未气馁，于当年 12 月 1 日创办了《文汇报晚刊》，先后由胡惠生、李秋生主编，规格为对开半版，"与《文汇报》相互配合，积极宣传中国军队在广东、晋南、鄂中、赣北、豫东及其他各地和敌后抗击日本侵略军"，"汪精卫等叛国投敌时，亦用突出地位揭露这些汉奸的丑行，并大加挞伐"。④ 另在 1939 年 5 月，出版《文汇年刊》，内容"主要表现了当时举国上下全面抗战的情势，对共产党及八路军在抗战中所发挥的作用也给予充分的关注和肯定"⑤。

在《文汇报》之后，由进步、爱国报人所办的"洋旗报"是《通报》。《通报》于 1938 年 4 月 11 日由上海市通志馆同人在柳亚子先生的支持下创办，挂"英商"招牌在香港注册，聘请英国人任发行人与总编辑⑥，实

---

① 参见周立华《"孤岛"时期的〈文汇报〉研究》，博士学位论文，厦门大学，2007 年。
② 《文汇周刊出版预告》，《文汇报》1938 年 6 月 4 日第 2 版。
③ 当时，正值《文汇报》与"洋旗"克明冲突斗争趋于激烈之时，应是未能获得克明支持与配合，《文汇周刊》已编好创刊号，定稿付排都未能如期出版。到年底，关系趋缓和后，才又出版了《文汇报晚刊》与《文汇年刊》。
④ 周立华：《"孤岛"时期的〈文汇报〉研究》，博士学位论文，厦门大学，2007 年。
⑤ 周立华：《"孤岛"时期的〈文汇报〉研究》，博士学位论文，厦门大学，2007 年。
⑥ 威廉·韦特（H. T. W. Wade）担任发行人，欧孝（D. O. Shea）担任总编辑。

际由胡道静①等人主持编务,以"传播抗战信息,鼓舞抗日斗志"为职志。后来多次受日伪恐吓、威胁,加之英国发行人的印刷厂要价越来越高,财力不支,被迫于1938年7月停刊。②

进步、爱国人士此期还办有"洋旗刊物"。如《自由谭》与《良友》画报等。比如,《自由谭》创刊于1938年9月1日,由于经济与政治原因,发行至第七期即于1939年7月停刊。《自由谭》为邵洵美③所办并实际主持,由美国商人史带(C. V. Starr)资助,挂美商招牌,名义上由项美丽(Emily Hahn)任发行人和编辑人,总经销处设英文《大美晚报》馆内。该刊以宣传抗日为职志,是邵洵美在"孤岛"上"团结组织文艺力量,开展文艺抗战的阵地","记载了邵洵美和孤岛内外的文艺家在孤岛时期的生活和战斗"。④《良友》画报,抗战前是上海最著名的画报,战后迁离上海至香港继续出版。1939年1月重回上海"孤岛"出版,请英国人密尔士担任发行人,实际由张沅恒、赵家壁等主持编辑工作。1941年12月26日,《良友》被日军查封。

进步、爱国报人所办"洋旗报"的特点,首先是"谋义",即以抗日救亡为主题,全面宣传抗战。一方面是全面宣传抗日,如"拥护抗日民族统一,致力宣传和促进团结抗日"⑤;"宣扬各方军民抗战业绩,激励民众热情抗战"⑥;"进行爱国主义宣传教育、动员广大民众支援抗战"⑦;

---

① 胡道静(1913—2003),安徽泾县人,著名古文献学家、科技史学家。1932年加入上海市通志馆。抗战时期在上海"孤岛",先与通志馆同人创办有名的"洋旗报"《通报》,后加入《中美日报》《大晚报》两家"洋旗报"任记者、编辑,进行抗日宣传。著有《上海图书馆史》《上海新闻事业之史的发展》等著作(1935,上海市通志馆出版)。

② 参见傅宁《胡道静与新闻史》,《新闻爱好者》2004年第1期。

③ 邵洵美(1906—1968),浙江余姚人,长于上海,现代诗人、作家、出版家与翻译家。

④ 王京芳:《邵洵美和他的出版事业》,博士学位论文,华东师范大学,2007年。

⑤ 比如"致力宣传国共合作,一致对敌","积极报道中共政策及其成就","向读者介绍'圣地'延安","宣传地方和中央的统一及少数民族对抗战的支持"等。

⑥ 比如"积极宣扬正面战场的战线","重视报道八路军、新四军的战况","对抗日游击队和抗日民众的广泛报道"等。

⑦ 如"社论以抗日爱国为中心,运用各方面的事迹、材料",如正面战场的大捷"鼓舞人民、廓清失败情绪","勖勉上海青年自爱并努力学习,随时准备为祖国效力以及激励上海民众为抗战贡献力量"等。

"坚定最后的决心,以所有的力量,贡献给国家,集中起来,争取最后的胜利"[1];通过新闻报道、评论与副刊文章等,"消除谣言,讨伐汉奸"等。另一方面是宣传中日在时局中的不同情势,鼓舞抗战必胜的信心,如"宣传日本侵华深陷泥潭","中国得道多助,日本失道寡助"。[2] 其次,进步、爱国人士所办"洋旗报"还需"谋利"重视经营,有经济实力才能支撑其爱国抗日事业。但其经营发展是为其抗日宣传提供基础,而与一般资产阶级商业性、企业化的"洋旗报"不同。

三 中国国民党与国民党人士主办或主持的"洋旗报"

国民党创办"洋旗报"的时间相对较晚,在《每日译报》创刊近半年后方才出现,不过数量并不少,刊行时间也比较长一些。主要有挂英商招牌的《大英夜报》《循环报》与挂美商招牌的《中美日报》《正言报》《华报》等。

"孤岛"时期,国民党人所办的第一份"洋旗报"是《大英夜报》。该报是1938年7月4日创刊的晚报,名义上由英商中华大学图书公司发行,实际创办人系国民党CC系骨干翁率平,总编辑由褚保衡担任。《大英夜报》本着"报道精确新闻,主持公正言论",追求"消息灵通""印刷精美"的基本发刊原则,坚持抗日宣传。[3] 在太平洋战争爆发后,被日军查封。之后,又于7月24日创办了日报《循环报》,由在香港注册的英商中英出版公司发行,实际上编务由国民党人耿嘉基主持。坚持抗战报道,但具体情况不详。

《中美日报》是国民党所办"洋旗报"中影响最大者,也是上海大型报中历时较久、规模较大者。该报1938年11月1日创刊,挂"美商"招牌,请在上海经营药业的美国商人施高德担任发行人,组织"罗斯福出版公司"在美国德拉威尔州注册,由在银行任职的骆美中与原上海盐务稽核所负责人杨勋民负责筹备,实际创办人为国民党人吴任沧,费用系国

---

[1] 《新年献词》,《文汇报》1939年1月1日社论。
[2] 参见周立华《"孤岛"时期的〈文汇报〉研究》,博士学位论文,厦门大学,2007年。
[3] 《大英夜报》发刊启事,参见《文汇报》1938年7月1日头版。

民党党部资助。吴任沧系陈果夫亲信吴泽沧胞弟,早年曾出国留学,时任江西省农民银行上海分行经理。

《中美日报》创刊后,日出对开两大张,租用《大晚报》印刷机印报。社址分三处,次年2月集中为两处。编辑部、排印工场设爱多亚路(今延安东路)130号,经理部设爱多亚路160号。吴任沧任社长,但对外并不公开,顾慰祖任秘书,骆美中、高明强分任总经理与副总理,杨勋民、查修、王锦荃、詹文浒先后任副编辑,周宪文任总主笔,钱纳水与陈训念任主笔,下设社论委员会,查修、倪文宙、李秋生、储玉坤、章丹枫与徐蔚南等先后参与社论撰写工作。另,由鲍维翰主编要闻版,王锦荃与胡传厚先后主编国际版,朱翊新与周世南先后主编本埠版,另经济版史惠康,教育体育版钱弗公,周世南与胡道静先后任英文翻译,王晋琦、吴东等先后任记者。主要副刊是综合性的《集纳》,先后由张若谷、徐文书主编。另有《堡垒》《艺术》两种交替出现的副刊,每周三期。①

《中美日报》同人"以抢救上海人心为第一件大任务"②,即为维系"孤岛"民众与国民党中枢的精神联系,所刊载者,多系"从国民党立场出发的各种内外战讯、国府政策、对外交涉、要员演讲谈话的报道和阐释";其抗日宣传内容,以正面战场情况报道为主;国内新闻一般来自"重庆的中央社和中央社上海分社",国际新闻则多出自"美联社、路透社等亲华媒体";要闻与地方新闻注重刊载"社会各界对抗战和领袖的拥护","在揭露投降卖国上不遗余力"。③《中美日报》的抗日宣传迎得了"孤岛"民众的欢迎,发行达2—3万份。特别是在"五月危机"之后,其作用与影响,非《申报》《新闻报》等资产阶级商业性报纸所能及,真可谓"后来居上,终执孤岛报坛之牛耳"④。《中美日报》的抗日宣传与揭斥汉奸,招致日伪特务的迫害。如1939年汪精卫来上海后,专门组织76号特务组织对抗日报刊横加迫害。1939年7月,《中美日报》转载了

---

① 参见袁义勤《〈中美日报〉始末》,《新闻研究资料》1989年第3期。
② 摩矩:《一年来的总算账——战时报纸的责任》,《中美日报》1940年12月31日。
③ 郭刚:《〈中美日报·集纳〉与上海孤岛时期的文艺抗战》,《文学评论》2019年第1期。
④ 冯有真:《抗战以来之上海新闻事业》,《中国新闻学会年刊》1942年第1期。

吴稚晖与杨公达所撰斥责汪精卫卖国言行的文章,被76号特务30余人大袭击。同楼的《大晚报》排字房被破坏、一工友中弹而亡。特务还冒充卖花生米的摊贩,在《中美日报》附近蹲点,"专门窥察、记录出入报社人员",跟踪暗害。为安全起见,《中美日报》与其他抗日报馆一样,"编采人员多住报社,铁门沙包,戒备森严"①。《中美日报》直到"孤岛"完全沦陷才停刊,而且在抗战胜利后,还曾于1945年8月27日复刊,到1946年4月停刊。

在"五月危机"中,与共产党"洋旗报"全遭劫难形成鲜明对比,国民党所办"洋旗报"基本没有停刊的,之后还有新办的大型"洋旗报"。其中原因,一是相对于共产党与进步、爱国人士所办报刊,其抗日宣传火力要弱些;二是日本侵略者在不能快速进占中国的情况下,改变策略,开始拉拢国民党中的亲日分子,缓和与国民党之间的矛盾。

在"五月危机"后,国民党人新创的"洋旗报"有《华报》与《正言报》。

《华报》1939年6月1日创刊,以美商华美出版公司名义发行,实由掌牧民②主持,是国民党江苏省政府的机关报。

《正言报》创刊于1940年10月20日,请刚卸任的上海工部局总董、美籍律师樊克令(Franclin)担任董事长③,向美国政府登记备案,以美商联邦出版公司名义发行,实则由国民党上海市党部主任兼三青团上海支团主任吴绍澍直接领导,市党部委员叶凤虎担任社长(后吴绍澍兼代),冯梦云④、冯志方⑤先后任经理,袁业裕⑥任副社长兼总编辑,主笔李秋生⑦。在宣传内容上,与《中美日报》略有不同,主要是以大、中、小学师生和工商业各领域内青年职工为读者对象,重视教育、体育新闻。

---

① 袁义勤:《〈中美日报〉始末》,《新闻研究资料》1989年第3期。
② 掌牧民,原为国民党江苏省政府参议,后变节投汪做汉奸。
③ 报纸出版后,每遇日伪压力时,均由董事长樊克令与租界当局周旋。
④ 化名方经理,被汪伪特务绑架后牺牲。
⑤ 化名刘仲庵。
⑥ 化名崔伯鸣,原在《民国日报》工作。
⑦ 原在国民党办的平明通讯社工作,主要负责社论,主编副刊《文综》。

《正言报》平时日出对开一张，逢重要节日加印增刊半张。版面内容，第一版社论和国内外要闻，第二版国内要闻和各地通讯，第三版教育体育，第四版副刊，广告多放于第三、第四版。教育版由吴绍澍示意，每天写一篇《小言》，以青年为主要对象，宣传抗战必胜，为读者所欢迎。① 副刊辟有《草原》专栏，刊登文人作家文章，宣传和号召军民团结抗战。②

国民党所办"洋旗报"有几个特点，一是坚持抗日宣传，但是不够全面，色彩不及共产党与进步爱国人士所办的"洋旗报"浓烈。其抗日宣传，因为有国民党政府背景与支持，内容以正面战场的抗日报道与宣传为主，多为"从国民党立场出发的各种战讯、国民党政府政策与对外交涉、国民党军政要员演讲谈话的报道与阐释"。而对"抗日民族统一战线"及共产党等国民党所谓的"异党"力量之抗战活动不予重视，譬如不报道八路军、新四军、苏南游击队等的抗日活动。所以，比较之下，国民党所办"洋旗报"的抗日宣传火力没有共产党与进步、爱国人士所办"洋旗报"的浓烈、热切，面也窄些。

二是国民党所办的"洋旗报"，在"孤岛"后期的抗日宣传与对抗租界当局新闻检查的斗争中发挥了重要作用。在五月危机"孤岛"形势恶化，特别是共产党所办"洋旗报"全遭劫难、进步爱国人士所办《文汇报》这样的大报被迫停刊后，国民党办的"洋旗报"如《中美日报》，在对日军与租界当局的斗争中发挥了积极而重要的作用，如1940年下半年后，《中美日报》通过开"天窗"、将禁载文字写入社论、将禁载内容另行印刷夹入《中美周刊》发行等方式，与租界当局的新闻检查进行抗争。

三是国民党所办"洋旗报"带有一定的派系色彩。如《中美日报》属中宣部，带有CC系色彩，如其"堡垒"副刊，曾刊载《上海青年界抗

---

① 参见梁西廷、潘湛钧《上海正言报始末》，政协上海市委员会文史资料工作委员会编《上海文史资料选辑第52辑》，上海人民出版社1986年版，第108—116页。

② 参见杨惠敏《"孤岛"时期洋旗报的抗战报道研究》，硕士学位论文，黑龙江大学，2009年。

议》一文，刺到三青团痛处。由于CC系与三青团存在矛盾，报社领导不但没有责怪作者范泉（徐文韦），还予以保护。而《正言报》则属三青团，影响不及《中美日报》。

四是国民党所办"洋旗报"抗日但也反共，在宣传上时有失误。在国共两党关系上，这些报纸"犯有严重的政治错误，甚至对人民犯罪"，如"皖南事变"后，这些报纸背离事实与当时国共合作的时局要求，掩盖事实真相，发表诬称新四军"抗命叛变"的报道与评论，《正言报》甚至把中共驻重庆负责人周恩来对"皖南事变"的谈话，断章取义地歪曲、删改成新四军叛变证据。而且由于国民党包办言论，"以他们的意见为大众的意见，以他们的喉舌为大众的喉舌"①，在国民党所办或控制的"洋旗报"上，几乎没有人民群众的声音。如实行宪政问题，这些报纸只发表国民党要员意见，不发表人民群众的反应。此外，国民党直接掌握或深受其影响的"洋旗报"，在宣传上还时有失误，甚至给抗战带来损失。如《中美日报》《正言报》等常夸大事实，甚至杜撰抗战胜利消息，虽能起到一时鼓舞人心的作用，但也常贻敌人口实，造成不良后果。②

四　资产阶级商业性"洋旗报"

这一时期资产阶级所办的商业性"洋旗报"，主要有《申报》《新闻报》与《大晚报》等，他们"谋利而兼仗义"，在当时也发挥了积极的抗日宣传作用。在上海沦为"孤岛"时，《申报》迁汉口出版、办香港版，《新闻报》与《大晚报》接受日军新闻检查。三报在"孤岛"的"洋旗报"兴起后，或回沪悬挂"洋旗"复刊，或挂"洋旗"办报拒绝检查。在"孤岛"完全沦陷后，《大晚报》停刊，《申报》《新闻报》被日伪劫夺，成为汉奸报纸。

上海沦陷，日军实行新闻检查，《申报》抱着"国存与存，国亡与亡"的决心内迁，但是"水土不服"。1938年1月15日创刊汉口版只出

---

① 季裔：《上海的新闻界》，《上海周报》1941年第4卷第7期。
② 参见马光仁《上海新闻史》（1850—1949），复旦大学出版社1996年版，第860—861页。

半年多，3月1日创刊的香港版仅维持5个月，都于7月31日停刊。原因主要在经济方面。首先，迁离上海后，报纸规格调整，战前（1937年7月1日）日出5张半、本埠增刊两张，迁汉与港版都只出一张，业务萎缩。① 其次是售价，之前在上海卖4分半，迁汉后降至2分。再则广告无法开展，迁汉创刊的当天只有5则广告，之后包括启事每日广告在5—10则，且都是版面不大之小广告。香港版的销数与广告亦发展迟缓。皆不堪赔累而停刊。② 曾拟迁机器于桂林出桂林版，"但未实现"。③ 后受上海"洋旗报"兴起的启发，决心回沪发展。经过一番布置④，于1938年10月10日国庆日复刊，出对开12张，其中正版8张、复刊纪念号2张、国庆特刊2张。后一般出对开4张。⑤ 挂美商哥伦比亚公司招牌，成立董事会⑥，请美国人阿特姆司（W. A. Adams）任董事长，美国律师阿乐满（N. F. Allan）⑦、安迭生等任董事。阿乐满兼总主笔，张蕴和任副总主笔，报头下开始刊英文名称。洋董事们只拿钱不做事，所任职事皆虚职，实际笔政与经营管理，由中国主笔们与经理承当。挂"洋旗"复刊后，《申报》根据当时环境要求，表示"今后仍当以正义为依归，做中国人民的喉舌"，"坚持以往不屈之精神，与艰苦环境相奋斗"。⑧

复刊后，《申报》有些社评抗日立场坚定、旗帜鲜明，再三强调"主

---

① 参见胡道静编著《附篇：申报六十六年史》，《新闻史上的新时代》，上海世界书局1946年版，第102页。
② 参见王文彬编著《中国现代报史资料汇辑》，重庆出版社1996年版，第31—32页。
③ 参见高郁雅《柜台报：上海〈新闻报〉研究（1893—1949）》，辅大书坊2015年版，第303页。
④ 时任《文汇报》主笔的徐铸成回忆，《申报》原欲借英商文汇出版社做发行人，但因条件太苛（《申报》周转及介绍大广告客户）而未成。参见徐铸成《报海旧闻》，上海人民出版社1981年版，第15页。
⑤ 参见马光仁《抗战时期的〈申报〉》，《抗日战争研究》1995年第2期。
⑥ 董事会下设总管理处，由阿特姆司兼任总经理，马荫良任经理，副经理王尧钦。
⑦ 阿乐满早年在公共租界会审公廨担任陪审推事，后自开律师事务所，自1925年起担任《申报》法律顾问。详见 Norwood F. Allman, *Shanghai Lawyer*, New York：Mcgraw-Hill Book Company, 1943, pp. 246 - 254, 转引自高郁雅《柜台报：上海〈新闻报〉研究（1893—1949）》，辅大书坊2015年版，第309页。
⑧ 马光仁：《上海新闻史》（1850—1949），复旦大学出版社1996年版，第841—842页。

和即汉奸""媾和即灭亡"的观点。① 如在社评中指出,"中国的抗战是为了反抗志在灭亡和奴役中国的日本法西斯军阀","在日本军阀压迫下,过着非人生活的日本民族,也是和中国人民站在一条战线上的战士"。"日本的法西斯主脑"是"中日两大民族互相提携的障碍和大敌",我们应当"联合世界上爱好和平的力量与日本国内反对侵略战争的民众,来共同打倒侵略中国、破坏东亚和平、阻碍中日两大民族提携的日本法西斯军阀"。② 这些论述,与中国共产党关于建立国际反法西斯统一战线思想相符。其复刊后的中心任务,是"及时报道全国各地抗战及胜利的消息","无论正面战场还是敌后的抗战斗争,都占有相当的篇幅和地位",也比较注意"对中国共产党及其领导和八路军和新四军的抗战消息"。如复刊号刊载了《共产党领袖周恩来之谈话》③ 等消息与通讯。当时,交通困难,加上敌人的封锁,胜利消息不易传到上海及沦陷区。《申报》就与重庆《新华日报》多方联系,获取消息。除经常转载其消息、社论外,还陆续发表《周恩来视察东战场 布置浙东防务》④ 等通讯,连续刊载毛泽东《论新阶段》、项英《新四军一年来抗战的经验与教训》等文。⑤

《申报》回沪复刊后,恢复原有副刊《自由谈》,各种文体结合,⑥ 从不同方面揭敌暴行,讥刺汉奸卖国贼。同时推出《春秋》《桃花源》《游艺界》⑦,以及《战时青年》《儿童专刊》等专栏,"针对不同受众群体宣传抗战爱国"⑧。

作为民族资产阶级报纸,《申报》虽然爱国立场鲜明,但对抗战中一

---

① 因除滞留上海的原特约作者为《申报》继续撰稿外,《申报》还常约请梅益、恽逸群、于伶、柯灵等撰写社评与专论。

② 《辟近卫的谬论》,《申报》1938年11月5日社评。

③ 另如《八路军游击队威胁下 华北日军窘态》《江南的游击队》等。

④ 还有如:《周恩来与新闻记者之谈话》《叶剑英对记者的谈话》《活跃在江南前线的陈毅将军》等。

⑤ 参见马光仁《上海新闻史》(1850—1949),复旦大学出版社1996年版,第842页;参见马光仁《抗战时期的〈申报〉》,《抗日战争研究》1995年第2期。

⑥ 以杂文、诗歌、散文等文体为主,时配以漫画。

⑦ 刊登短文、诗歌与影评等方面内容。

⑧ 杨惠敏:《"孤岛"时期洋旗报的抗战报道研究》,硕士学位论文,黑龙江大学,2009年。

些问题的认识却存在明显的局限性。一是"过分相信美国对中国抗战的支援",突出报道美国政界要人关于中国抗战谈话和美国援助抗战的活动,甚至常发社论积极评价。二是"对待国共两党关系上,重心在国民党方面"。在两党发生矛盾时,表现更明显。如对"皖南事变"的报道,《申报》虽引用外报报道了周恩来悼念新四军死难烈士挽联与题词,但是报道国民党解散新四军的活动与言论更多,甚至违背历史事实,以《新四军的解散》为题,错误地将责任归于新四军。[①] 三是商业色彩太浓,广告太多。不但占的篇幅太多,一度占比达50%以上,常有整版广告;广告编排也突出商业目标,如四面临水、三面临水,让新闻围着广告转。而且广告类型无所不包,食品药品、日用百货、化妆品、烟酒糖茶银行证券、学校招生、房屋招租、影院海报、公司通告、启事声明等都有。"难免弱化其对时局的报道。"[②]

《新闻报》留沪代价就是接受检查,军事新闻由日方检查,如1938年8月29日,《新闻夜报》关于"川南地方军事行动消息,日方完全予以删扣"[③];民政消息由上海市大道政府[④]宣传股负责,其新闻检查员分两批,每天轮流检查上海华商所办日报、夜报。由于接受检查,抗日新闻不能报道,抗日言论发不出来,致使《新闻报》在抗日宣传上"噤若寒蝉",不为"孤岛"上的中国民众所欢迎,发行日下,直降至5万份以下,一度低于创刊半年的《文汇报》。当时,一方是《文汇报》等拒绝日伪检查的"洋旗报"事业蒸蒸日上,一方是接受检查的《新闻报》等资产阶级商业性、企业化报纸的一落千丈,两者形成鲜明对比。所以,在此情势下,《新闻报》动了挂"洋旗"的念头。《新闻报》抢在1938年9月

---

① 该文说,"军委会的调防令已下,而新四军虚与委蛇,抗不奉命,更以种种迹象,不得不归解散",并进而引伸称,"此事决非所谓国共分裂的初步,而是共产党内部对于接受三民主义与拥护抗战建国政策是否继续的分裂初步"。这种论调违背历史事实,是完全错误的。参见马光仁《上海新闻史》(1850—1949),复旦大学出版社1996年版,第842—843页。

② 付云鹏:《〈每日译报〉研究》,硕士学位论文,上海师范大学,2009年。

③ "检查员金春和工作报告,1938年8月29日",《日伪上海特别市政督办公署新闻检查工作报告》,《日伪上海特别市政府档案》,上海档案馆藏,档号:R1—2—1284。

④ 是日本于1937年12月在上海扶持的傀儡政权,次年4月改组为中华民国上海督办市政公署。

1日改为美商,与《申报》回沪发展"在时间上有绝对的关连"①。

当时《新闻报》走向低谷,正在寻求应对方略的时候,上海报界传来《申报》回沪发展的消息②。《申报》多年来一直是其劲敌,所以这一消息对《新闻报》的触动非常大。8月26日,报馆即召开常务董事会议,决定挂"洋旗"迎战,"由美商太平洋公司承租报馆房屋、基地、商标、生财器具,租金每月房屋基地4500元,生财器具8000元,商标每年20万元,租期为5年"③。拟请福开森④出面,但福当时住在"北平过着赏玩古物的日子","不愿南下,经他在上海电力公司任副经理的儿子疏通,福开森同意出任报馆监督,儿子担任副监督"。因其子每日需去公司上班,《新闻报》又找到美商中国营业公司(地产商)负责人包德任总经理,每天到报馆坐镇,但只是虚职,实际事务"仍由原班人马负责"⑤。9月1日,《新闻报》正式挂"洋旗"刊行,当天起报头多了"英文公司名字"。内容上,因有洋商招牌的庇护,不接受日伪检查,传播中国军民抗战信息,鼓舞人心士气,如"常能引用外国通讯社的消息,亦刊登大后方的讯息",进行抗战报道,对汉奸也能进行揭批。"《申报》总经理赵君豪回忆:'重庆的电报,一张一张的,自译电室送到编辑室里。'"⑥ 1940年3月30日,汪精卫在日本支持下成立伪"南京国民政府",《新闻报》报道时说,"南京新政权之成立不外乎一种非法组织","民众对此极不关心,多数人显不知政权更易"。⑦ 因宣传抗日,《新闻报》报人遭日伪特务威胁、暗害亦在不少。如1940年7月1日汪精卫通缉令的83人中,新闻工

---

① 高郁雅:《柜台报:上海〈新闻报〉研究(1893—1949)》,辅大书坊2015年版,第309页。
② 据当时报人包天笑回忆,上海报界于8月中得知《申报》将回沪出版。参见包天笔《钏影楼日记》,1938年8月19日与22日条,上海图书馆藏。
③ 《常务董事会议纪录》(1938年8月26日),《新闻报馆1930—1949年股东常委会议纪录及董事会决议》,《申报新闻报档案》,上海档案馆藏,档号:Q430—1—261。
④ 福开森1899年接办《新闻报》,1929年转让股权"告老还乡"。
⑤ 陶菊隐:《〈新闻报〉发家史》,全国政协文史资料委员会编《文史资料选辑》第4辑,中华书局1960年5月初版、1980年12月第三版,第127、147—148页。
⑥ 赵君豪:《上海报人的奋斗》,远东书局1972年版,第11页。
⑦ 《"新政权"昨成立》,《新闻报》1940年3月31日第6版。

作者32人,《新闻报》占了7人。为避免特务暗害,记者多住报馆,减少外出被袭。但倪澜深不以为意没住报馆,7月底下班途中被掳走"拘禁达数月之久才被放出,回家不久便病死了"。顾执中虽住进报馆,但8月17日因儿子生病回家探望,在大马路上遭枪击,子弹入右颈,所幸开刀取出保住性命。① 虽即如此,报人们还是坚持到"孤岛"的最后岁月,直到1941年12月8日被令停刊。后又于12月15日被劫夺,成为日伪控制的汉奸报纸。

此期,另一张资产阶级商业性"洋旗报"是《大晚报》。当时《大晚报》是孔祥熙所有的报纸,② 在上海沦陷时,曾接受日伪新闻检查。在"洋旗报"兴起后,1938年11月21日,改由英国人弗利特主持的英商独立出版公司发行,在香港注册,挂"洋旗"重回抗日报刊阵营。由于宣传抗日,受到日伪的迫害,排字房曾被武装特务捣毁。总主笔汪倜然、经理王锦城与编辑徐怀沙、朱曼华4人在汪伪通缉令中的83人之列。③ 太平洋战争爆发"孤岛"沦陷后,《大晚报》停刊。抗战胜利后,于1945年9月1日在上海复刊,上海解放时停刊。④

总体来说,为资产阶级所办的商业性"洋旗报",谋利而兼仗义。在当时情势下,也进行了抗日报道,揭批汉奸,在当时的抗日宣传中也发挥了重要的作用。不过,比较而言,其力度与色彩皆不及其他三种。而且在国共问题上,偏向国民党;其商业色彩相对较浓,有时甚至出现新闻报道给广告让路的现象。

第四节 抗战宣传中"洋旗报"的英勇抗争与传播策略

创办"洋旗报"是"孤岛"爱国报人为打破上海抗日宣传沉寂局面,

---

① 参见顾执中《上海沦陷后敌人残杀报人的罪刑》,《新闻研究资料》1983年第3期。

② 由张竹平创办,1932年5月2日正式出版,对开一张。1935年秋在政治压力下,转售于孔祥熙。

③ 参见袁义勤《"晚报的成功"——〈大晚报〉杂谈》,《新闻研究资料》1991年第1期。

④ 参见方汉奇《中国新闻事业编年史·上》,福建人民出版社2018年版,第724页。

着力改变当时信息传播严重失衡状态的一种创举。在当时环境下，"洋旗报"的爱国报人坚持民族大义与社会正义，为了宣传抗日，面对日伪特务的威胁、恐吓、暗杀、收买，真正做到了"富贵不淫，威武不屈"，既能面对枪弹不为所惧，又能面对银弹不为所动，这是"硬"的一手。同时，挂"洋旗"办报也是一种"智"斗，而其在抗日宣传中的传播策略，又将智斗这"软"的一手进行了极好的运用。从上海沦为"孤岛"到完全沦陷的四年又二十七天里，"洋旗报"既坚持苦斗、勇斗又坚持智斗，从而成为"孤岛"时期上海抗日宣传的主体力量，在"孤岛"抗日斗争中发挥了巨大的宣传和组织作用，从宣传阵线上，为中国抗日战争的胜利做出了积极贡献。

一　"洋旗报"的英勇抗争

上海沦为"孤岛"后，日军一面逼迫租界当局取缔抗日报刊，一面实行严厉的新闻检查，试图禁绝抗日宣传。但是，租界当局为自身利益起见，并未完全听命于日本侵略者，甚至以其在中日战争中的中立地位，奉行一体保护外商报纸的政策。在此政策庇护下，针对日军的新闻检查，美商《大美晚报》发行人史带特发启示，声明《大美晚报》中文版与英文版同属一家，亦不接受任何检查。受此启发，也因之提供的办报空间，自1938年1月21日《每日译报》挂"英商"招牌创刊后，出现了一大批"洋旗报"，在当年下半年达到高峰时有近20家，抗日宣传又如火如荼起来。面对"洋旗报"的崛起，鉴于其"洋商"背景不能明令取缔，所以日本侵略者除了继续迫使租界当局加以钳制外，就是组织汉奸、流氓、特务制造恐怖活动，破坏、威胁、暗害并加以收买手段。所以，"孤岛""洋旗报"的抗日宣传史，同时也是一部与日伪威逼利诱做斗争的历史。

1937年11月上海沦为"孤岛"后，日本特务机关"兴亚会"即组织一批落水流氓、地痞，以青帮头子常玉清为首，以日本浪人为顾问，建立起名为"黄道会"的恐怖组织，通过打恐吓电话、"悬首示众、投寄恐吓信、投掷炸弹、投送人手"等恐怖手段，甚至直接枪杀暗害，攻击爱国报人与报馆。在当时情境下，"洋旗报"要坚持严正办报立场，就得像斗士一样，与日伪特务斗智斗勇。①

早在1938年1月16日，因拒登伪苏皖浙三省统税局通告，《华美晚报》发行课办公室即被暴徒投入"锤形"手榴弹一枚，报馆设备受损，并炸伤三人。次日，报馆收到恐吓信，称"昨夜滋味如何，如再不觉悟，将馈以二百磅炸弹，使君粉碎"②。2月6日，《社会晚报》经理蔡钧徒被日伪特务杀害，头被悬挂在电线杆上，旁挂白布条写着"斩奸状——抗日分子结果"③。2月9日，文汇报馆接到所谓"正义团"的恐吓信称，"贵报言论激烈，识时务者方为俊杰，此后务望改弦更张，倘再有反日情绪存于其中，而将与对付蔡钧徒者同样对付"④。次日下午，就有暴徒闯入文汇报馆，将手榴弹投到营业部，当场将发行科陈桐轩和广告科萧岫卿、毕祉芬三人炸伤，报馆设备遭破坏。⑤ 同一天，《华美晚报》发行人密尔士办公室也遭到暴徒的投弹破坏。2月12日，暴徒还给文汇报发行人克明邮寄匿名信恐吓。⑥

"洋旗报"馆与抗日报人收到的恐吓信数不胜数，仅《每日译报》就曾收到十多封，内容大同小异，其中一封说："前日两函，谅已明晰我们爱国救亡团之宗旨；敝团促使尔等改变其面目与评论，而仍是认真攻击，对于本团的函件置若罔闻，实属可恶已极，我团员数千人，再作最后一次忠告；对于政治评论不得妄加刊载与宣传，否则本团自有法律制裁之；且你们全家人口及行动住址等已逐一调查明白，如再不改前非，定以'汉奸'论，'除处极刑外满门召斩'，且尔等均是中国人，外商名义不可假借污辱人格，上项要求望速改之，尔欲自寻死路，待之有时！"⑦

---

① 参见周立华《"孤岛"时期的〈文汇报〉研究》，博士学位论文，厦门大学，2007年。
② 马光仁：《上海新闻史》(1850—1949)，复旦大学出版社1996年版，第866页。
③ 《薛立华路发现之人头　传蔡钧徒突遭暗杀》，《文汇报》1938年2月8日第3版。
④ 《诞生未久之本报　横遭暴徒投弹袭击　发行部职员三人被炸伤甚重　已向英领署及捕房报告查缉》，《文汇报》1938年2月11日第3版。
⑤ 《诞生未久之本报　横遭暴徒投弹袭击　发行部职员三人被炸伤甚重　已向英领署及捕房报告查缉》，《文汇报》1938年2月11日第3版。
⑥ 参见《本报发行人兼总主笔克明启事》，《文汇报》1938年2月13日头版。
⑦ 1939年5月8日《每日译报》接到所谓"中国青年爱国救亡团"的恐吓信。参见程其恒编著《战时中国报业》，桂林铭真出版社1944年版，第20页。

投弹事件也时有发生，仅1938年一至五月间就发生了八起，其中《华美晚报》三起，《大美晚报》《文汇报》等报馆与抗日报人寓所发生五起。2月10《文汇报》《华美晚报》被投弹之后不到半个月，2月24日，《华美晚报》再遭投弹破坏，《大美晚报》编辑袁伦仁寓所也遭投弹。3月4日《大美晚报晨刊》编辑部被投弹。① 当月22日晚11点三刻，日伪遣三人乘黑色小汽车前来，"向文汇报馆投掷手榴弹两枚，炸毁门首大玻璃窗等物，并开枪击伤公共租界警务当局派来保护文汇报馆的华捕一名"②。

在寄恐吓信、投炸弹的同时，日伪特务还继之以投送死人手臂，玩阴招暗害的伎俩。1938年2月24日，《华美晚报》主持人朱作同在寓所收到装有一条血淋淋死人手臂的纸盒。之后在3月1日下午，两日伪特务花十元法币在新宝丰水果号买了两箱蜜橘，然后骗使该店学徒王菊生，附带将两只装热水瓶的纸盒分送《文汇报》与《大美晚报》。《文汇报》职员收到后，发觉"该热水瓶纸盒上包有永安公司之招牌纸一张，另附二月二十八日之发票一张，且权其重量，似非热水瓶，急即鸣捕将该青年拘住，同时在其送货车上，搜出同样之蜜橘一箱，及热水瓶纸匣一只（系送《大美晚报》的）……当将人证一并带入老闸捕房，先将热水瓶纸盒开启察视时，发现内中所载，赫然人之手臂两条。颜色枯黄，已经腐烂，手旁有信笺两页，其一书'文汇社长，此乃抗日者之手腕，送与阁下，希望阁下更改笔调，免尝同样之滋味。'"③ 在威胁、恐吓不成后，日伪又施加暗害手段。3月27日下午，两名日本人与一名汉奸命虞洽卿路爵禄饭店三十号茶房徐阿裕，将三只装有注毒桔子、苹果、文旦（柚子）的花篮送到文汇报馆，并附三封致《文汇报》主笔及编辑部的英文信札，以西人名义称："贵报在此环境中，本爱国思想勇敢发言，至堪钦佩，爱特奉上水果三筐，聊表敬意，并希哂纳，继续努力云。"因已多次被威

---

① 参见马光仁《上海新闻史》(1850—1949)，复旦大学出版社1996年版，第867页。
② 《昨晚三暴徒掷弹　袭击本报馆　司阍捕受重伤　一路人轻伤医治中》，《文汇报》1938年3月23日第5版。
③ 《无聊之恐吓　本报昨接一手臂　籍购蜜橘为由　骗使学徒送来》，《文汇报》1938年3月2日第3版。

胁、投弹，报馆职员非常谨慎，疑其必非善意，当即报告捕房查验，果然发现所送水果每个都有针孔，内注毒汁。① 因为谨慎，才未遂其奸。

1938 年下半年后，日伪特务除继续恐吓、威胁外，还采用造谣、栽赃、收买等手段，欲置"洋旗报"等抗日报刊与报人于死地。② 1938 年 10 月，日军主办的《新申报》公然诬陷《每日译报》"竟借节约储金一事，吞没大宗公款"③。《每日译报》立即反驳，揭穿其谣言。而大汉奸汪精卫《举一个例》之文发表后，日特将其装入伪造的每日译报馆信封中，到处寄发，企图损害《每日译报》形象；《民力周刊》创刊后，日伪特务将其夹入《每日译报》中散发，欲使读者误会每日译报社出版汉奸刊物。此外，日伪还派人到各报社接洽，试图用金钱收买，使其改变抗日立场。如 1939 年 3 月，通过《时报》经理王季鲁转告文汇报经理严宝礼，说愿投资五十万元，前提是《文汇报》要改变抗日立场，并刊登主张和议的汉奸言论，被《文汇报》同人断然拒绝。④

1939 年春，大汉奸汪精卫一伙来到上海，当年 5 月成立"特工总部"⑤，以丁默村、李士群为首。此后，日伪特务针对"洋旗报"等抗日报刊与报人的恐怖活动猖獗有加，打恐吓电话、送恐吓信与物、投弹等伎俩变本加厉，且新增武装袭击、通缉与拦路劫报等手段。

当年 6 月中旬，汪伪特务以"铲总"⑥ 名义，向各抗日报刊发行人（社长）、经理、编辑记者投寄恐吓信，之后范围扩大到报社全体人员直至广告客户，措辞更强硬、手段更卑劣。⑦ 恐吓之后便是投弹，或暗地里

---

① 《炸弹后又来水果 奸徒手段卑劣至此 三筐水果尽灌毒汁 送到本报发觉查究》，《文汇报》1938 年 3 月 28 日第 5 版。

② 参见马光仁《上海新闻史》（1850—1949），复旦大学出版社 1996 年版，第 868 页。

③ 方之：《蠢笨的造谣》，《每日译报》1938 年 10 月 20 日。

④ 杨秉衡：《从上海几家报纸说起》，《战时记者》1939 年第 11 期；参见马光仁《上海新闻史》（1850—1949），复旦大学出版社 1996 年版，第 868 页。

⑤ 即汪伪"国民党中央执行委员会特务工作总指挥部"，设在上海沪西极司菲而路（今万航渡路）76 号，时称"七十六号"魔窟。

⑥ 即中国国民党铲共特工总指挥部（76 号）。

⑦ 如 1939 年 9 月间，大中通讯社收到的恐吓信内，还藏有一枚子弹。

在报馆安放定时炸弹，多家报馆被投弹破坏，[1] 如1939年7月26日特务向《申报》发报处投弹，炸死一人、伤五人。[2]《中美日报》《正言报》《申报》《大美晚报》等报馆被安放定时炸弹，如1940年1月11日，《中美日报》在运送途中因定时炸弹爆炸被焚毁。[3] 更有甚者，是武装袭击与拦路劫报。1939年6月17日，七八名暴徒闯入导报馆开枪袭击，造成严重影响。7月22日，30名暴徒持枪冲向中美日报馆，守门保镖迅速拉上铁门。未能冲入报馆后，暴徒们即冲入承印《中美日报》《大晚报》的印刷厂，捣毁排字设备，打伤、打死排字工人各一名。在租界巡捕赶来后，暴徒们还公然开枪拒捕。[4] 拦路劫报，也是"七十六号"的新手段。如1939年10月9日、10日，特务连续两天在街头拦路抢劫刚复刊的《中美日报》，"仅9日一天就使该报损失9000多份"[5]。

面对威胁、恐吓、暗害，"洋旗报"的爱国报人并未却步，反而立场更加坚定，还及时进行英勇反击。如《文汇报》在报馆被炸次日，即将日伪暴行揭诸报端，并发社论《写在本报遭暴徒袭击之后》指出："炸弹的光顾，黑暗势力的向我们进攻，正足以证明我们的奋斗，已获得相当的代价，我们愿为正义而流血，并愿为维护言论自由而战斗到底。"并且宣告："炸弹、流血，撼不动我们的信念，恐怖、威胁，不足以使我们气馁；今后的本报，不但仍要本着我们的宗旨及信条，继续奋斗下去；而且还要加倍努力，以副爱护本报读者的期望。"[6] 在被炸伤的职员陈桐轩不治身亡的次日，《文汇报》发表文章说，报馆抱定信条与宗旨，"不受任何威胁与恐吓"，"决不因陈君之死"而改变，"更不因陈君之死，而本报同人气为之馁。进一步言之，陈君之死，更足坚励本报全体同人之为正谊

---

[1] 计有《申报》《中美日报》《大美晚报》《华美晚报》等。

[2] 1940年3月25日，更有一暴徒闯入《中美日报》发行部投弹，幸未爆炸。

[3] 6月20日、8月1日，《大美晚报》社两次被特务暗中放置了定时炸弹。9月13日，申报馆图书室发现一定时炸弹安放在硬面书内……

[4] 另如：1940年4月27日，武装暴徒袭击《大晚报》机器房时，乱扔炸弹，致一租界巡捕殉职，三名报馆工人受伤。暴徒逃离时又撞死一名路人。此外，《大美晚报》印刷所曾被暴徒捣毁。

[5] 黄瑚：《上海"孤岛"时期的抗日报人》，《华中传播研究》2016年第1期。

[6] 《写在本报遭暴徒袭击之后》，《文汇报》1938年2月12日社论。

而奋斗之勇气"①。之后，接着在副刊《世纪风》发表记者邵伯南《哭陈桐轩先生——暴力下的牺牲者》一文，痛悼之余，赞颂并重申陈桐轩生前誓言"大丈夫应当视死如归""抗日的责任，我们实在也有份儿"，并慨然宣称："我们已经决意继续你的精神，踏着你的血迹，努力向前迈进！"② 这是对日伪暴行的反击，更是英勇抗战的庄严宣言，其"不畏强暴、不惧牺牲、不怕流血，真正的维护正义和自由的勇士形象跃然而出"③。

而 1939 年 8 月 1 日，《中美日报》在被日伪特务"勒令"停刊之日，不但照常出版，还撰发社论④宣称，"本报自遭袭击并恐吓以后，不但不为威胁利诱所动，反而益深团结励勉之念"，"在手枪炸弹和恐吓函件的威胁下，只有增加本报同人埋头苦干的决心"，"当此恐吓限本报于 8 月 1 日停刊的今日，我们愿正告社会，表示本报继续奋斗的决心"。在副刊编辑朱惺公 1939 年 8 月 30 日被特务暗杀后，《大美晚报》抓住时机向汪伪叛国集团发起猛烈的舆论进攻。还在 9 月 2 日刊登致汪精卫的公开信，要其对该惨案公开表态。对于日伪的诬陷，则用事实说话，戳破谣言。如，针对 1938 年 10 月《新申报》诬陷："《每日译报》收到节约捐款 1 万 4 千多元后，只上缴政府 1 万元，吞没读者节约储金 4 千多元。"《每日译报》10 月 20 日刊发《蠢笨的造谣》，公布了该报已向银行解交 16096.27 元的事实，使其造谣不攻自破。⑤ 当日伪对《每日译报》进行恐吓、攻击、造谣诬蔑时，有"读者挺身而出，坚决表示'我们全上海的爱国同胞是贵报唯一的支持者与辩护者'"⑥。

见"恐吓威胁、投弹毒害、造谣诬陷、拦路抢劫、收买利诱"等均不奏效，日伪的恐怖暗害进一步升级，一则组织暴徒采用绑架、凶杀等残忍手段，迫害手无寸铁的抗日报人；二则由汪伪叛国集团公然下令，"通

---

① 克明：《悼本报同仁陈桐轩先生》，《文汇报》1938 年 2 月 22 日第 3 版。
② 伯南：《哭陈桐轩先生——暴力下的牺牲者》，《文汇报》1938 年 2 月 23 日第 4 版。
③ 周立华：《"孤岛"时期的〈文汇报〉研究》，博士学位论文，厦门大学，2007 年。
④ 《恐吓与正义》，《中美日报》1939 年 8 月 1 日社论。
⑤ 参见马光仁主编《上海新闻史》(1850—1949)，复旦大学出版社 1996 年版，第 874 页。
⑥ 杨瑾峥：《译报、每日译报和译报周刊》，张静庐辑注《中国现代出版史料丁编·上》，上海书店出版社 2011 年版，第 330 页。

辑"、捕捉爱国报人，禁刊广告与发售。

在上海沦陷前期的一年半中，"孤岛"形势相对缓和些，日伪暴行主要是恐吓威胁、投毒、投弹，虽亦有爱国报人为炸弹所伤甚而殉命，但与后期相比，数量相对较少。在1939年春汪伪来到上海，成立特务组织之后，"孤岛"上血雨腥风日趋惨烈。汪伪"特工总部（76号）"组织了140多人的暗杀团，绑架杀人，无所不用其极。据学者统计，① 这一时期，遭日伪特务绑架、凶杀而英勇牺牲的爱国报人达20人之多，② 遭绑架凶杀但幸免于难的爱国报人有10人。③

先是1938年2月6日，暴徒将《社会晚报》经理蔡钓徒杀害并悬首示众。继之于2月10日，暴徒向《文汇报》馆投掷手榴弹，伤及三人，其中陈桐轩于21日伤重不治。此时日伪暴徒的杀人悬首、投弹破坏，与稍后的投送死人手臂等一样，是为恐吓刚刚兴起的宣传抗日的"洋旗报"，迫使其更改笔调。但是，至汪伪特务前来后的恐怖活动，其绑架、杀人，则直接是要扼杀"洋旗报"等抗日报馆与报人。1939年4月17日，暴徒枪击《大美晚报》发行部主任曹国栋，致其当场殒命。6月17日，《申报》记者瞿绍伊（兼作律师）遇袭④，幸能免于其难。8月30日，朱惺公⑤自寓所步行去报社，突被特务用无声手枪射中太阳穴，壮烈牺牲。12月16日晚，大中通讯社陈宪章应约前往南京沙利文西菜社，在该社门首被绑架。⑥ 待到1940年，抗日报人遭枪杀、绑架者更多。在汪

---

① 参见黄瑚《上海"孤岛"时期的抗日报人》，《华中传播研究》2016年第1期。
② 有蔡钓徒、陈桐轩、曹国栋、朱惺公、夏仁麟、邵虚白、张似旭、程振章、金华亭、秦钟焕、朱作同、李骏英、王安陆、冯梦云（《正言报》经理）、周维善（中央通讯社上海分社电务员）、赵国栋、吴鸿奎、朱鸣春、陈坤林、杨光兰等。
③ 有瞿绍伊、陈宪章、倪澜深、顾执中、王尧钦、闻天声、张若谷、夏仁麟（《中美日报》本埠新闻编辑）、杜炳昌（《大美晚报》职员）等。
④ 次日《申报》报道：是"晨七时二刻，忽有身衣派立期长衫之男子一名，造所请谒"，瞿"因出席调解庭赴法院未归，该男子乃辞出"。"十一时许瞿氏公毕返所"，该男"二度往访，瞿氏坦然延见。不意该男子于霎那间突出手枪，一弹击中瞿氏左臀部，第二弹则因子弹轧住，未能射出……"参见《瞿绍伊昨遇险》，《申报》1940年6月18日。
⑤ 《大美晚报》副刊《夜光》编辑。
⑥ 参见《陈宪章被绑》，《申报》1939年12月17日。

伪"通缉"83位抗日人士下令当天，邵虚白被害。《申报》次日报道，在"福煦路明德里弄内"，7月1日"下午七时许，突发生一暗杀案"，"暴徒三名，向一乘坐包车者狙击命中"，被害者"大光通讯社社长邵虚白，当场射中四枪，逾时殒命"。① 当月19日张似旭②被枪杀于静安路一咖啡馆内。8月2日晚，倪澜深从新闻报馆返家，"步入所居之法租界华成路慎余里内时"，突有二男"自身后窜出，将倪君左右挟住，拽至弄外"，用事先停在弄口的第3459号黑牌汽车绑架走了。③ 17日下午，顾执中步行回家探望生病的儿子，遭枪击中右颈，歹徒复开两枪未中，得免于难。④ 19日上午程振章步行去报馆，途中被暴徒枪击，连中两枪，两日后牺牲。⑤ 1941年2月3日，申报记者金华亭被害，连中三枪身亡。4月1日傍晚，大中通讯社突被人从"窗口抛入手榴弹"，秦钟焕右足骨被炸断"流血甚多"，⑥ 当月18日不治而亡。同晚11时30分，《华美晚报》经理朱作同被绑架，次日放回，当月30日复被暗杀。⑦ 4月5日晨，《申报》管理处副经理王尧钦在寓所被绑架。28日，中美日报社协理闻天声遇袭中四枪，伤势虽重幸未致命。6月23日上午在法租界外滩，《大美晚报》李骏英被特务枪杀，当即身亡。7月16日，《申报》遭袭，在机器房工作的王安陆被炸身亡。9月24日上午，《中美日报》副刊编辑张若谷被日军逮捕⋯⋯

这些为抗日宣传事业献身的勇士们，除了少数具有政治理想的共产党人、国民党人及其他政治人物之外，大多是普通新闻工作者，明知环境险

---

① 《大光通讯社社长邵虚白昨被刺》，《申报》1940年7月2日。
② 《大美晚报》经理。
③ 参见《倪澜深昨晚被绑架》，《申报》1940年8月3日。
④ 顾执中是《新闻报》记者，本住报馆，8月17日因儿子生病回家探望，在大马路上遭枪击，子弹打入右颈，所幸开刀取出。为免家人担忧，出院后即离沪赴渝，至战后才回。
⑤ 当时，《大美晚报》国际新闻编辑程振章步行去报馆，"忽遇有预停路畔之汽车内，跃下二人，抽出手枪，向其开放二响，一弹中嘴部，一弹中腹部⋯⋯后由捕车送广慈医院救治"，8月21日晚不治身亡。参见《程振章昨去世》，《申报》1940年8月22日。
⑥ 《大中通讯社昨被抛弹 秦钟焕伤右足》，《申报》1941年4月2日。
⑦ 次日《申报》报道：其时"朱步出弄口、正拟登车时，路旁突有男子闪出，拔出手枪开放"，"头部中一枪，子弹由后脑击进，从前太阳穴穿出"，"一弹击中左肩，贯穿胸部"，"倒卧血泊中，气绝毙命"。参见《朱作同被暗杀》，《申报》1940年5月1日。

恶,仍能不顾安危坚守岗位、坚守阵地,最后"以身殉国、以身殉职,其爱国情怀、职业精神与新闻理想",值得我们"追思与传承"。①

除了暗杀、绑架,汪伪还动用伪政府淫威,曾多次以"政府"名义发令,"通缉"中国抗日报人、驱逐同情中国抗战的外籍报人、恐吓广告客户、禁止抗日报纸发行销售。1940年7月1日,汪逆精卫以伪国民政府代主席、行政院长名义,发布"通缉"租界内83位抗日人士"命令",其中抗日爱国报49人,占59%。被通缉报人中,计有:《申报》馆10人,②《中美日报》9人,③《新闻报》7人,④《大晚报》6人,⑤《大美晚报》与《神州日报》各5人,⑥ 英文《大陆报》2人,⑦ 等等。⑧ 8月22日,汪伪国民政府警政部政治警察署下令,"禁止南京、上海各商号及娱乐场所"在《中美日报》等"洋旗报"⑨ 上刊发营业性广告。次年3月30日,伪上海沪西特别警察总署通知各报:"嗣后凡在本署辖境内发售新闻杂志及其他一切出版物等,本署应予检阅批准后始得发售。""洋旗报"因了"外商"护符,拒绝接受审查。该署又令"各分署派巡官率巡警日夜轮流把守路口、巡视道路,取缔宣传抗日的'洋旗报'"。⑩

---

① 黄瑚:《上海"孤岛"时期的抗日报人》,《华中传播研究》2016年第1期。
② 包括《申报》经理马荫良,采编人员伍特公、胡仲持、瞿绍伊、唐鸣时、马崇淦、张叔通、黄寄萍、赵君豪、金华亭等。
③ 包括《中美日报》社长吴任沧、总经理骆美中,采编人员王锦荃、鲍维翰、胡传厚、周世南、张若谷、钱弗公、王晋琦等。
④ 包括《新闻报》经理汪仲韦,采编人员顾执中、倪澜深、王人路、徐耻痕、潘竞民、蒋剑侯等。
⑤ 包括《大晚报》经理王锦城,采编人员汪倜然、金摩云、朱曼华、吴中一、高季琳(柯灵,《文汇报》停刊前主编副刊《世纪风》)等。
⑥ 《大美晚报》有:董事兼经理张似旭,采编人员张志韩、刘祖澄、程振章、朱一熊等。《神州日报》有:社长蒋光堂,采编人员盛世强、张一苹、徐怀沙、戴湘云等。
⑦ 包括《大陆报》编辑庄芝亮、吴嘉棠。
⑧ 另有《大美晚报》编辑袁伦仁、《密勒氏评论报》编辑郝紫阳、中央通讯社上海分社主任冯有真、原《时事新报》经理崔唯吾、原《华报》副经理崔步武等5人。参见黄瑚《上海"孤岛"时期的抗日报人》,《华中传播研究》2016年第1期。
⑨ 还有《大美晚报》《大英夜报》与《正言报》《大晚报》等。
⑩ 马光仁主编:《上海新闻史》(1850—1949),复旦大学出版社1996年版,第872页。

在日伪各种残暴手段、阴险伎俩面前，"洋旗报"抗日报人不畏威胁、不惧牺牲、不为利诱，与日伪暴徒义正词严地开展斗争。与此同时，"洋旗报"等也注意加强戒备与防范。如《每日译报》在报馆大楼底层门房暗置电铃，一有情况即可及时向二层编辑部报警；《文汇报》在报馆大门及弄堂口装上两重铁门，并由报馆出资，向巡捕房请来"请愿警"数名加强警备，经理部也装上防弹铁网。在汪伪"76 号"开始恐怖活动后，威胁更为严重，各报进一步加强戒备。①《正言报》戒备森严，俨如兵营。②

同时，各报馆职员也都提高警惕，注意个人安全。如为防特务盯梢，"上下班时穿街走巷，东拐西转，夜间下班则不回家，有时干脆长住报馆"③。石灵曾回忆说，"深夜下班后，到家附近下车，每次都要到旁边绕一下，方回来走进弄堂"④。徐铸成忆及当时情形说，"上下班时，汽车不停放在固定的地方，也不按一定的时间"，"后来空气更紧，商之严宝礼（报社经理），在附近的大方饭店开了一个房间"，位于"该店五楼，在通往四楼的扶梯口还装有铁门，原是旅馆老板为了防备绑票而自用的。有时，我们几个主要编辑人员就不回家，在那里过夜。有些会议也在那里举行"⑤。"有时像老鼠一样，趁人不备，偷偷回一趟家。"⑥ 那

---

① 如：《中美日报》《大美晚报》《申报》《新闻报》等，不仅在报馆"大门口装上铁板或铁丝网"，还在楼内各层楼梯口"都装有铁门，层层设防，守卫人员均配备武器"。《申报》馆大门上半部原为"明净的玻璃"，只得"蒙上一层坚实的铁丝网"，下半截也加铁板"进一步加固"，"岗警由原来的 2 人增至 6 人，并另设流动警不时巡逻"，访客搜身后方可入馆。参见黄瑚《上海"孤岛"时期的抗日报人》，《华中传播研究》2016 年第 1 期。

② 其防卫情形，"底层大门口堆置沙包，设有两重铁门，均加大锁，日夜由警卫人员把守"；楼内"每层扶梯口都设有铁栅和沙袋，直到四楼"，"四层屋顶平台四周，装有两层铁丝网，底层装有警铃，以防日伪突然袭击"。参见梁酉廷、潘湛钧《上海正言报始末》，政协上海市委员会文史资料工作委员会编《上海文史资料选辑第52辑》，上海人民出版社1986年版，第108—116页。

③ 周立华：《"孤岛"时期的〈文汇报〉研究》，博士学位论文，厦门大学，2007 年。

④ 孙可：《上海"孤岛"时期的石灵》，《新文学史料》1983 年第 1 期。

⑤ 徐铸成：《文汇报是怎样诞生的？——在文汇报工作的回忆之一》，《新闻研究资料》1980 年第 1 期。

⑥ 徐铸成：《编辑部是一个志同道合的战斗集体》，《新闻艺术》，知识出版社1985年版，第 95 页。

些被汪伪"通缉"的许多报人，干脆把铺盖搬进报馆，深居简出，坚持工作。① 如《中美日报》规定，"以免每日往返途中遭遇危险"，留宿人员"间隔数周甚至数月始得返寓一次；有时妻儿携带菜肴水果，来报社探望，形同'探监'。可是，同仁等并不以此为苦，而将宿舍称为'民主集中营'"②。

除了报馆与职员个人加强防范与戒备外，还努力争取租界当局保护。一则"洋旗报"名义上为外商企业，租界有保护义务；二则日伪特务恐怖活动影响租界秩序与安定，租界当局一般也能协助抗日报馆加强防备。如在报馆集中的福州路一带加强治安防范，增派巡捕；在汪伪暴徒拦劫《中美日报》事件后，工部局巡捕房还曾派警备车护送，以保证其正常发行；《大美晚报》门口则常年停有一警备车，以防万一。虽然这些保护或嫌不足或显软弱，不能根本制止或防止日伪恐怖活动，但"确实发挥了一定的作用"③。

二 "洋旗报"的传播策略④

在当时"孤岛"环境下，为冲破日本侵略者与租界当局的双重压力与阻力，抗日爱国报人除了进行艰苦刚毅的抗争勇斗，还采取软的一手进行"智"斗。具体来讲，主要是利用租界特殊环境及日本与列强之间的矛盾，借助外力创办以宣传抗日为宗旨的"洋旗报"，通过挂"洋商"招牌、译载外报文章、使用外国通讯社稿、请外国专家写稿、版面编排、语词使用等方式与策略进行巧妙的新闻话语权抗争。

（一）借助租界环境，利用列强矛盾，挂外商招牌办报

上海沦为"孤岛"后，日本出于战略需要，与英、美等西方列强之

---

① 如：《申报》有十多人留宿报馆，在四楼辟出宿舍区，日供三餐。《新闻报》留宿条件更艰苦，白天工作，晚上支行军床在办公桌旁休息，用餐由公务员上街买回。《正言报》则规定，所有人员留宿报馆，编辑人员都用化名。

② 胡传厚：《抗战期间之〈中美日报〉》，李瞻主编《中国新闻史》，台北学生书局1979年版，第447—458页。

③ 马光仁主编：《上海新闻史》（1850—1949），复旦大学出版社1996年版，第875—876页。

④ 该部分内容以《"孤岛"时期上海"洋旗报"的话语权抗争及其策略》为题，发表在《江西师范大学学报》（哲学社会科学版）2018年第4期。

间的矛盾还未被完全激化，英、美、法等国在中日战争中宣告保持"中立"，租界当局也与其母国保持一致。所以，中国军队撤退之际，两租界管理当局为维护其在租界的权与利益，当即宣称，"在中日战争中保持中立，不偏袒任何一方，对双方在租界内的权益一视同仁"①。因此上海沦陷后，公共租界与法租界仍分别以工部局、公董局的英、美人和法国人为主进行统治，犹如"孤岛"般孑立于日占区中。

但是，"中立"遮蔽不了列强与日本帝国主义之间的矛盾，也掩饰不了列强维护自身利益的根本目的。一方面在"中立"政策下，租界当局对外商报刊进行一体保护。不但外文报刊不接受日军新闻检查，而且外商华文报刊也公开宣称不接受检查。日军实行新闻检查后，第三天《大美晚报》发行人史带声明：作为美商报纸，其华文版与英文版皆"服膺报纸言论自由之精义"，绝不接受"任何检查"②。另一方面，在维护自身利益的目标下，租界当局一边镇压抗日运动向日本侵略者示好，一边利用抗日救亡运动作为向日方讨价还价的资本。其结果就是，当时租界当局虽协助日军扼制抗日新闻宣传，但对"孤岛"上中国人民的宣传力量并没有赶尽杀绝。比如，对转入地下发稿的国民党中央通讯社上海分社，采取的就是视而不见的态度。

租界的中立地位、租界当局的两面派政策与做法，给在"孤岛"上坚持抗日的中国报人提供了回旋余地，而史带的公开启事声明，则是提醒：外商报纸不用接受日军检查。于是，"孤岛"上的爱国报人利用英、美等国与日本之间的矛盾，找到了在租界创办抗日报刊开展宣传活动的机会，即"利用租界当局的'中立'政策和'治外法权'，创办与出版名义上由外国商人经营的报纸，以避免日伪的新闻检查"③。这样，挂"洋旗"办报就成为利用当时环境、借力打力的一种策略性行动。从《每日译报》的创刊开始，"孤岛"上坚持抗日的爱国报人利用外商名义创办了一系列

---

① 文汇年刊编辑委员会：《抗战以来中外大事记》，《文汇年刊》，上海文汇有限公司出版部1939年版，第18页。
② 马光仁主编：《上海新闻史》（1850—1949），复旦大学出版社1996年版，第828页。
③ 马光仁主编：《上海新闻史》（1850—1949），复旦大学出版社1996年版，第831页。

"洋旗报"①，从而使租界内的抗日报刊得到一个大发展，"重建了抗日宣传的强大阵营"②。

爱国报人在"孤岛"挂"洋旗"办报。志在抗日，因此"洋旗报"的新闻报道都以抗日宣传为主，言论则以激励抗日、攘斥侵略、诋斥奸邪为主。但是，为了迷惑敌人，更有效地保护自己，"洋旗报"除了在名义上挂上外商招牌，还在办报与宣传报道中，注意突出"洋商"色彩与"中立"立场，采用"里红外灰"的策略。"这些报纸往往借外国人口气说话，为自己添上保护色彩。"③ 如对中国及中国军队不称"我""我军"，而称"华""华军"。发刊词也含蓄，大多标榜"言论自由""大公无私"。比如，《每日译报》在发刊词中声明，"对于所提供的题材，毫无特殊的偏见，更无偏重的成见"，而是"尽量地要大公无私地来选择"。④《文汇报》称其"本着言论自由的最高原则，绝不受任何方面有形与无形的控制"；"消息力求其正确翔实，言论更须求其大公无私"。⑤《申报复刊辞》则称，"对于中美文化之促进，自始即为多边之努力"，挂"洋旗"复刊，是"籍以贯彻吾人爱护自由之初衷，亦得赓续美查氏未尽之往志"。⑥ 犹如披上染了"中性"色彩的外衣，掩护了抗日宣传的真实意图，减少日军新闻检查机关的注意，从而可以更有效地进行斗争。⑦

（二）译外报、用外国通讯社稿、请外国专家写稿，采他山石攻玉

除了挂"洋旗"办报这一基本策略，"洋旗报"还进一步借助外力，在消息来源上做文章。因注意到在日军的新闻检查下，只有外国通讯社、外国报刊才能公开发稿、刊行，故而因势利导，通过翻译外报、请外国专

---

① 到1939年上半年达到高峰，有近20家。不过，经过"五月危机"后，一大批"洋旗报"被封、停刊，阵营缩小，后虽有新创"洋旗报"出现，始终也维持在近10家，但在当时情势下，其势已难恢复到危机之前的状态。到太平洋战争爆发之时，先后共有36家报刊挂"洋旗"刊行。这些"洋旗报"中，挂英商、美商招牌各17家，挂苏商招牌的2家。

② 黄瑚：《上海"孤岛"时期抗日报刊述评》，《新闻研究资料》1987年第3期。

③ 黄瑚：《上海"孤岛"时期抗日报刊述评》，《新闻研究资料》1987年第3期。

④ 《每日译报》发刊词，《每日译报》1938年1月21日第1版。

⑤ 克明：《为本报创刊告读者》，《文汇报》1938年1月25日第1版。

⑥ 《申报复刊辞》，《申报》1938年10月10日第3版。

⑦ 朱敏彦：《"孤岛"时期的上海抗日进步报刊》，《抗日战争研究》1993年第2期。

家写稿、大量使用外国通讯社稿等，开展抗日宣传。

"洋旗报"最先采用的用稿策略是"译报"，即通过精心选译外国报刊与外国通讯社中对中国抗战有利的新闻、通讯和评论，以及世界人民反法西斯战争胜利进展的情况和资料，进行抗日宣传，"借他人之口，抒自己胸臆"①。作为"孤岛"上"洋旗报"的"第一燕"，《每日译报》的基本定位与话语抗争策略便是译报，其稿件均译自外文报刊与外国通讯社稿，译而不作是其最大特点。其他"洋旗报"如《文汇报》《中美日报》等，也都重视从外文报刊译载符合我国抗战需要的文章。如1938年八九月间，《文汇报》用四天时间在第五版译载当年八月出版的《亚细亚》英文月刊文章《抗日统一战线与中国共产党之地位》，积极宣传抗日民族统一战线，而"为了解决本埠新闻的来源问题，当时《中美日报》曾与《大陆报》《密勒氏评论报》等建立联系，每晚通电话，或派人去取本埠新闻小样，交流消息，由胡道静记录，翻译成中文本埠讯"②。

刊译外国人士稿件，甚至请外国专家写稿，也是"洋旗报"借助外力的一种途径。如1938年7月12日至19日，《文汇报》刊译美联社记者勃脱兰的长篇通讯《与中国游击队在前线》，详细报道了勃脱兰在晋北与八路军干部的接触情况及其在抗日根据地的见闻。而《世纪风》（《文汇报》副刊）自创刊伊始，就用38期连载了梅益翻译史沫特莱的报告文学《中国红军行进》。《文汇报》甚至还专门请前工部局总董爱德华，就中国抗战大局与世界反法西斯的相关问题撰写了80篇中英文合刊的《专论》。

大量使用外国通讯社稿，既是当时环境使然，也是"洋旗报"话语权抗争的普遍策略。当时，"洋旗报"的新闻来源，主要是各地专电与外国通讯社稿。各地专电主要来自国民党中央通讯社消息，因当时"环境关系，各报已不加'中央社'字样，凡看到'××三日电'的电报都是中央社所发"，"由无线电广播，上海各报馆自己收来的"③。"洋旗报"

---

① 马光仁、汪幼海：《孤岛中一面鲜艳的旗帜——〈每日译报〉》，《社会科学》1999年第11期。

② 袁义勤：《〈中美日报〉始末》，《新闻研究资料》1989年第3期。

③ 雨君：《新闻来源》，《文汇报》1938年12月4日第11版。

刊用外国通讯社稿量多，构成也复杂。据笔者统计，"洋旗报"以抗战报道为中心的中国报道，使用外国通讯社稿占比接近四成，① 国际新闻则完全使用外国通讯社稿。综合起来，"洋旗报"使用外国通讯社稿占比超过六成。②《文汇报》使用的外国通讯社稿中，路透社最多，占40.1%，其他依次为哈瓦斯社36.7%、美联社9.6%、海通社5.2%、快讯社（挂英商招牌）3.5%、塔斯社3.4%、同盟社1.5%；《申报》使用的外国通讯社稿中，哈瓦斯社占31.6%、路透社30.8%、美联社18.2%、海通社14.4%、快讯社3.2%、合众社1.4%、塔斯社0.3%、同盟社0.1%。③

"洋旗报"大量使用外国通讯社稿的目的，一是为了增强外商报色彩。比如，《文汇报》是英商报纸，所以用路透社稿件最多。《申报》为突出其美商报色彩，使用的美国通讯社（美联社、合众社）稿也明显增多，用稿量达到《文汇报》等英商报的两倍以上。而最主要的，则是作为一种话语斗争策略。"洋旗报"的中国报道，往往采用多消息来源，专电、外电互为补充。大量外国通讯社电讯的使用，既能丰富信息又可增强报道的可信度与战斗力。如《申报》的《南浔线华军空前大捷　日方精锐部队扫荡殆尽》④ 一文，共用六条电讯，报道日松浦中将率领的106师团、101师团的149联队被歼灭的消息。其新闻来源，除了三条专电，还用了"中立国"英、美两国的路透社电讯两条、美联社电讯一条。这种情形在"洋旗报"新闻用稿中居多。而报道在国际上"中国得道多助，日本失道寡助"方面，也都使用英、美、法、苏等国通讯社的电讯稿。如《文汇报》用路透社消息，报道《英伦二十国代表决议　斥日侵华危及世界　促各国尽其力所能及援助中国　勿以战品财政助力给予日本人》

---

① 如《文汇报》为38.9%、《申报》为38.6%。

② 如《文汇报》为62.5%、《申报》为60.8%。

③ 当时通讯社情况，路透社与哈瓦斯社实力最强，路透社综合发稿最多；哈瓦斯社偏重国际新闻，各报国际报道使用哈瓦斯社稿最多，占比50%左右，其次是路透社；各报的中国报道用路透社稿最多，其次为美联社；海通社是德国政府通讯机关、同盟社是日本军部通讯机关，其立场、倾向明显，各报对二社稿件只是策略性使用；塔斯社对外发稿少，合众社、快讯社实力较弱，所以各报使用它们的稿件不多。

④ 刊《申报》1938年10月11日第三版头条位置。

(1938年2月15日),《申报》(1940年4月20日)则用合众社电讯,报道美国参院外交委员会主席毕德门主张,采取"坚决行动,以经济压力施诸日本"。1940年4月9日《申报》第四版,甚至使用路透社电讯揭露日本的阴谋,报道《日本企图统制华中荣麻贸易》。

与此同时,"洋旗报"也使用德国海通社、日本同盟社的电讯,主要用来报道日军动态及有关战讯,如1938年2月1日《文汇报》头版头条《明光附近战事激烈　日军目的着重定远》,用同盟社1月31日上海消息,报道"日军添田部队由明光北进,沿津浦铁路雪中行军本日下午零时许,占领大韩庄后,更向前推进"。《申报》1938年10月13日头版新闻《日方公然宣布　开始侵略华南》,则用海通社东京12日电,报道日本外务省发言人对日军进攻华南军事行动的发言。而1938年2月24日《文汇报》的头版报道《中国空军扬威海外　两度轰炸台湾机场　日机四十余架均被炸毁》,在用汉口专电、路透社电讯进行具体报道后,再用两条同盟社的消息加以证实。

(三) 精心选制巧编排,扬中抑日谱华章

在"孤岛"环境下,编排技巧不仅是"洋旗报"赢得读者欢迎的手段,还是其进行话语权抗争的重要策略。当时,"洋旗报"围绕抗日宣传这一中心,巧妙地运用新闻选择、标题制作、语词感情色彩与版面语言等方面的技巧与策略,"宣传中国抗战必胜,揭示日本侵华必败"。

其一,通过新闻信息与报道视角的选择,展现出中日战争中敌我情势的迥异,打击日本侵略者,提振中国军民士气与抗战必胜的信心。

从"洋旗报"的中日战争报道来看,都是以有利于中国抗战局面、激励中国民众抗战信心的新闻报道为主导的。这一特定历史背景下的新闻框架,不但是中共领导的《每日译报》、爱国报人主持的《文汇报》等"洋旗报"的抗日宣传策略,而且是《申报》《新闻报》等商办"洋旗报"的必然选择。[①]如"孤岛"时期的《文汇报》,出报477天,其中

[①] 如作为上海传统大报的《新闻报》,在挂"洋旗"之前,接受日军检查,对抗日宣传噤声,为民众所弃,发行迅速下滑。在"洋旗报"兴起风潮中,请回美国人福开森主持,挂"美商"招牌重回抗日报刊阵营,才又获得民众欢迎。

406天的要闻版头条是有利于我国抗日战争、不利于日本侵略者的军事新闻报道，占85%强。从具体的新闻版面与新闻报道来看，也是如此。以《申报》为例，1938年12月1日第三版，完全是对中国抗战有利的新闻报道，即《粤当局召开军事会议　决采新战略围攻广州　华军开入深圳日军沿广九路北撤》《华军克复交河》《沿粤汉路北进　华军着着胜利　岳阳南荣家湾有激战　日第九师团伤亡殆尽》《中国女子参加战事》《九岭口一带华军活跃》《罗山义民李昇率众抗日》《晋北杨方口方面日驻军全被歼灭》《津浦路展开大规模游击战争》；1940年3月14日第五版，刊登《东匪日军被包围　潮安西日已告肃清》等七条新闻，[①]其中六条是日败华胜的。这种版面在"洋旗报"上很常见，我们今天翻看，也颇感振奋。即便是对中国军队暂时失利消息的报道，也是从激励中国军民的角度进行的。如1938年10月26日，《申报》以《华军放弃武汉　从新建筑长期抗战基础》为题，报道武汉三面被围中国军队撤退的情况，并强调这是"军略上移转兵力无消极退却之意义，持久战不在一地之得失一时之进退"。在武汉撤军之前的1938年10月10日，《申报》第七版刊登《不论武汉命运如何　中国均能继续抗战》一文，报道中国共产党领袖周恩来对外国新闻记者的谈话，"共产党誓必与国民党继续合作，妥协主义者悲观论调必须打倒"。

与之形成鲜明对比，"洋旗报"对日军的侵华报道，则主要是从其战场上的失利与颓势，以及其侵华战争如何不得人心、失道寡助等方面展开的。具体来讲，一是不断地报道日军在战场上的不利局面，或报道日军被围、被歼、受重创、溃窜等情形，如《马当附近日军被围　华军坚守要塞炮台　香口残余日军被歼灭过半》《华军克复柳林军渡　晋西日军溃窜离石　绥东游击队活跃日军受重创》[②]；或是报道日军的伤亡，如《第三期抗战中　日军兵员损失统计　伤亡总数约在三十五万左右　华军战斗力

[①] 余为：《琼岛日军伤亡甚重》《犯濮阳日军攻势大挫》《同浦路华军克一车站》《东流日运输舰被华击沉》《安徽华军击落日机一架》《日机八架轰炸上饶》。

[②] 分别刊于《文汇报》1938年7月1日头版、1938年10月1日第3版。

增强占绝对优势》①，军心的不稳与军力的空虚等情况，如《杭郊日军一度哗变　原因为饷项欠发数月》《华北日军实力空虚》《鄂边华军克复咸宁　南犯日军伤亡过重后续不继》②。二是报道日本国内由侵华战争所导致的各种矛盾、危机，以及所面临的各种困境，如《日本政潮表面化　近卫已决定辞职　末次与政党间摩擦日见尖锐》《日经济凋敝　战争危机渐深刻　市场充满不景气》《日军反战潮高涨　国内壮丁抽调一空》③。从当时"洋旗报"的相关报道可见：在战局从速战到相持的发展过程中，由于侵华战争的持续长久，日本战争危机日益深刻，"产生了诸如国内政潮激荡、经济萧条、民众反战、侵华战场上军人厌战等一系列问题，从而使日本侵略者越来越深地陷入困境当中"④。三是报道对中国日趋有利、日本逐渐失势的国际环境，宣传中国得道多助、揭示日本失道寡助。一方面，报道中国抗战得到越来越多的国际同情与支持。如报道苏联在国际上对中国的道义支持与实质性援助⑤，报道英、美等国对中国的经济援助⑥等。另一方面，则揭示日本与苏联、英、美等国之间的矛盾，报道国联、西方各国对日制裁与打击的情况。比如，《文汇报》创刊之初就揭载了关于苏、日矛盾的新闻，⑦ 之后，突出地报道苏日张鼓峰战事、历时四月余持续地报道苏日渔业纠纷⑧，等等。"洋旗报"还注意到，日本侵华的目的，是要独占远东利益。因此随着侵华战争的不断深入，日

---

① 《申报》1938 年 10 月 10 日第 7 版。
② 分别刊于《申报》1938 年 1 月 4 日第 7 版、第 2 版，《申报》1938 年 11 月 16 日第 3 版。
③ 分刊：《文汇报》1939 年 1 月 4 日第 3 版、1938 年 4 月 21 日第 2 版、1939 年 1 月 25 日第 3 版。
④ 周立华：《"孤岛"时期的〈文汇报〉研究》，博士学位论文，厦门大学，2007 年；周立华：《"孤岛"时期的〈文汇报〉研究》，江西人民出版社 2009 年版，第 186 页。
⑤ 如《苏联飞机运抵华　总数约二百余架》报道苏联援助中国飞机 210 架，《文汇报》1938 年 12 月 4 日头版。
⑥ 如《中英新贷款　数额为三百万磅　办法已谈判完成》，《文汇报》1939 年 3 月 1 日第 3 版。
⑦ 《苏联断绝对日邮寄关系》，《文汇报》1938 年 1 月 28 日第 1 版。
⑧ 1938 年 8 月 1 日至 11 日，连续 11 天在头版头条报道苏日张鼓峰战事；对苏日渔业纠纷，从 1938 年 12 月初开始持续报道到次年的 4 月。

本对西方各国在华利益的侵犯也就越来越多，它们之间的矛盾也就越来越突出。于是紧扣这一点，不断地揭示日本与列强之间越来越突出的矛盾，以及最终引起西方各国制裁、打击的情况。如报道伦敦商会主张，"日本封闭远东门户，各国应合力对付"①，因日本侵华战争影响美国贸易②，"美当局研究办法，对日施行经济制裁"③。此外，"洋旗报"还报道，日本的侵华暴行，必然招致全世界的谴责、声讨④，甚至连软弱的国联，也"决定接受中国政府之申请，实施盟约第十七条"，准备对日本进行经济制裁。⑤

其二，通过版面编排、标题制作，扬中抑日。

版面语言虽然无声但却很生动、蕴含丰富。为了宣传抗日，"洋旗报"往往运用集纳、同题组合与对比编排等手法，巧妙地强化报道主题。"洋旗报"宣传抗日的主旨鲜明，报道主题集中，"集纳"已内化为基本的编排手法，其版面整体上呈现出"集纳化"色彩。在此基调下，同题组合成为"洋旗报"常用的编排手法。从形式上来看，"洋旗报"的新闻报道主要有三大特点，即是多行题、多消息来源与多条电讯组合报道。其稿件编排组合形式多样，除了内容性质一致的稿件组合之外，还有内容互补的稿件组合，如《九江对岸华军大捷　日军被歼灭二千余　姑塘附近日军联络线切断　空军又出动炸毁日舰七艘》⑥；还有内容性质对立的稿件组合，如《晋南日军反攻失利　华军克安邑迫运城》《华军一度攻入岳阳　增城日军伤亡惨重　日军犯马房广利被击退》⑦；甚至还有混合组合，即将内容性质一致、对立、互补的稿件用一个多行题编排在一起，如《英勇空军又建奇勋　日舰十二艘被炸毁　长江战局稳定日军备感困顿　豫东大捷鹿邑陈留

---

① 《日本封闭远东门户　各国应合力对付　伦敦商会当局主张　获得中国协会赞助》，《申报》1938年12月28日第4版。

② 《远东战事　影响美国贸易　对中日输出均见锐减》，《申报》1938年12月28日第5版。

③ 《美当局研究办法　对日德施行经济制裁》，《申报》1938年12月7日第5版。

④ 《轰炸中国文化机关——全世界一起声讨日军罪行》，《每日译报》1938年4月22日第2版，译自当日《大美晚报》。

⑤ 《国联之进步》，《文汇报》1938年9月21日第3版。

⑥ 《文汇报》1938年7月29日头版。

⑦ 分别刊《文汇报》1938年7月5日，《申报》1938年12月28日。

先后克复》①。通过组合，形成报道规模，增强了稿件间的凝聚力，升华了报道主题。如《文汇报》1938年12月1日第二版头条，将10条专电组合编排，用四行题《日军纷向武汉撤退　豫南华军围攻信阳　开封四郊残余日军渐次肃清　犯湘日师团伤亡殆尽》，集中报道日军在战场上的"颓败之势"。

此外，"洋旗报"还较多地使用"对比"的编排手法，如1938年12月14日《申报》第四版，用大字号标题报道《英美法接洽　对日施经济制裁》，在同栏另一端，则加花色边框亮化处理，刊出《美政府允贷华巨款　合同不久可签字　英政府亦将予以重大财政援助》，一边是对日制裁，一边是对华援助，两条内容对比鲜明的新闻放在一起，传播效果非常明显。有时为了获得更强的效果，也将集纳与对比手法综合运用。如1938年12月7日《申报》第二版，即以集纳编排为主，辅以对比编排，形成一个有相当规模的抗日宣传"专版"。整个版面15条新闻，一方面，《钟落潭日军不绝增援　昨反攻复被华军击退》等11条新闻②，报道日军或"被击退"或"被击毙"或"被监视"，或是"伤亡、恐慌"，使日军在战场上的"颓败"形象了然可见；另一方面，《沈鸿烈电告　收复聊城》等4条新闻③，报道华军或是收复失地，或是积极活动，或是安然转移，与日军状况形成鲜明对比。这样的版面编排，既强化了抗日宣传的主题，又鼓舞了民众抗日的信心。

标题制作也是"洋旗报"增强报纸战斗力的重要策略。"洋旗报"的战事新闻，特别是重要新闻与头条，以多行标题居多，少则两三行，多则五六行，不但内容丰富，而且制作精妙。如《大别山麓华军　阵地屹然不动　日军屡犯罗田英山　均被华军反攻击退》《豫东华军克复民权　日

---

①　《文汇报》1938年7月18日头版。
②　余为：《日军屡犯罗田英山　均被华军反攻击退》《汉水日军企图登陆　被华军击退》《北海日军登陆未逞》《日军发言人自承　湘边遭遇华军猛烈抵抗　对长沙军事　始终无进展》《宁晋日军主力已遭击破》《沁博公路日军被歼》《徐家河东　击毙日军》《第口战区日军死伤统计　内有中将一名》《鲁东游击队仍甚活跃　烟台日军恐慌》《普陀洋面泊日舰六艘　华军严密监视中》。
③　余为：《华军一度克复顺安》《崇阳通山间　华军活跃》《江门华军转移阵地》。

军惨败溃退开封》《南浔线华军空前大捷　日方精锐步队扫荡殆尽》①等，既准确概括新闻的主要内容，同时运用对比手法，让"华军阵地屹然不动"与"日军被反攻击退"、"华军克复民权"与"日军溃退开封"、"华军空前大捷"与日军被"扫荡殆尽"形成鲜明对照，从而使标题生动起来。同时，还注意在标题制作中表明立场，使之成为对敌斗争的有力手段。如《中国的前途　战是生路和是死路》与《中国抗战意志极坚　决不接受任何调解提议》②，激励中国民众坚持抗战；《日机到处肆虐　中山石涧死伤平民甚多》与《广州日军暴行　奸淫事件层出不穷　随地殴人蛮不讲理》③，揭露日军暴行，激起中国民众对日仇恨和斗志；《日机被击落四架　衡阳防空队大显威力》与《抗战前途光明　军火给养储备充足》④，则鼓舞中国民众，使人们增加对抗战胜利的信心和勇气……这样的标题，使"洋旗报"抗日色彩跃然纸上。

其三，利用语词感情色彩，对华褒扬激励，对日贬抑打击。

利用语词感情色彩做文章，也是"洋旗报"的基本传播策略。一方面，"洋旗报"为了突出其中立地位，着意加重"灰色"，如称呼中日双方时，不用"我军"而用"华军"，对日本则称日方、日军；另一方面，在具体的新闻报道用语中，则判然有别，对华用褒义的、积极的、同情的语词，对日则用贬义的、消极的、嘲讽憎恶的语词，用语、措辞对比鲜明。

如以下《"洋旗报"语词使用对比表》所示："洋旗报"在抗日战争报道中，对华军使用"抗战、抗日、进击、进抵"等词，对日军则使用"侵犯、进犯、进窥、南犯"等词，向世人严正昭示华军是正义的，日军是侵略者；在战况报道上，华军是"克复"失地"建奇勋"，日军是"屡遭挫顿""被围歼"；即便是战场失利，华军也是"转移阵地、沉着应对"，日军则是"中伏、溃窜"、大"恐慌"，等等。

---

① 分载1938年12月7日《申报》第2版、《文汇报》1938年10月4日第2版、《申报》1938年10月11日第3版。
② 分载《文汇报》1938年2月1日头版，1938年10月9日头版。
③ 《申报》1938年11月6日第4版。
④ 分载《文汇报》1938年10月12日头版，《申报》1938年10月16日第3版。

"洋旗报"语词使用对比表

	华军	日军
语词使用	抗战、抗日、进抵、进击、挺进、乘胜猛攻、痛击、痛歼（残日）、攻克、克复、收复、空前大捷、奏捷音、建奇勋、大显威力、势力雄厚、屹然不动、周密部署、严阵以待、华军活跃、（国共两党）益形团结、转移阵地、沉着应对	侵犯、侵占、进犯、（西/南）犯、未逞、（企图）进窥、遭痛击、被围歼、被歼灭、被肃清、遭击溃、残日、扫荡殆尽、败退、溃退、败溃、崩溃、溃灭、溃窜、大败、屡遭挫顿、伤亡（惨重、殆尽）、受创（甚重）、中伏、后路断绝、恐慌

就这样，"孤岛""洋旗报"的话语权抗争，一是坚持"硬"的一手，即不为利诱、不惧威胁、艰苦奋斗、不畏牺牲，坚持与侵略者做坚毅而英勇的斗争。在日伪特务的恐吓信、扔弹、投毒、送死人手臂、杀人悬首、绑架、枪杀等残忍恐怖手段面前，在日伪的造谣诬陷、金钱收买面前，"洋旗报"及其报人不为所动，毫不却步，坚持抗日宣传，直至被迫停刊。二是通过挂外商招牌的办报策略，通过译载外报、使用外国通讯社稿、请外国专家写稿等用稿策略，通过巧妙编排、语词使用等编排策略，与侵略者进行巧妙的话语权抗争。"洋旗报"就这样利用"孤岛"环境，既坚持斗争又讲究策略，"软""硬"结合，进行了卓有成效的新闻话语权抗争，并通过全面地宣传中国抗战，鼓舞和激励中国民众团结抗日，有力地打击了敌人的嚣张气焰，从而在新闻战线上，为中国军民最终战胜日本侵略者做出了积极而重要的贡献。

但是，1939年春，由于日军加强了对"孤岛"的控制，迫于日方压力，租界当局对"洋旗报"的政策越来越严厉，"洋旗报"遭受的迫害也越来越多。当年"五月危机"爆发后，《每日译报》《文汇报》等六七家"洋旗报"相继被迫停刊，"洋旗报"阵营缩小。而在太平洋战争爆发之后，日军侵占了两租界，上海彻底沦为日帝独占的殖民地。"孤岛"空间既不存在，"洋旗报"外商招牌也就失灵了，"孤岛""洋旗报"或被查封或是"宁为玉碎"毅然停刊，《申报》《新闻报》则被日寇劫夺。被日军控制以后的《申》《新》两报，大肆宣扬日本侵略者的武力，大力吹捧日寇"战绩"，积极宣传中日亲善，诱骗中国民众为日帝侵略战争做牺牲。其新闻用稿、编排等方面，与之前"洋旗报"时期已截然不同，新闻来源上，使用的是日本同盟社、德国海通社、伪哈瓦斯社的电讯稿，没再使用英、美、苏等国通讯社稿；新闻选择也发生了极大的变化，不但关于中国战场的报道很少，而且没有了中国民众抗战的相关消息，只有日军进攻袭击的报道；报道用语与措辞也完全逆变，对日军使用的是"进向、占领、战果"等积极性语词。①

　　虽然随着上海"孤岛"的完全沦陷退出了历史舞台，但是"洋旗报"的历史贡献已彪炳史册，其话语权抗争与传播策略，在国际形势复杂、日益重视"讲好中国故事、传好中国声音、阐释中国特色、增强国际话语权"的今日中国的对外传播中，颇有借鉴意义。

---

① 如1942年9月8日《申报》《日机空袭衡阳　零陵宝庆同时被袭》，用七日同盟社电讯报道，"日机空袭湖南省之衡阳零陵及宝庆空军根据地，共计四次，日机未遇抵抗，美机一半以上被击毁"。

结 语

"洋旗报"是近代中国民族新闻事业的重要发展内容,是国人报刊活动在近代中国半殖民地半封建社会环境下的一种无奈但又颇富创造性的举措。挂"洋旗"办报,是国人在当时社会历史环境下积极开展的一种对内对外的话语权抗争,无论是在清末专制统治下的打破报禁、外争话语主导权,还是在"孤岛"时期的打破日伪新闻封锁开展抗日宣传的过程中,都加快了中国近代社会的历史进程,催生并促进了近代民族报业的诞生与发展,同时为中国的思想启蒙、维新变法、革命宣传、抗日救亡等做出了积极而重要的贡献。

近代中国的"洋旗报"大体经历了三个发展时期,即民族报业创始时期、国人办报高潮时期与"孤岛"时期。总体上看,近代中国的半封建半殖民社会是"洋旗报"产生发展的总前提,不过具体来讲,各个时期"洋旗报"的办报背景与环境、创刊目的与原因、发展状况乃至所发挥的历史作用都不一样。此外,挂"洋旗"办报并非万灵丹,而是有着明显的局限性;"洋旗报"的情况也复杂多样,需要历史地、辩证地加以分析。因之,笔者重申数语,以之作为本书的简短结语。

一 洋旗报:近代中国半封建半殖民地社会国人办报的创举

19世纪初,在世界新闻事业进入现代发展轨道已历两百年后,专制统治下的中国还处于"官报"独占时期,国人办报仍是被严厉禁止的,不论实践上还是思维上,中国仍是官报官话体系。不过,在鸦片战争以后,列强通过武力打开了中国的国门,并在通商口岸建立起"国中之国"

的租界,攫取了"治外法权",取得了传教、办报等方面的特权。

在清末这种专制统治下,在存在"租界、治外法权"的半封建半殖民地社会性质的背景下,国人借助外力创办"洋旗报",用实际行动打破专制政府的报禁。

当时的清政府对外软弱,对内却专制蛮横。所以,对报刊出版实行的是"于己民则禁之,于他国则听之"的带有强烈半封建半殖民地色彩的政策。

一方面,专制政府对国民实行严厉的报禁,使其不敢越雷池半步。自《察世俗每月统传》创刊,中国开始进入近代新闻事业的发展轨道,近六十载,没有国人自办报刊。即便从林则徐为禁烟运动开展翻译外报、接触并重视近代报刊开始,之后并有洪仁玕等倡议办报,有王韬、黄胜、陈霭亭等近代知识分子深入外国人所办报刊从事编务、经营管理甚至主持笔政与报馆工作,越三十余年,始有国人自办报刊的出现。究其根本原因,无疑是当时专制政府的"报禁"与"言禁"。

另一方面,腐朽无能的清政府,对外国人在华办报则听之任之,即使出台了新闻法规,也"无权制裁在华外报"[1]。在《大清印刷物件专律》《钦定报律》等一系列新闻法律法规中,"不仅没有涉及对外国人出版的报刊如何管理,就连国人在租界内创办报刊的管理问题也只字未提。对外国人在租界以外地区创办的报刊也未敢加以管理"[2]。如在上海,但凡西人主持的报刊发生报案,官府只"设法追究华人主笔的个人责任,并不追究报纸本身"[3]。这种惯例,"即为上海报人充分利用,也推广到天津、广州等地"[4]。

这种状况,既是列强巧取豪夺的结果,又是清吏的颟顸腐朽所致。早在1866年(同治五年),因传教士报刊《广州新报》屡屡有诽谤中国官员的现象,时任英国驻广州领事罗伯逊,"建议中国政府采取法律行动"。

---

[1] 黄瑚:《中国近代新闻法制史论》,复旦大学出版社1999年版,第105页。
[2] 马光仁:《中国近代新闻法制史》,上海社会科学院出版社2007年版,第69页。
[3] 马光仁主编:《上海新闻史(1850—1949)》,复旦大学出版社1996年版,第67页。
[4] 张运君:《清末反报禁斗争》,《历史档案》2009年第4期。

可是，总理衙门退避三舍，照会英国公使，要英方按英律处置。当时英国人即在上海出台规定。① 就这样，因不愿插手租界涉外事务甚至希望外国人处理其报纸诽谤类事务，清政府把租界报馆的管理权拱手让与外人。当时，上海及其他通商口岸仅有少量外人所办报刊，国人办报并未萌动。清廷的王公大臣们绝未虑及"有朝一日中国人也会在租界开报馆"，甚至打着洋人旗号办报，更未料到"这些报馆居然敢肆意讥评官府乃至指斥乘舆"②。实则其时，距国人自办报刊的出现已不远矣。清政府自然不曾意识到，其主动或被动地丧失对外国人在华办报管理权的同时，也为其专制统治下的国人送上了办报的"权杖"，最终打破"报禁""言禁"，为其专制统治的倾覆埋下了引信。

当时，列强在各通商口岸所设租界，其"行政权力完全属于管理国，有脱离中国统治权力的一整套行政和司法机构"，在该国政府及其代表的监督下，完全"按管理国和租界外国纳税人的利益独立行事，不受中国政府的约束"。这种特权，虽然严重侵犯了中国主权，但是从当时新闻事业发展来说，也有其积极意义，即在一定程度上规避了中国政府的专制统治，为那里的报刊"提供了不为中国政府管辖的宽松氛围：资本主义国家在经过一二百年争取新闻自由历程后，新闻自由、言论自由观念比中国强，因此租界内的新闻言论氛围要比中国其他地区相对宽松"，所以"很多报纸设立在租界，以外商名义注册，获得额外保护"③。这就是近代中国"洋旗报"的由来。

在当时情势下，为了对付清廷的专制统治与迫害，不少报纸采取了挂"洋旗"办报的办法，即聘请外籍人士充当名义上的发行人、主笔或董事长，在"洋旗"所属国在华领事馆注册，或直接在国外登记注册，托为外商报纸，以为庇护。

早在民族报业创始时期，第一批国人自办报刊中就出现了为数不少的

---

① 即"英国人未获执照不得在中国出版中文报纸"，"英国人在中国或其他地方出版的报纸中如有诽谤行径，即视为违法"。
② 邵志择：《治外法权与清末报律的制定》，《新闻与传播研究》2016 年第 2 期。
③ 王润泽：《北洋政府时期的新闻业及其现代化（1916—1928）》，中国人民大学出版社 2010 年版，第 4 页。

"洋旗报"，如《汇报》《中西日报》《沪报》等，成为国人办报路径的一种创造性探索，虽然办得艰难，但是通过实际行动打破了"报禁"。而在宣传变法、革命的过程中，为避免专制政府的干扰，以便放言变法或革命，出现了一大批"洋旗报"。据不完全统计，在两次办报高潮期间，以及变法失败慈禧重启报禁期间，共出现二十九家"洋旗报"。有代表性的，如维新派与改良派报刊《国闻报》《时报》《时事新报》等挂日商招牌，革命派的《国民日日报》挂英商招牌、《民吁日报》挂法商招牌、《神州日报》冒充过日商，等等。这些报刊挂"洋旗"办报的目的，"都在利用清廷不敢开罪洋人的心理，为报纸争得出版的机会"，这种办法虽然"难以持久，但在短时期内还是有效的，至少可以使清廷投鼠忌器，有所顾虑，不敢轻举妄动"[①]。

从实际情况来看，在清末挂"洋旗"办报，确实能对报刊发挥保护作用。如端方代理湖广总督时，即不敢对"悬洋旗"的报纸随便下手。[②] 而在1911年10月8日，两广总督张鸣岐电咨民政部，挂"洋旗"的革命报刊是否适用本国报律等？民政部咨商外务部，得到的答复是"报馆既挂洋旗，则吾国报律不能适用"。"只好电商该外国驻粤领事，请其秉公干涉。"[③] 而"洋旗报"被控，往往由会审公廨审判，结果自不会像专制政府那般严酷。如上海租界会审公廨就《民权报》被控事，审结宣判便是："共和国言论虽属自由，惟值此过渡时代，国基未固，建设方新，尤贵保卫公安，维持大局，苟政府措置失当，亦宜善言规导，使之服从舆论。该报措词过激，捕房以鼓吹杀人罪具控到案，迭经讯明，应仿照中华民国新刑律第二百十七条妨害秩序罪，减五等处断，着罚洋三十元。"[④] 该报主笔戴季陶于缴纳罚

[①] 方汉奇：《中国近代报刊史》，山西教育出版社1981年版，第602—603页。

[②] 《江苏》第三期"国内时评"载有此事，文云："湖北自有汉口日报馆以来，端方久欲封禁之，以碍于该报馆之悬洋旗也，乃密以三千金尽购该馆之所有，而后封禁之令始下。"转引自方汉奇《中国近代报刊史》，山西教育出版社1981年版，第606页。

[③] 《申报》1911年10月8日。方汉奇：《中国新闻事业编年史·上》，福建人民出版社2018年版，第306页。

[④] 《申报》1912年6月14日。方汉奇：《中国新闻事业编年史·上》，福建人民出版社2018年版，第334页。

款后当堂被释。

因此，若能身处租界或挂上"洋旗"之后，报刊出版人往往会感到有势可依。如谭嗣同《仁学》的出版、《苏报》的放言革命便是成例。戊戌政变后，谭嗣同既为之身死，其著作《仁学》也被列为禁书。后来得以在日本出版，日本朋友给包天笑寄来五本，友朋赠索之不足，包天笑即想到找商务印书馆的夏瑞芳，请商务印书馆重印，但事先提醒这是谭嗣同的禁书《仁学》，夏仍爽快地说，"没有关系，我们在租界里，不怕清廷"①。《苏报》则在陈范接办与爱国学社合作后，之所以大胆宣传革命，也因"上海'租界'这一特殊性，使他们感觉安全无虞，才敢昌言无忌"，"'灭亡'的结局完全不在意料之内"。②

"孤岛"时期，是"洋旗报"大发展的又一重要时期。一方面，当时上海沦陷后，两租界因英、美、法等西方列强在中日战争中保持中立地位而未被占领，仍为"自由区域"；另一方面，日本侵华活动伤及列强在华利益，故各国在保持中立的同时，亦利用中国人民的抗日救亡活动与日本做有限的斗争，从而给国人的抗日宣传提供了一定的活动空间。同时，又因租界当局对其本国在华新闻事业采取一体保护的政策，在日军明令实行新闻检查之际，美商《大美晚报》发行人史带特别发表启事，声明其华文版与英文版一样不接受日军检查，从而给爱国报人的抗日宣传提供了挂"洋旗"办报的机会。

当时，"孤岛"爱国报人利用租界的特殊环境及西方列强与日本帝国主义之间的矛盾，通过悬挂外商招牌，创办起拒绝日军新闻检查的抗日报刊。从沦为"孤岛"开始到太平洋战争爆发的四年多时间里，中国的各种抗日宣传力量先后创办了宣传抗日的近三十种"洋旗报"与十余种"洋旗刊物"，在1939年的"五月危机"前夕达到最高峰，同时有十九种"洋旗报"刊行。其中规模、影响最大的是《每日译报》《文汇报》《中美日报》《申报》等。

日本侵略者对挂"洋旗"的报刊，只能通过租界当局来管理。而为维

---

① 包天笑：《钏影楼回忆录》，中国大百科全书出版社2009年版，第234页。
② 黄旦：《报纸革命：1903年的〈苏报〉——媒介化政治的视角》，《新闻与传播研究》2016年第6期。

护其中立地位及自身利益起见,租界当局对"洋旗报"起到了一定的保护作用,对日伪要求送检、控制的要求,有时也能进行抗拒。比如,国民党1933年设在公共租界的上海新闻检查所,在上海沦陷后被日军占领。汪伪政权建立后,其宣传部于1940年12月接收该所,以邝鸿藻为主任。该所随即函告公共租界工部局,"通饬租界内各报馆一律遵章送检",却得到租界当局"因各种困难,关于训令报纸事,难于从命"的回信。①

二 洋旗报:话语权抗争,"维新""革命""抗日"宣传生力军

"话语即权力。"近代中国,国人挂"洋旗"办报,实则是新闻话语权的抗争。"洋旗报"的话语权抗争,既有对内的又有对外的,而且在清末与"孤岛"时期的情形各不相同。在清季,国人挂"洋旗"办报,对内对外的话语权抗争都有。对内,希望通过挂"洋旗"办报打破专制政府的报禁,对外即通过挂"洋旗"办报以后,与在华外报及外国人就涉外事件进行舆论抗争。而在"孤岛"时期,则主要是对外进行话语权抗争,进行抗日宣传了。

早在1871年5月,《德臣报》刊文介绍印度孟买报馆情况时指出,"长期以来我们期望香港有一家当地报纸","为什么在本殖民地的中国人,不能拥有一份表达他们独立看法的机关刊物呢?"② 这在一定程度上表达了国人办报的愿望。在将该文译出时,由华人主持笔政的《中外新闻七日报》进而发抒道:"然华人居港者现以英俊鳞集,记录一事固有笔挟风霜成链锷者,但无自设之新闻纸,则凡有要事关涉华人者,每欲传达而究不克,自专此中关系实非浅鲜。故西人恒冀华人有志之士,自设一新闻纸以便记录,且得藉扩闻之益焉。"③

---

① 《林柏生致上海公共租界工部局局函》(1940年12月19日),《上海公共租界工部局致陈公博函》(1941年1月7日),《日伪上海特别市政府关于新闻检查的文件》,《日伪上海特别市政府档案》,上海档案馆藏,档号:R1—18—660。

② May 2, 1871, The China Mail. 转引自卓南生《中国近代报业发展史:1815—1874》,中国社会科学出版社2002年版,第162页。

③ 《中外新闻七日录》,辛未年三月十七日(May 6, 1871, The China Mail)。转引自卓南生《中国近代报业发展史:1815—1874》,中国社会科学出版社2002年版,第162页。

从19世纪中期开始，先是传教士办中文报，继之是商人政客办外文报与中文报，外国人在华办报形成垄断地位。至19世纪六七十年代，历经数十年后，国人对外人垄断中国报业、主宰中国新闻舆论带来的恶劣影响有了越来越深刻的认识，进而意识到自办报刊争取话语权的重要。如从19世纪六七十年代以来频频发生的"教案"，显系列强对华宗教侵略所引发的正义反抗，可外人所办报刊却竭力为之开脱罪责，胡说是中国"官吏之唆成"。而20世纪初兴起的抵制"洋货"运动，本为中国民众的反侵略斗争形式，"而（在华的）西文各报则指为'排外'之风潮"①。故此，爱国知识分子著书发论，指斥其弊，警醒国人。如郑观应在其所著《盛世危言》中指出："中国通商各口，如上海、天津、汉口、香港等处，开设报馆，主之者皆西人，每遇中外交涉，间有诋毁（中国）当轴，蛊惑民心者。"王韬则在《上方照国轩军门书》中说，"迩来西人在中土通商各口，创设日报馆，其资皆出自西人。其为主笔者，类皆久居中土，稔悉内地情形。且其所言论，往往抑中而扬外，甚至转折混淆，是非倒置"②。在他们猛烈抨击"西报"的罪恶行径的同时，又强烈要求中国各省亦应"次第仿行"，开设"用华人秉笔"的报馆，广泛发行中国报刊。③

所以，国人挂"洋旗"办报有着对外争话语权的深刻背景。而在通过挂"洋旗"等方式办起自己的报刊以后，就注意对外伸张话语权了。如为了维护中国利益，"洋旗报"《汇报》经常与《字林西报》《申报》等外人所办报刊论争辩斗。如对《字林西报》《德臣报》等蔑视中国主权和进行武力威胁等方面的议论进行有力的批驳，就英商无视我国主权用欺骗手段修建的吴淞铁路事及购买铁甲船之事，与《申报》进行争论、辩驳。④

而在"孤岛"时期日军的新闻检查下，"孤岛"上的各种爱国报人，通过借助外力、整合内力创办"洋旗报"，进行抗日宣传，打破日军的新闻封锁，也打破了当时上海抗日宣传的沉寂局面。

---

① 《东方杂志》第五年第五期。
② 戈公振：《中国报学史》，上海古籍出版社2003年版，第128页。
③ 《戊戌变法》丛刊一，第59页。
④ 参见方汉奇《中国新闻事业通史》（第1卷），中国人民大学出版社1992年版，第329—330页。

综合"洋旗报"七十余年的发展历史来看,"洋旗报"既是中国报人新闻话语权抗争的产物,又是其新闻话语权抗争的有力工具。一方面,在清末,通过借助外力与顽固的清政府专制统治进行新闻话语权抗争,办起了"洋旗报";在"孤岛"时期,与日伪的新闻封锁与新闻检查做斗争,办起了以抗日宣传为旨归的"洋旗报"。另一方面,在各阶段的具体历史情境下,通过"洋旗报"进行新闻话语权抗争,发挥着各种重要的历史作用。

在近代民族报业创始时期,"洋旗报"作为国人办报路径的一种探索,为后来国人办报开创了道路,积累了经验。从而使得在国人办报高潮期间,甚至在慈禧重启报禁中,能够大批量出现各种进行思想启蒙、宣传维新变法与革命的挂"洋旗"刊行的报刊。进而在"孤岛"时期,在日伪的暴力威胁、恐吓、投弹、收买等软硬措施之下,"孤岛"上的各种爱国力量,能够创办各种"洋旗报"进行抗日宣传,虽九死犹未悔。

胡道静说1895年以前的上海华文报纸,多为"外人经营的,当作和华人贸易之一种","内容亦着重于商品的宣传","没有中心主张,不敢谈政治"。[①] 第一批国人自办报刊中的"洋旗报",是在当时商业中文报刊兴起潮中发轫的,且因初创,政治上亦不够大胆,多少具有上述特点。不过,作为国人自办报刊,其话语权抗争的动机与努力,使其毕竟不同。如《汇报》创办不久即因涉及政事、态度激进,招致官方非议,引起股权变动,改名《彙报》刊行,之后更为大胆地指陈时弊,刊发要求变革的言论、转录王韬《循环日报》上变法自强的论述、译介英国议会的文章。《广报》改名《中西日报》挂"洋旗"刊行后"渐肆议论,指摘政治"。《彙报》《中西日报》等"洋旗报"刊发的这些报道、言论、文章,无疑对当时国人起到了一定的思想启蒙作用,而其挂"洋旗"办报用实际行动冲破专制政府的报禁,无疑也激发了国人办报的想象空间与行动力,这是其启蒙作用的另一面相。

在国人办报高潮中出现的大批"洋旗报",则不但在思想启蒙方面发挥了更大的作用,而且在维新变法、革命宣传中起到了主力军的作用。如

---

① 胡道静:《上海新闻事业之史的发展》,中国传媒大学出版社2018年版,第2页。

第一次国人办报高潮中的《国闻报》，作为维新派在变法中的重要舆论阵地，在鼓吹变法、动员民众、传播西学等方面发挥了重要作用。又因其离京师近，主笔与梁启超等维新主干关系密切，京师发生的重大事件及朝廷动向都能及时传报，使《国闻报》成为维新派的喉舌，能及时全面地向全国报道变法进展、改革成就及遭遇的挫折。戊戌政变后，因有"洋旗"庇护，仍能继续刊行，并以显明态度同情与支持维新派。在第二次国人办报高潮中，《国民日日报》《神州日报》《民吁日报》等革命派所办的"洋旗报"，虽不公开宣称但实际上是形同革命派的机关报，发挥着革命宣传与舆论声援的积极作用，对推进资产阶级革命起到了不可忽视的作用。如《国民日日报》以宣传民主、恢复民权、反对专制为宗旨，一是注意声援革命派报刊报人、革命者及其革命活动，控诉专制政府的迫害行径；二是阐发反满种族思想，鼓吹"破坏"与"奴隶"解放，对封建神权、君权与伦理道德观念展开批判。《神州日报》《民吁日报》等亦是如此，一方面，详细报道各地武装起义，给革命运动以舆论支持；另一方面，揭露清政府黑暗统治，大声疾呼，为民请命。

而在"孤岛"时期的"洋旗报"，特别是中国共产党人与进步爱国人士创办或主持的"洋旗报"，都是"应'抗日救亡'的时代潮流、'孤岛'环境的需要而产生，以坚持抗日为立场，以团结抗日为宗旨、以'孤岛'民众为依归，以传播抗日信息、进行爱国抗日教育为主题，激励和鼓舞'孤岛'民众的抗日信心，从而为中国的抗战胜利做出了重要贡献"。[①] 无疑地，这些坚持抗日宣传的"洋旗报"，是"孤岛"上海抗日宣传的主力军，也是当时中国抗日宣传队伍中的特种部队与生力军，为中国的抗日救亡事业、为中国抗战的最后胜利与民族解放，立下了汗马功劳与卓越功勋。

七十年"洋旗报"史，饱含了国人在民族报业创始时期突破报禁与言禁，开创民族报业、维护民族国家权益力行话语权抗争的历史；饱含了国人在办报高潮时期突破报禁与言禁，进行思想启蒙、宣传维新与革命、抵制列强侵华，寻求民族救亡道路的历史；饱含了国人在"孤岛"时期

---

① 周立华：《"孤岛"时期的〈文汇报〉研究》，博士学位论文，厦门大学，2007年。

突破日军新闻封锁与统制,"不畏牺牲,不为利诱",与日伪斗智斗勇宣传抗日救亡、寻求民族解放的历史。"洋旗报"的英勇抗争与奋进历史中,给我们留下了宝贵的英勇抗争精神,留下了睿智的话语抗争与传播策略。这些精神、这些经验、这些财富,鞭策着同时也启迪着我们新时代的广大新闻工作者,在日趋复杂的国际形势下,为维护民族利益,在对外传播中,为"讲好中国故事、传好中国声音、阐释中国特色、增强国际话语权",勇担当,巧作为。

三 "洋旗报"戴着镣铐跳舞

从发展历史来看,各时期的"洋旗报"由于政治、经济、文化等方面的原因,在刊行中也面临着困境、存在着局限,故多曲折,寿命不长。

其一,是经济文化上的限制,这种限制在"洋旗报"初创时期最为突出。

与古代报纸不同,作为"洋务"进入中国的近代报刊属于大众传播媒介。作为大众传媒,报刊的诞生"除依靠大量印刷的机械技术外,还必须获得相应的大众读者层",以及必不可少的"把二者联结起来的社会交通网络的发达、出版印刷自由的确立等条件"。在近代世界,大众读者群随18世纪末的产业化而形成,产业革命与资本主义经济造就了大批工人,"产业化促进了都市化,都市人口的增多成为都市报纸读者增多的前提条件"[①]。而在近代中国,"洋旗报"产生即国人自办报刊兴起之际,恰逢中国开展洋务运动不久,至19世纪90年代,在洋务运动与通商口岸商贸活动发展的推动下,民族资本主义才有了初步发展,但是基础薄弱,为民族报业发展提供的基础极其脆弱。加之当时风气未开,既少读者,也缺乏广告支撑。所以,当时虽然找到了"挂洋旗"办报等突破"言禁"与"报禁"的办法,但是由于习字人少、没有形成报业市场,经济上难以维持。所以,只有在后来的维新变法或革命宣传中,由于有政治力量的支持,才能维系,并得到发展。

---

① [日]竹内郁郎:《大众传播社会学》,张国良译,复旦大学出版社1989年版,第24、25页。

从清末"洋旗报"的发展情况来看,分布地区虽广,遍及上海、汉口、广州、杭州、天津、北京、重庆等地,但是上海最集中(占62.5%),也最有代表性。上海"洋旗报"发展的这种代表性,既跟其经济、文化环境有关,也跟其"租界"提供的特殊政治环境有关。上海"有着公共租界与法租界,便如香港殖民地一样地呼吸着多量之西欧空气"。"上海的地位,则盘踞在拥有中国半数人口的扬子江之门户,而成为全国中心的都市;不只以其商业称雄,抑且有实业为其基础。自从一个以渔棉为业的半百万居民的城市,经中英之战,今乃拥有三百万人口,而为中国最大城市之一,密切地关联着中国生活的变化。在如此的环境中,乃产生了全国最大的新闻纸。""在满清末年,提倡民族革命的报纸,多在海外华侨集中的地点出版,其在国内发刊者则多在香港及上海二地,这也是因为这些地点具备相当的言论自由权利的缘故。"1903年上海发生"苏报案","因该报刊载反对满清政府的文字,而遭清廷派员向上海领事团交涉,订立条约后,乃封闭该报,拘捕馆员。到后来审问,还闹得轰轰烈烈,为举世所注视。上案之所以能发生如此的经过,全因上海的环境关系"。[①]

而且,19世纪70年代初至90年代初的第一批国人自办报刊,"特只视为商业的一种","固无明显之主张",[②] 停刊之后也没有"独立的精神留下来"。从商业来说,当时民族工商业薄弱,没能为报业提供坚实的经济基础,加之风气未开、为文化教育所限,阅报者少,按商业经营的第一批国人自办报刊缺乏社会经济的切实支持,所以发展波折,生命脆弱。而从思想方面来说,虽然洋务运动兴起间,"变法、自强"的主张已开始得到提倡与传播,但是在"天朝上国"臆想未完全打破、民族危亡意识未切实形成之前,这种主张只是少数开明士绅的个人主张,没有在一定的社会范围内达成共识,所以没能在单薄的国人报刊上广泛传播,即便传播也不会有较普遍的接受者。所以,创始时期的"洋旗报"虽然有外商招牌掩护,可突破专制政府的报禁,但是因经济、文化环境使然,其发展颇多

---

① 胡道静:《新闻史上的新时代》,中国传媒大学出版社2018年版,第14—15页。
② 戈公振:《中国报学史》,上海古籍出版社2003年版,第29—30页。

曲折，不能长远。

其二，挂"洋旗"办报有政治上的软肋。一是中外反动势力时有勾结，联合镇压；二是外国势力的妥协、不支持。一旦出现这样的情况，"洋旗报"就会陷入困境、坚持不下去。

比如，具有革命倾向的"洋旗报"《楚报》[①]，因为揭露张之洞为筑川粤汉铁路向外商订立借款草约，被张通过英国领事馆将报馆查封，总编辑张汉杰被引渡判刑十年。[②] 而 1900 年，《中西日报》因刊登义和团获胜、八国联军战败的消息，被英、法等帝国主义迫使广东地方当局予以查禁。

与清末"洋旗报"相比较，"孤岛"时期上海"洋旗报"能够风行一时，一是当时上海报业市场发达，而且在国难当头之际，"孤岛"上的中国民众对这些报纸的需求更为炽烈。二是在政治上，西方列强间的矛盾为之提供了空间。但是由于政治上的软肋，即一旦英、美、法等对日本侵略者妥协、退让，"洋旗报"也就面临着被挤压与停刊的命运。如 1939 年"五月危机"爆发，导致大批"洋旗报"被迫停刊，就是租界当局对日妥协的结果。

其三，"洋旗"的限制与出卖，也是导致"洋旗报"面临困境的重要原因。

从"洋旗报"的"洋旗"来看，各色人等都有，有政治人物，如《国闻报》的"洋旗"西村博与《重庆日报》的"洋旗"竹川藤太郎，都有日本外务省的背景；有特务，如《时报》"洋旗"宗方小太郎，不仅有日本外务省背景，还是日本特务；有新闻记者、编辑，如《国闻报》"洋旗"西村博是随军记者，《文汇报》英籍董事洛特，曾任多家英国报纸主笔，充作《文汇报》"洋旗"时正主编《航业评论》。不过，总体来看，以商人为多，商人中有不少纯为投机取利者。这些形形色色的"洋旗"，有的限制了"洋旗"的发展，有的则是导致"洋旗报"停刊的定时炸弹。

[①] 1905 年在汉口英租界创刊时，为了防止清政府干涉，聘英人佑尼干担任社长，并在香港注册。

[②] 参见薛飞《旧中国的租界与报纸》，《新闻与传播研究》1999 年第 4 期。

如因"洋旗"西村博的日本外务省背景,在维新变法后期,《国闻报》所发议论,在一定程度上受到日方的影响。实际上,《国闻报》自从挂上"洋旗""以明治纪年始,即以不刊登有碍日本利益的文章为先决条件",从而"捆绑了自己的手脚",使其"只注意宣传日本明治维新的经验,而未能揭露日本对中国的侵略野心"。① 那些以投机取利为"洋旗"的"洋旗报",则时时面临"洋旗"被收买的危险。虽然抗日的"洋旗报",特别是中国共产党人与进步爱国人士创办与主持的"洋旗报",真正做到了"威武不能屈,富贵不能淫","不惧威胁牺牲,不为利诱"。但是,那些见利忘义的投机商人"洋旗"则不然。在1939年的"五月危机"中,一大批"洋旗报"停刊,特别是中国共产党人主持的"洋旗报"全军覆没,就是由于"洋旗"的被收买,在当时环境下那就是釜底抽薪。②

四 余思

系统研究近代中国的"洋旗报",揭示其历史地位与现实意义是本书之旨归。回顾整个研究与思考过程,笔者觉得有几点收获:一是结合近代中国的半封建半殖民地社会环境,对七十余年"洋旗报"史进行了较为系统的梳理;二是新闻传播学与思想文化史理论及方法的运用,使笔者较好地把握了社会环境、时代背景对报刊产生、发展的重要作用及其相互间的积极互动;三是运用历史唯物主义与辩证唯物主义的方法,对"洋旗报"在民族报业创始时期的开创性贡献,对"洋旗报"在近代思想启蒙、维新变法与革命宣传中的历史性贡献,对"孤岛"时期"洋旗报"的抗日宣传为中国抗战胜利与民族解放做出的卓越贡献,进行了系统的理解与把握;四是对"洋旗报"有了较为全面的把握,认识到除了大部分发挥积极作用的"洋旗报"之外,也存在少量纯为追求利润、消闲性甚至混淆视听的"洋旗报",我们对"洋旗报"不能一概而论,而是要具体报刊

---

① 参见孔祥吉、村田雄二郎《从中日两国档案看〈国闻报〉之内幕(下)——兼论严复、夏曾佑、王修植在天津的新闻实践》,《学术研究》2008年第9期。
② 比如:《每日译报》《导报》因英籍发行人裴士和鲍纳被收买被迫停刊,《文汇报》因英籍发行人克明被收买被迫停刊,《国际日报》《国际夜报》因英籍发行人克兰佩被收买被迫停刊,等等。

具体分析。如《奇闻报》（1897）、胡璋主持时期的《苏报》（1896）是纯商业投机的"洋旗报"，《汉口风月报》（1905）则格调不高。此外，在上海"孤岛"时期，以抗日宣传为旨归的"洋旗报"兴起后，日伪、汉奸报刊也挂"洋旗"刊行或创办"洋旗报"，以混淆视听，不过量很少，主要是《晶报》[①]与《总汇报》。《晶报》由落水汉奸余大雄于1938年1月29日恢复出版，不久由落水文人钱芥尘接办、落水报人朱虚白任总编辑，[②]在"洋旗报"兴起潮中，也请美国人特奥多罗（A. L. Teodoro）担任发行人，"俨然是一份美商报纸"。该报除了在宣传上为日人张目之外，还连篇累牍地刊载色情文字，以麻醉上海人民。[③]《总汇报》则是伪"维新政府"于1938年12月1日创办的，名义上为美商报纸，由美国人基恩（A. M. Kiehn）任董事长，实际是伪"维新政府"机关报，由教育界落水人士徐韫和主编，1940年梁鸿志被汪派倾轧倒台后停刊。[④]

  由于条件所限，且时过境迁，许多一手资料已无从获取，已有记载又存在模糊不清的情况，从而给本书研究带来不少困难与不便，也因此留下不少遗憾。首先，本书报告的"洋旗报"仍是不完全统计与梳理。包天笑在回忆《苏报》挂"洋旗"创刊情况的时候提到过，"上海那时的报馆，挂外商牌子的很多，以此为护符也"[⑤]。未能完全统计与梳理的原因，一为资料限制，未能完全统计。二为真假难辨，时人记述不清、不全，将"洋旗报"误指为外人所办的报刊。如郑观应《盛世危言》中说，"广州复有《广报》、《中西日报》之属，大抵皆西人为主"[⑥]，即将国人所办《广报》挂"洋旗"改名《中西日报》刊行，误认为外人所办的报刊。三为还有虚悬"洋旗"的报刊，只是虚张声势并无其实的假"洋旗报"，

[①] 为余大雄（洵）于1919年3月3日创刊，后几度停刊。上海沦陷后，余大雄落水当了汉奸，又复刊了《晶报》。

[②] 钱芥尘曾任《中央日报》庐山版主编，朱虚白曾任《中央日报》庐山版驻沪记者。

[③] 参见马光仁主编《上海新闻史》（1850—1949），复旦大学出版社1996年版，第878页。

[④] 参见马光仁主编《上海新闻史》（1850—1949），复旦大学出版社1996年版，第879页。另说系1939年初创办。参见方汉奇主编《中国新闻事业编年史·上》，福建人民出版社2018年版，第729—730页。

[⑤] 包天笑：《钏影楼回忆录》，中国大百科全书出版社2009年版，第181页。

[⑥] 戈公振：《中国报学史》，上海古籍出版社2003年版，第128页。

但在特定环境下，也能发挥作用。所以，还有些冒充"洋商"牌子的"洋旗报"需要细辨。其次，在已梳理的"洋旗报"中，也有些语焉不详，只是点到为止。如《便览报》《汉口小报》等，依现有新闻史著作记叙仅仅是提到，具体情形不详；而如《蒙学报》《岭海报》等，其挂"洋旗"后的具体情况并不详确，亦需进一步考证。再次，"洋旗报"所赖作"洋旗"的外籍人士的情况，因资料有限，还有不少只是提及并无详究的，如（英）必文、（德）鼎普、（日）香月梅外等，还有一些甚至连名字都不确定的，只知道国籍，如《岭海报》只知是德商、《汉口日报》只知是英商，等等，具体情形并不知悉。最后，是"洋旗报"与非"洋旗报"的比较，中途挂"洋旗"刊行的报刊与其未挂"洋旗"前的比较，不同阶段"洋旗报"的比较，都还是比较薄弱的环节。所有这些留存的遗憾与不足，需要在今后的学研道路上继续改进与弥补，也是鞭策笔者不断奋进的动力。

参考文献

一 报刊、档案、方志及史料汇编

（一）报刊

《便览报》（1899—1906，上海）

《东方杂志》（1904年3月—1948年12月，上海）

《国民日日报汇编》（1—4集），《中华民国史料丛编》（A15·1—2），国民党党史史料编纂委员会编，1968年影印版。

《国闻报》（1897年10月—1899年2月，天津）

《国闻报汇编》，西江欧化社藏版1903。

《汇报》（1874年6月—1875年7月，上海）

《每日译报》（1938年1月—1939年5月）

《民立报》，黄季陆主编《中华民国史料丛编》（B·4），国民党党史史料编纂委员会，1969年影印版。

《上海周报》（1939—1941）1—4卷，湘潭大学出版社2014年版。

《申报》（1872—1937、沪版1938年10月—1941年12月）

《时报》（1904年6月—1939年8月，上海）

《述报》（1884年4月—1885年4月，广州）

《苏报》，《中华民国史料丛编》（A11），国民党党史史料编纂委员会，1968年影印版。

《新青年》（1915年9月—1925年4月，上海）

《新闻报》（1938—1942）

《文汇报》（1938年1月—1939年5月）

《中西闻见录》

马鸿谟编:《民呼、民吁、民立报选辑》,河南人民出版社 1982 年版。

文汇年刊编辑委员会:《文汇年刊》,文汇有限公司出版部 1939 年版。

中国社会科学院新闻研究所:《新闻研究资料》(1—61 辑)中国社会科学出版社 1979—1993 年版。

(二)档案

《林柏生致上海公共租界工部局函》(1940 年 12 月 19 日),《上海公共租界工部局致陈公博函》(1941 年 1 月 7 日),《日伪上海特别市政府关于新闻检查的文件》,上海档案馆藏《日伪上海特别市政府档案》,档号 R1—18—660。

《日伪上海特别市政督办公署新闻检查工作报告》,上海市档案馆《日伪上海特别市政府档案》,档号 R1—2—1284。

《清民政部档案》,编号 1509/519。

《新闻报馆 1930—1949 年股东常委会议记录及董事会决议》,上海市档案馆藏《申报新闻报档案》,档号 Q430—1—261。

上海市档案馆:《上海公共租界工部局年报》,全宗号 U101—877—972(1861—1943)。

上海市档案馆:《上海公共租界工部局公报》,全宗号 U101—973—1022(1908—1943)。

上海市档案馆:《上海法租界公董局公报》,全宗号 U38—1—2810—2839(1910—1942)。

上海市档案馆:《上海法租界公董局年报》,全宗号 U38—1—2743—2809(1870—1943)。

(三)方志及史料汇编

《德宗景皇帝实录(六)》卷四百二十七、四百二十八,中华书局 1987 年影印本。

《江督魏光焘致枢垣报租界拿犯历来最为棘手电》,《清季外交史料》卷 172。

《刘坤一书牍》卷 13,1909 年。

《美国对外关系外交文件集》(1931—1941)第 1 卷。

《民国丛书第三编(上海一日)》(93),上海书店 1989 年版。

（清）朱寿朋：《光绪朝东华录》第五册，中华书局1958年版。

（清）朱寿朋：《东华续录》卷169，中华书局1958年版。

（清）崔国因：《出使美日秘日记》，刘发清、胡贯中点注，黄山书社1988年版。

《苏报案纪事》，《中华民国史料丛编》（A10），台北：国民党党史史料编纂委员会，1968年影印版。

《苏报鼓吹革命清方档案》，中国史学会主编《辛亥革命》第1册，上海人民出版社1957年版。

《上海市年鉴》（下），中华书局1936年版。

《锡良遗稿　奏稿》第一册，中华书局1959年版。

《宣统元年分第三次教育统计图表》，陈学恂《中国近代教育史教学参考资料》，人民教育出版社1987年版。

《张文襄公电稿》卷25，2005年。

《张之洞全集》第五册（公牍），河北人民出版社1998年版。

《浙江省新闻志》编纂委员会：《浙江省新闻志》，浙江人民出版社2007年版。

《中国地方志集成》第3册，江苏古籍出版社2001年（据1920年刻本影印）。

《中国全面抗战大事记》，上海美商华美出版公司1938年版。

《中华民国第四次教育统计图表》，王燕来选编《民国教育统计资料汇编》第三册，国家图书馆出版社2010年版。

《中英续议通商行船条约十六款》（光绪二十八年），（清）朱寿朋编，张静庐等校点。

《曾广铨来书》，《汪康年师友书札》（三），上海古籍出版社1986年版。

《遵旨核议新编刑事民事诉讼法折》（光绪三十三年），《张文襄公全集》卷69，中国书店1990年版。

包天笑：《钏影楼日记》，上海图书馆藏，1938年。

陈志奇编：《中华民国外交史料汇编》，渤海堂文化事业公司1996年版。

方豪编录：《英敛之先生日记遗稿》，文海出版社民国六十三年（1974）版。

复旦大学历史系日本史组编译：《日本帝国主义对外侵略史料选编（1931—

1945)》，上海人民出版社 1983 年版。

复旦大学新闻系新闻史教研室：《中国新闻史文集》，上海人民出版社 1987 年版。

工部局华文处译述：《费唐法官研究上海公共租界情形报告书》，1931 年。

故宫博物院明清档案部：《清末筹备立宪档案史料》下册，中华书局 1979 年版。

广州市志编委会编：《广州市志卷十六》（文化志·出版志·报业志·广播电视志），广州出版社 1999 年版。

国家档案局明清档案馆编：《戊戌变法档案史料》，中华书局 1958 年版。

汉口租界志编纂委员会：《汉口租界志》，武汉出版社 2003 年版。

侯祖畲修，吕寅东纂：《民国夏口县志》，江苏古籍出版社据 1920 年刻本影印卷十二"商务志"。

交通部编：《交通部统计年报》，南京大陆印书馆 1933 年、1935 年版。

刘延涛：《民国于佑任先生年谱》，台湾商务印书馆 1981 年版。

［美］罗斯福（Franklin D. Roodvelt）：《关于对华援助致蒋介石委员长电》，《罗斯福选集》，关在汉编译，商务印书馆 1982 年版。

上海出版志编纂委员会：《上海出版志》，上海社会科学院出版社 2000 年版。

上海地方志办公室：《上海新闻志》，上海社会科学院出版社 2001 年版。

上海市、天津市、辽宁省、广东省、青岛市、厦门市、武汉市、广州市政协文史资料委员会合编：《列强在中国的租界》，中国文史出版社 1992 年版。

上海通社：《公共租界沿革》，《上海研究资料》，上海书店 1984 年版。

上海市档案馆、北京广播学院、上海市广播电视局：《旧中国的上海广播事业》，中国广播电视出版社 1985 年版。

上海租界志编纂委员会：《上海租界志》，上海社会科学院出版社 2001 年版。

上海通社编：《上海研究资料续集》，上海书店出版社 1984 年版。

上海图书馆：《汪康年师友书札》第二册，上海古籍出版社 1989 年版。

沈阳市邮政局邮政志办公室：《中国邮电史料：第一辑》（1985）准印证

号码：沈文内登字第 90 号。

史和、姚福申、叶翠娣：《中国近代报刊名录》，福建人民出版社 1991 年版。

宋原放主编：《中国出版史料·近代部分》（第一卷、第二卷、第三卷），汪家熔辑注，湖北教育出版社 2004 年版。

汤志钧主编：《近代上海大事记》，上海辞书出版社 1989 年版。

天津档案馆、南开大学分校档案系编：《天津租界档案选编》，天津人民出版社 1992 年版。

天津市地方志编修委员会：《天津通志·出版志》，天津人民出版社 2001 年版。

天津市地方志编修委员会：《天津通志·附志·租界》，天津社会科学出版社 1996 年版。

天津市政协文史资料研究委员会编：《天津租界》，天津人民出版社 1986 年版。

王铁崖：《中外旧约章汇编》（1—3 册），生活·读书·新知三联书店 1957 年版。

王铁崖：《中华法学大辞典·国际法学卷》，中国检察出版社 1996 年版。

王文彬编：《中国现代报史资料汇辑》，重庆出版社 1996 年版。

魏绍昌：《吴趼人研究资料》，上海古籍出版社 1980 年版。

魏源：《海国图志》（下），岳麓书社 1988 年版。

文汇报报史研究室：《文汇报大事记（1938.1—1939.5、1945.8—1947.5）》，文汇出版社 1986 年版。

文汇报报史研究室：《文汇报史略（1938.1—1939.5、1945.8—1947.5）》，文汇出版社 1988 年版。

文汇报报史研究室：《从风雨中走来（文汇报回忆录·1）》，文汇出版社 1993 年版。

文汇报社：《文汇报五十年：1938—1988》，文汇报社 1988 年版。

吴汉民主编：《20 世纪上海文史资料文库》（1—10 册），上海书店出版社 1999 年版。

吴馨、江家湄修，姚文柟纂：《民国上海县志》第 14 卷，上海书店 1991

年版（据 1936 年铅印本影印）。

武汉地方志编纂委员会：《武汉市志·新闻志》，武汉大学出版社 1991 年版。

厦门市委文史资料研究委员会编：《厦门的租界》，《厦门文史资料》第 16 辑，鹭江出版社 1990 年版。

徐忍寒：《申报七十七年史料》，上海文史馆 1962 年版。

徐雪筠等译编：《上海近代社会经济发展概况（1882—1931）——〈海关十年报告〉译编》，上海社会科学出版社 1985 年版。

徐载平、徐瑞芳：《清末四十年申报史料》，新华出版社 1988 年版。

张静庐辑注：《中国近代出版史料》（1—8），上海书店出版社 2003 年版。

张静庐辑注：《中国近代出版史料》（初编、二编），群联出版社 1954 年版。

张之华：《中国新闻事业史文选》，中国人民大学出版社 1999 年版。

政协广州市委员会文史资料研究委员会：《广州的洋行与租界》，《广州文史资料》第 44 辑，广东人民出版社 1992 年版。

中国第二历史档案馆编：《中华民国史档案丛刊·抗日战争正面战场》，江苏古籍出版社 1985 年版。

中国第一历史档案馆：《光绪朝上谕档》（影印本）第 24 册，广西师范大学出版社 1996 年版。

中国第一历史档案馆编：《刘坤一遗集》第 3 册，中华书局 1959 年版。

中国国家博物馆编：《郑孝胥日记》第 2 册，中华书局 1993 年版。

中国史学会编：《辛亥革命》（一），上海人民出版社 1957 年版。

中国史学会主编：《中国近代史料丛刊　戊戌变法二》，上海人民出版社 1953 年版。

中国史学会主编：《中国近代史料丛刊　戊戌变法三》，上海人民出版社 1957 年版。

中华书局编辑部：《筹办夷务始末（同治朝）三》，李书源整理，中华书局 2008 年版。

中山大学历史系孙中山研究室编：《孙中山全集》第 7 卷，中华书局 1985 年版。

二 著作

（一）国外著作

［法］加布里埃尔·塔尔德著，［美］特里·克拉克编：《传播与社会影响》，何道宽译，中国人民大学出版社 2005 年版。

［法］梅朋·傅立德：《上海法租界史》，倪静兰译，上海译文出版社 1983 年版。

［法］佩雷菲特：《停滞的帝国——两个世界的碰撞》，王国卿等译，生活·读书·新知三联书店 1993 年版。

［荷兰］冯客：《简明中国现代史 1912—1949》，陈瑶译，九州出版社 2014 年版。

［美］白瑞华：《中国近代报刊史》，苏世军译，中央编译出版社 2013 年版。

［美］费正清：《剑桥中国晚清史》（上、下卷），中国社会科学院历史研究所编译室译，中国社会科学出版社 1985 年版。

［美］费正清：《剑桥中华民国史》（上、下卷），中国社会科学院历史研究所编译室译，中国社会科学出版社 1993 年版。

［美］罗伯特·E. 帕克：《移民报刊与社会控制》，陈静静、展江译，中国人民大学出版社 2011 年版。

［美］罗威廉：《汉口：一个中国城市的冲突和社区（1796—1895）》，鲁西奇、罗杜芳译，中国人民大学出版社 2008 年版。

［美］马士（Hosea Ballou Morse）：《中华帝国对外关系史》（第 1 卷，1834—1860 年冲突期），张汇文等译，生活·读书·新知三联书店 1957 年版。

［美］迈克尔·埃默里等：《美国新闻史——大众传播媒介解释史》，展江译，中国人民大学出版社 2009 年版。

［美］墨菲（R. Murphey）：《上海——现代中国的钥匙》，上海社会科学历史研究所编译，上海人民出版社 1986 年版。

［美］顾德曼（Bryna Goodman）：《家乡、城市和国家——上海的地缘网络与认同 1853—1937》，宋钻友译，上海古籍出版社 2004 年版。

［美］斯塔夫里阿诺斯：《全球通史：1500 以后的世界》，吴象婴、梁赤

民译，上海社会科学出版社1999年版。

［美］魏斐德（Frederic Wakeman, Jr.）：《上海歹土——战时恐怖活动与城市犯罪：1937—1941》，芮传明译，上海古籍出版社2003年版。

［美］周策纵：《五四运动史》，陈永明等译，世界图书出版公司2014年版。

［日］殿木圭一：《上海》，岩波书店1942年版。

［日］冯正宝：《评伝宗方小太郎　大陸浪人の役割》，熊本出版文化会館1997年版。

［日］黑龙会：《东亚先觉志士记传（下）》，原书房昭和四十一年（1966）。

［日］晴气庆胤：《沪西"七十六号"特工内幕》，朱阿根、孙志民、毛良鸿译，上海译文出版社1985年版。

［日］野口谨次郎等：《上海共同租界と工部局》，东京日光书院昭和十四年（1939）版。

［日］羽根田市治：《上海县城の记》，东京龙溪书舍昭和五十四年（1979）版。

［日］竹内郁郎编：《大众传播社会学》，张国良译，复旦大学出版社1989年版。

Lasswell Harold D., *The Structure and Function of Communication in Society*, *The Communication of Ideas*, Harper and Brothers, New York, 1948.

Natascha Vittinghoff, *Readers, Publishers and Officials in the Contest for a Public Voice and the Rise of a Modern Press in Late Qing China* (1860 – 1880), T'oung Pao, Second Series, Vol. 87, 4/5 (2001).

Norwood F. Allman, *Shanghai Lawyer*, New York: Mcgraw – Hill Book Company, 1943.

Robert E. Park, *The Immigrant Press and Its Control*, New York: Harper and Brothers Publishers, 1922.

（二）国内著作

《上海敌军游行示威目击记》，天行《沦陷后的上海》，华中图书公司1938年版。

白润生：《中国新闻通史纲要（修订本）》，中央民族大学出版社2004年版。

包天笑：《钏影楼回忆录》，中国大百科全书出版社2009年版。

参考文献

北京大学历史系中国现代史教研室编：《中国共产党历史教学参考资料》第 1 册，1978 年。

卞仲璠：《重庆日报创办人卞小吾事迹》，政协全国委员会文史资料研究委员会编《辛亥革命回忆录》第 3 册，中华书局 1962 年版。

蔡罕、黄朝钦：《宁波新闻传播史（1845—2008）》，浙江大学出版社 2012 年版。

蔡寄鸥：《武汉新闻史》，（日伪）中日文化协会武汉分会 1943 年版。

蔡元培：《读章氏所作〈邹容传〉》，《蔡元培全集》，台湾商务印书馆 1968 年版。

陈冠兰：《近代中国的租界与新闻传播》，中国书籍出版社 2013 年版。

陈万雄：《新文化运动前的陈独秀：一八七九至一九一五》，香港中文大学出版社 1982 年版。

陈旭麓：《宋教仁集（上）》，中华书局 1981 年版。

陈玉申：《晚清报业史》，山东画报出版社 2003 年版。

陈正书：《关于上海公共租界印刷附律的商榷》，上海市出版工作者协会《出版史料》编辑组编《出版史料》第一辑，学林出版社 1982 年版。

程道德等编：《中华民国外交史料选编（一）》，北京师范大学出版社 1988 年版。

程丽红：《清代报人研究》，社会科学文献出版社 2008 年版。

程其恒：《战时中国报业》，铭真出版社 1944 年版。

仇润喜：《天津邮政史料》第 1 辑，北京航空学院出版社 1988 年版。

《创建上海江宁七邑公所碑》，上海博物馆图书资料室《上海碑刻资料选辑》，上海人民出版社 1980 年版。

丁淦林编：《中国新闻图史》，南方日报出版社 2002 年版。

丁淦林等编：《中国新闻事业史新编》，四川人民出版社 1998 年版。

丁文江、赵丰田编：《梁启超年谱长编》，上海人民出版社 1983 年版。

杜绍文：《战时报学讲话》，战地图书出版社 1941 年版。

方汉奇：《报史与报人》，新华出版社 1991 年版。

方汉奇：《中国近代报刊史》，山西教育出版社 1981 年版。

方汉奇：《中国新闻事业编年史·上》第二版，福建人民出版社 2018 年版。

方汉奇：《中国新闻事业编年史·中》第二版，福建人民出版社2018年版。
方汉奇：《中国新闻事业通史》第1卷，中国人民大学出版社1992年版。
方汉奇：《中国新闻事业通史》第2卷，中国人民大学出版社1996年版。
方汉奇、陈业劭、张之华：《中国新闻事业简史》，中国人民大学出版社1983年版。
费成康：《中国租界史》，上海社会科学院出版社1991年版。
冯自由：《革命逸史·上》，金城出版社2014年版。
甘惜分主编：《新闻学大词典》，河南人民出版社1993年版。
［台］高郁雅：《柜台报：上海〈新闻报〉研究（1893—1949）》，新北：辅大书坊2015年版。
戈公振：《中国报学史》，上海古籍出版社2003年版。
戈公振：《中国报学史》，生活·读书·新知三联书店2011年版。
顾长声：《传教士与近代中国》，上海人民出版社1981年版。
顾维钧：《外人在华之地位》，外交部图书处1925年版。
顾执中：《报海杂忆》（上、下），政协北京市委文史资料委员会编《文史资料选编》第23、24辑，北京出版社1985年版。
郭步陶：《本国新闻事业》，上海申报馆1936年版。
洪钧培编：《国民政府外交史》，华通书局1930年版。
胡道静：《报坛逸话》，上海世界书局1946年版。
胡道静：《上海的定期刊物》，上海市通志馆1935年抽印本。
胡道静：《上海的日报》，上海市通志馆1935年抽印本。
胡道静：《上海新闻事业之史的发展》，中国传媒大学出版社2018年版。
胡道静：《新闻史上的新时代》，中国传媒大学出版社2018年版。
胡道静：《附篇·申报六十六年史》，《新闻史上的新时代》，上海世界书局1946年版。
胡道静：《上海的日报》，《上海通志馆期刊》1934年第1期，台北文海出版社1977年版（影印本）。
胡道静：《上海新闻纸的变迁》，上海通社编《上海研究资料》，上海书店1984年版。
胡汉民：《近年中国革命报之发达》，陈夏红选编，杨天石审订《辛亥革命实绩史料汇编（舆论卷）》，中国大百科全书出版社2011年版。

胡太春：《中国近代新闻思想史：增订本》（上、下卷），东方出版社2015年版。

黄福庆：《近代日本在华文化及社会事业之研究》，中央研究院近代史研究所1982年版。

黄瑚：《中国近代新闻法制史论》，复旦大学出版社1999年版。

黄瑚：《中国新闻事业发展史》，复旦大学出版社2001年版。

黄汝翼：《新闻事业进化小史》，上海中央日报社1928年版。

黄天鹏：《新闻记者外史》，上海光华书局1931年版。

黄天鹏：《中国新闻事业》，上海联合书店1930年版。

黄苇、夏林根编：《近代上海地区方志经济史料选辑1840—1949》，上海人民出版社1984年版。

黄卓明：《中国古代报纸探源》，人民日报出版社1983年版。

姜椿芳：《姜椿芳文集第9卷》，中央编译出版社2014年版。

蒋国珍：《中国新闻发达史》，上海联合书店1930年版。

蒋廷黻：《中国近代史》，上海古籍出版社1999年版。

金冲及：《辛亥革命研究》，上海辞书出版社2011年版。

蒯世勋等编著：《上海公共租界史稿》，上海人民出版社1980年版。

邝其照：《华英字典集成》，1887年香港上环利昌隆发售，广东中山图书馆藏。

赖光临：《七十年中国报业史》，台北中央日报社1981年版。

赖光临：《中国近代报人与报业》，台湾商务印书馆股份有限公司1980年版。

赖光临：《中国新闻传播史》，台北：三民书局1978年版。

乐正：《近代上海人社会心态（1860—1910）》，上海人民出版社1991年版。

李长莉：《近代中国社会文化变迁录》（第一卷），浙江人民出版社1998年版。

李谷城：《香港中文报业发展史》，上海古籍出版社2005年版。

李华彬：《天津港史》（古、近代部分），人民交通出版社1986年版。

李磊：《〈述报〉研究》，兰州大学出版社2002年版。

李龙牧：《中国新闻事业史稿》，上海人民出版社1985年版。

李育民：《近代中国的条约制度》，湖南师范大学出版社1995年版。

李育民：《中国废约史》，中华书局2005年版。

李瞻：《世界新闻史》，台湾政治大学新闻研究所1966年版。

李瞻：《中国新闻史》（报学丛书第6种），台湾学生书局1979年版。

李吉奎：《容闳与近代中国新闻事业》，吴文莱主编《容闳与中国近代化》，珠海出版社1999年版。

梁碧莹：《艰难的外交：晚清中国驻美公使研究》，天津古籍出版社2004年版。

梁家禄、钟紫、赵玉明、韩松：《中国新闻业史（古代至一九四九年）》，广西人民出版社1984年版。

梁敬镦：《在华领事裁判权论》，商务印书馆1934年版。

梁启超：《戊戌政变记》，中华书局1954年版。

梁群球：《广州报业1827—1990》，中山大学出版社1992年版。

梁廷枏：《夷氛记闻》，商务印书馆1937年版。

刘广生主编：《中国古代邮驿史》，人民邮电出版社1986年版。

刘惠吾：《上海近代史》（下），华东师范大学出版社1987年版。

刘家林：《中国新闻通史（修订本）》，武汉大学出版社2005年版。

刘望龄：《黑血·金鼓——辛亥前后湖北报刊史事长编（1866—1911）》，湖北教育出版社1991年版。

刘哲民编：《近现代出版新闻法规汇编》，学林出版社1992年版。

刘志琴主编：《近代中国社会文化变迁录》第一卷，浙江人民出版社1998年版。

卢宁：《早期〈申报〉与晚清政府 近代转型视野中报纸与官吏关系的考察》，上海科学技术文献出版社2012年版。

卢汉超：《"上海土地章程"研究》，谯枢铭等《上海史研究》，学林出版社1984年版。

廖大伟：《华界陆上公交的发展与上海城市现代化的演进（1927—1937）》，苏智良主编《上海：近代新文明的形态》，上海辞书出版社2004年版。

罗澍伟主编：《近代天津城市史》，中国社会科学出版社1993年版。

罗孝高：《任公轶事》，《梁启超年谱长编》，上海人民出版社 1983 年版。
马楚坚：《中国古代的邮驿》，商务印书馆国际有限公司 1997 年版。
马光仁：《上海新闻史（1850—1949）》，复旦大学出版社 1996 年版。
马光仁：《中国近代新闻法制史》，上海社会科学院出版社 2007 年版。
马克思：《资本论》第一卷（下），人民出版社 1975 年版。
马艺等：《天津新闻史》，天津人民出版社 2015 年版。
毛泽东：《中国革命和中国共产党》，《毛泽东选集》第二卷，人民出版社 1991 年版。
孟兆臣：《中国近代小报史》，社会科学文献出版社 2005 年版。
宁树藩：《中国地区比较新闻史》，复旦大学出版社 2018 年版。
倪延年：《论中国清中叶至清末时期的报刊法制》，方汉奇主编《新闻春秋》，四川大学出版社 2003 年版。
平襟亚：《上海小报史料》，《上海地方史资料（五）》，上海社会科学院出版社 1986 年版。
祁兆熙：《游美洲日记》，岳麓书社 1985 年版。
秦绍德：《上海近代报刊史论增订版》，复旦大学出版社 2014 年版。
容闳：《西学东渐记》，岳麓书社 2015 年版。
桑兵：《晚清学堂学生与社会变迁》，广西师范大学出版社 2007 年版。
上海历史研究所编译：《太平军在上海——〈北华捷报〉选译》，上海人民出版社 1983 年版。
上海日报公会编：《上海之报界》，中华书局 1929 年版。
上海社会科学院新闻研究所编：《抗战时期上海新闻史论集》，上海新闻出版局内部资料准印证（92）第 056 号，1991 年。
上海市文史馆、上海市政府参事室文史资料工作委员会编：《上海地方史资料（一）》，上海社会科学院出版社 1982 年版。
尚克强、刘海岩主编：《天津租界社会研究》，天津人民出版社 1996 年版。
邵介：《中国报史述略》，福州中央日报社 1937 年版。
史全生：《中华民国文化史》，吉林文史出版社 1990 年版。
宋军：《〈申报〉的兴衰》，上海社会科学院出版社 1996 年版。
宋原放、李白坚：《中国出版史》，中国书籍出版社 1991 年版。

苏智良主编：《上海：近代新文明的形态》，上海辞书出版社 2004 年版。
汤志钧编：《康有为政论集》上册，中华书局 1981 年版。
唐惠虎、朱英：《武汉近代新闻史》（上、下卷），武汉出版社 2012 年版。
唐振常、沈恒春主编：《上海史研究》（二编），学林出版社 1988 年版。
陶菊隐：《孤岛见闻——抗战时期的上海》，上海人民出版社 1979 年版。
陶菊隐：《〈新闻报〉发家史》，全国政协文史资料委员会编《文史资料选辑》第 4 辑，中华书局 1960 年版。
谭汝俭：《四十七年来广东报业史概略》，《中国新闻史》（报学丛书第 6 种），台湾学生书局 1979 年版。
汪敬虞：《唐廷枢研究》，中国社会科学出版社 1983 年版。
王洪祥：《中国现代新闻史》，新华出版社 1997 年版。
王建朗：《中国废除不平等条约的历程》，江西人民出版社 2000 年版。
王绿萍：《四川近代新闻史》，四川大学出版社 2007 年版。
王敏：《上海报人社会生活（1872—1949）》，上海辞书出版社 2008 年版。
王敏：《苏报案研究》，上海人民出版社 2010 年版。
王栻：《严复传》，上海人民出版社 1975 年版。
王润泽：《北洋政府时期的新闻业及其现代化（1916—1928）》，中国人民大学出版社 2010 年版。
王栻：《严复传》，上海人民出版社 1957 年版。
王新常：《抗战与新闻事业》，商务印书馆 1938 年版。
王季深：《记〈译报〉、〈每日译报〉》，《上海地方史资料（五）》，上海社会科学院出版社 1986 年版。
隗瀛涛等：《四川近代史》，四川省社会科学院出版社 1985 年版。
魏舒歌：《战场之外 租界英文报刊与中国的国际宣传（1928—1941）》，魏舒歌、李松蕾、龙伟译，社会科学文献出版社 2020 年版。
魏源：《圣武记》（附夷艘寇海记），岳麓书社 2011 年版。
魏源：《筹海篇三议战》，《海国图志》，岳麓书社 1998 年版。
吴成：《非常时期之报纸》，中华书局 1937 年版。
吴孟雪：《美国在华领事裁判权百年史》，社会科学文献出版社 1992 年版。
吴廷俊：《中国新闻史新修》，复旦大学出版社 2008 年版。

吴廷俊：《中国新闻业历史纲要》，华中理工大学出版社1990年版。

吴圳义：《清末上海租界社会》，上海文史哲出版社1978年版。

忻平：《从上海发现历史：现代化进程中的上海人及其社会生活：1927—1937》（修订版），上海大学出版社2009年版。

忻平：《从上海发现历史——现代化进程中的上海人及其社会生活：1927—1937》，上海人民出版社1996年版。

熊月之、马学强、晏可佳选编：《上海的外国人（1842—1949）》，上海古籍出版社2003年版。

熊月之等：《上海通史》第八卷，上海人民出版社1999年版。

熊月之：《论上海租界与晚清革命》，唐振常、沈恒春主编《上海史研究》（二编），学林出版社1988年版。

徐培汀、裘正义：《中国新闻传播学说史》，重庆出版社1994年版。

徐新平：《中国新闻伦理思想的演进》，北京大学出版社2019年版。

徐雪钧等编译：《上海近代经济发展概况：1882—1931〈海关十年报告〉译编》，上海社会科学出版社1985年版。

徐中煜：《清末新闻出版案件研究1900—1911——以苏报案为中心》，上海古籍出版社2010年版。

徐铸成：《报海旧闻》，上海人民出版社1981年版。

徐铸成：《旧闻杂忆续篇》，四川人民出版社1982年版。

徐铸成：《徐铸成回忆录》，生活·读书·新知三联书店1998年版。

徐铸成：《编辑部是一个志同道合的战斗集体》，《新闻艺术》，上海知识出版社1985年版。

徐公肃、丘瑾章：《上海公共租界制度》，蒯世勋《上海公共租界史稿》，上海人民出版社1984年版。

徐润：《徐愚斋自叙年谱》，沈云龙主编《近代中国史料丛刊续辑》，台湾文海出版社1981年版。

许晓成：《全国报馆刊社调查录》，上海龙文书店1936年版。

杨光辉、熊尚厚、吕良海、李伸民等编：《中国近代报刊发展概况》，新华出版社1986年版。

杨国桢编：《林则徐书简》，福建人民出版社1981年版。

杨天石：《晚清史事》，中国人民大学出版社2007年版。
杨瑾峥：《译报、每日译报和译报周刊》，张静庐辑注《中国现代出版史料丁编·上》，上海书店出版社2011年版。
严复：《序二》，杭辛斋《学易笔谈》，岳麓书社2010年版。
姚公鹤：《上海报纸小史》，《东方杂志》第14卷第6号（1917）。
余家宏、宁树藩、叶春华主编：《新闻学基础》，安徽人民出版社1985年版。
余戾林：《中国的报纸》，成都新新闻社1940年版。
余戾林：《中国近代新闻界大事记》，成都新新闻社1941年版。
曾虚白：《中国新闻史》，台北：国立政治大学新闻研究所1966年版。
（清）张焘撰：《津门杂记》，丁绵孙、王黎雅点校，天津古籍出版社1986年版。
张功臣：《外国记者与近代中国1840—1949》，新华出版社1999年版。
张洪祥：《近代中国通商口岸与租界》，天津人民出版社1993年版。
张静庐：《中国的新闻纸》，光华书局1928年版。
张龙林：《美国在华治外法权的终结——1943年〈中美新约〉研究》，中山大学出版社2012年版。
张梦新等：《杭州新闻史》，中国社会科学出版社2011年版。
张鹏飞：《汉口贸易志》，华国印书局1918年版。
张荣铮、刘勇强、金懋初点校：《大清律例》，天津古籍出版社1993年版。
张树栋、庞多益、郑如斯：《中华印刷通史》，印刷工业出版社1999年版。
张宪文、穆纬铭主编：《江苏民国时期出版史》，江苏人民出版社1993年版。
张一望：《沦陷前后的上海》，战时读物编译社1938年版。
张友渔：《报人生涯三十年》，重庆出版社1982年版。
张忠绂：《中华民国外交史》（1），正中书局民国五十年（1961）版。
张仲礼：《近代上海城市研究》，上海人民出版社1990年版。
张仲礼、熊月之、沈祖炜主编：《长江沿江城市与中国现代化》，上海人民出版社2002年版。
章丹枫：《近百年来中国报纸之发展及其趋势》，上海开明书店1942年版。

赵君豪：《上海报人的奋斗》，远东书局1972年版。

赵君豪：《中国近代之报业》，上海申报馆1938年版。

赵敏恒：《外人在华的新闻事业》，中国太平洋国际学会1932年版。

赵晓兰、吴潮：《传教士中文报刊史》，复旦大学出版社2011年版。

郑观应著，夏东元编：《郑观应集》（上册），上海人民出版社1982年版。

郑观应著，夏东元编：《郑观应集》（下册），上海人民出版社1988年版。

中共广东省委党史资料征集委员会：《广东革命报刊研究》，内部资料，1987年。

周立华：《"孤岛"时期的〈文汇报〉研究》，江西人民出版社2009年版。

卓南生：《中国近代报业发展史1815—1874》，中国社会科学出版社2002年版。

邹依仁：《旧上海人口变迁的研究》，上海人民出版社1980年版。

三　期刊论文

艾红红：《租界时空的"新闻自由"及其效应》，《当代传播》2014年第1期。

安国胜：《乱世悲歌：中国撤废领事裁判权的艰难历程》，《光华法学》2011年第6辑。

宾睦新：《容闳年谱简编》，《珠海潮》2018年第4期。

陈长松：《〈国民日日报〉发刊词作者考》，《新闻春秋》2014年第3期。

陈冠兰：《汉口租界的报刊与传播控制》，《湖南大学学报》（哲学社会科学版）2006年第1期。

陈冠兰：《近代中国的租界与新闻传播》，《新闻与传播研究》2008年第1期。

陈冠兰：《情报处：上海公共租界工部局的政治传播机关》，《湘潭大学学报》（哲学社会科学版）2008年第6期。

陈皮：《汉口五国租界"客邮"始末》，《集邮博览》2004年第4期。

陈玉、董玉梅：《汉口邮政溯源》，《武汉文史资料》2003年第6期。

陈玉申：《〈羊城采新实录〉探略——对一则新见史料的释读》，《青年记者》2019年8月（中）。

陈正书：《上海租界史上最早的新闻出版法》，《史林》1987年第1期。

陈志强：《租界、"洋旗报"与近代报业——中国近代新闻事业生存环境变迁的一个独特视角》，《南昌大学学报》（人文社会科学版）2006年第4期。

程道德：《试述中华民国政府废除列强在华领事裁判权的对外交涉》，《民国档案》1986年第1期。

程丽红、刘泽达：《"〈警钟日报〉案"中的舆论角力》，《新闻记者》2018年第2期。

程丽红、刘泽达：《从结构到解构："民呼"、"民吁"报案中的〈大清报律〉》，《新闻记者》2019年第2期。

戴海斌：《义和团事变中的日本在华外交官——以驻上海代理总领事小田切万寿之助为例》，《抗日战争研究》2012年第3期。

戴海斌：《宗方小太郎与近代中国——上海社科院历史所藏宗方文书阅读札记》，《中山大学学报》（社会科学版）2013年第4期。

戴燕：《中国近代报刊的发展路径及精神引领》，《青海师范大学学报》（哲学社会科学版）2007年第4期。

董丛林：《辛亥革命党人舆论宣传的策略手段简论》，《历史教学》2003年第12期。

方裕谨：《中英等交涉苏报案当事人问题文电》，《历史档案》1986年第4期。

冯有真：《抗战以来之上海新闻事业》，《中国新闻学会年刊》1942年第1期。

傅宁：《胡道静与新闻史》，《新闻爱好者》2004年第1期。

傅世杰：《论"孤岛"时期上海"洋旗报"的历史作用》，《同济大学学报》（社会科学版）1998年第4期。

甘慧杰：《论孤岛时期日本对上海公共租界行政权的争夺》，《档案与史学》2001年第6期。

高汉成：《治外法权、领事裁判权及其他——基于语义学视角的历史分析》，《政法论坛》2017年第5期。

高俊：《清末阅报社团述论》，《社会科学》2012年第11期。

高田时雄、孙建军：《清末的英语学：邝其照及其著作》，《国际汉学》2014年第2期。

谷长岭：《晚清报刊的两个基本特征》，《国际新闻界》2010年第1期。

顾执中：《上海沦陷后敌人残杀报人的罪刑》，《新闻研究资料》1983年第3期。

管雪斋：《武汉新闻事业》，长江日报新闻史志编辑室《武汉新闻史料》1985年第5辑。

郭刚：《〈中美日报·集纳〉与上海孤岛时期的文艺抗战》，《文学评论》2019年第1期。

胡传厚：《抗战期间之〈中美日报〉》，李瞻主编《中国新闻史》，台北学生书局1979年版。

胡道静、袁燮铭：《上海孤岛生活的回忆》，《史林》2002年第4期。

胡翼青：《超越功能主义意识形态：再论传播社会功能研究》，《现代传播》（中国传媒大学学报）2012年第7期。

黄旦：《报纸革命：1903年的〈苏报〉——媒介化政治的视角》，《新闻与传播研究》2016年第6期。

黄旦：《林则徐为何不办报？——读中国新闻史偶记》，《新闻记者》2012年第1期。

黄旦：《媒介变革视野中的近代中国知识转型》，《中国社会科学》2019年第1期。

黄瑚：《上海"孤岛"时期的抗日报人》，《华中传播研究》2016年第1期。

黄瑚：《上海"孤岛"时期抗日报刊述评》，《新闻研究资料》1987年第39辑。

黄顺力：《大众传媒与晚清革命论略——以思想史为视角》，《厦门大学学报》（哲学社会科学版）2007年第6期。

蒋建国：《甲午之前传教士中文报刊的传播、阅读及其影响》，《新闻与传播研究》2019年第8期。

孔祥吉、村田雄二郎：《从中日两国档案看〈国闻报〉之内幕（上）——兼论严复、夏曾佑、王修植在天津的新闻实践》，《学术研究》2008年第7期。

孔祥吉、村田雄二郎：《从中日两国档案看〈国闻报〉之内幕（下）——兼论严复、夏曾佑、王修植在天津的新闻实践》，《学术研究》2008

年第 9 期。

乐正：《近代广州大众传播业的发展（1827—1911 年）》，《开放时代》1995 年第 5 期。

李华兴：《容闳：中国近代化的卓越先驱》，《复旦学报》（社会科学版）2005 年第 5 期。

李军萍：《段祺瑞政府解除部份报刊禁令史料选》，《历史档案》1987 年第 3 期。

李峻：《1937—1945：日伪与上海"第三国"势力》，《史学集刊》2003 年第 3 期。

李默：《辛亥革命时期广东报刊录》，《新闻研究资料》1979 年第 1 期。

李秋生：《上海孤岛报业奋斗史（七）》，台湾《传记文学》第 64 卷第 3 期。

李斯颐：《清末 10 年官报活动概貌》，《新闻研究资料》1991 年第 3 期。

李斯颐：《清末 10 年阅报讲报活动评析》，《新闻研究资料》1990 年第 2 期。

李育民：《近代中国的领事裁判权制度》，《湖南师范大学社会科学学报》1995 年第 4 期。

李育民：《晚清改进、收回领事裁判权的谋划及努力》，《近代史研究》2009 年第 1 期。

梁启超：《与夫子大人书》，《梁启超年谱长编》，上海人民出版社 1983 年版。

梁酉廷、潘湛钧：《上海正言报始末》，政协上海市委员会文史资料工作委员会编《上海文史资料选辑》1986 年第 52 辑。

林友兰：《陈霭廷与香港华字日报》，台北《报学》第 5 卷第 10 期。

林友兰：《近代中文报业先驱黄胜》，台北《报学》第 4 卷第 3 期。

林友兰：《伍廷芳与近代中文报业》，台北《报学》第 5 卷第 3 期。

刘海龙：《连续与断裂：帕克与传播研究芝加哥学派神话》，《学术研究》2015 年第 2 期。

刘望龄：《张之洞与湖北报刊》，《近代史研究》1996 年第 2 期。

刘望龄：《日本在汉的舆论宣传与思想近代化——以〈汉报〉为中心》，《近代史研究》1992 年第 1 期。

刘晓:《略谈上海地下党的工作》,《党史资料》丛刊1981年第1期。

卢宁:《西方新闻纸在华本土化的早期尝试——以初创时期的〈申报〉为例》,《编辑之友》2012年第8期。

闾小波:《20世纪初中国传媒媒介的繁荣与人的现代化》,《新闻与传播研究》1996年第1期。

吕民生:《市场经济中的新闻媒介》,《新闻记者》1993年第8期。

马超俊:《超越租界的声波——上海早期外商广播电台考察》,《重庆交通大学学报》(社会科学版)2018年第4期。

马光仁:《旧上海通讯社的发展》,《新闻研究资料》1992年第4期。

马光仁:《抗战时期的〈申报〉》,《抗日战争研究》1995年第2期。

马光仁:《上海人民反对印刷附律的斗争》,《新闻研究资料》1989年第2期。

梅丽红:《"孤岛"时期上海的"洋旗报"》,《档案与史学》1996年第5期。

孟彭兴:《〈民吁日报〉的社会影响及其封禁的历史背景》,《史林》1987年第1期。

孟鹏:《关于〈汇报〉的考证》,《国际新闻界》2006年第9期。

孟庆澍:《报刊、学堂与租界——近代舆论兴起的物质性条件》,《现代中国文化与文学》2008年第1期。

摩矩:《一年来的总算账——战时报纸的责任》,《中美日报》1940年12月31日。

宁树藩:《十九世纪香港报业概述》,《新闻大学》1997年第3期。

潘贤模:《上海开埠初期的重要报刊——近代中国报史初篇第七章》,《新闻研究资料》1982年第6期。

潘祥辉:《论媒介制度的效率竞争与中国媒介制度的变迁与演化——以1840—1949年间新闻史为例》,《浙江传媒学院学报》2009年第4期。

裴晓军:《试论治外法权与在华外报》,《现代传播》2011年第10期。

秦绍德:《上海资产阶级商业报纸的发展道路》,《新闻研究资料》1991年第2期。

秦绍德:《试论上海近代报刊的诞生》,《上海社会科学院学术季刊》1990年第2期。

秦绍德:《我国近代新闻史探微——兼论香港、上海早期报刊》,《新闻研究资料》1989 年第 4 期。

邵志择：《治外法权与清末报律的制定》，《新闻与传播研究》2016 年第 2 期。

沈松华：《〈汇报〉的创办及其股份制尝试》，《国际新闻界》2007 年第 6 期。

盛巽昌：《我国早期的儿童报纸及其他》，《图书馆杂志》1982 年第 2 期。

孙可：《上海"孤岛"时期的石灵》，《新文学史料》1983 年第 1 期。

孙文铄：《广东的近代报刊》，《新闻大学》1996 年冬季号。

谭卓垣：《广州定期刊物的调查》，《岭南学报》1935 年第 4 卷第 3 期。

唐海江：《民族主义与 20 世纪初媒介话语空间之构成——以〈警钟日报〉为例》，《现代传播》（中国传媒大学学报）2010 年第 4 期。

陶菊隐：《我所了解的新闻报》，《新闻研究资料》1981 年第 1 期。

王立兴：《吴趼人与〈汉口日报〉——对新发现的一组吴趼人材料的探讨》，《明清小说研究》1989 年第 3 期。

王敏：《政府与媒体——晚清上海报纸的政治空间》，《史林》2007 年第 1 期。

王薇：《近代天津租界报刊的产生与影响》，《新闻知识》2006 年第 4 期。

王薇：《天津法租界报刊的特点及其影响》，《新闻知识》2011 年第 8 期。

王薇：《租界报刊与近代天津的新闻事业》，《新闻爱好者》2011 年第 17 期。

王薇：《租界社会与近代天津新闻事业的发展》，《天津师范大学学报》（社会科学版）2011 年第 5 期。

王文彬：《国民党统治时期报业遭受迫害的资料（续）》，《新闻研究资料》1982 年第 5 期。

王文彬：《国民党统治时期报业遭受迫害的资料》，《新闻研究资料》1981 年第 1 期。

王泽京：《江苏华洋书信馆研究》，《经济研究导刊》2018 年第 7 期。

吴士英：《论租界对近代中国社会的复杂影响》，《文史哲》1998 年第 5 期。

吴文浩：《中智法权纠纷（1924—1925）——兼论近代在华享有治外法权的国家数目》，《民国档案》2018 年第 4 期。

小渠：《祝捷游行》，朱作同、梅益主编《上海一日》，《民国丛书第三编·

93》第 3 部（1989）。

谢蔚明：《严宝礼与抗战中的〈文汇报〉》，《世纪》2000 年第 3 期。

谢胥浦：《记〈职业生活〉周刊》，《上海文史资料选辑》1980 年第 6 辑。

徐楚影：《上海影响较大的抗日进步期刊》，《新闻研究资料》1981 年第 4 期。

徐建国：《清末官办邮政与民信局的关系研究（1896—1911）》，《重庆邮电大学学报》（社会科学版）2011 年第 1 期。

徐运嘉、杨萍萍：《清末杭州的三种报纸——〈经世报〉〈杭报〉〈杭州白话报〉》，《新闻研究资料》1989 年第 3 期。

徐铸成：《文汇报是怎样诞生的？——在文汇报工作的回忆之一》，《新闻研究资料》1980 年第 1 期。

薛飞：《旧中国的租界与报纸》，《新闻与传播研究》1999 年第 4 期。

阳美燕：《论析〈汉报〉（1896—1900）馆主宗方小太郎的"中国经营论"》，《国际新闻界》2012 年第 9 期。

阳美燕：《英商在汉口创办的〈字林汉报〉（1893）——外人在华内地发行的第一份中文日报》，《新闻与传播研究》2008 年第 1 期。

杨秉衡：《从上海几家报纸说起》，《战时记者》1939 年第 11 期。

杨邨人：《中美英新约内容》，《国民外交》1943 年第 1 卷第 1 期。

杨天宏：《北洋外交与"治外法权"的撤废——基于法权会议所作的历史考察》，《近代史研究》2005 年第 3 期。

杨莹莹：《略论租界对我国报业的积极影响》，《嘉应学院学报》（哲学社会科学版）2008 年第 6 期。

杨真：《一年来的上海出版界》，《译报周刊》第 1 卷第 12、13 期合刊。

姚福申：《天津〈国闻报〉苦干史实辨析》，《新闻研究资料》1990 年第 3 期。

于树香：《外国人在天津租界所办报刊考略》，《天津师范大学学报》（社会科学版）2002 年第 3 期。

余衍玉、马亚丽：《吹倒大清王朝的政论文风》，《文史精华》2003 年第 10 期。

喻频莲：《转型时代的游移——狄楚青办报思想演进的逻辑性》，《江汉论坛》2014 年第 6 期。

袁义勤:《"晚报的成功"——〈大晚报〉杂谈》,《新闻研究资料》1991 年第 1 期。

袁义勤:《上海〈时报〉》,《新闻研究资料》1990 年第 3 期。

袁义勤:《〈中美日报〉始末》,《新闻研究资料》1989 年第 3 期。

詹世骅:《上海的所谓"反日"报纸》,《战时记者》1939 年第 11 期。

张承宗:《记〈职业生活〉周刊》,《上海文史资料选辑》1980 年第 6 辑。

张纪恩:《周恩来在上海革命活动片断及其他》,《党史资料》丛刊 1979 年第 1 期。

张敏:《略论辛亥时期的上海报刊市场》,《史林》2003 年第 2 期。

张耀曾:《撤销领事裁判权问题》,《京师法律评论》2017 年第 11 期。

张运君:《清末反报禁斗争》,《历史档案》2009 年第 4 期。

赵建国:《报刊地理:广州租界与近代报刊(1827—1912)》,《新闻与传播研究》2016 年第 1 期。

赵晓耕:《试析治外法权与领事裁判权》,《郑州大学学报》(哲学社会科学版)2005 年第 9 期。

郑匡民:《明治时期日本在中国经营的中文报刊》,中国社会科学院近代史研究所《西方思想在近代中国》(中国会议论文集,2005 年)。

郑祖安:《开埠初期上海英美租界外侨的一些情况》,《史林》1996 年第 3 期。

周立华:《"孤岛"时期〈文汇报〉的停刊原因探析》,《南昌航空大学学报》(社会科学版)2010 年第 1 期。

周立华:《"孤岛"时期〈文汇报〉上发刊广告的史料价值》,《新闻记者》2007 年第 7 期。

周立华:《"孤岛"时期上海"洋旗报"的话语权抗争及其策略》,《江西师范大学学报》(哲学社会科学版)2018 年第 4 期。

周立华:《追忆"孤岛"时期的"文汇"风骨》,《新闻记者》2009 年第 1 期。

周绍荣:《租界对中国城市近代化的影响》,《江汉论坛》1995 年第 11 期。

朱敏彦:《"孤岛"时期的上海抗日进步报刊》,《抗日战争研究》1993 年第 2 期。

朱敏彦、齐卫平：《上海抗战文化的发展与抗争》，《上海纪念抗日战争胜利六十周年研讨会论文集》，上海人民出版社2005年版。

朱苏：《广益丛报和重庆日报简介》，《新闻研究资料》1983年第5期。

朱叶：《"登记"之争："孤岛时期"上海广播事业话语权控制与争夺》，《甘肃社会科学》2014年第4期。

邹振环：《清末的国际移民及其在近代上海文化建构中的作用》，《复旦学报》（社会科学版）1997年第3期。

四　博、硕士学位论文

付云鹏：《〈每日译报〉研究》，硕士学位论文，上海师范大学，2009年。

傅才武：《近代化进程中的汉口文化娱乐业（1861—1949）——以汉口为主体的中国娱乐业近代化道路的历史考察》，博士学位论文，华中师范大学，2005年。

郝英杰：《苏俄文学的出版和传播：1940年代到1950年代——以"时代出版社"为中心的考察》，硕士学位论文，温州大学，2017年。

洪佳期：《上海公共租界会审公廨研究》，博士学位论文，华东政法学院，2005年。

黄瑚：《论上海"孤岛"时期抗日报刊》，硕士学位论文，复旦大学，1986年。

靳金：《舆论潮中的〈俄事警闻〉（〈警钟日报〉）研究》，硕士学位论文，湘潭大学，2014年。

孔芙蓉：《天津日租界报刊文化侵略本质研究》，硕士学位论文，天津师范大学，2013年。

李楠：《晚清、民国时期上海小报研究——一种综合的文化、文学考察》，博士学位论文，河南大学，2004年。

李晓旭：《清末民初江浙地区报纸阅读现象研究》，硕士学位论文，浙江师范大学，2015年。

李云科：《天津日租界报刊研究》，硕士学位论文，天津师范大学，2016年。

钱秀飞：《〈中外日报〉视野下的义和团运动》，硕士学位论文，华东师范大学，2008年。

沈晓青：《在沪日本传媒视野中的上海（1923—1932）》，硕士学位论文，上海师范大学，2005 年。

汤黎：《上海〈民立报〉与 1910—1913 年的社会时局》，硕士学位论文，华中师范大学，2005 年。

王京芳：《邵洵美和他的出版事业》，博士学位论文，华东师范大学，2007 年。

王佩良：《江苏辛亥革命研究》，博士学位论文，湖南师范大学，2004 年。

杨惠敏：《"孤岛"时期洋旗报的抗战报道研究》，硕士学位论文，黑龙江大学，2009 年。

尹学梅：《制度、运作与效应：清末国家邮政事业述论》，硕士学位论文，天津师范大学，2005 年。

余华川：《从上海公共租界会审公廨看中西法律制度和思想的冲突与融合》，博士学位论文，华东师范大学，2005 年。

周立华：《"孤岛"时期的〈文汇报〉研究》，博士学位论文，厦门大学，2007 年。

祖艳：《〈国民日日报〉研究》，硕士学位论文，山东师范大学，2008 年。

附录　近代中国"洋旗报"综录表

近代中国民族报业创始时期的"洋旗报"

序号	报名	创刊/挂洋旗—停刊时间	发刊地	创办人	洋旗
1	汇报（彙报）	1874.6.16—1875.12.4	上海	容闳等	（英）格雷（Grey）
2	中西日报（广报）	1891年冬—1900年冬	广州	邝其照	（英）必文
3	汉报	1893—1895	汉口	姚文藻	（英）字林洋行

两次国人办报高潮期间的"洋旗报"

序号	报名	创刊/挂洋旗—停刊时间	发刊地	创办人	洋旗
1	苏报	1896.6—1900（下半年）1900—1903.7	上海	胡铁梅 陈范	（日）生驹悦
2	集成报	1897.5.6—1898.5	上海	陈念薲	（英）吕塞尔（Russeu）
3	华洋报	1897.11—	上海		英商
4	杭报	1897.11.26—1898（秋）	杭州	马绩甫等	（日）加藤能言
5	奇闻报	1897.12.3—	上海	沈棠	（德）萧普
6	国闻报	1897.11.26—1899.3.20（1898.3.27挂洋旗）	天津	严复	（日）西村博
7	农学报	1897.11—1906.1（1898.10挂洋旗）	上海	罗振玉等	（日）香月梅外
8	便览报	1899年夏—1906	上海		日商

续表

序号	报名	创刊/挂洋旗—停刊时间	发刊地	创办人	洋旗
9	中外日报	1898.10.14—1910	上海	汪康年	（英）杜德勤（Dudgeon）
10	蒙学报	1897.11.24—（1898.9.16挂洋旗）	上海	叶瀚等	（日）香月梅外
11	岭海报 德商岭海报	1898.3—1900（1898.12挂洋旗）	广州	朱箓苏等	德商
12	海上日报	1899.1	上海	张罗澄	英商
13	五洲时事汇报	1899.9.5—	上海	沈士孙	（日）佐原笃介
14	商务日报	1901.3.22—	上海	刘永昌	英商
15	汉口日报	1902.10—1903.6	汉口	宋炜臣等	日商
16	支那小报	1902.7—	上海		日商
17	国民日日报	1903.8.7—1903.12.4	上海	谢晓石	（英）高茂尔（A. Comall）
18	北京报	1904.8	北京	朱淇	德商
19	时报	1904.6.12—1939	上海	狄楚青	（日）宗方小太郎
20	北洋商报	1904.6—1917	天津	杭辛斋	德商
21	重庆日报	1904.10—1905.6	重庆	卞小吾	（日）竹川藤太郎
22	汉口小报	1904—1905	汉口		英商
23	楚报	1905.4（5）—1905秋	汉口	刘歆生	美商名义，估尼干
24	正言报	1905—	汉口		英商
25	汉口风月报	1905—	汉口		英商
26	神州日报	1907.4.2—1907.6.20	上海	于右任	日商
27	民吁日报	1909.10.3—1909.11.19	上海	于右任	法商
28	时事新报	1907.12.9	上海	汪剑秋	日商
29	申报	1912.6.11—1913.6.1	上海	史量才	（英）马格里（R. Maigre）

"孤岛"时期的"洋旗报"

序号	报名	创刊/挂洋旗—停刊时间	创办/主持人	洋旗
1	大美晚报	1933.1.16—1941.12.8	张似旭	（美）大晚报公司

续表

序号	报名	创刊/挂洋旗—停刊时间	创办/主持人	洋旗
2	华美晚报	1936.8.18—1941.12.8	朱作同	（美）密尔士（H. P. Mills）
3	华美晚报晨刊	1937.11.25	蔡晓堤	（美）密尔士（H. P. Mills）
	改名华美晨报	1938.4.19—1939.6.2		
4	大美晚报晨刊	1937.12.1	张似旭等	（美）史带（C. V. Star）、高尔德（R. Gold）
	改名大美报	1938.5.1—1940.7		
5	每日译报	1938.1.21—1939.5.18	梅益等	（英）孙特司·裴士（J. A. E. Sanders-Bates）
6	文汇报	1938.1.25—1939.5.18	严宝礼等	（英）克明（H. M. Cumine）
7	国际夜报	1938.2—1939.6.1	褚保衡	（英）克兰佩（Kelambi）
8	导报	1938.4.2—1939.7.1	蒋光堂	（英）孙特司·裴士
9	通报	1938.4.11—1938.7	通志馆	（英）威廉·韦特（H. T. W. Wade）
10	大英夜报	1938.7.4—1941.12.8	翁率平	（英）中华大学图书公司
11	循环报	1938.7.23	耿嘉基	（英）中英出版公司
12	新闻报	1938.9.1—1941.12.8		（美）太平洋出版公司
13	新闻夜报	1938.9.1—1941.12.8	严独鹤	（美）太平洋出版公司
14	申报	1938.10.10—1941.12.8		（美）安德森（P. M. Anderson）
15	中美日报	1938.11.1—1941.12.8	吴任沧	（美）罗斯福公司
16	大晚报	1938.11.21—1941.12.8	汪倜然	（英）独立出版社公司
17	文汇报晚刊	1938.12.1—1939.5.18	李秋生	（英）克明（H. M. Cumine）
18	国际日报	1939.2.2—1939.6.1	褚保衡	（英）克兰佩（Kelambi）
19	儿童日报	1939.2—1939.6	何公超	美商
20	华报	1939.6.1—1941.12.8	掌牧民	（美）华美出版公司
21	大美周报	1939.6—1941.12.8	张似旭	（美）大晚报公司
22	上海周报	1939.11.1—1941年中	张宗麟	（英）弗利特
23	神州日报	1939.12.1—	蒋光堂	美商

续表

序号	报名	创刊/挂洋旗—停刊时间	创办/主持人	洋旗
24	正言报	1940.10.20—1941.12.8	吴绍澍	（美）樊克令（Franclin）
25	大美晚报午刊	1940—1941.12.8		（美）史带（C. V. Star）
26	总汇报*	1938.12—	徐蕴和	（美）基恩（A. M. Kiehn）
27	晶报*	1938.1.29—	钱芥尘	（美）特奥多罗（A. L. Teodoro）
28	《华美》周刊	1938.4—1941.12	朱作同	（美）密尔士
29	公论丛刊	1938.9—	王任叔	（英）孙特司·裴士
30	译报周刊	1938.10.10—1938.6.22	梅益等	（英）孙特司·裴士
31	《文献》月刊	1938.10.10—1939.5.10	阿英	（英）中华大学图书公司
32	《良友》画报	1939.2.14—1941.12	张沅恒	（美）密尔士
33	职业生活	1939.4.15—1940.4.18	何持中	（英）克兰佩（Kelambi）
34	导报增刊	1939.4.2—1939.6	蒋光堂	（英）孙特司·裴士
35	中美周刊	1939.9.23—1941.12.8	吴任沧	（美）施德高（H. M. Stuckgold）
36	《时代》周刊 《时代》半月刊	1941.8.20—1941.12.8 1942.1.1—1944.2 1945.5.1—1951.8	姜椿芳	（苏）时代出版社

注1：加"*"者系日伪用以混淆视听的"洋旗报"。

注2：1941年12月15日，日军命令《申报》《新闻报》仍以美商名义恢复出版，以欺骗读者，此时两报已沦为汉奸报，而非原来的"洋旗报"了。

后　记

"暮从碧山下，山月随人归。却顾所来径，苍苍横翠微。"

再次逐字校完书稿，敲下"后记"二字，沉吟间，脑海中竟浮现谪仙的诗句。既是神遇，权作开篇之言。

奉献在读者面前的《近代中国的"洋旗报"研究》，是笔者主持的国家社会科学基金项目（批准号：14BXW006）的最终成果。该项目于2014年6月立项，2019年12月完成，2020年3月结项。结项后，结合评审专家的指导意见对书稿进行修改，时光飞逝，转眼又是一年。

跟"洋旗报"结缘已有十数年，在"洋旗报"研究领域的不断拓进及取得的微小成绩，则与三位黄门恩师的悉心指导与持续关怀分不开，亦受惠于学、研路上众多师友的指点与帮助。在书稿即将出版之际，谨述数语，语短情长，致以拳拳敬谢。

20年前再次负笈，到厦门大学新闻传播系攻读硕士，美丽鹭岛，得遇良师。星民老师是老辈学者风范，治学谨严，生活至简，待人至诚，爱生如子。犹记当年毕业论文答辩结束时，老师在一众师生面前一把抱住我热泪盈眶的情形，这一抱，这一泪，关切萦怀，终生难忘。星民老师是"孤岛"时期主持《文汇报》笔政的老报人徐铸成先生的弟子[①]，有此师缘，后来在历史系读博琢磨论文选题时，经老师提点，即准备选择"孤

[①] 20世纪80年代初厦门大学复办新闻系，1982年成立新闻系筹备委员会，并请徐铸成担任筹委会主任。1983年新闻传播系成立并招收首届研究生陈金武、黄星民与朱家麟三人，由铸成先生指导。

岛"时期的《文汇报》研究，不曾想竟由此迈向"洋旗报"研究的堂奥。经过一番资料调研与文献梳理之后，即将想法向博导顺力老师汇报，竟得慨然依允，并获悉心指导，从此在新闻与历史结合的路径上蹒跚学步、砥砺前行……

历史是昨天的新闻，新闻是明天的历史。新闻传"新"，历史述"故"，皆为求"真"，导人向善、向上。不过，二者道虽相通，理路却是不同。半路出家，从新闻到历史，挑战实在不小，唯知谨记导师叮嘱：历史研究首在资料，特别是第一手资料的挖掘、考辨。于是正心诚意，从热闹的当下传播场景转向故纸堆中。好在平生喜静，不但安之若素，而且自得其乐，常常只身独影在校图书馆旧报阅览室、特藏馆一待一整天，窸窸窣窣地翻检寻觅、抄录着。一两个月后，几位管理员也都熟了，得其眷顾，破例许我将八大册八开缩印本"孤岛"时期的《文汇报》借回宿舍，用女友资助的扫描仪，一页页扫描存于电脑。就这样，得便梳理了大量一手资料，以之撰成论文提交答辩，顺利通过并获优秀。

论文虽已完成，对"洋旗报"的思考却才开始，被一些困惑牵引着，并不能如汉寿侯五关斩六将般神勇、豪迈，"手起刀落，拖刀便走"。更何况，老师们也在不断鞭策与鼓励呢。如清茂老师，不但在论文答辩会上给予激励与首肯，后来在图书馆偶遇时仍予提点，说论文注意到了"洋旗报"的传播策略，但是展开不够，可以结合当时传播环境与当前对外传播，继续深化，撰写专文，等等。到江西财大执教后承担新闻史教学工作，常思深化"洋旗报"研究，但视野局限于"孤岛"时期。后来至复旦大学做博士后，在黄瑚老师指导下，一边以《报人徐铸成研究》准备出站报告，一边拓展"洋旗报"研究。经过几番打磨，2014 年便以"近代中国的'洋旗报'研究"为题申报国家社科项目，并喜获立项，从而开始了从个案研究、"孤岛"时期"洋旗报"研究到"洋旗报"史研究的蜕变。

从立项到结项，六年弹指一挥间，在紧张与充实中，在真情与关爱中，完成了人生旅程、问学生涯的又一历练，感怀情意，沛然于心。

通过多年的"洋旗报"研究，沉潜于波澜跌宕的历史情境，与先贤们心灵相伴，重走近代中国艰难曲折而又富于开创性的民族报业发展之路,深切领略了"洋旗报"报人的坚毅睿智与无畏无私的风骨,对他们为了民族大义,不论在清末专制统治之下还是在"孤岛"时期日军的侵凌面前都始终秉持的"不畏威胁、牺牲,不为利诱"的精神,深表钦敬!"洋旗报"的历史经验与先辈们的精神风骨烛照当下,指引、鞭策我们在当前复杂的国际环境下勇于作为、善于作为,"传好中国声音,讲好中国故事",为有中国特色的社会主义事业建设营造更好的国际国内舆论环境。

虽然毕业、出站经年,恩师们的指导与关心一直在线,一旦@,即有热情回响,温馨可感,给我学、研路上平添冲关的勇气。黄瑚老师不但在项目中多有指导,而且年前向老师请序时,不几天,就收到老师3000余言的序,其言也谆谆,其意也殷殷。师恩切切,铭感于心。

项目顺利完成、书稿得以出版,得到了众多人的关心、鼓励与帮助,谨在此致以最诚挚的谢意:感谢全国哲学社会科学工作办公室和评审专家对课题立项的支持,感谢结项评审专家对最终成果的肯定与提出的中肯的修改意见;感谢厦门大学赵振祥教授、中国人民大学邓绍根教授、华南理工大学蒋建国教授、暨南大学赵建国教授、兰州大学李晓灵教授等师友的指导与帮助;感谢课题组王玉琦教授、蔡卫平副教授、杨秀侃副教授、成亚林博士及研究生刘子舜、聂杨涛、李少如、肖智恩、朱佳丽与邓竹青等在思路研讨、资料收集、文字润色等方面所做的大量工作;感谢江西财经大学人文学院对项目研究的支持与对书稿出版的资助;感谢中国社会科学出版社的郭晓鸿老师为本书出版付出的辛勤劳动。

在资料收集的过程中,得到了北京、上海、南京、武汉、厦门等地有关图书馆与档案馆的帮助,特别是复旦大学新闻学院资料室、复旦大学图书馆、厦门大学图书馆、上海图书馆、国家图书馆与上海市档案馆等有关人士的帮助。写作过程中,参考、引用了不少先贤时彦的研究成果,文中多已注明,以示他们先导、启迪之功。在此,对他们一并致以谢忱!

最后,要感谢默默支持、关爱我的家人们。大哥话不多,但有担当,大家庭的大事小情,都以老大的姿态承当。上次母亲治病,我说要分担点,他就一句话:"你刚买房,孩子又小,压力大,不要管,我来就好了。"内子梦婷,平时上班,还要承担家务和管孩子,在我闭关搬砖做甩手掌柜的一年多里,辛劳尤甚。不仅如此,还一身多任,帮我整理资料,乐哈哈地做书稿校对与第一读者。儿子9岁、女儿3岁，正是需要呵护与陪伴的时候，但是因为忙，一有机会就想着要"甩"开他们，深感歉疚！记得女儿一岁多时，见我出门就会死死抱住哭喊着"我要爸爸，我要爸爸"。后来大些，知道哭也没用，就退而求其次，"爸爸抱一下再走"。儿子大些，不会缠我，只是偶尔念叨：×××又跟爸爸妈妈去游乐园了，什么时候可以带我出去玩呀。有时候因为顽皮，在我忙得没耐性的时候，还会收获一顿莫名的、暴跳如雷的怒吼。后来有一次，我只是大声喊了一声"儿子"，发现他竟呆呆站着、身子发抖，我差点心碎，赶紧过去抱住他。感谢两娃，给我带来最大的快乐与幸福。现在寒假，没有忙得那么鸡飞狗跳，最温馨的时刻，便是早晨在电脑前埋头工作时，闺女突然穿着睡衣光着脚丫跑过来嗲声说，"爸爸，你没给我拿鞋子，我只好光脚出来啰"，赶紧抱起她说："宝宝对不起，爸爸又忘了。""我们一起去叫哥哥起床，好不？"

想念父亲和姐姐。还记得在县城上初中时，父亲骑自行车驮米送到学校，拿着交了钱、粮的收据在教室门口默默等我下课的情形；还记得上大学时回家，每次返校那天的凌晨，天蒙蒙亮父母就早早起来做好了饭菜，一个说："喊他起来吧，早点吃好。"一个说："让他再睡会，今天要坐好久的车呢。"当我轻轻起来站在面前时，二老又异口同声地说："就起来了，还早，再睡会！"五年前正月初三的早晨，父亲离开了我们，永远地离开了。姐姐一生勤俭辛劳，读了小学五年级，就因家里孩子多、缺劳动力而辍学，与二哥一起帮母亲干农活、料理家务。出嫁后，为了把小家建设好，去了厦门打工，为多拿工资，常常黑白颠倒上夜班、"喜欢"加班，终至积劳成疾。正值壮年生病在家，要强的她心有不甘，偶有好转就想着要去上班，但终究不能了。姐姐一直关心我，喜欢给我讲电话，一聊半晌，每次都会唠叨着要我注意身体。父亲过世后，姐姐病体转沉，三年前，不怎么给我电话了，打她电话也不爱聊了、不接了，后来要坐轮椅了……短短几年，行事利索、嗓门响亮的姐姐，被病魔折磨至风烛残年。去年春节在厦门，到姐家拜了年，后来疫情严重，返回南昌时没去看姐姐、没跟她道别，直接回来了，不曾想竟成永别。2020年12月15日，噩耗传来，姐已身故。不敢相信，不愿相信！脑海中还是小时候一起捉迷藏时，我搞恶作剧把姐姐与弟弟一起吓哭的情形，姐姐唠叨言犹在耳……

心疼母亲。父亲生病多年，儿女5个，为了事业、家庭，没一人能随侍左右，点点滴滴都是母亲。尤其是父亲在世的最后三年，母亲侍奉辛劳，难以言表。末了，"头白鸳鸯失伴飞"，耄耋之年还要承受"老来失女"之痛。经此变故，步履矫健的母亲陡地苍老了许多，给我电话也多了，以前我三天一次给母亲电话，现在是母亲两天一次给我打电话，每次都叮嘱我要注意身体。嘱咐她保重身体、不舒服一定要说时，母亲总是说"我老人家没关系哩，你们年轻人一定要注意啊，我已经吓怕了"。

　　父亲、姐姐虽逝，音容宛在，但愿小书能告慰他们的在天之灵。

　　同时祈愿：母亲康健，颐享天年！

　　到南昌工作十三年多，工作、家庭，一直忙碌着，半因时势半为秉性。没有大刀阔斧的风范，但持慢工细活的韧性。慢工未必有细活，"虽不能至，心向往之"，以此自勉，聊以慰藉！时代车轮滚滚，世事如棋喧嚣，没有良谋策应，谨以静守、以诚致。

　　是为记！

周立华

2021年2月于江西财经大学蛟桥园寓所